초등 국어 교육의 이해

엄해영 (서울교육대학교 국어교육과 교수)

원진숙 (서울교육대학교 국어교육과 교수)

이재승 (서울교육대학교 국어교육과 교수)

이병규 (서울교육대학교 국어교육과 교수)

이향근 (서울교육대학교 국어교육과 교수)

김도남 (서울교육대학교 국어교육과 교수)

손희연 (서울교육대학교 국어교육과 교수)

초등국어교육연구소 연구총서 8

초등 국어 교육의 이해

초판 1쇄 발행 2018년 3월 20일
초판 2쇄 발행 2021년 2월 25일

지은이 엄해영 · 원진숙 · 이재승 · 이병규 · 이향근 · 김도남 · 손희연
펴낸이 박찬익
편집장 한병순
펴낸곳 ㈜ 박이정

주 소 경기도 하남시 조정대로45 미사센텀비즈 7층 F749호
전 화 (031) 792-1193, 1195 / **팩 스** (02) 928-4683
E-mail pijbook@naver.com
등 록 2014년 8월 22일 제2020-000029호

ISBN 979-11-5848-370-8 93370

* 책값은 뒤표지에 있습니다.

초등국어교육연구소 연구총서 8

초등 국어 교육의 이해

엄해영 · 원진숙 · 이재승 · 이병규 · 이향근 · 김도남 · 손희연 지음

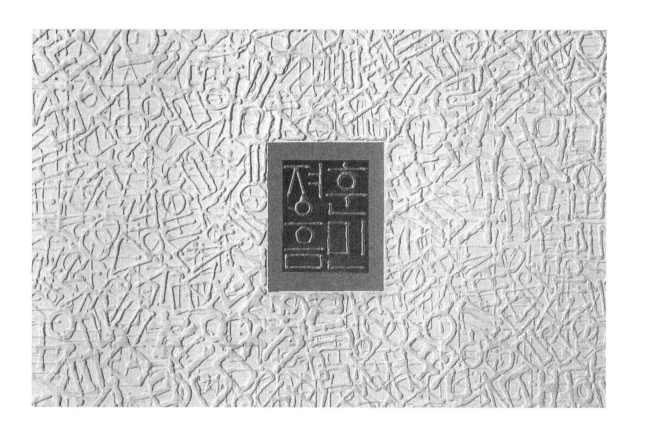

(주)박이정

• 머리말

2015년에 국어과 교육과정이 전면적으로 개정되었고, 새 교과서가 개발되어 2017학년도부터 학교 현장에서 적용되고 있습니다. 이 책은 개정 교육과정과 교과서를 비롯하여 초등 국어교육에 대한 기본적인 이해를 돕기 위해 기획되었습니다.

우선 1장에서는 국어교육을 바라보는 관점을 바탕으로 초등 국어과 교육의 개념, 중요성, 성격 등을 제시하였습니다. 2장에서는 2015 개정 국어과 교육과정의 특성을 자세히 다루었습니다. 3장에서는 새 교육과정에 따른 국어 교과서의 구성 원리와 활용 방안을 다루었습니다. 4장에서는 초등학교 국어과 평가의 개념과 중요성을 설명하고, 다양한 국어과 평가 원리와 방법을 다루었습니다. 5장에서는 문학 창작 교육, 어휘 지도, 맞춤법 지도, 다문화 언어교육 등 학교 현장에서 관심을 받는 교육 쟁점들을 제시하고 구체적인 교육 방법을 다루었습니다. 또한, 각 장의 말미에는 '탐구 문제'를 제시하여, 해당 내용을 충실히 이해했는지 확인할 수 있도록 하였습니다.

이 책이 초등 국어 교육에 대해 이해하려고 하는 분들에게 많은 도움이 되었으면 합니다. 특히 교육대학 재학생, 교사임용고사를 준비하는 학생, 학교 현장의 선생님, 그 외 초등 국어 교육에 관심이 있는 분들에게 좋은 길잡이가 될 수 있기를 바랍니다.

끝으로 한파 속에서도 이 책을 예쁘게 꾸며 주신 박이정 출판사의 박찬익 사장님을 비롯한 편집부 직원분들의 헌신에 깊은 감사의 말씀을 드립니다.

2018년 2월 28일
집필자 일동

• 차례

국어과 교육의 이해

1. 국어과의 성립

1) 언어와 한국어, 국어

세계에는 5,000여 종에서 7,000여 종의 언어가 있다고 한다. 한국어도 그 중 하나이다. 그런데 언어는 사람만이 사용하는가? 일반적으로 사람을 다른 동물과 구별할 때 첫 번째로 드는 것이 '언어'를 사용한다는 것이다. 그렇지만 다른 동물의 경우에도 서로에게 어떤 뜻을 전달하기 위하여 사용하는 수단이 있다. 어떤 동물의 울음소리는 짝짓기를 위한 신호가 되기도 하고 어떤 경우에는 영토를 주장하는 신호가 되기도 하고 또 다른 경우에는 위험을 알리는 데 사용되기도 한다. 꿀벌의 경우에도 꿀샘이 아주 가까이 있으면 둥근 춤을 추고, 멀리 떨어져 있으면 ∞ 모양의 춤을 춘다고 한다. 춤의 모양이나 춤의 속도 등이 특정한 뜻을 전달하는 것에 관련되어 있다. 그러나 이들이 사용하는 소통 수단은 사람의 언어와 비교하면 매우 제한되어 있고 고정되어 있다. 또 사람과 가장 비슷한 원숭이에게 말을 가르치면 몇몇의 단어를 습득할 수 있으나 일정한 한계가 있고, 단어와 단어를 연결하여 더 큰 단위를 만드는 능력은 거의 없다는 것은 밝혀진 바이다. 그렇기 때문에 '언어'는 사람만이 사용하는 것이라고 볼 수 있다.

(1) 언어의 특성

사람의 언어와 다른 동물의 소통 수단은 다음과 같은 언어의 특성에 의해 구별되는데, 이를 언어의 보편적인 특성이라고 한다. 일반적으로 의사소통 체계는 일정한 내용을 일정한 형식 즉 기호로 이루어진다. 예를 들어 차와 사람이 안전하게 통행할 수 있도록 유도하는 신호등을 비롯하여 교통정리를 하는 경찰관의 수신호, 꿀벌의 춤 등이 모두 그러하다. 그중 언어는 특히 사회성, 역사성, 자의성, 창조성, 분절성 등과 같은 특성을 가지고 있다.

'♡'라는 그림에 의해 전달되는 의미가 한국에서는 '사랑'으로, 영어권에서는 'LOVE'로, 중국에서는 '愛'로 표현하고 소리 낸다. 일정한 내용을 담고 있는 소리나 기호는 모두 다르다. 그럼에도 불구하고 각각이 소리와 기호를 사용하는 사람들 사이에 의사소통이 이루어지는 것은 일정한 의미는 일정한 소리나 기호로써 나타내기로 언중들 사이에 약속을 해 놓았기 때문이다. 어떤 개인도 이를 마음대로 바꿀 수 없다. 언어의 이러한 특성을 '사회성'이라고 한다. 또 일정한 내용(의미)과 이를 전달하는 소리나 표기 사이에는 필연적인 관련성이 없다. 이러한 언어의 속성을 '자의성'이라고 한다. '뫼'는 옛날에는 '밥'의 높임말로, 산 사람에게도 쓰였으나 지금은 제사 때 조상신에게 바치는 것에 국한하여 '뫼'라고 한다. 이처럼 언어가 변화하는 속성을 언어의 역사성이라고 한다. 단어가 새롭게 만들어지고 또 소멸되는 현상, ㅸ, ㅿ, ㆍ처럼 옛날에는 있었던 소리가 사라진 현상 등은 모두 언어의 역사성을 나타내는 사례가 된다. 한편 사람은 한 번도 들어보지 않았던 문장을 만들어 내거나 연결어미를 사용하여 무한히 긴 문장을 생성하기도 한다. 이와 같은 언어의 특성을 창조성이라고 한다. 언어는 일정한 규칙에 의해 조합됨으로써 유의미한 소리나 형태가 만들어진다. 예를 들어 국어에서는 'ㄱ-ㅏ-ㅇ'의 조합은 소리나 글자로 성립하지만 'ㅂ-ㄱ-ㅏ-ㅇ'의 조합은 성립하지 않는다. 이처럼 언어는 개별적으로 존재하는 것이 아니라 엄격한 규칙에 의하여 조직체를 이루고 있다. 이와 같은 속성을 언어의 체계성이라고 한다. 또 무지개는 정확하게 빨강, 주황, 노랑, 초록, 파랑, 남색, 보라 이렇게 일곱 가지 색깔로 구분되지 않는다. 프리즘을 통과하는 색은 빨강에서부터 보라색까지 색깔의 연쇄를 이루고 있다. 그러나 우리는 마치 일곱 가지 색깔로 분절되는 것처럼 일곱 개의 색깔로 명명하고 있다. 또 '홍'은 'ㅎ-ㅗ-ㅇ' 소리의 연쇄로 발음되는 음절이다. 그런데 사람마다 각각의 소리를 발음하는 것은 다 다르고 각 소리의 정확한 경계가 어디까지인지가 명확하지 않다. 그렇지만 'ㅎ-ㅗ-ㅇ'소리로 분절되는 것처럼 이해한다. 언어를 사용함으로써 현상을 분절하여 인식하는 특성을 언어의 분절성이라고 한다. 이상과 같은 특성을 사람의 소통 수단인 언어와 다른 동물의 소통 수단을 구분해 주는 언어의 특성이라고 한다.

(2) 언어의 기능

사람을 다른 동물과 구별해 주는 언어는 어떤 기능을 하는가? 여기서는 언어의 일반적인 기능과 언어의 사회적인 기능으로 나누어 살펴보기로 한다. 언어의 일반적인 기능은 주로 다섯 가지로 정리되는데 정보적 기능(information function), 표현적 기능(expressive function), 지령적 기능(directive function), 미적 기능(aesthetic function), 친교적 기능(phatic function)이 있다(Geoffrey Leech, 1975 참고). 언어의 이와 같은 기능 구분은 국어과 교육의 내용 체계에서 확인할 수 있는 국어 활동의 목적에 따른 범주화와 궤를 같이한다. 정보적 기능은 국어 활동의 정보 전달의 목적에 대응하고, 표현적 기능과 미적 기능은 정서 표현의 목적에, 지령적 기능은 설득적 목적에, 친교적 기능은 친교적 목적에 대응시킬 수 있다.

정보적 기능은 객관적이고 중립적인 실제 세계에서 나타나는 현상이나 사실을 객관적이고 중립적으로 전달하는 기능을 의미한다. 표현적 기능은 화자의 감정과 태도를 나타내는 것으로 희로애락의 감정을 언어로 표현하는 경우에 해당한다. 정보적 기능이 객관적이고 개념적인 의미가 초점인 데 비해 표현적 기능은 감정적 의미가 중요하다. 지령적 기능은 다른 사람의 행동이나 태도에 영향을 미치고자 할 때 나타난다. 명령이나 요청, 제안을 하고자 할 때 작동한다. 미적 기능은 주로 문학작품에서 작용하는 것으로 시나 이야기에서 정서를 표현하는 것과 관련된다. 미적 기능이란 언어를 통해 작품의 고유한 느낌을 전달하고 감상하도록 하는 데 작동한다. 이 경우에는 감정적 의미와 개념적 의미 모두 관계가 된다. 언어의 또 다른 기능으로 친교의 기능이 있다. 친교의 기능은 사회적 관계를 유지하도록 하는 것과 관련이 깊다. 인사말이나 축하하는 말, 위로하는 말 등은 모두 원만한 사회적 관계의 유지와 관련이 깊다.

한편 김하수(1988)에서는 언어의 사회적 기능을 여덟 가지로 구분하여 정리하고 있다. 첫째는 언어는 의사소통 수단이며 둘째, 서로의 행위를 조종하는 수단이고, 셋째, 언어는 경험을 축적시키고, 넷째, 경험을 분류하고 특정한 개념을 개발하여 의식을 형성하는 매체가 된다. 다섯째, 언어는 조직적인 사유를 가능하게 하고, 여섯째, 언어는 인간의 행위를 변화시키며, 일곱째, 언어는 사회 구성의 매체이며 여덟째, 언어는 그 자체가 사회적인 행위 또는 활동이다.

의사소통 수단으로서의 기능은 언어를 사용함으로써 사람들 간의 정보를 교환하여 필요한 정보를 공유하고 획득하는 것을 말한다. 서로의 행위를 조정한다는 것은 언어를 통하여 행위의 변화를 일으키는 것을 말한다. 이로써 인간의 행위는 서로 구별되고 때로 서로 협력적인 관계에 있을 수 있다는 것이다. 또 언어를 통하여 경험을 전달하고 전승시키며 축적한다. 따라서 각자의 경험은 풍부해지게 된다. 경험이나 현상을 상징 또는 기호화함으로써 경험이나 현상을 범주화하여 개념화한다. 즉 언어화를 통하여 구체적인 감지 단계에서 추상적 인식 단계로 발전하게 된다. 이러한 언어의 기능을 의식 형성의 기능이라고 할 수 있겠다. 또 사람의 감지 능력에는 한계가 있기 때문에 이를 극복하기 위하여 언어화함으로써 개념화되고 이를 통해 사유의 깊이가 심화된다. 따라서 언어를 통하여 조직적인 사유가 가능하게 된다. 감지 능력의 한계뿐만 아니라 사람의 물리적인 행위가 한계에 부딪힐 때도 이를 극복하기 위하여 상징적 또는 기호적으로 설계하여 실질적인 행위 가능성을 제시하기도 하고 사람의 실제적인 행위를 보완해 주거나 실수를 방지해 주기도 한다. 따라서 언어화를 통하여 인간의 행위를 변화시킬 수 있다. 예를 들면 도덕 규범이나 법률은 지켜지지 않을 때에 물리적인 제재나 강압을 한다기보다는 그 사회의 구성원들에게 언어화한 제재 항목을 미리 제시해 줌으로써 지켜진다. 이상은 언어의 내용적인 사회적 기능을 주로 언급하였고, 그 외면, 형식적으로도 언어는 중요한 기능을 한다. 내용면 못지 않게 언어의 외형은 개인의 출신, 인품, 신분, 사회적 지위 등을 나타내 주고 집단의 성격을 나타내 주기도 한다. 즉 언어는 개인이나 집단의 징표가 된다. 따라서 언어는 사회 구성의 매체로서 기능한다고 말할 수 있다. 끝으로 언어는 사람이 수행하는 행위에 필연적으로 수반되는 행위의 일부분이다. 즉 언어는 그 자체가 사회적인 행위이자 사회적인 활동이라는 것이다.

앞에서 언급했듯이 언어는 사람을 다른 동물과 구별해 주는 핵심적인 도구이다. 사람이 사람다워지기 위해서는 결국 사람이 언어를 얼마나 제대로, 잘 부려 쓰느냐에 달려 있다고 해도 과언이 아니다. 따라서 언어 교육은 앞에서 열거한 언어의 기능, 언어의 사회적 기능의 내용 위에서 이루어져야 한다.

(3) 한국어와 국어

'한국어'는 언어의 특성과 기능을 공유하고 있는 수천의 언어 가운데 한국의 공용어를 객관적으로 지칭할 때 사용하는 말이다. 한편 '국어'는 한국의 공용어로서 '한국어'를 대내적으로 가리키는 말이다. 본래 '국어(national language)'라는 말은 '민족어'의 일종의 대내적인 개념이다. 그러나 모든 민족어가 '국어'의 지위를 가지는 것은 아니다. 우리나라처럼 어떤 한 민족이 국가를 이루어 그 민족의 언어가 그 국가의 공용어 구실을 하는 경우도 있지만, 그렇지 못한 경우도 많기 때문이다. 따라서 어떤 민족어는 국어의 자격을 갖지만 어떤 민족어들은 한 국가의 지방어 또는 소수 민족어로서 성격을 가지고 있을 뿐이다. 또 어떤 국가의 경우는 여러 개의 공용어가 통용되기 때문에 한 나라의 공용어로서의 '국어'라는 말을 사용하기 어려운 경우도 있다. 이와 같은 경우에는 '국어'라기보다는 '민족어'라고 지칭하는 것이 적합하다.

우리의 경우는 우리말을 개별언어의 하나로 객관적으로 지칭할 때는 '한국어'라고 하는 것이 적절하고, 우리나라 사람들이 우리나라에서 다른 개별 언어와 대립하여 실용적이고 한정적으로 '국어'라는 말을 사용하는 것이 가능하다. 국어 역시 언어의 하나이기 때문에 국어 교육은 언어의 기능, 언어의 사회적인 기능의 내용 위에서 이루어져야 한다.

우리는 국어로 서로의 생각을 주고받는다. 사람들은 태어나면서부터 좁게는 가족과 넓게는 사회 구성원들과 상호 작용을 하면서 듣고, 말하고, 읽고, 쓰는 능력을 습득 또는 학습한다. 특히 일상생활에 필요한 듣기 능력과 말하기 능력은 교육을 받지 않고도 어느 수준까지 자동적으로 습득된다. 그래서 일상생활에 필요한 국어 능력으로 읽기 능력과 쓰기 능력만 학습하면 되는 것으로 이해하는 경우가 있다. 그럼에도 불구하고 가장 많은 수업 시수로 국어과가 존재하는 이유는 무엇인가? 국어과는 무엇을 가르치고, 어떤 사람을 길러내고자 하는 교과인가?

2) 국어 교육과 국어과 교육

국어를 배우는 기회는 매우 다양하다. 부모와의 대화에서 혹은 무심히 광고를 쳐다보다가도, 또 우연히 라디오를 듣다가도 국어를 배울 수 있다. 그러므로 부모와 자식, 광고와 행인, 라디오와 청취자 사이에도 국어교육은 이루어진다고 할 수 있다. 이는 극히 산발적이며, 비의도적·비계획적이다. 또한 대학생이나 경찰이 직업소년들에게 야학을 통하여 국어를 가르치는 것이나, 교사자격증을 가진 어머니가 교육과정에 따라 집에서 국어과 지도를 하는 일은 비교적 계속적이고 계획적이지만 국가적으로 (국어 학력으로)는 인정되지 않는다.

이상의 경우는 국어가 교육된다는 점에서는 다를 바가 없으나 '국어 시간에 교사와 학생 사이에 이루어지는 국어(과) 교육, 즉 학력으로 인정받는 교육'과는 구별된다. 국어가 교육된다는 사실은 동일하기 때문에 이를 모두 국어 교육이라고 하고, 이중에서 학교에서 국어 시간에 교사와 학생사이에서 국어과 교육과정을 매개로 하여 이루어지는 국어교육을 특히 '국어과 교육'이라 한다(정동화 외 1991: 9 참조). 이러한 설정을 토대로 '국어과 교육'이 이루어지고 있다고 전제할 수 있는 제한 요소를 다음과 같이 네 가지로 정리해 볼 수 있다.

첫째, 국어과 교육은 교과부가 고시하는 교육과정 중, '국어과'의 교육과정에 따르는 것이어야 한다.
둘째, 일정한 자격이 인정된 전문가(교사)에 의하여 행해지는 것이어야 한다.
셋째, 학교의 교육 계획에 따라 일정 기간 지속적으로 행해지는 것이어야 한다.
넷째, 교육받은 사실이 장차 객관적으로(학력으로) 인정받을 사람들(학생들)에게 행해지는 것이어야 한다(정진권, 1989: 84 참조).

국어과 교육, 국어 교육, 국어생활의 내포 관계는 〈그림 1〉과 같다(천경록 외 2004: 17~18).

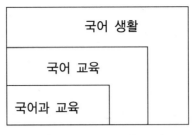

<그림 1> 국어교육의 개념 비교도

교과 교육의 하나로써 국어과 교육에 대해서는 (1) 언어 사용 기능의 신장을 중핵적인 목표로 규정하는 시각 (2) 언어의 지식과 개념에 대한 교육을 본질로 인식하는 시각 (3) 언어 사용 기능의 교육으로서 국어 교육과 예술 교육으로서의 문학 교육이 이원구조를 갖는 것으로 보는 시각이 존재해 왔다. 이러한 시각을 토대로 국어 교육의 중심 대상을 종합해 보면 생활로서의 언어 사용 능력 신장, 언어에 대한 지식의 이해와 적용 능력 신장, 문학작품의 수용과 생산 능력 신장 등이 된다. 그 가운데 생활로서의 언어 사용 능력 신장은 일상생활에서 요구되는 듣기, 말하기, 읽기, 쓰기를 통한 표현 및 이해 능력을 신장하는 것이라고 할 수 있고, 언어에 대한 지식의 이해와 적용 능력 신장은 언어학의 연구 성과를 바탕으로 한 언어 지식(문법) 및 언어 규범(문법)을 이해하는 과정을 통하여 탐구적 사고력을 신장하고 이 과정에서 습득한 지식을 고차적인 의사소통 국면에 활용할 수 있는 능력을 신장하는 것을 말하며, 문학작품의 수용과 생산 능력 신장은 국어과 교육을 통해 길러질 수 있는 정서적 능력을 신장하는 것이라고 부를 수 있을 것이다. 이와 같은 국어과 교육의 목표에 대한 시각과 이를 바탕으로 하는 대상 영역들은 제6차 교육과정 이래 2015 개정 교육과정까지 일정한 상보 관계를 맺도록 구성되어 왔다.[1]

3) 국어과의 특성

교과 교육은 두 가지 특성을 동시에 가지고 있다. 첫 번째는 교과 교육은 교육의 하위 분야라는 것이다. 그렇기 때문에 교과 교육의 목표는 당연히 교육의 목표와 맥을 같이 해야 하며, 그런 점에서 교과 교육의 목표는 교육의 목표인 '사고 교육' 또는 '사고력'의 교육이어야 한다. 이를 교과 교육의 보편적 특성이라고 한다. 두 번째 특성은 그 교과 나름의 고유한 지식이나 기능, 활동을 교육 내용으로 가지고 있다는 점이다. 이를 교과 교육의 개별성 또는 특수성, 고유성이라고 한다.

최현섭 외(1996/2001: 33~35)에서는 교과 교육의 목표를 사고 교육에 둘 것인지 지식 교육에

---

1) 허재영(2006: 19)의 인식을 이 책의 관점에 맞게 수정, 보완하여 제시하였다.

둘 것인지는 각 교과가 당면한 해결하기 매우 어려운 문제라고 보고 있다. 그 구체적인 예로 사회과와 수학과를 들고 있는데 두 교과 모두 사고 활동으로서의 사회과 교육과 수학과 교육을 강조하는 경향으로 흐르고 있다고 한다. 이러한 경향은 전통적인 사회과 교육, 수학과 교육이 배경 학문의 연구 결과로서 사회과 지식, 수학과 지식을 강조한 것과 차이가 있다.

이러한 경향은 국어과 교육에서도 마찬가지이다. 제4차 국어과 교육과정에서는 국어 교육의 하위 영역을 '표현·이해', '언어', '문학' 셋으로 설정하고 국어 교육의 목표를 이 세 영역의 배경 학문의 지식을 학습하는 것에 두었다. 그러나 제5차 이후 현행 교육과정까지는 듣기, 말하기, 읽기, 쓰기와 같은 언어 활동에 따른 언어적 사고력(언어적 고등 정신 기능) 교육을 강화하게 되었다.

이처럼 각 교과는 교과적 특수성으로서의 교과의 고유한 지식, 기능, 활동을 통하여 교육적 보편성으로서의 사고 교육을 신장하는 데 교과의 목표를 두고 있다.[2] 교육과정의 각 교과 목표에서 확인할 수 있는 것처럼 '수학적으로 사고하는 능력', '사회 현상을 탐구하는 능력', '자연의 탐구를 통한 과학의 기본 개념 이해', '음악 활동을 통한 창의성 함양', '미술 활동을 통한 표현 및 감상 능력과 창의성 계발'(제7차 교육과정 초·중등 학교 교육과정, 1998 참고) 등은 교육적 보편성과 교과적 특수성이 함께 드러나고 있다. 교육적 보편성은 '사고하는 능력', '탐구하는 능력', '탐구', '창의성', '표현', '감상', '창의성' 등에서 나타나며 교과적 특수성은 '수학적', '사회 현상', '자연', '음악 활동', '미술 활동' 등에서 나타난다.

국어과 역시 '창의적인 국어 사용 기능 신장' 곧 '언어적 고등 정신 기능 신장'이라는 본질적인 교과 목표에는 '창의', '고등 정신 기능'이라는 교육적 보편성과 '국어 사용 기능', '언어적'이라는 교과적 특수성이 함께 나타난다. 그런데 국어 사용 기능 즉, 듣기, 말하기, 읽기, 쓰기 기능 신장과 '언어적'이라는 것으로 국어과의 특수성 또는 고유성이 확보되기에는 한계가 있다. 이에 대해서는 다음 절에서 살펴보기로 한다.

4) 한국어로써의 국어과의 성립

우리나라의 국어는 대한민국의 공용어인 한국어이다. 우리나라의 국어가 한국어가 되어야 하는 이유는 무엇인가? 영어나 일본어나 중국어가 국어의 지위를 갖는 것은 불가능한가? 일부에서 영어

---

2) 이런 관점의 목표는 인지적인 것에 해당한다. 인지적 목표에 기반하여 정의적 목표가 성취될 수 있기 때문에 인지적 목표가 교육, 교과의 본질적인 목표라고 하겠다. 인지적 목표와 정의적 목표의 관련성에 대해서는 후술한다.

를 한국어와 함께 공용어로 하자는 주장이 제기되기도 한다. 그 논리를 받아들인다면 우리나라의 국어가 한국어가 아닌 다른 언어가 되는 것이 전혀 생각할 수 없는 일인 것만은 아니다. 특히 국어 교육의 목표를 말 잘하고, 글 잘 쓰고, 글 잘 읽고, 말 잘 듣는 것에만 둔다면 즉 국어 사용 기능 (능력) 신장에만 둔다면 그 매개 언어가 반드시 한국어가 되어야 한다는 것은 설득력이 약하다.

지금 세계는 정보 통신, 기술, 교통 등의 발달로 정치, 경제, 문화적인 국경이 허물어져 가고 있다. 지리적인 경계로서의 구실 이외에 문화적, 정치적, 경제적으로 국경을 나누는 것은 무의미한 상황에 놓여 있다. 문화의 핵심 요소라고 할 언어의 경우도 마찬가지이다. 영어가 세계어의 지위를 다져가고 있다. 우리나라의 경우도 유창한 영어 능력이 없으면 소위 말하는 '선망의 직업'을 얻는 것은 애초에 생각할 수 없다. 따라서 많은 나라에서는 공용어이든 외국어이든 영어를 매개로 하는 의사소통 능력을 향상시키기 위하여 물리적, 정신적 노력을 경주하고 있다.

이러한 수고를 덜어 주기 위하여 영어를 우리나라의 '국어'로 하면 어떤가? 기실 영어를 국어에 버금가는 지위를 주자는 논의가 전혀 없었던 것은 아니다. 제주특별자치도에서의 영어 공용어화에 대한 논의, 송도 국제도시에서의 영어 공용어화에 대한 논의 등이 그것이다. 그러나 두 경우 모두 영어가 공용어의 지위를 가지지 못했다. 많은 사람들이 영어 사용 능력에 대한 필요성과 중요성에 공감하면서도 영어를 '국어' 또는 '공용어'로 하는 데에 반대하는 이유는 무엇인가? 국어로서의 '한국어'는 단지 듣고, 말하고, 읽고, 쓰는 의사소통 도구 이상의 기능을 하고 있기 때문이다. 국어로서의 '한국어'가 담고 있는 의사소통 도구 이상의 의미는 무엇인가? 한국 사람에게 한국어가 단지 의사소통을 위한 수단으로서만 가치가 있다면 한국인의 의사소통 수단을 '한국어'가 아닌 다른 언어로 대체하지 못할 이유가 없다.

교과 교육이 교육의 보편성과 교과의 고유성을 함께 가지고 있는 것처럼, 국어는 언어로서의 보편적 특성, 기능과 '국어' 또는 '한국어'로서의 고유한 특성과 기능을 내포하고 있다. 따라서 국어 교육이나 국어과 교육은 언어로서의 보편적인 속성뿐만 아니라 '국어', '한국어'로서의 고유한 속성 까지 그 내용으로 해야 한다.

한국 사람들은 하늘, 바다, 산, 들을 모두 '푸르다'라고 표현한다. 한국 사람들은 하늘, 바다, 산, 들을 나타내는 색깔이 모두 같은 또는 비슷한 색, 적어도 같은 범주의 색이라고 인식한다. 그 런데 각각을 바라보는 위치가 어디냐, 또 어떤 부분을 보느냐, 누가 보느냐 등에 따라 '파랗다, 새파랗다, 퍼렇다, 시퍼렇다, 푸르다, 푸르스름하다, 파르스름하다, 검푸르다' 등과 같이 느낌을 달리하여 나타낸다. 이러한 한국 사람들의 인식이 다른 언어를 사용하는 사람들과의 차이 가운데 하나이다. 바다를 'blue'로 들판을 'green'으로 표현하고 인식하는 사람들과 한국사람들의 인식과 사고는 같지 않다.

또 '눈'에 대해서 에스키모인들은 땅에 쌓여 있는 눈, 바람에 밀려가고 있는 눈, 바람에 밀려 쌓인 눈을 가리키는 단어가 다른 데 비해, 영국인들은 눈을 세분하는 단어가 없고, 아즈텍족들에겐 눈, 얼음, 추움의 개념이 한 단어로 표현된다고 한다. '마차'와 관련된 말도 한국인에겐 쌍두마차, 포장마차, 역마차가 있는데 현재까지 생활 속에서 통용되는 말은 포장마차가 유일하다. 그런데 미국인에게는 carriage, coach, cart, wagon, chariot, tandem, buggy, brougham, barouche 등의 단어가 있다. '소'를 나타내는 말도 마사이어에서는 16가지가 있는데 한국어에서는 4~5가지가 고작이다.

어떤 현상이나 대상의 인식은 언어로 명명될 때 개념이 범주화된다고 할 수 있다. 같은 현상을 두고도 언어로 명명하는 방식과 종류는 같지 않다. 따라서 현상에 대한 인식은 어떤 언어를 사용하는 언중이냐에 따라 다르고 그 인식 양태에 따라 생산하고 수용하는 문화도 달라진다. 그러므로 한국어에는 한국어를 사용하는 사람들의 인식이 반영되어 있어 다른 언어를 사용하는 사람들과 구별된다. 또 한국어를 사용하는 사람들의 인식이나 사고가 고유하기 때문에 이러한 사고 작용으로 생산되는 문화도 고유하고 문화에 대한 이해도 고유한 것이다.

문화의 생산과 이해 과정에 드러나는 고유성이 그 문화의 정체성을 형성한다고 말할 수 있다. 문화 정체성은 개인이나 집단 간의 차이를 통해 드러나며 역동적, 가변적이고 구성적이며 동시대의 구성원들 사이에 널리 공유되는 문화적 성향을 말한다. 이와 같은 문화적 정체성은 신화, 전설, 민담, 노래, 언어, 예술, 문학작품 등에서 드러나거나 놀이, 의례, 말, 풍속 등에서 나타나기도 한다. 국어과에서 문학 교육은 상상력과 창의력을 신장하는 것뿐만 아니라 한국적인 문화 정체성과 한국적인 정서3)를 함양하고 이해하는 것까지 나아가야 한다. 문학 교육의 목적을 창의력과 상상력을 신장시키는 것에만 두게 되면, 국어과에서 굳이 국문학 작품들을 중심으로 다룰 필요가 없을 것이다.

한국 사람은 '한국어'를 사용할 때 한국적인 인식과 사고, 한국적인 정서가 제대로 표현될 수 있으며 그 사고 작용을 통해 생산되는 문화도 한국적인 문화로서의 특성을 나타낼 수 있게 된다. 그리고 국어과 교육은 듣기, 말하기, 읽기, 쓰기 능력과 창의력, 상상력 신장에서 나아가 한국적인 사고 능력, 한국적인 공동체 의식, 한국적인 정서를 함양하여 한국어를 발전시키고 한국문화를 생산·이해하는 능력을 길러 주는 것까지 나아갈 때 한국어를 국어로 하는 교과가 성립할 수 있을 것이다.

---

3) 한국적 정서를 구성하는 요소로 한국적인 정신 곧 한국인의 일, 조화·공존, 인정을 중시하는 한국적 공동체 의식, 한국인의 신명, 한국인의 열정 등을 들어 볼 수 있을 것 같다.

2. 국어과의 성격

1) 국어과의 성격에 대한 양상

국어과의 성격을 논의할 때 주로 언급되는 것은 도구 교과, 사고 교과, 기능 교과, 문화 교과, 내용 교과 등이 그것이다.

(1) 도구 교과로서의 국어과

국어과가 도구 교과로서의 성격을 나타낸다는 것은 세 가지의 측면에서 설명할 수 있다. 첫 번째는 우리의 일상생활의 의사소통의 수단이 되는 국어를 교수·학습 하는 교과로 성격 규정하는 것이다. 일상생활의 의사소통 수단으로서의 국어에 대한 지식을 이해하고 이를 국어생활에 적용함으로써 국어 사용 즉 표현과 이해 능력을 신장시키는 교과로 보는 관점이다.

두 번째는 국어는 다른 교과의 교수·학습의 수단이 된다는 점에서 그러하다. 모든 교과의 교수·학습은 국어로 말하고, 듣고, 읽고, 쓰는 활동을 통하여 수행이 된다. 따라서 국어로 표현하고 이해하는 능력이 부족하면 다른 교과 학습의 부진도 피할 수 없게 된다. 이러한 국어과의 성격을 고려하여 국어과에서는 범교과적 읽기와 쓰기 능력을 신장하기 위한 교수·학습 활동을 강화하고 있다.

이 관점은 국어 교과가 초등학교 저학년 단계에서 지도하는 문자를 읽고 쓸 수 있는 능력을 신장시켜 주어야 하고, 이 능력이 다른 교과 교과서의 글을 읽고 내용을 이해하는 도구가 된다고 하는 관점으로, 국어 교과의 도구 교과로서의 특성을 문자 획득과 관련지어 해석한다. 이와 같이 해석하는 경우 국어 교과의 교육은 문자 교육에 국한할 수밖에 없고, 문자 교육이 어느 정도 이루어진 초등학교 3학년 이후에는 국어 교과가 존립해야 할 정당성을 설명하기 어렵다. 또 국어 교과가 글자 읽기(decoding)나 생각을 글자로 옮겨 쓰는 글자 쓰기(transcribing)와 같은 문자의(또는 문자에로의) 단순 번역 기능을 숙달시키기만 하면 되는 교과로 인식하게 한다는 점에서 한계가 있다.

셋째 국어과는 일상생활이나 교과 학습에서 요구되는 사고 능력 신장을 위한 도구가 된다는 점에서 도구 교과로서의 성격을 나타낸다고 본다. 즉 국어과의 교수·학습이 타교과나 일상생활을 수행하는 하는데 필요한 사고력을 신장하는 도구가 된다고 보는 것은 국어과의 성격을 사고 교과로 규정하는 것과 일맥상통한다.

국어 교육의 최종 목표인 국어 사용 능력이 언어(문자 언어나 음성 언어)를 의미로, 또는 의미를 언어로 구성하는 고등 수준의 사고 능력을 기반으로 하여 향상된다는 점과 이 능력이 문자를 읽고 쓸 수 있는 기초 능력의 신장에 있지 않고, 학습자에게 사고(의미)를 언어로 표현하고, 또 언어를 통해 사고(의미)를 이해하는 고등 정신 능력을 신장시켜 주는 데 있다는 점을 강조한다. 이 때 언어와 사고 사이를 연결짓는 고등 정신 기능은 낱자나 단어, 또는 문장(sentence) 수준이 아닌 담화(text 또는 discourse) 수준의 지적 기능을 뜻하며, 지식의 단순 수용 또는 단순 표출을 초월하는 일종의 앎의 양식(mode of knowing)이요, 지적 성장을 유발하고 조성하는 사고 활동의 힘이자 지식을 생산하는 인간 능력이다. 이 능력이 학교 학습은 물론 인간의 가치로운 삶의 지적 도구가 된다고 보며, 이 도구의 정련이 국어 교과 교육의 핵심적 과제가 되어야 한다고 강조한다. 이와 같은 점에서 국어과는 도구 교과이자 사고 교과로서의 성격을 나타낸다.

(2) 사고 교과로서의 국어과

앞에서도 보았듯이 국어과를 사고 교과로 규정하는 관점은 듣기, 말하기, 읽기, 쓰기의 과정 즉 표현의 과정과 이해의 과정이 고등 정신 기능을 요한다는 것과 관련이 있다. 제5차 교육과정 이래 국어과의 본질적인 목표를 고등 정신 기능 신장과 관련시켜 설명을 하는 것도 바로 이를 염두에 둔 것으로 볼 수 있다. 말하기, 쓰기의 표현 과정이나 듣기, 읽기의 이해 과정의 기반은 모두 사고 활동을 바탕으로 이루어진다. 따라서 표현 능력과 이해 능력을 신장시키는 국어 교육은 결국 사고 능력의 신장에 토대한다고 하겠다.

예를 들어 쓰기의 과정은 내용 생성, 내용 조직, 초고 쓰기 및 고쳐 쓰기의 과정으로 이루어지는데 각각의 과정을 수행하기 위해서 이루어지는 활동이 대부분 사고 활동에 해당한다. 내용 생성을 위한 전략으로 브레인스토밍 활동이나 마인드 맵 활동을 하는 것은 모두 사고 활동이며, 내용 조직을 위한 개요 짜기나 다발짓기 활동 등은 모두 사고 활동에 해당한다. 읽기나 듣기 과정의 내용 이해, 추론, 평가와 감상을 수행하기 위해 이루어지는 활동도 대부분 사고 활동에 해당한다. 듣기, 말하기, 쓰기, 읽기 능력을 신장시키기 위한 전략들은 대부분이 사고 능력 신장을 토대로 이루어지는 것이기 때문에 국어과 교육을 통하여 국어 사용 능력을 신장하고자 하는 것은 결국 고등 정신 기능을 신장하고자 하는 것과 다름 없는 것으로 보는 것이 일반적이다.

이뿐만 아니라 문법 교육에서도 6차 교육과정 이래로는 국어적 탐구력 신장을 위한 탐구 활동을 강조해 오고 있으며, 문학 교육에서도 문학 작품의 수용과 생산 활동을 통하여 창의력, 상상력 등의 사고력을 신장하고자 하는 교육이 강화되어 왔다.[4]

---

4) 국어 교육과 사고 교육과의 관련성에 대해서는 이병규(2005: 260~266) 참고.

제5차 교육과정을 기점으로 국어과의 성격에 중요한 변화가 있었다. 제4차 국어과 교육과정이 학문중심의 교육과정의 영향을 받아 지식 중심 즉 내용 중심의 국어과로서 성격을 규정한 데 비해, 제5차 교육과정부터는 듣기, 말하기, 읽기, 쓰기 기능 신장에 초점을 둔 기능 중심의 국어과로서의 성격을 강조하게 되었다.

(3) 지식 교과로서의 국어과

4차 이전 교육과정에서도 형식상으로는 듣기, 말하기, 읽기, 쓰기의 기능을 강조했던 것처럼 국어과의 영역이 나뉘어져 있지만 각 영역에서 가르치는 내용은 국어학적 지식, 국문학적 지식, 수사학적 지식 등이 많았던 것이 사실이다. 특히 4차 교육과정에서는 국어과의 영역 자체를 표현과 이해 영역, 문법 영역, 문학 영역으로 나누고 표현과 이해 영역에서는 수사학적 지식을 기반으로, 문법 영역에서는 국어학적 지식을 기반으로, 문학 영역에서는 국문학적 지식을 기반으로 하여 지식 중심의 국어과로서의 성격을 강화하였다고 할 수 있다. 그러나 제5차 교육과정부터는 국어학적 지식이나 국문학적 지식, 수사학적 지식을 교수·학습 하는 것보다 듣기, 말하기, 읽기, 쓰기 기능을 신장시키기 위한 방법이나 전략을 강조하는 교과로서 그 성격이 변화되기에 이르렀다. 그 이래로 교육과정이 바뀔 때마다 정도의 차이는 있지만 이와 같은 국어과의 성격이 유지되어 오고 있다고 하겠다.

(4) 기능 교과로서의 국어과

국어과에서의 '기능'은 '지식'에 대립되는 말로, 앞에서도 언급했듯이 '언어를 매개로 하여 지식을 구성하는 과정으로서, 학습 방법(study skills)을 말하며 더 나아가 고등 수준의 사고 기능을 말한다. 국어과의 성격을 기능 교과로 규정하는 것은 국어과의 목표는 듣기, 말하기, 읽기, 쓰기 능력 즉 국어 사용 능력을 신장하여야 한다는 관점이다. 이를 위해 국어과에서는 듣기 기능, 말하기 기능, 읽기 기능, 쓰기 기능을 신장하여야 한다. 다시 말하면 수사학적 지식, 국어학적 지식, 문학적 지식과 같은 형식적, 본질적, 명제적 지식 중심의 교육이 아니라, 표현과 이해 활동에 요구되는 사고의 절차나 과정에 대한 학습과 반복, 훈련이 필요하다고 보는 것이다.

예를 들면 읽기 능력을 신장하기 위하여 학습자가 학습해야 할 읽기 기능에는 다음과 같은 것이 있다.

1. 축어적 재인 및 회상(literal recognition or recall)

    1) 세부 내용의 재인 또는 회상

    2) 중심 생각의 재인 또는 회상

    3) 줄거리의 재인 또는 회상

    4) 비교의 재인 또는 회상

    5) 원인과 결과 관계의 재인 또는 회상

    6) 인물의 특성에 대한 재인 또는 회상

2. 재조직(reorganization)

    1) 유목화

    2) 개요

    3) 요약

    4) 종합

3. 추론(inference)

    1) 뒷받침이 되는 세부 내용 추론

    2) 중심 생각 추론

    3) 비교 추론

    4) 원인과 결과의 관계 추론

    5) 인물의 특성 추론

    6) 결과 예측

    7) 비유적 언어 해석

4. 평가(evaluation)

    1) 현실과 환상의 판단

    2) 사실과 의견의 판단

    3) 정확성과 타당성의 판단

    4) 적절성의 판단

    5) 수용 가능성의 판단

5. 감상(appreciation)

    1) 주제나 구성에 대한 정의적 반응

2) 인물이나 사건에 대한 공감

3) 자기가 사용한 언어에 대한 반응

4) 심상

앞의 읽기 기능 목록은 Barret(1976)에서 유목화된 것으로 읽기 분야에서 가장 일반적으로 인정되고 있다(노명완 외, 2003: 59~62 재인용).

기능 교과로서의 성격을 강조하는 관점에서는 듣기, 말하기, 읽기, 쓰기 기능은 곧, 사고 기능과 다르지 않은 것으로 파악한다. 노명완 외(2003: 59~62)에서는 Marzano(1988)에서 제안하는 사고 기능과 읽기 기능을 비교하면서 사고 기능과 언어 기능은 그 구별이 거의 불가능할 정도로 매우 유사한 정신 작용으로 보고 있다.

- 초점을 맞추는 기능
  · 문제 정의하기
  · 목표 설정하기
- 정보 수집 기능
  · 관찰하기
  · 의문 형성하기
- 조직 기능
  · 비교하기
  · 분류하기
  · 순서화하기
  · 표현하기
- 분석 기능
  · 속성과 구성 요소 확인하기
  · 관계와 양상 확인하기
  · 주제 확인하기
  · 오류 확인하기

- 생성 기능
  - 추론하기
  - 예언하기
- 통합 기능
  - 요약하기
  - 재구조화하기
  - 정교화하기
- 평가 기능
  - 준거 설정하기
  - 확증하기

앞의 사고 기능과 읽기 기능의 유목화의 차이는 누가 더 세분화했는지 그리고 어떤 언어로 명명하였는가의 차이이지 크게 다르지 않는 것으로 파악한다. 언어를 사용한다는 것은 사물이나 사상을 지각, 개념화, 범주화, 조직화하는 것을 말한다. 여기에는 초점, 수집, 조직, 분석, 생성, 통합, 평가 등의 사고 기능과 회상, 재조직, 추론, 평가, 감상 등이 모두 포함된다. 따라서 사고 기능이 곧 언어 기능이고 언어 기능이 곧 사고 기능이라고 할 수 있다. 요컨대 국어과를 기능 교과라고 하는 것은 사고 교과라고 하는 것과 다르지 않으며 또 도구 교과라고 하는 것과도 다르지 않은 것이다.

(5) 내용 교과로서의 국어과

국어과의 성격을 논의할 때 '내용'은 '도구'에 대립하는 말로, 전통적으로 국어과의 교육 내용은 '문법'과 '문학'에 대한 지식이 국어 교육만의 독자적인 교육 내용으로 중시되었다. 문법은 언어 현상 특히 언어 사용 현상을 언어학적 관점에서 해석하고 탐구하는 고등 정신 기능을 발달시킬 수 있다는 점에서 국어 교육의 중요한 내용이 된다. 국어의 중요성을 깨닫게 하고, 국어를 소중히 여기게 하고, 국어를 발달시키는 데 이바지하려는 태도를 길러 주는 것과 관련되는 내용도 국어 교육의 중요한 내용이 된다. 이뿐만 아니라 언어로 형상화된 문학 작품을 통하여 학습자에게 즐거움을 주고, 새로운 세계나 상상적인 세계에 대한 호기심을 가지게 하며, 풍부한 상상력을 계발시켜 주고, 인간의 다양하고 복잡한 내면 세계를 이해하고 공감하게 할 뿐만 아니라, 성숙하고 건전한 인생관 형성에 기여하는 문학 학습 활동을 효과적으로 수행하는 데 필요한 문학 작품의 분석, 해석,

평가와 관련된 내용도 국어 교과의 중요한 교육 내용이 된다.

이뿐만 아니라, 국어 교과는 고등 수준의 지적 능력으로서 국어 사용 능력 향상을 위한 교육 내용을 다룬다. 여기에는 개별 언어 기능의 작용 방식, 개별 언어 기능이 사용되는 맥락, 목적, 대상 등에 대한 앎이 포함된다. 이 앎과 관련되는 교육 내용이 바로 지식이자 국어 교육의 핵심 내용이 된다.

학습자의 국어 사용 능력을 향상시키는 데 필요한 내용들, 문법과 문학에 대한 지식들은 다른 교과에서는 다루지 않는 국어 교과의 고유한 교육 내용이라는 점이 바로 국어 교과가 내용 교과인 근거가 된다.

(6) 문화 교과로서의 국어과

한편 국어과의 성격을 국어 문화적인 관점에서 규정하는 것도 가능하다. 우리가 국어로 듣고, 말하고, 읽고, 쓰는 활동, 또 그 결과물은 모두 국어문화의 일부분이다. 국어 문법도 국어 문화의 일부분이요, 국문학도 국어 문화의 일부분인 것이다. 따라서 국어과 교육을 통하여 국어 문화의 이해는 물론, 국어 문화를 향유·감상하고, 우수한 국어 문화를 생산할 수 있는 능력과 태도를 함양하는 것을 강조하는 교과로 성격을 규정하는 것도 가능하다.

인류의 문화는 언어와 문자를 통하여 생성되고 계승, 발전되어 왔다. 이와 같은 문화의 생성과 수용, 발전, 계승은 인간이 다른 동물과 달리 문명화되도록 하였다. 즉 인간이 언어를 사용한다는 것은 문화를 소유한다는 것이며, 문화를 소유한다는 것은 인간다운 생활을 영위한다는 의미이다. 이런 의미에서 언어가 중심인 국어과 교육은 언어 곧 문화 교과의 성격을 띠게 마련인 것이다(방인태 외, 2000: 8). 이러한 관점에서는 국어 사용 능력을 신장하는 궁극적인 목적은 의사소통과 사고의 도구로서 국어를 익혀 한국인의 정체성을 형성하고, 한국문화의 이해와 생산 능력을 갖춘 인간 형성에 둘 수 있다.

이상에서 국어과의 성격에 대한 양상을 살펴보았다. 국어과의 성격을 어떻게 보느냐는 국어과 교육에 있어 매우 중요하다. 왜냐하면 국어과의 성격을 어떻게 규정하느냐에 따라 국어과의 목표, 국어과의 영역 구분, 국어과의 교수·학습 내용이 달라질 수 있기 때문이다. 국어과의 성격은 이상에서 살펴본 어느 하나로만 규정되기는 어렵다. 국어과의 성격은 앞에서 논의한 대부분의 양상이 통합되어 나타나지만 그 초점이 어디에 놓이느냐에 따라 국어과의 성격의 변화를 이야기할 수 있다.

국어과의 성격 규정은 도구 교과, 사고 교과, 지식 교과, 기능 교과, 내용 교과, 문화 교과 등 다양한 관점 가운데 어떤 측면을 강조하느냐에 따라 결정되는 것이지 각각의 관점이 서로 배타적인 관계에 있는 것은 아니다.

2) 국어과 교육과정에서의 '성격' 이해

국어과 교육에 대한 시각은 논자에 따라 '국어 사용 기능을 신장시켜 주는 교육'으로 규정하거나, '국어 교육 분야와 관련된 학문이 제공하는 지식, 또는 개념을 가르치는 교육'으로 규정하거나, '국어 교육과 문학 교육의 이원적 구조'로 규정하는 입장으로 크게 대별할 수 있다(제6차 초등학교 교육과정 해설서). 첫째 시각은, 국어과 교육을 학생들이 국어를 바르게 사용하면서 표현과 이해 활동을 정확하고 효과적으로 할 수 있도록 지도하는 교과로 보는 입장이다. 둘째 시각은, 소위 학문 중심으로 각 교과를 파악하는 입장으로, 국어 교육을 그 배경 학문이라고 할 수 있는 수사학, 언어학, 문학 등의 개념과 원리 등을 가르치는 교과로 보는 입장이다. 셋째 시각은, 문학을 강조하는 입장으로, 국어 교육과는 변별되는 문학 교육의 고유 영역을 강조하는 입장이다.

이와 같은 국어과의 성격을 교육과정에서는 어떻게 다루고 있는지 살펴보자. '국어과의 성격'이 교육과정에 명시적으로 반영된 것은 제6차 교육과정에서부터이다. 이때부터 해당 교과의 성격을 명시하는 '성격' 항이 교육과정상에 처음으로 신설되었기 때문이다. 제6차 교육과정에서 규정한 '성격'부터 2015 개정 교육과정에서 규정한 국어과의 성격을 통해 교육과정상의 국어과의 성격을 이해해 보자.

(1) 제6차 국어과 교육과정

제6차 국어과 교육과정은 제5차 교육과정과 마찬가지로 언어 사용 기능의 개념을 확대 해석하는 입장을 취하였다. 제6차 초등 국어과 교육과정에서 국어과의 성격을 다음과 같이 제시하고 있다.

> 국어과는 언어 사용 기능을 신장시키고, 국어에 관한 기본이 되는 지식을 가지게 하며, 문학의 이해와 감상 능력을 길러 주는 교과이다. 또한, 국어과는 국어의 발전과 민족의 언어 문화 창조에 이바지하려는 뜻을 세우고, 올바른 민족 의식과 건전한 국민 정서를 함양하는 교과이다.

국어과는 언어 사용 기능, 언어, 문학의 세 영역으로 구성된 교과이다. 언어 사용 기능 영역에서는 의사 교환 기능으로서의 표현 기능과 이해 기능을 길러 주며, 이를 통하여 합리적이고 창의적인 사고력을 길러준다. 언어 영역에서는 국어에 관한 기본이 되는 지식을 학습시켜, 국어를 바르게 사용할 수 있는 기능을 길러준다. 또한, 언어 현상에서 규칙을 발견할 수 있는 탐구 능력도 길러준다. 문학 영역에서는 문학 작품을 이해할 수 있는 지적 능력을 길러준다. 그리고 문학 작품 감상을 통하여 즐거움을 느끼게 하고, 삶의 다양한 모습에 대하여 관심을 가지고 이해하게 하며, 풍부한 상상력을 길러준다.

<u>국민 학교 국어과 교육에서는 말하기, 듣기, 읽기, 쓰기의 언어 사용 기능 신장에 중점을 둔다. 또, 정확한 표기와 발음, 어휘력 신장을 위한 학습 활동을 강조하며, 표현과 이해 과정에서의 문제 해결력 및 창의적 사고력 신장을 위한 학습 활동에 역점을 둔다.</u> 이를 위하여, 말하기, 듣기, 읽기, 쓰기 기능이 유기적인 관련 속에서 통합적으로 신장될 수 있도록 한다. 또한, 언어 사용 기능의 신장을 위한 교육 활동의 과정에서, 국민 학교 학생의 경험 세계에 적합한 문학 작품의 감상 기회를 충분히 제공함으로써 아름다운 정서와 인간성을 함양하도록 한다(제6차 국민학교 교육과정 교육부 고시 제1992-16호 국어과 '성격' 항).

이상의 제6차 교육과정의 국어과의 성격은 '도구 교과', '지식 교과', '사고 교과', '문화 교과'로서의 성격이 모두 반영되어 있다고 볼 수 있다. 이 가운데 특히 초등학교에서는 '도구 교과', '기능 교과', '사고 교과'로서의 특성을 강조하고 있음을 밑줄 친 부분을 통하여 확인할 수 있다.

제6차 교육과정에서는 국어에 대한 지식이나 기능 신장을 위한 전략뿐만 아니라 국어 문화의 발전, 문학 작품을 통한 아름다운 정서와 인간성 함양을 위한 내용 교과로서의 성격까지 포함되어 있다. 국어 교과를 통하여 인격 형성, 인간성 함양, 아름다운 정서 함양 등은 국어과의 제재를 통하여 가능한 데 특히 이와 같은 성격은 국어과를 내용 교과로 보는 것과 관련이 깊다.

그런데 제6차 국어과 교육과정 해설서에 따르면, 언어 사용 기능을 확대 해석한다는 것은 언어 사용 기능을 문자를 읽고 쓸 수 있는 글자 읽기(decoding)나 생각을 단순히 글자로 옮겨 쓰는 글자 쓰기(transcribing)와 같은 문자의(또는 문자에로의) 단순 번역 기능이 아니라고 보는 것이다. 국어과 교육에서 기르려고 하는 언어 사용 기능은 말하고, 듣고, 읽고, 쓰는 언어 활동을 통해서 언어(문자 언어나 음성 언어)를 의미로, 또는 의미를 언어로 (재)구성하는 고등 수준의 사고 기능을 의미한다.

제6차 국어과 교육과정에서는 국어과는 언어 사용 기능을 신장시키고, 국어에 관한 기본이 되는 지식을 가지게 하며 문학의 이해와 감상 능력을 길러 주는 교과이며, 국어의 발전과 민족의 언어문화 창조에 이바지하려는 뜻을 세우고, 올바른 민족 의식과 국민 정서를 함양하는 교과로 그 성격을 규정하고, 그 내용은 언어 사용 기능, 언어, 문학의 세 영역으로 구분하여 규정하였다.

국어과에서는 전통적으로 언어 사용 기능의 신장을 중시하였다. 언어 사용 기능이란, 언어를 통한 표현과 이해 기능으로서, 단순히 지식을 표출하거나 수용한다는 의미를 넘어서 의미를 언어화(표현)하고, 언어에서 의미를 추출하고 재구성(이해)하는 고등 사고 기능을 의미 한다. 이러한 표현 기능과 이해 기능은 문제 해결 기능 및 의사 결정 기능과 밀접한 관련을 가지고 있기 때문에 표현과 이해 기능의 신장을 통하여 합리적이며 창의적인 사고력을 효과적으로 길러 줄 수 있다. 또, 언어 사용 활동을 통하여 인간과 사회와 자연에 대한 이해를 깊고 넓게 하는 능력 및 태도는 물론, 언어 사용과 관련되는 사회적 관습과 태도를 길러 줄 수 있다. 이런 의미에서, 교육과정에는 언어 사용 기능 영역을 통하여 합리적이며 창의적인 사고력을 길러 준다고 명시하고 있다. 이는 또한 단편적인 지식 위주의 국어과 교육을 지양하고자 하는 의도이기도 하다.

언어에 대한 지식 및 문학의 이해 및 감상 능력 또한 전통적으로 국어과에서 중시되어 왔다. 언어 영역에서는 물론, 언어와 국어에 관한 기본이 되는 지식을 학습시킨다. 그러나 언어에 관한 지식은 그 자체로서 의미 있는 것이기보다는 국어를 바르게 사용할 수 있는 기능을 기르는 데 도움이 되는 것이어야 하며[5], 언어에 관한 지식의 전달 역시 교사 위주의 일방적인 것이 아니라 학습자가 언어 현상에서 규칙을 발견할 수 있는 탐구 능력을 기를 수 있는 쌍방향적인 것이어야 한다. 곧, 언어에 관한 지식의 적절한 활용으로 국어를 보다 정확하고 효과적으로 사용하는 능력과 함께 언어 현상에서 규칙과 원리를 발견하는 탐구 능력을 기르고, 국어의 중요성을 깨닫게 하여 국어를 소중히 여기며, 한국인의 언어인 국어를 발달시키는 데 이바지하겠다는 태도를 기르는 데 주안점을 두고 있는 것이다.

문학 영역에서는 문학 작품 감상을 통하여 즐거움을 느끼고, 삶의 다양한 모습에 관심을 가지고 이해하게 하며, 풍부한 상상력을 길러 주고자 하였다. 또, 문학에 대한 체계적인 지식을 바탕으로 하여 문학 작품을 이해할 수 있는 고등 수준의 지적 능력을 발달시키고, 아울러 예술로서의 문학이 지닌 심미적 가치를 올바르게 인식할 수 있도록 도와주는 데 주안점을 두었다. 즉, 문학 작품 감상에 기초가 되는 문학에 관한 지식을 학습시켜 문학 작품을 바르게 이해하고 감상할 수 있는 능력을

---

5) 언어에 관한 지식은 국어를 바르게 사용할 수 있는 기능을 기르는 데 도움이 되는 것이어야 함으로 간주함으로써 기능 교과, 도구 교과로서의 특성을 강조하고 있는 것으로 파악할 수 있다.

길러 주고자 하는 것이다. 광복 이후 40여 년 동안 국어과 교육을 통하여 문학을 지도해 왔지만, 문학 작품 감상 능력의 신장보다는 문학에 관한 지식 그 자체의 전달에 치우친 경향이 강했다. 그러므로 교육과정에서 문학에 관한 지식의 학습이 문학 작품 감상의 기초가 되어야 함을 명시하였다(제6차 중학교 국어과 교육과정 해설 참고).

이상과 같은 국어과의 성격 위에 초등학교 단계에서는 특히 다음과 같은 점을 특히 강조하였다.

① 말하기, 듣기, 읽기, 쓰기의 언어 사용 기능 신장을 강조하였다. 언어 사용 기능은 문자를 해독하는 단순 기능이 아니라, 정보화 사회에서 고도로 복잡한 문제를 합리적으로 해결하는 데 꼭 필요한 핵심 기능(技能)으로, 그 자체가 고등 수준의 사고 기능이라는 데 근거한 것이다.

② 정확한 표기와 발음, 어휘력 신장을 위한 학습 활동을 강조하였다. 정확한 표기와 발음은 원활한 의사 소통을 위하여 필수적으로 요청될 뿐만 아니라, 고등 수준의 언어 기능을 수행하는 바탕이 된다. 그리고 어휘력은 국어과 교육의 핵심 목표인 국어 능력을 구성하는 중요한 요인의 하나이다.

③ 표현과 이해 과정에서의 문제 해결력 및 창의적 사고력 신장을 위한 학습 활동에 역점을 두며, 이를 위하여 말하기, 듣기, 읽기, 쓰기의 언어 기능이 서로 유기적인 관련을 맺으면서 통합적으로 신장되어야 함을 강조하였다.

④ 언어 사용 기능 신장을 위한 교육 활동의 과정에서 초등학교 학생들의 경험 세계에 적합한 문학 작품을 많이 접하도록 하여 아름다운 정서와 인간성을 함양시킬 것을 강조하였다(제6차 국민학교 교육과정 해설 I 참고).

요컨대 국어과 교육의 성격을 규정함에 있어, 제6차 국어과 교육과정에서는 언어 사용 기능의 개념을 확대 해석하고, 예술 교육으로서의 문학 교육을 언어 교육과의 상호 관련성 및 보완성을 강조하는 방향에서 국어과 교육 속에 통합시켰다. 이러한 방향에서 국어과 교육의 일반 성격을 규정하고, 이를 바탕으로 하여 학교급별 국어과 교육의 강조점을 제시하였다.

(2) 제7차 국어과 교육과정

7차 교육과정은 초등학교 1학년부터 고등학교 1학년까지 모두 10년을 국민공통교육 기간으로 설정하여 이 기간 동안 배우게 되는 국어과의 성격은 모두 동일한 것으로 보아 다음과 같이 설정하고 있다.

국어과는 한국인의 삶이 배어 있는 국어를 창조적으로 사용하는 능력과 태도를 길러, 정보화 사회에서 정확하고 효과적으로 국어 생활을 영위하고, 미래 지향적인 민족 의식과 건전한 국민 정서를 함양하며, 국어 발전과 국어 문화 창달에 이바지하려는 뜻을 세우게 하기 위한 교과이다.

국어과에서는 국어가 사용되는 맥락과 목적과 대상을 종합적으로 고려하면서 열린 마음으로 국어 사용 양상과 내용을 정확하고도 비판적으로 이해할 수 있는 능력과, 사상과 정서를 효과적이고도 창의적으로 표현할 수 있는 능력을 기르고, 언어와 국어에 대한 기본적인 지식을 바탕으로 언어 현상을 탐구하고 국어 생활에 활용하는 능력을 기른다. 그리고 문학에 대한 기본적인 지식을 바탕으로 문학 작품을 수용하면서 인간의 다양한 삶을 총체적으로 이해하는 능력과 심미적 정서를 기른다. 이를 통해 국어 문화를 바르게 이해하고 존중하며 사랑하는 태도를 길러 성숙한 문화 시민으로서의 역할을 다 하도록 한다.

국민 공통 기본 교과인 국어과의 교육 내용은 듣기, 말하기, 읽기, 쓰기, 국어 지식, 문학의 여섯 영역으로 구성한다. 국어과 학습은 국어 생활을 정확하고 효과적으로 하며, 국어의 발전과 국어 문화의 계승, 발전에 필요한 능력과 자질을 기르는 데 필요한 지식과 기능과 태도가 유기적으로 통합되게 운용한다. 특히, 국어과 학습은 학습자가 국어 사용 상황에 능동적으로 참여하고 자신의 언어를 창조적으로 사용하는 언어 활동을 강조하여 국어의 가치를 체험할 수 있게 한다. '듣기', '말하기', '읽기', '쓰기' 영역의 학습은 실제적인 목적으로 표현하고 이해하는 언어 활동을 강조하여 창조적 국어 사용 능력이 향상되게 한다. '국어 지식' 영역의 학습은 언어 현상에서 규칙을 찾아 내는 탐구 학습 활동을 중심으로 하되, 학습한 지식을 국어 사용 상황에 적용하는 활동을 강조한다. '문학' 영역의 학습은 문학 작품을 스스로 찾아 읽고 토론하는 학습 활동을 중시하여 작품에 나타난 인간의 삶을 총체적으로 이해하고 문학적 상상력이 향상되도록 한다.

국어과 학습은 학습 능력과 성취 수준을 고려하여, 정확하고, 해석적이며, 비판적이고,

> 창의적인 수준으로 국어를 사용하는 경험이 확대되도록 하는 학습 활동에 중점을 둔다(제7차 국어과 교육과정 교육부 고시 제 1997-15호 '성격' 항).

7차 교육과정에서 확인할 수 있는 국어과의 성격에서도 '지식 교과', '기능 교과', '문화 교과', '사고 교과'로서의 성격이 모두 반영되어 있다고 볼 수 있다. 그런데 '국어 지식' 영역의 학습을 국어 사용 즉 듣기, 말하기, 읽기, 쓰기 상황에 적용하는 활동을 강조한 것이나, 국어과 학습은 정확하고, 해석적이며, 비판적이고, 창의적안 수준으로 국어를 사용하는 경험이 확대되도록 하는 학습 활동에 중점을 둔 것으로 보아 '기능 교과'로서의 성격이 강조된 것으로 이해할 수 있다.

제7차 국어과 교육과정 해설서에 따르면, 제7차 국어과 교육과정은 국어과의 성격을 "한국인의 삶이 배어 있는 국어를 창의적으로 사용하는 능력과 태도를 길러, 정보 사회에서 정확하고 효과적으로 국어 생활을 영위하고, 미래 지향적인 민족 의식과 건전한 국민 정서를 함양하며, 국어 발전과 국어 문화 창달에 이바지하려는 뜻을 세우게 하기 위한 교과"로 규정하였다. 즉, 국어과는 국어가 사용되는 맥락과 목적과 대상을 종합적으로 고려하면서 열린 마음으로 국어 사용 양상과 내용을 정확하고도 비판적으로 이해할 수 있는 능력과 사상과 정서를 효과적이고도 창의적으로 표현하는 능력과 태도를 기르는 데 중점을 두어야 하는 교과임을 분명히 하였다. 또, 국어과 교육의 핵심적 과제가 학습자의 '창의적인 국어 사용 능력 향상'에 있음도 분명히 하였다. 그리고 이러한 능력과 태도를 함양하는 데에는 지식이 역할이 중요함을 강조하였다. 국어 사용 능력 향상을 위해서 학습자가 반드시 알아야 할 지식의 교육은 교사가 단순히 전달하는 교육 활동이 아니라, 국어 사용 현상에 대한 탐구 활동을 강조함으로써 지식 생산 경험을 가지게 하고, 학습한 지식이 실제의 국어 사용 상황에서 활용되어야 한다는 점도 강조하였다.

국어과의 성격에 제시된 교육의 목적을 실현하기 위해, 제7차 국어 교과의 교육과정에서는 교육 내용의 범주를 듣기, 말하기, 읽기, 쓰기, 국어 지식, 문학의 여섯 영역으로 구분하였다. 전통적으로 국어 교육에서는 학습자의 국어 사용 능력 신장을 강조하여 왔다. 이 능력은 기존 지식의 단순 수용이나 표출 능력이 아니라 언어 기능을 통합적으로 운용하여 사고(의미)와 언어를 연결지어야 하는 지적 기능으로서의 고등 정신 능력이다. 이 능력은 단순히 문자를 읽고 쓸 수 있는 기초 기능이 아닌, 의미를 언어화(표현)하고 언어에서 의미를 추출하여 재구성(이해)하는 데 필요한 지식, 기능, 태도의 학습이 균형 있게 이루어질 때에 효과적으로 신장되는 능력이다. 이것이 제7차 교육과정에서 국어 교과의 성격을 규정한 기본 관점이다. 이는 국어 활동의 지적 기반으로서의 지식 학습이 강조되어야 함을 의미한다. 특히, 제7차 교육과정이 지향하고 있는 창의적인 국어 사용 능력은 언어 활동의 반복에 의한 숙달보다 언어 활동과 언어와 문학에 대한 기초적인 지식의 체계적인 학습이 선행될 때 효과적으로 향상된다. 언어 활동과 언어에 대한 지식은 언어 현상의 탐구와 국어 생활에 활용하는 능력을 신장시키는 데에, 문학에 대한 지식은 문학 작품을 수용하고 인간의 삶을 총체적으로 이해하는 능력과 심미적 정서를 함양하는 데에 지적 기반이 된다. 이러한 지적 기반이 곧 국어 사용 양상과 내용을 정확하고 비판적으로 이해하는 능력과 사상과 정서를 효과적이고도 창의적으로 표현하는 능력과 태도를 길러, 국어 교육의 이념적 지향인 국어 문화의 이해와 창조에 기여한다는 관점에서 성격을 규정하였다.

제6차 교육과정의 영역명 '언어'를 '국어 지식'으로 바꾸었다. 이는 '언어'라는 영역명이 지나치게 포괄적인 데서 제기되는 여러 가지 문제를 해결하기 위함이었다. 특히, 창의적인 국어 사용 능력 신장과 밀접하게 관련되어 있는 표현력과 이해력 또한 '언어' 범주에 포괄될 수 있다는 점, 보통 교육의 일환으로 실천되는 초·중등 학교의 국어 교육이 언어학 일반이나 국어학의 지식 체계를 가르치는 데 목적이 있지 않다는 점, 국어에 대한 지식으로 한정하는 것이 교육 내용의 선정과 각각의 교육 내용의 성격을 명료히 하는 데 기여한다는 점을 중시하여 조정하였다. 또, 언어와 국어에 대한 기본적인 지식의 학습이 언어 현상에서 규칙을 찾아 내는 탐구 활동과 학습한 지식을 실제의 국어 사용 상황에 적용하는 활동을 중심으로 이루어져야 함을 명시하였다.

제7차 교육과정에서는 '문학' 영역을 별도로 설정하여 교육 내용을 제시하는 주된 목적이 문학적 국어 사용 능력 향상에 있다고 보고, 이를 국어과의 성격 규정에 반영하였다. 이를 위해 제7차 교육과정은 문학 영역의 교육 내용에서 '문학의 창작'에 관한 내용을 보완하여 문학 작품의 향수의 질을 높이는 활동을 강조하였다. 즉, 문학 영역의 교수·학습이 문학 또는 개별 문학 작품에 대한 해설과 기성의 문학적 해석을 단순 수용하도록 하는 데 중점이 있지 않고, 학습자의 적극적이고도 능동적인 작품의 해석과 비평 활동을 강조하여 문학적 목적으로 국어를 사용하는 능력을 질적으로 향상시켜 주어야 함을 강조하였다(제6차 초등학교 교육과정 해설 III, 13~14 참고).

제7차 교육과정은 제6차 교육과정의 정신을 발전적으로 계승하되, 학습자의 창의적 국어 사용 능력 향상을 국어과 교육의 최상위 목표로 설정하고, 이 목표 달성에 필요한 교육 내용을 듣기, 말하기, 읽기, 쓰기, 언어, 문학의 여섯 영역으로 구분할 수 있다는 관점을 취하였다.

앞에서 언급한 여러 가지 사항을 고려하여, 제7차 교육과정은 학습자의 창의적인 국어 사용 능력 향상을 최상위 목표로 설정하고, 이것이 발전 지향적인 국어 문화의 창조에 연계되어야 함을 강조하는 관점에서 국어과의 '성격'을 규정하였다(제7차 중학교 국어과 교육과정 해설서 참고).

(3) 2007 개정 국어과 교육과정

국어 교과는 한국인의 삶이 배어 있는 국어를 창조적으로 사용하는 능력과 태도를 길러 국어를 정확하고 효과적으로 사용하게 하고, 미래 지향의 민족의식과 건전한 국민 정서를 함양하게 하며, 국어 발전과 국어 문화 창달에 이바지하려는 뜻을 세우게 하기 위한 교과이다.

국어 교과에서 학습자는 국어 활동에 대한 지식을 바탕으로 담화 또는 글의 내용을 정확하고 비판적으로 이해하고, 사상과 정서를 효과적이고 창의적으로 표현하는 능력을 향상시킨다. 또한 국어 현상을 탐구하여 국어를 깊이 있게 이해하고 국어에 대한 의식을 높인다. 그리고 문학에 대한 기본적인 지식을 바탕으로 문학 작품을 수용하거나 생산하면서 인간의 다양한 삶을 총체적으로 이해하는 능력을 기르고 심미적 정서를 함양한다. 이를 통해 국어 문화를 바르게 이해하고 존중하는 태도를 길러 성숙한 문화 시민의 소양을 기를 수 있다.

국어 교과의 교수·학습은 정확하고 효과적인 국어 활동, 국어의 발전, 그리고 국어 문화의 계승과 발전에 요구되는 능력과 자질을 기르는 데 필요한 지식과 기능이 유기적으로 통합되게 운용한다. 특히 국어 교과의 학습은 학습자가 국어 활동에 능동적으로 참여하여 국어의 가치를 체험할 수 있게 운용한다. '듣기', '말하기', '읽기', '쓰기' 학습은 실제 상황에서의 주체적인 국어 활동을 강조함으로써 비판적이고 창의적인 국어 능력이 향상되게 한다. '문법' 학습은 언어 현상에서 규칙을 찾아내는 탐구 활동을 강조하고, 학습한 지식을 국어 사용 실제에 적용하는 활동을 강조한다. '문학' 학습은 문학 작품을 찾아 읽고 해석하며, 문학 작품을 생산하는 학습 활동을 함으로써 작품에 나타난 인간의 삶을 총체적으로 이해하고 문학적 상상력이 향상되도록 한다.

초등학교에서는 국어를 정확하고 효과적으로 표현하고 이해하는 능력과 국어 활동을 통한 사고력과 상상력을 기르는 데 중점을 둔다. 또한 국어에 대해 관심을 가지고 국어 활동을 즐기고 국어를 존중하는 태도를 강조한다. 중등학교에서는 국어를 정확하고, 비판적이며, 창의적으로 표현하고 이해하는 능력과 국어 활동을 통한 고등 사고력과 심미적 안목을 기르는데 중점을 둔다. 또한 국어 문화에 대한 관심을 높이고 국어를 발전시키려는 태도를 강조한다(2007 개정 국어과 교육과정 '성격' 항).

2007 개정 국어과 교육과정은 국어과의 성격을 "한국인의 삶이 배어 있는 국어를 창조적으로 사용하는 능력과 태도를 길러, 국어를 정확하고 효과적으로 사용하게 하고, 미래 지향적인 민족의식과 건전한 국민 정서를 함양하며, 국어 발전과 국어 문화 창달에 이바지하려는 뜻을 세우게 하기 위한 교과"로 규정하였다. 이를 통해 국어과는 기능적 문식성의 신장과 국어 문화의 창조, 공동체의 발전과 자아 성장에 중점을 두어야 하는 교과임을 분명히 하였다.

국어과의 성격에 제시된 교육의 목적을 실현하기 위해 개정 국어과 교육과정에서는 교육 내용의 범주를 듣기, 말하기, 읽기, 쓰기, 문법, 문학의 여섯 영역으로 구분하였다. 전통적으로 국어 교육에서는 학습자의 국어 사용 능력 신장을 강조하여 왔다. 이 능력은 기존 지식의 단순 수용이나 표출 능력이 아니라, 언어 기능을 통합적으로 운용하여 사고(의미)와 언어를 연결지어야 하는 지적 기능으로서의 고등 정신 능력이다. 이 능력은 단순히 문자를 읽고 쓸 수 있는 기초 기능이 아닌, 의미를 언어화(표현)하고 언어에서 의미를 추출하여 재구성(이해)하는 데 필요한 지식, 기능, 맥락의 학습이 균형 있게 이루어질 때에 효과적으로 신장되는 능력이다. 이는 국어 활동의 지적 기반으로서 지식 학습이 강조되어야 함을 의미한다. 특히, 개정 교육과정이 지향하고 있는 창의적, 비판적 국어 사용 능력은 언어 활동의 반복에 의한 숙달보다 국어 활동과 국어와 문학에 대한 기초적인 지식의 체계적인 학습이 선행될 때 효과적으로 향상된다. 국어 활동에 대한 지식은 비판적·창의적인 국어 사용 능력을 신장시키는 데, 국어에 대한 지식은 국어 현상을 탐구하고 국어에 대한 의식을 강화하는 데 기여한다. 또한 문학에 대한 지식은 문학 작품의 수용을 통해 인간의 삶을 총체적으로 이해하는 능력과 심미적 정서를 함양하는 데 지적 기반이 된다. 이러한 지적 기반이 곧 국어 사용 양상과 내용을 정확하고 비판적으로 이해하는 능력과 사상과 정서를 효과적이고도 창의적으로 표현하는 능력과 태도를 길러, 국어 교육의 이념적 지향인 국어 문화의 이해와 창조에 기여한다는 관점에서 성격을 규정하였다.

'듣기', '말하기', '읽기', '쓰기' 학습은 실제 상황에서의 주체적인 국어 활동을 강조하였다. 주어진 문제 상황을 자신의 언어 활동을 통해 해결하는 경험을 할 때, 비판적이고 창의적인 국어 능력이 신장된다는 관점을 수용한 것이다. 담화나 글은 구체적인 상황과의 관계 속에서 존재하며 상황을 배제하고 담화와 글의 수용, 생산은 불가능하다. 학습자는, 담화나 글이 실제 상황과의 지속적인 상호작용 과정에서 생성, 변화한다는 점을 인식할 때 주체적인 국어 활동을 할 수 있다.

'문법' 학습은 언어 현상에 규칙을 찾아내는 탐구 활동을 강조하고, 학습한 지식을 국어 사용 실제에 적용하는 활동을 중심으로 이루어져야 함을 명시하였다. 즉, 국어 지식에 대한 학습은 교사 위주의 일방적인 전달이 아니라 학습자가 주체적으로 언어 현상을 탐구하는 과정에서 규칙을 발견하게 하고, 이렇게 습득한 지식을 국어 사용 과정에서 활용하는 활동을 강조하였다. 이는 단편적인 지식 전달 위주의 국어 지식 학습을 개선하려는 의도이다.

'문학' 학습은 문학 작품을 찾아 읽고 해석하며, 문학 작품을 생산하는 학습 활동을 함으로써 작품에 나타난 인간의 삶을 총체적으로 이해하고 문학적 상상력이 향상되도록 이루어져야 한다는 점을 강조하였다. 인간의 삶에 대한 총체적인 이해와 문학적 상상력의 향상이 문학을 학습하는 궁극적인 목표이며, 이러한 능력은 작품에 대한 능동적이고 비판적인 해석 활동과 작품 창작 활동을 통해서 길러진다고 본 것이다.

한편, 국어과 교육이 지향해야 할 바를 초등학교와 중등학교로 나누어 제시하였다. 이해력과 표현력 신장 교육의 경우, 초등학교에서는 정확성, 효율성을, 중등학교에서는 정확성과 더불어 비판적 태도, 창의성을 강조하도록 하였다. 한편 국어 활동을 통해 초등학교에서는 사고력과 상상력을 기르는 데, 중등학교에서는 고등 사고력과 심미적 안목을 기르는 데 초점을 두도록 하였다. 국어에 대한 태도 측면에서 초등학교에서는 국어에 대해 관심을 가지고 즐기는 데, 중등학교에서는 국어 문화를 발전시키려는 적극적인 태도를 형성하는 데 관심을 기울이도록 하였다. 물론 학교급별 국어 교육의 지향점은 명확하게 구분되지 않는다. 정도의 차이가 있겠지만, 두 학교급 모두 앞에서 제시한 지향점을 공유한다고 볼 수 있다. 다만, 학습자의 인지적·정의적 발달 특성과 주변 환경의 변화에 따라 지도의 강조점이 달라질 수 있다는 점을 고려하여 기술하였다(2007 개정 초등중등국어교육과정 '성격' 항 옮김).

요컨대 초등학교 국어과 교육과정의 성격에서는 국어에 대한 정확한 표현과 효과적인 이해를 강조하고 사고력과 상상력을 길러 주며, 국어에 대한 관심과 존중하는 태도를 강조한다. 이는 초등학생들의 발달적 특성과 교육적 필요를 고려한 것이다. 초등학생들은 학교 학습의 기초 단계에 있으므로 말과 글을 사용하는 데 정확하고 효과적인 표현 능력과 이해 능력이 필요하고, 기본적인 사고력과 상상력을 갖추어야 한다. 또, 자신이 사용하는 말과 글에 대하여 관심을 가지고 탐구하고, 이해하려는 태도는 바람직한 국어 생활에서 중요하다.

(4) 2009 개정 국어과 교육과정

2009 개정 국어과 교육과정의 체제는 다소 변화가 있었다. 제6차 교육과정 이래 설정되어 온 '성격' 항이 삭제되었다. 또 교육과정 해설서도 별도로 편찬되지 않아 이해의 어려움을 더하고 있다. 그러나 이전 교육과정의 '성격' 항에서 다루었던 일부 내용이 '목표' 항에 통합되어 있어 이를 통해 이 시기의 국어과의 성격 규정을 짐작해 볼 수 있다.

'국어' 교과는 한국인의 삶이 배어 있는 국어를 정확하고 효과적으로 사용하는 능력과 태도를 기르고, 국어를 창의적으로 사용하여 국어 발전과 국어 문화 창달에 이바지하려는 뜻을 세우며, 올바른 국어 생활을 통해 건실한 인격을 형성하여 건전한 국민 정서와 미래 지향적 공동체 의식을 함양하는 과목이다.

'국어' 교과에서 학습자는 국어 활동에 대한 지식을 바탕으로 담화 또는 글의 내용을 정확하고 비판적으로 이해하고, 사상과 정서를 효과적이고 창의적으로 표현하는 능력을 기른다. 또한 국어 현상을 탐구하여 국어를 깊이 있게 이해하고 국어 의식을 높인다. 그리고 문학에 대한 기본적인 지식을 바탕으로 문학 작품을 수용하거나 생산하면서 인간의 다양한 삶을 총체적으로 이해하는 능력을 기르고 심미적 정서를 함양한다. 이러한 '국어' 교과의 학습 경험을 통해 궁극적으로 학습자는 자신의 말과 글에 책임 의식을 가지는 주체적 국어 생활을 하면서 창의적인 사고 능력과 올바른 인성을 갖추도록 한다. 아울러 국제화 시대에 국어의 가치를 깨닫고 국어를 세계어로 발전시키도록 국어 문화를 이해하고 창조하는 태도를 기른다.

'국어' 교과는 국어 활동(듣기 · 말하기, 읽기, 쓰기), 국어(문법), 문학에 대한 기본적인 지식을 갖추고 비판적이고 창의적인 국어 능력을 기르며, 국어 생활을 능동적으로 수행하는 태도를 기르는 데 중점을 둔다(2009 개정 국어과 교육과정 '목표' 항의 일부).

2007 개정 국어과 교육과정의 성격에서 변화된 내용을 정리하면 다음과 같다. 먼저 '미래 지향의 민족 의식' 함양 부분은 '미래 지향적인 공동체 의식' 함양으로 바뀌었다. 이것은 다문화 사회로서의 한국 사회의 국어 교육의 지향을 언급한 것으로 이해할 수 있다. 국어과 교육을 통하여 단일 민족의 공동체 의식이 아니라 한국인들의 공동체 의식을 함양하는 교육을 지향해야 함을 나타낸 것으로 이해할 수 있다.

또 2009 개정 국어과 교육과정에서는 인격 형성 교과로서의 성격이 강화된 것을 확인 할 수 있다. 2007 개정 국어과 교육과정의 성격에서는 나타나지 않았던 "건실한 인격 형성을 통한 건전한 국민 정서"를 함양하는 교과로 규정한 것이라든지, "궁극적으로 학습자는 자신의 말과 글에 책임 의식을 가지는 주체적인 국어 생활을 하면서 창의적인 사고 능력과 올바른 인성을 갖추도록" 하는 교과로 규정한 것에서 알 수 있다. 국어과의 성격 가운데 하나로 인격 형성 교과로서의 성격을 포함한 것은 1차, 2차 교육과정 이후 2009 개정 국어과 교육과정에서이다.

끝으로 2009 개정 국어과 교육과정에서는 국제화 시대의 국어의 가치를 깨닫고 국어를 세계어로 발전시킬 수 있는 태도를 함양하는 교과로 규정한 것 역시 변화된 것이라 하겠다. 초등학교 수준의 국어과의 성격과 중등학교 수준의 성격을 구분하여 제시했던 것을 삭제한 것은 지금까지는 없던 '학년군별 성취 기준'을 제시하고 있기 때문인 것으로 이해할 수 있겠다. 이러한 국어과의 성격 변화 이외에는 대체적으로 2007 개정 국어과 교육과정의 성격과 크게 차이가 없다고 볼 수 있다.

(5) 2015 개정 국어과 교육과정

2009 개정 교육과정에서 삭제되었던 교과의 '성격' 항이 2015 개정 국어과 교육과정에서는 다시 제시되었다. 2015 개정 교육과정의 국어과의 '성격'은 다른 교육과정 시기보다 매우 구체적이고 자세하게 규정되어 있다. 국어과는 사고와 의사소통, 학습의 도구인 국어를 배우는 교과라는 점, 듣기, 말하기, 읽기, 쓰기 활동과 문법의 이해 탐구 활동, 문학의 감상과 창작 활동을 통해 문화를 이해하고 향유하며 발전시키는 소양을 학습하는 교과라는 점, 공동체 의식과 인성을 함양하는 교과라는 점 등 도구 교과, 기능 교과, 사고 교과, 문화 교과, 내용 교과로서의 성격을 분명하게 제시하고 있음을 다음을 통해서 확인할 수 있다.

> 국어는 대한민국의 공용어로서 사고와 의사소통의 도구이자 문화 창조와 전승의 기반이다. 학습자는 국어를 활용하여 자아를 인식하고 타인과 교류하며 세계를 이해한다. 또한 다양한 국어 활동을 통해 문화를 이해·향유하며 새로운 문화의 발전에 참여한다. 한편으로, 국어는 학습의 중요한 토대이기도 하다. 학교 안과 밖에서 이루어지는 대부분의 학습은 국어를 통해 이루어지므로 국어 능력은 학습의 성패를 결정하는 중요한 요인이 된다. 국어 능력이 부족하면 효과적인 학습이 어렵고 결과적으로 성공적인 삶을 영위하기도 어렵다. 따라서 학습자는 학교생활을 통해 폭넓은 국어 경험을 쌓으며 일상생활과 학습에 필요한 실질적인 국어 능력을 길러야 한다. 이를 바탕으로 학습자는 더 깊이 있는 사고와 효과적인 소통, 발전적인 문화 창조 능력을 갖추게 된다. 나아가 자신의 말이나 글에 책임지는 태도를 지니고, 바람직한 인성과 공동체 의식을 기름으로써 국어 교육의 목적을 달성할 수 있다.
>
> (중략)

'국어'의 하위 영역은 듣기·말하기, 읽기, 쓰기, 문법, 문학이다. 학습자는 이들 영역에 관한 지식을 갖추고 각 영역의 수행에 필요한 기능과 태도를 기름으로써 '국어'의 목표를 달성할 수 있다. 이를 위하여 '국어'는 담화나 글, 작품을 정확하고 비판적으로 이해하고 생각과 느낌, 경험을 효과적이고 창의적으로 표현하는 활동과, 국어가 쓰이는 실제 현상을 탐구하여 국어를 깊이 있게 이해하고 반성적으로 인식하는 활동, 그리고 문학 작품을 수용하거나 생산하면서 인간의 다양한 삶을 이해하고 정서를 함양하는 활동으로 내용을 구성하였다. 학습자는 이러한 활동에 능동적이고 적극적으로 참여하여 '국어'의 목표를 달성해야 한다.

'국어'가 지니는 또 하나의 특성은 국어 교과가 다른 교과의 학습 및 비교과 활동과 범교과적으로 연계된다는 점이다. '국어'는 범교과적 내용이나 주제를 담은 담화나 글, 작품을 듣기·말하기, 읽기, 쓰기의 활동 자료로 활용함으로써 미래 사회가 요구하는 융합형 인재를 기르는 데 이바지한다. 그러므로 '국어'의 교수·학습과 평가는 학습자가 다양한 차원의 통합적 활동을 통하여 교과 역량을 기반으로 한 실질적인 국어 능력을 기르도록 하는 데 중점을 두어야 한다(2015 개정 국어과 교육과정 '성격' 항 중).

특히 2015 개정 교육과정의 특징은 미래 인재가 갖추어야 할 핵심 역량을 총론에서 제시하고 이에 따른 각 교과 핵심 역량을 설정하였다는 점이다. 먼저 학교 교육 전 과정을 통하여 중점적으로 기르고자 하는 핵심 역량은 다음과 같다.

가. 자아정체성과 자신감을 가지고 자신의 삶과 진로에 필요한 기초 능력과 자질을 갖추어 자기 관리 역량
나. 문제를 합리적으로 해결하기 위하여 다양한 영역의 지식과 정보를 처리하고 활용할 수 있는 지식정보처리 역량
다. 폭넓은 기초 지식을 바탕으로 다양한 전문 분야의 지식, 기술, 경험을 융합적으로 활용하여 새로운 것을 창출하는 창의적 사고 역량
라. 인간에 대한 공감적 이해와 문화적 감수성을 바탕으로 삶의 의미와 가치를 발견하고 향유하는 심미적 감성 역량
마. 다양한 상황에서 자신의 생각과 감정을 효과적으로 표현하고 다른 사람의 의견을 경청하며

존중하는 의사소통 역량

바. 지역·국가·세계 공동체 구성원에게 요구되는 가치와 태도를 가지고 공동체 발전에 적극적
으로 참여하는 공동체 역량

이에 따라 국어과에서는 다음과 같은 핵심 역량을 설정하고 이를 바탕으로 국어과의 교육과정을
조직하고자 했다.

초·중·고 공통 과목인 '국어'는 국어를 정확하고 효과적으로 사용하는 데 필요한 능력
과 태도를 기르고, 비판적이고 창의적인 국어 사용을 바탕으로 하여 국어 발전과 국어문화
창달에 이바지하려는 뜻을 세우며, 가치 있는 국어 활동을 통해 바람직한 인성과 공동체
의식을 함양하는 과목이다. 학습자는 '국어'의 학습을 통해 '국어'가 추구하는 역량인 비판
적·창의적 사고 역량, 자료·정보 활용 역량, 의사소통 역량, 공동체·대인 관계 역량,
문화 향유 역량, 자기 성찰·계발 역량을 기를 수 있다.

'국어'에서 추구하는 비판적·창의적 사고 역량은 다양한 상황이나 자료, 담화, 글을 주
체적인 관점에서 해석하고 평가하여 새롭고 독창적인 의미를 부여하거나 만드는 능력이고,
자료·정보 활용 역량은 필요한 자료나 정보를 수집, 분석, 평가하고 이를 효과적으로 활용
하여 의사를 결정하거나 문제를 해결하는 능력이다. 의사소통 역량은 음성 언어, 문자 언
어, 기호와 매체 등을 활용하여 생각과 느낌, 경험을 표현하거나 이해하면서 의미를 구성하
고 자아와 타인, 세계의 관계를 점검·조정하는 능력이며, 공동체·대인 관계 역량은 공동
체의 가치와 공동체 구성원의 다양성을 존중하고 상호 협력하며 관계를 맺고 갈등을 조정
하는 능력이다. 그리고 문화 향유 역량은 국어로 형성·계승되는 다양한 문화를 이해하고
그 아름다움과 가치를 내면화하여 수준 높은 문화를 향유·생산하는 능력이며, 자기 성
찰·계발 역량은 삶의 가치와 의미를 끊임없이 반성하고 탐색하며 변화하는 사회에서 필요
한 재능과 자질을 계발하고 관리하는 능력이다. 이들 역량은 미래 사회에서 필요한 핵심적
인 능력 요소로서, '국어'는 이를 신장하기 위해 의미 있는 목표를 설정하고 적정한 성취기
준 및 효과적인 교수·학습과 평가의 방향을 체계적으로 제시하였다(2015 개정 국어과 교
육과정 '성격' 항 중).

3. 국어과 교육의 관점과 지향점

1) 국어과 교육의 관점

국어과 교육 현상은 보는 이의 입장과 이론에 따라 여러 관점으로 설명할 수 있다. 이 관점은 또한 교육학이나 심리학, 언어학 등의 방계 학문에 바탕을 둔 것으로 국어교육 현상을 설명해 내기 위한 이론적 틀로 작용한다. 국어 교육 현상은 바로 이런 관점에 따라 그 교육 내용과 방법들을 다양하게 기술할 수 있고 기획, 운영할 수도 있다.

제7차 교육과정 이래로 지금까지 국어과 교육과정에는 크게 나누어 세 가지 관점이 작용하고 있는 것으로 이해할 수 있다. 구조주의와 텍스트 중심의 관점, 구성주의와 학습자 중심의 관점, 그리고 생태학적 관점이 그것이다. 이들은 개념적으로는 서로 대립되는 면도 있어 실제 교수·학습 상황에서 가끔 섞이거나 대립하는 면까지 보이지만 또 한편 서로 상보적인 관계를 가진 면도 있는데 이 세 관점을 설명하면 다음과 같다(신헌재 외 2005: 2~5 참고).

(1) 구조주의와 텍스트 중심의 관점

국어과 교육의 주요 관점으로 먼저 구조주의를 들 수 있다. 구조주의는 모든 대상을 유기적 구조로 이루어진 체계로 파악하는 이론으로, 소쉬르의 언어학이나 레비스트로스의 문화인류학적 탐구 방법에 근간을 둔 세계 인식의 한 방법이다. 구조주의가 구체화된 텍스트 이론도 문학작품을 여러 개의 문장 고리로 이뤄진 언어 표현 구성체인 텍스트로 보면서 그 구조와 기능을 분석하는 문학이론의 하나다.

이런 이론들이 바탕이 된 구조주의와 텍스트 중심의 관점은 교수·학습 상황에서 학습자의 표현·이해 학습뿐 아니라 교사의 교수에도 영향을 주고 있다. 구조주의적 관점은 대상을 객관적으로 인식하되 대상을 구성하고 있는 요소와 요소들의 유기적인 관계를 중요하게 여긴다. 때문에 이 관점에서는 대상을 구성하고 있는 요소 간의 분석과 요소의 관계 파악을 중요시 한다. 예컨대, 한 편의 텍스트는 문장의 몇 가지 주요 요소들로 구성되어 있다고 보기 때문에, 텍스트의 이해는 텍스트 구성 요소들 간의 유기적 인과관계를 분석하여 전체 구조를 인식함으로써 이루어진다는 것이다. 마찬가지로 언어 표현도 먼저 주요 요소를 상정한 뒤, 이 요소들에 합당한 내용을 구성하고 이들 내용이 유기적인 관련을 맺도록 해야 한다고 본다.

이때의 교수 방법은 바로 이렇게 되도록 교사가 도와주는 데 초점을 두는 것이고, 학습자들의 학습 방법 또한 텍스트가 지닌 요소와 구조를 바탕으로 텍스트를 표현할 수 있도록 반복 훈련하는 데 있다고 보는 것이다.

구조주의적 교수·학습활동에서는 교사가 주로 텍스트의 주요 구성 요소를 제시하기 때문에 학습자가 스스로 텍스트를 구성하는 요소를 분석하기보다는, 교사가 제시한 요소를 수용하는 것이 일반 활동이 된다. 이때 학습자가 수용한 텍스트의 구성 요소는 이해와 표현 활동을 위한 기반이 되므로, 교수·학습에서는 되도록 학습자가 텍스트를 구성하는 요소를 인식해서 스스로 이해와 표현에 이들을 활용할 수 있도록 한다.

구조주의적 관점에 따른 주요 교수·학습의 방법은 객관적인 인식 구조의 획득이라고 할 수 있다. 따라서 이해와 표현을 위해서는 객관적인 텍스트 구성 요소와 구조 학습이 선행되고, 이들 요소와 구조를 적용하여 이해하고 표현하는 활동이 뒤따라야 한다. 그렇기 때문에 학습자는 한 편의 텍스트를 읽기 전에 텍스트와 관련한 구조화된 인식 구조를 습득해야 한다. 그리고 그 인식의 구조를 활용하여 텍스트를 읽고, 이들 구조를 이루고 있는 요소를 확인하여 내용을 인식하며, 주요 요소들의 관계를 밝혀 텍스트의 중심 내용을 확인하게 된다.

(2) 구성주의와 학습자 중심의 교수·학습 관점

구성주의 인식론적 교육철학으로, 이에 토대를 둔 학습자 중심의 이념은 현재 우리나라 교과교육을 움직이는 주요 관점이다. 구성주의는 기본적으로 인식 주체가 내재적인 인식 구조로 의미를 구성한다고 본다. 그래서 의미 구성주체의 내재적인 인식 구조와 인식 방법에 많은 관심을 가진다. 내재적인 인식 구조는 인지심리학에서 스키마(schema)로 일컫는 배경 지식이 중심이 되고, 인식의 방법은 개별적인 학습자의 사고 작용이 된다. 간단히 말하면 구성주의는 인식 주체자의 배경 지식과 사고 작용에 의하여 의미를 구성하게 된다는 것이다.

구성주의는 크게 두 가지로 구분된다. 하나는 개인이 독자적으로 의미를 구성한다고 보는 개인적(인지적) 구성주의이고, 다른 하나는 타인과의 상호작용을 통하여 의미를 구성한다고 보는 사회적 구성주의이다.

개인적 구성주의는 대상에 대한 인식이 반드시 개인이 가지고 있는 인식 구조에 의하여 일어난다고 보고, 따라서 개인의 인식 구조가 중요하게 다루어진다. 반면, 사회적 구성주의에서는 개인 못지않게 타인과의 상호작용 속에서 사회공동체적 인식이 이뤄진다고 보며 개인의 인식 구조보다는 타인과의 상호작용을 통한 인식구조의 확장과 변화를 강조한다.

이런 구성주의적 관점을 지닌 교수·학습이 중시하는 바는, 각 개인이 인식 구조를 갖추고 이를 바탕으로 주체적인 의식 작용을 하도록 돕는 것이다. 이 관점이 구조주의와 다른 점은 이미 형성되어 있는 인식의 구조를 받아들이는 것이 아니라, 인식의 구조를 스스로 구성하고 이 인식 구조를 활용하여 대상을 인식한다는 것이다. 때문에 국어과 교수·학습에서 중요한 것은 학습자 개개인의 인식 구조를 갖추어 주는 것과 이 인식 구조가 작용할 수 있도록 하는 기제(전략)를 알려주는 일이라는 것이다. 이때 만일 학습자가 인식 구조를 갖지 못하거나, 인식 작용할 기제를 갖지 못하게 되면 인식이 일어나지 않게 될 것이다. 따라서 여기서 교수·학습의 주요 활동은 그 인식 구조를 구성하는 일과 인식 기제를 익히는 일이라고 하겠다.

구성주의 교수·학습 관점에서는 사고가 일어나는 토대와 그 과정에 많은 관심을 가질 수밖에 없다. 그리하여 개인적 구성주의 교수·학습에서는 주로 학습자의 스키마와 사고 작용에 관심을 가지는 반면, 사회적 구성주의 교수·학습에서는 개별 학습자의 사고 작용과 함께 이들 사고를 확장하는 협력과 토의에 관심을 둔다.

그런데 이런 학습자의 인지적 활동은 학습자 중심으로 할 수밖에 없다. 개별적으로 학습을 하든 상호작용을 통하여 학습을 하든, 학습은 학습자 스스로의 사고를 통하여 일어나기 때문에 학습자 중심 교수·학습의 중요성이 부각되기 마련이다. 이 학습자 중심 교수·학습은 구미제국에서 한동안 큰 붐을 일으킨 총체적 언어교육운동(Whole Language)과 불가분의 관계에 있다.

총체적 언어 학습 관점은 국어과 교육이 의사소통에 요구되는 언어적 기능을 분리하여 교육하는 것을 비효과적이라고 여기고, 언어의 학습은 각 기능들이 총체적으로 이루어져야 한다고 보는 입장이다. 그래서 국어과의 각 영역들을 구분하여 따로 지도할 것이 아니라 듣고, 말하고, 읽고, 쓰며, 국어지식을 탐구하는 모든 영역을 분리하지 않고 함께 지도해야 한다고 보는 것이다. 이 관점에서는 국어과 각 영역의 교육 내용들이 언어 사용 활동 속에서 함께 학습될 수 있다고 보기 때문에 각 영역을 구분하여 지도하는 것을 반대한다. 국어 교과는 다른 교과 및 생활 영역까지 통합시켜 함께 지도함으로써 실제적인 국어 사용 능력을 길러줄 수 있다고 본다.

요컨대, 총체적 언어 교육은 언어적 전체성을 강조한다. 즉 언어를 중심으로 하여 교육 내용들이 서로 연결되어 있는 전체라고 본다. 그래서 언어를 중심으로 한 교과의 통합이나 학습과 생활의 통합을 강조한다. 모든 교과나 생활의 내용들은 언어를 통하여 파악되고 언어를 사용하여 이루어지기 때문에 언어를 중심으로 통합할 수 있다고 보는 것이다.

총체적 언어 학습에서 학습자는 가장 큰 학습 변인이 된다. 모든 학습 활동은 학습자가 흥미를 느낄 수 있어야 하고, 능동적으로 참여할 수 있는 기회와 여건을 마련해줘야 한다고 본다. 이 관점의 교수·학습에서는 학습자의 인지능력뿐만 아니라 흥미, 관심, 생활환경 등 학습자에 대한 모든 배려를 중시한다. 이것은 학습자의 개별적인 특성과 욕구를 존중하고 학습자를 신뢰하는 것과 관련된다. 이를 통해 학습자에게 의미 있는 교수·학습이 되어야 한다는 것이다.

(3) 생태학적 교수·학습 관점

초등 국어과 교수·학습에 대한 생태학적인 관점은 언어 사용 학습이 인위적으로 만들어진 상황에서가 아닌 실제 언어 사용 맥락 속에서 학습이 이루어져야 한다고 보는 것이다. 생태학은 모든 생물들이 그 주변 환경과 서로 영향 관계 속에서 존재하는 것을 설명하고자 한다. 학습자도 주변 사회 환경과의 영향 관계 속에 있기 때문에 학습 활동도 자연스러운 사회 환경 속에서 이루어져야 한다고 본다. 이 관점에서 보면, 초등 국어과 교수·학습 활동은 실제의 자연스러운 언어 상황 속에서 이루어질 수 있도록 노력하는 것이 필요하다. 현재 국어과 교육은 학습자의 사고 활동을 강조함으로써 자연스런 언어 상황에서의 활동보다는 인위적인 언어 사용 상황을 설정한 측면이 있다. 교육의 내용도 언어 사용의 특정 요소에 한정된 측면이 있다. 따라서 언어 사용에 대한 국어과 교수·학습은 실제 언어 사용 상황과 분리되어 학습자의 실제적이고 통합적인 언어 사용 능력을 길러주지 못하는 면이 있다.

생태학적인 관점에서 보면 언어는 다른 사람과 함께 하는 사회와 문화적인 영향 관계 속에서 의미를 갖는다. 언어의 사용도 개인만의 사고 활동이나 언어의 한정된 세계 속에서 이루어지는 것이 아니라 다른 사람과 상호작용하는 사회와 문화 맥락 속에서 이루어진다. 학생들의 언어 사용 능력은 실제 언어생활 속에서 학습되어야 향상된다고 할 수 있다. 그렇기 때문에 교육 내용을 단순히 개인의 언어 사용 맥락에서 찾을 것이 아니라 국어로 상호작용하는 맥락 속에서 찾아야 하고, 학습 활동도 단순히 한정된 교실 세계에서만이 아니라 언어를 사용하는 실제 맥락 속에서 찾아야 한다.

이 관점의 교수·학습은 실제 생활 속에서 이루어지는 상황 속의 언어 사용을 통한 학습을 강조한다. 이는 다른 사람과의 상호작용을 통한 언어 사용에 대한 학습의 강조뿐만 아니라 사회와 문화 요소에 대한 자각과 이들의 작용으로 이루어지는 언어 사용에 대한 학습의 강조이다. 그래서 다양한 언어 사용 상황 속에서 실제적인 언어 경험을 통한 학습을 해야 한다는 것이다. 즉, 국어과 교수·학습은 몇 가지 기능과 전략을 익히는 데만 끝날 것이 아니라 실제 언어생활 맥락 속에서 언어 사용 능력을 길러주어야 한다는 것이다.

생태학적 관점에서 중요한 것은 학습자는 다른 사람과 관계를 맺고 있는 관계 속에 자리한다. 구조주의적 관점이 학습 대상에 초점을 맞추고, 구성주의 관점은 학습자의 인지 활동과 학습자 언어 자체에 초점을 맞춘 것이라면, 생태학적 관점에서는 다른 사람이나 세계와의 관계 속에서 활동하는 학습자에게 초점을 맞추고 있다. 그렇기 때문에 학습자의 국어 사용 능력은 다른 사람과의 관계 속에서 필요하고 다른 사람과의 관계 속에서 향상된다고 본다. 따라서 생태학적인 관점에서의 국어과 교수·학습은 학습자의 사회적 관계를 중시할 수밖에 없다.

2) 초등 국어과 교육의 지향과 과업

(1) 초등 국어과 교육의 지향

효과적인 초등 국어과 교육을 위해서는 다음 다섯 가지를 고려하여야 한다. 첫째는 학습자의 활동이 중심이 되는 국어 교육이어야 한다는 것, 둘째는 교수·학습의 과정과 그 결과가 균형을 이루어야 한다는 것, 셋째, 효과적인 국어 활동을 가능하도록 하는 전략과 지식이 균형을 이루어야 한다는 것, 넷째, 국어과의 다섯 가지 영역의 교수 학습 내용이 유기적인 관련성을 가지고 통합적으로 교수·학습되어야 한다는 것, 다섯째, 학습자의 국어 생활의 실제가 강조되어야 한다는 것이 그것이다.

① 학습자 중심

국어과 교육에서 강조하는 것은 학습자의 국어 능력이다. 이것은 학습자들이 국어 생활에 필요한 기본적인 요건을 갖추게 하는 국어과 교육과 관련된다. 전통적인 읽기 교실 수업 장면을 떠올려 보자. 선생님이 책을 읽어 가면서 어려운 낱말의 뜻을 풀이해 주거나 또는 학생들에게 책을 읽게 하고 질문을 함으로써 책의 내용에 대한 이해 여부를 확인하며 그 옳고 그름의 판단은 교사에 의해 이루어진다. 학생은 오로지 교사의 질문에 답을 하는 정도의 활동이 고작이다. 이러한 수업 과정에서 중심은 교사이고 학생은 수동적인 입장에 놓이게 된다.

교사와 학생의 역할을 이와 같이 생각하며 국어 교육이 이루어지면 국어 교육을 통하여 유의미한 결과를 제공해 주기 어려울 것이다. 이러한 방법은 지식을 그것도 교사가 생각한 제한된 지식을 엄격한 통제 하에 제공해 주어 이를 기억하게 하는 능력을 길러 줄 수 있을지 몰라도 학생 스스로 다양한 의미를 발견하고 그 의미의 적절성을 생각하고 판단할 수 있는 창의적인 능력을 길러 주기는 어렵다. 따라서 국어과 교육에서는 교사 중심의 설명식 수업이나 지식의 직접적인 안내식 수업이 아니라 학생이 능동적이고 주도적으로 수업에 참여하여 스스로 유의미한 결과를 찾아내고 내면화할 수 있도록 해야 한다. 이러한 국어과 교육에서 교사는 교수·학습 활동의 촉진자이자 안내자이며 수업의 중심은 학생이 된다.

② 과정과 결과의 균형/기능과 지식의 균형

학문 중심의 제4차 교육과정까지는 국어학, 국문학, 수사학적인 지식 그 자체가 교수·학습의 중심 내용이었다고 할 수 있다. 각 분야의 학자들이 연구해 놓은 결과로서의 지식을 학습자의 수준을 고려하여 제시해 놓은 것을 국어 교육의 내용으로 삼아왔다.

그러나 정보와 기술의 발달과 더불어 지식의 양이 폭발적으로 증가하여 학자들이 연구해 놓은 결과로서의 지식을 엄선하여 교수·학습 내용화하여 교육하는 것은 시대에 맞지 않을 뿐만 아니라 한계에 부딪히게 되었다. 또 학자들이 연구해 놓은 결과로서의 지식들 가운데는 특정한 관점이나 이론에 따라 도출한 것으로 고정 불변의 것이라고 보기 어려운 것도 있다. 따라서 지식 그 자체보다는 지식을 만들어 내는 능력을 갖도록 하는 것에 국어 교육의 초점을 두게 되었다. 이를 위하여 지식을 만들어 내는 과정을 강조하게 되었고 지식(의미)을 생성하기 위한 각 과정마다 교수·학습되어야 할 내용을 국어과 교육의 내용으로 도입하게 되었다. 이러한 점을 강조하는 것이 과정 중심의 국어 교육이라고 하겠다.

　과정 중심의 국어 교육의 특징은 지식관, 의미 구성의 본질, 의미의 유동성, 교육의 방식, 평가 방식 등에서 살펴볼 수 있다. 과정 중심의 국어 교육에서 지식은 절대적이거나 고정적인 것이 아니라 상대적이고 구성적인 것으로 파악한다. 따라서 의미 구성의 본질과 관련해서도 단순히 텍스트에 의미를 나열하거나 텍스트에 있는 의미를 발견한다고 보는 것이 아니라 텍스트와 독자가 상호 작용하거나 필자가 수사적인 상황을 고려하여 의미를 창조(구성)한다고 보는 입장을 취한다. 그렇기 때문에 의미는 필자나 독자의 배경 지식에 따라 또 상황에 따라 유동적이라고 하겠다. 과정 중심의 국어 교육에서는 교육의 방식도 반복적인 연습이나 모범적인 글을 제시하여 모방하게 하는 교사 중심의 일방적인 방식보다 국어 활동(듣기, 말하기, 읽기, 쓰기)의 교사와 학생, 학생과 학생들 간의 상호작용을 강조하고 국어 활동의 절차를 촉진하는 방식을 선호한다. 따라서 평가 방식도 과정 중심의 평가와 비형식적인 평가, 탐구력이나 수행성을 평가할 수 있는 방식이 선호된다.

　지식(의미)을 생성, 창조하는 과정도 매우 중요하지만 그 과정을 통하여 생성해 내는 결과 역시 그에 못지 않게 중요하다. 아무리 적절한 과정을 수행하여 창출한 결과더라도 그것이 무의미한 것이면 과정 역시 문제가 있는 것일 수밖에 없다. 실제로 5차 교육과정 이래 제7차 교육과정까지 과정 중심의 국어 교육이 이루어졌지만 만족할 만한 성과를 나타냈다고 보기 어렵다. 따라서 2007 개정 교육과정, 2009 개정 교육과정, 2015 개정 교육과정에서는 과정 중심의 국어 교육과 결과로서의 의미나 지식을 강조한 텍스트 중심의 국어 교육의 균형을 강조하기에 이르렀다.

　즉, 과정 중심의 국어 교육에서는 듣기, 말하기, 읽기, 쓰기 기능을 신장하기 위한 전략이나 방법(절차적 지식)을 중요시한다고 하면, 텍스트 중심의 국어 교육에서는 특정한 텍스트를 수용하고 생산하는 데 요구되는 전략이나 방법뿐만 아니라 텍스트의 유형, 텍스트의 기능, 텍스트 표현의 특성, 텍스트 구조 등과 같은 명제적, 본질적 특성에 대한 이해도 그에 못지 않게 강조한다. 따라서 국어과 교육은 기능(전략)과 지식에 대한 교육이 균형을 이루어야 한다. 이러한 관점은 미래 인재가 갖추어야 할 핵심 역량을 강조한 2015 개정 교육과정도 궤를 같이한다.

③ 통합적 국어 교육

듣기, 말하기, 읽기, 쓰기 활동은 상호 관련성을 맺고 있다. 여기에 문법과 문학적인 요소 역시 전혀 별개라고 보기 어렵다. 효과적으로 어법에 맞게 국어 생활을 영위하려면 국어 문법에 대한 이해가 필수이고, 읽기 활동 가운데 많은 자료들이 문학 작품이기 때문에 국어과에서 다루는 듣기, 말하기, 읽기, 쓰기, 문법, 문학은 서로 관련되어 있다고 하겠다. 또 실제 국어 생활이나 국어 학습은 이와 같은 분야가 통합적으로 나타난다. 듣기를 상정하지 않은 말하기는 없으며, 쓰기가 전제되지 않은 읽기도 없다. 듣기와 읽기는 소통의 매체나 수행 상황이 다를 뿐 같은 이해의 과정이며, 말하기와 쓰기 역시 같은 표현의 과정이기 때문에 그 인지적 과정에 유사점이 강하다. 따라서 실제 국어 활동의 이와 같은 측면을 고려하여 국어과 교육도 이들이 통합적으로 교수·학습되어야 한다.

실제로 제5차 교육과정 하에서는 분권형 국어 교과서 체제를 유지하였다가 2009 개정 교육과정부터 통합형 국어 교과서 체제로 전환되었다. 즉 〈듣기·말하기〉, 〈쓰기〉, 〈읽기〉 기능별로 교과서를 분권하였던 것에서 2009 개정 교육과정, 2015 개정 교육과정에서는 언어 활동의 통합적 특성을 고려하여 통합형 교과서 〈국어〉 단권 체제로 전환되었다.

통합적인 국어 교육이라 함은 언어 기능 간의 통합만을 뜻하는 것은 아니다. 기능 간의 통합, 과목 간의 통합까지를 일컫는 것으로, 가능한 범위 내에서 국어과와 사회과, 수학과 등의 통합까지 바람직하다는 것이다. 이밖에 통합이라 함은 가정과 학교의 통합(연결), 상황과 학습 내용의 통합 등을 포함하여 폭넓은 의미를 지니고 있다.[6]

④ 국어 생활 실제의 강조

국어과 교육은 학습자의 국어 생활의 실제를 강조한다. 국어 생활의 실제는 이해와 표현을 통하여 담화와 글을 수용하고 생성하는 활동을 의미한다. 담화는 말로 이루어진 텍스트를 말하고, 글은 글자로 이루어진 텍스트를 말한다. 국어 생활은 국어 활동을 통하여 담화와 글을 수용하고 생성함으로써 이루어진다. 국어과 교육은 이 담화와 글을 수용하고 생성하는 것을 강조한다. 이는 국어과 교육이 학습자들의 잠재적인 국어 능력을 추구하는 것이 아니라 실제적인 국어 능력을 추구하는 것을 의미한다.

국어과 교육이 국어 생활의 실제를 강조하면서 중요한 교육 내용으로 대두되게 된 것이 '맥락'이다. 맥락은 학습자가 말과 글을 이해하고 표현하는 상황과 관련된 의식적인 조건이다. 모든 국어 활동은 학습자와 관련되어 이루어진다. 학습자는 국어 활동을 하면서 특정한 상황적 요인에 의식

---

6) 통합적인 국어 교육의 구체적인 논의에 대해서는 이재승(1992) 참고

을 집중하게 된다. 글을 읽을 때에 내용을 요약하기 위하여 읽을 수도 있고, 주제를 찾기 위하여 읽을 수도 있다. 요약을 하더라도 글의 내용을 중심으로 할 수도 있고, 학습자의 의도를 중심으로 할 수도 있다. 주제를 찾는 것도 학습자가 의도에 따라 여러 가지 방식으로 찾을 수 있다. 이와 같이 국어 활동에서 학습자의 의식을 집중한 특정한 조건이 맥락이 된다. 이러한 맥락에서 국어과 교육에서 특히 관심을 갖는 것이 국어 공동체의 요인과 관련된 상황 맥락과 사회·문화적 맥락이라고 할 수 있다. 국어 교육에서 맥락을 강조함으로써 학습자의 국어 생활의 실제를 강화하는 요인이 된다고 할 수 있다.

(2) 국어과 교육의 과업

앞에서 언급한 국어 교육을 보는 3가지 관점과 지향점을 바탕으로 하여, 여기서는 초등 국어교육이 꼭 이뤄나가야 할 과업을 살펴보기로 한다. 여기서 추구할 과업이란 앞에서와 같이 국어교육 현상을 기술하기 위한 바탕으로서의 관점이라기보다는, 초등학교 국어교육에서 꼭 수행해야 할 일을 의미한다고 하겠다.[7]

① 문자 해득

문자 해득이란 한 마디로 어린이들이 이미 익힌 국어의 음성 언어 기능을 바탕으로 음성과 문자 기호를 대응시켜 문자에 담긴 뜻을 해독하는 일이다. 이는 국어교육을 도구 교과(道具敎科)로 삼는 첫째가는 특징이요, 초등 국어교육이 맡아야할 가장 기초적인 목표라고 하겠다.

② 국어 사용 능력 신장

이는 문자 해득을 바탕으로 독해력, 작문력 및 보다 세련된 음성언어 기능을 기르는 일을 뜻한다. 그리고 초등학교뿐 아니라 중·고등학교까지 통틀어 국어과 교육을 도구교과로 삼는 기틀로서 국어과 교육의 지상의 목표가 된다. 이런 언어 사용 기능의 훈련은 또한 분석, 종합, 추리, 판단력을 포함한 고등 수준의 사고력 신장과 표리의 관계에 있다고 할 수 있다.

③ 고등 수준의 사고력 신장

이는 앞서 말한 고등 수준의 사고력과 더불어 논리적, 창의적, 언어 탐구적 사고력을 키우는 일을 두고 설정한 것이다. 이 목표야말로 도구교과요, 중추교과로서의 국어과 교육의 위상과 의의

---

7) 초등 국어과 교육의 과업은 신헌재 외(2005: 6)의 것을 참고하여 이 책의 관점에 맞게 수정하여 제시한다.

를 확고히 다지는 몫을 하기도 한다. 국어과는 이런 목표가 있기에 초등학교뿐만 아니라 고등학교에 가서도 기초 도구 교과로서의 위치를 잃지 않는 것이다. 고등 수준의 사고력에는 표현과 이해 과정에서 요구되는 사고 기능뿐만 아니라 국어 현상을 탐구하여 지식을 생성하는 데 요구되는 국어적 탐구력과 문학적 상상력이나 창의력이 모두 포함된다고 하겠다.

④ 한국적인 정서 공감 및 함양[8]

이 과업은 특히 정의적 차원의 교육적 가치들과 관련된다. 곧, 우리말과 글(국어적 표현, 국문학 작품)에 담긴 한국인의 심성에 공감하며 한국적인 정서를 함양하도록 하는 것과 관계된다. 이를 통하여 국어를 아끼고 사랑하는 태도를 형성하고 한국인들의 공동체 의식을 형성하며 한국적인 고유의 문화를 생성하는 기반을 닦을 수 있어야 할 것이다. 이를 위해서 올바른 국어 생활을 해야 하는 이유와 필요성, 한국 사람들이 한국어를 사용하여야 하는 이유와 필요성, 한국어와 다른 언어와의 차이, 한국 사람에게 있어서 한국문학의 의미, 한국적인 사고 등을 생각하며 한국적인 정서에 공감할 수 있도록 하는 일이다. 이 정의적인 요소들을 고양시키는 일 또한 국어과 교육이 추구해야 할 중요한 지향점이라고 하겠다.

4. 국어과 교육 목표와 영역 체계

교과 교육은 두 가지 특성을 동시에 가지고 있다. 교과의 교육적 보편성과 그 교과 나름의 고유한 지식이나 기능, 활동을 교육 내용으로 하는 교과적 특수성이 그것이다. 각 교과는 교과적 특수성으로서의 교과의 고유한 지식, 기능, 활동을 통하여 교육적 보편성으로서의 고차적 사고 능력을 신장하는 데 목표를 두고 있다. 각 교과의 교과적 고유성은 '사회 현상의 탐구', '자연 현상의 탐구', '음악 활동', '미술 활동' 등에서 나타난다. 국어과 역시 '창의적인 국어 사용 기능 신장' 곧 '언어적 고등 정신 기능 신장'이라는 본질적인 교과 목표에는 '창의', '고등 정신 기능'이라는 교육적 보편성과 '국어 사용 기능', '언어적'이라는 교과적 특수성이 함께 나타난다.

---

8) 신헌재 외(2005: 6)에서는 '민족의 얼과 정서에 공감하기'를 초등 국어과의 과업 가운데 하나로 제시하고 있다. 그런데 한국 사회는 다문화 사회로 빠르게 변모하고 있어 여러 인종과 민족이 공존하고 있다. 이러한 시대에 단일 민족의 얼이나 정서에 초점을 맞춘 국어 교육은 시대에 맞지 않다고 하겠다. 따라서 단일 민족의 얼이나 정서가 아니라 문화적 배경과 상관없이 한국인에게 공통적으로 형성되는 정체성, 한국적인 사고, 한국적인 정서에 중점을 둔 교육이 이루어질 수 있어야 할 것이다.

1) 국어과의 목표

이를 고려하여 제4차 국어과 교육과정을 제외하면 2015 개정 국어과 교육과정까지 국어과의 본질적인 목표는 '(창의적인) 국어(언어) 사용 기능 신장'이며, '고등 정신 기능(사고력) 신장'으로 설정해 왔다. 국어과의 상위 목표가 '창의적인 국어 사용 기능 신장'이라는 것은 국어과 교육과정 해설서를 통해 확인할 수 있다. 제6차 중학교 국어과 교육과정 해설(27)에 따르면, 제5차 국어과 교육과정에서는 국어 사용 기능의 신장을 궁극적인 목표로 제시하였음을 알 수 있다. 제6차 국어과 교육과정에서도 "교육과정에 대한 특정 이론에 구속받지 않고, 언어 사용 기능의 신장이라는 국어과 교육의 본질 추구를 상위 목표로 하여 여러 가지 이론들을 국어과 교육의 실정에 맞게 통합적으로 수용하고자 하였다."(제6차 중학교 국어과 교육과정 해설, 40)

제7차 국어과 교육과정에서도 "제7차 교육과정은 제6차 교육과정의 정신을 발전적으로 계승하되, 학습자의 창의적 국어 사용 능력 향상을 국어과 교육의 최상위 목표로 설정하고, 이 목표 달성에 필요한 교육 내용을 듣기, 말하기, 읽기, 쓰기, 언어, 문학의 여섯 영역으로 구분할 수 있다는 관점을 취하였다. (중략) 제7차 교육과정은 학습자의 창의적인 국어 사용 능력 향상을 최상위 목표로 설정하고, 이것이 발전 지향적인 국어 문화의 창조에 연계되어야 함을 강조하는 관점에서 국어과의 '성격'을 규정하였다."(제7차 초등학교 교육과정 해설(III), 9~10) 2007 개정 국어과 교육과정, 2009 개정 국어과 교육과정, 2015 개정 국어과 교육과정도 이와 궤를 같이 한다.

이처럼 국어과 교육과정 해설서에는 국어과의 상위 목표를 '국어 사용 능력 신장'이라고 밝히고 있으나 제5차, 제6차, 제7차, 2007 개정, 2009 개정, 2015 개정 교육과정에서 실제적인 국어과 목표로 제시한 전문이나 세 개의 하위 목표는 이와 모순되는 점이 발견된다.

〈제5차 교육과정의 국어과 교육의 목표(문교부, 1987: 42)〉
　　전문: 국어 생활을 바르게 하고, 국어를 소중히 여기게 한다.
　　　　1) 말과 글을 통하여 생각과 느낌을 바르게 표현하고 이해하게 한다.
　　　　2) <u>국어에 관한 초보적인 지식을 익히고, 국어를 올바르게 사용하게 한다.</u>[9]
　　　　3) 문학 작품을 즐겨 읽고, 아름다운 정서를 기르게 한다.

〈제6차 교육과정의 국어과 교육의 목표(교육부, 1992: 47)〉
　　전문: 국어 생활을 바르게 하고, 국어를 소중히 여기게 한다.

---

9) 이하 밑줄은 필자가 그은 것임.

가. 말과 글을 통하여 생각과 느낌을 바르게 표현하고 이해하게 한다.

나. 국어에 관한 초보적 지식을 익히고, 국어를 올바르게 사용하게 한다.

다. 문학 작품을 즐겨 읽고, 아름다운 정서와 풍부한 상상력을 기르게 한다.

〈2009 개정 교육과정의 국어과 교육의 목표(교과부, 3)〉

전문: 국어 활동과 국어와 문학을 총체적으로 이해하고, 국어 활동의 맥락을 고려하여 국어를 정확하고 효과적으로 사용하며, 국어를 사랑하고 국어 문화를 누리면서 국어의 창의적 발전과 국어 문화 창조에 이바지할 수 있는 능력과 태도를 기른다.

가. 국어 활동과 국어와 문학에 대한 기본적인 지식을 익힌다.

나. 다양한 유형의 담화와 글을 비판적이고 창의적으로 수용하고 생산한다.

다. 국어의 가치와 중요성을 인식하고 국어 생활을 능동적으로 하는 태도를 기른다.

〈2015 개정 교육과정의 국어과 교육의 목표(교육부, 4)

전문: 국어로 이루어지는 이해·표현 활동 및 문법과 문학의 본질을 이해하고, 의사소통이 이루어지는 맥락의 다양한 요소를 고려하여 품위 있고 개성 있는 국어를 사용하며, 국어문화를 향유하면서 국어의 발전과 국어문화 창조에 이바지하는 능력과 태도를 기른다.

가. 다양한 유형의 담화, 글, 작품을 정확하고 비판적으로 이해하고 효과적이고 창의적으로 표현하며 소통하는 데 필요한 기능을 익힌다.

나. 듣기·말하기, 읽기, 쓰기 활동 및 문법 탐구와 문학 향유에 도움이 되는 기본 지식을 갖춘다.

다. 국어의 가치와 국어 능력의 중요성을 인식하고 주체적으로 국어생활을 하는 태도를 기른다.

이상의 밑줄 그은 부분에서 확인할 수 있는 것처럼 제5차, 제6차 교육과정, 2009 개정, 2015 개정 국어과 교육과정의 국어과 목표에서는 문법 교육과 관련된 목표, 문학 교육과 관련된 목표는 국어 사용 기능 교육과 관련된 목표와 병렬적으로 연결되어 있다. 다시 말하면 서로 이질적인 것이 '창의적인 국어 사용 기능(능력) 신장'이라는 본질적인 목표 아래 묶여 있다는 것이다.

이러한 양상은 제7차 교육과정, 2007 개정 국어과 교육과정 국어과 목표의 전문에서도 마찬가지이다. 밑줄 그은 "언어 활동, 언어, 문학의 본질을 총체적으로 이해하고", "국어 활동과 국어와 문학의 본질을 총체적으로 이해하고"에서 국어 사용 영역, 문법 영역, 문학 영역이 대등하게 다루어지고 있다는 것을 알 수 있다.

〈제7차 교육과정의 국어과 교육의 목표(교육부, 1998: 29)〉
　　전문: 언어 활동과 언어와 문학의 본질을 총체적으로 이해하고, 언어 활동의 맥락과 목적과 대상과 내용을 종합적으로 고려하면서 국어를 정확하고 효과적으로 사용하며, 국어 문화를 바르게 이해하고, 국어의 발전과 민족의 언어 문화 창달에 이바지 할 수 있는 능력과 태도를 기른다.

　　가. 언어 활동과 언어와 문학에 대한 기본적인 지식을 익혀, 이를 다양한 국어 사용 상황에서 활용하는 능력을 기른다.
　　나. 정확하고 효과적인 국어 사용의 원리와 작용 양상을 익혀, 다양한 유형의 국어 자료를 비판적으로 이해하고 사상과 정서를 창의적으로 표현하는 능력을 기른다.
　　다. 국어 세계에 흥미를 가지고 언어 현상을 계속적으로 탐구하여, 국어의 발전과 국어 문화 창조에 이바지하려는 태도를 기른다.

〈2007 개정 교육과정의 국어과 교육의 목표(교육인적자원부, 2007: 2)
　국어 활동과 국어와 문학의 본질을 총체적으로 이해하고, 국어 활동의 맥락을 고려하면서 국어를 정확하고 효과적으로 사용하며, 국어 문화를 바르게 이해하고, 국어의 발전과 민족의 국어 문화 창조에 이바지할 수 있는 능력과 태도를 기른다.

　　가. 국어 활동과 국어와 문학에 대한 기본적인 지식을 익혀, 이를 다양한 국어 사용 상황에 활용하면서 자신의 언어를 창조적으로 사용한다.
　　나. 담화와 글을 수용하고 생산하는 데 필요한 지식과 기능을 익혀, 다양한 유형의 담화와 글을 비판적이고 창의적으로 수용하고 생산한다.
　　다. 국어 세계에 흥미를 가지고 언어 현상을 계속적으로 탐구하여, 국어의 발전과 미래 지향의 국어 문화를 창조한다.

그러나 제7차 교육과정과 2007 개정 교육과정에서는 5차 교육과정, 6차 교육과정, 2009 개정 교육과정, 2015 개정 교육과정과 달리 하위 목표에서는 문법 영역과 문학 영역을 국어 사용 기능 영역과 대등하게 기술해 놓은 것이 아니라 종속적인 것으로 기술해 놓았다. 즉 '가'의 "언어 활동과 언어와 문학에 대한 기본적인 지식을 익혀, 이를 다양한 국어 사용 상황에서 활용하는 능력을 기른다."는 언어 활동, 언어, 문학에 대한 지식은, 국어 사용 상황에 활용하는 능력을 기르기 위해 학습한다는 뜻이기 때문에 문법 영역과 문학 영역은 국어 사용 기능 영역에 종속된 것이다. 또 '나'의 "다양한 유형의 국어 자료를 비판적으로 이해하고 사상과 정서를 창의적으로 표현하는 능력을 기른다." 역시 문학 활동을 표현과 이해 활동의 하나로 보고 문학 작품 역시 표현과 이해 활동의 자료로 보고 있기 때문에 이 역시 문학 영역을 국어 사용 기능 영역과 대등하게 보고 있지 않다는 것을 말해 준다. 이처럼 '국어 사용 기능 영역', '문법 영역', '문학 영역'을 대등하게 취급한 전문과 뒤의 둘을 '국어 사용 기능 영역'에 종속되는 것으로 다룬 하위 목표 사이에는 모순을 일으킨다.

세 번째 항목은 국어 사용 기능 신장과는 직접적인 관련이 없어 국어과 교육의 본질적인 목표에 부합하지 않는다. 이처럼 각 시기별 국어과 교육과정의 목표는 정도의 차이만 있지 국어과의 본질적인 목표와 모순을 일으킨다.

이뿐만 아니라 국어과의 본질적인 목표를 '창의적인 국어 사용 능력 신장'으로 설정하게 되면 '한국어'로서의 국어과를 성립하게 해 주는 요소인 '국어 현상에 대한 탐구 대상', '국어 문화 유산', '한국인의 정신 세계(정서) 형성 도구'가 되는 교육 문법에 대한 교육이나 국문학 교육을 포괄할 수 없다.[10]

2) 국어과의 상위 목표

여기서는 국어과의 본질적인 목표로서의 상위 목표를 '국어 활동을 통한 창의적인 국어 능력 신장'으로 설정한다. 이것이 국어과의 본질적인 목표로서 타당성을 얻기 위해서는 '국어 활동'과 '국어 능력'이 무엇인지가 밝혀져야 한다. 여기서는 '국어 활동'과 '국어 능력'을 '국어 사용 활동을 통한 표현·이해력(국어 사용 능력)', '국어 현상에 대한 탐구 활동을 통한 탐구력(국어 현상에 대한 탐구 능력)', '문학 작품 감상·창작 활동을 통한 상상력(문학 능력[11])'을 바탕으로 설명한다.

---

[10] 국어과의 본질적인 목표를 국어 기능 신장에 두게 되면 '한국어'로서의 국어과를 성립하게 해 주는 국문학 교육의 '한국적인 정서의 이해와 함양'과 관련한 내용도 포함할 수 없고, 문학적 상상력, 창의력, 인간의 삶에 대한 이해 등으로 요약될 수 있는 문학 교육도 포함하기 어렵게 된다.

[11] 우한용(1997: 56)에서는 문학 영역의 학습 목표가 문학 능력의 신장에 있다고 보고 문학 능력을 문학을 만들고, 이해하고, 수용하는 능력으로 정의한다. 창작(표현)과 이해라는 측면에서 보면 국어 사용 능력을

'국어 활동'은 '국어 사용 활동', '국어 현상에 대한 탐구 활동', '문학 작품 감상·창작 활동'을 말하며, '국어 능력'은 이러한 활동을 통해 길러지는 '국어를 통한 표현과 이해 능력', '국어적인 탐구 능력', '국문학적 상상력' 등과 관련된 사고 능력을 뜻하는 것으로 규정한다.

여기서의 국어 능력의 정의는 교육과정에서 제시하고 있는 '국어 능력'의 개념과 다르다. 2007 개정 국어과 교육과정 해설서(15)에 따르면 '국어 능력'은 "언어 기능을 통합적으로 운용하여 사고(의미)와 언어를 연결지어야 하는 지적 기능으로서의 고등 정신 능력이다. 이 능력은 단순히 문자를 읽고 쓸 수 있는 기초 기능이 아닌, 의미를 언어화(표현)하고 언어에서 의미를 추출하여 재구성(이해)하는 데 필요한 지식, 기능, 맥락의 학습이 균형 있게 이루어질 때에 효과적으로 신장되는 능력"으로 규정하고 있다. '국어 능력'의 이와 같은 개념은 제7차 교육과정 해설서 13쪽의 '국어 사용 능력'에 대한 개념 규정과 같다. 국어과 교육과정에서 제시하고 있는 '국어 능력'은 결국 '국어 사용 능력'과 동일한 개념으로 이 책에서 사용하고 있는 국어 능력의 일부분을 가리키는 것이다.

이 책에서의 국어 능력은, 국어 사용 활동(표현과 이해 활동)을 통해 길러지는 사고 능력, 국어 현상에 대한 탐구 활동을 통해 길러지는 사고 능력, 문학 작품의 감상과 창작 활동을 통해 길러지는 사고 능력으로 구성된다. 따라서 이하에서는 2007 개정 국어과 교육과정 해설서에서 제시하고 있는 '국어 능력'은 '국어 사용 능력'으로 이름하여 이 책에서의 '국어 능력'과 구분하여 지칭하기로 한다.

국어과의 본질적인 목표로서의 국어 능력은 국어 사용 능력, 국어 현상에 대한 탐구 능력, 문학 창작·감상 능력을 포함한다는 점에서 본질적인 목표로서의 국어 사용 능력과 그 범위와 내용이 다르다. 국어 사용 능력은 듣고·말하고·읽고·쓰는 데 필요한 지식·기능·전략을 상황에 맞게 활용하는 능력으로 규정될 수 있는데, 여기에는 의사소통 상황에 필요한 문법 지식을 익혀 사용할 수 있는 능력도 포함된다. 국어 사용 능력에 포함되는 문법 지식은 듣고, 말하고, 읽고, 쓰는 능력을 신장시키는 것에 국한된다. 한편 국어 능력을 신장하는 데 필요한 문법 지식은 그 범위에 제한이 없다. 국어 사용 능력 신장과 관련된 문법 지식은 학습자의 발달 단계에 따른 국어 사용 양상을 분석하여 정확하고 유창한 의사소통 활동에 도움을 줄 수 있는 요소를 중심으로 학습 내용이 선정되어야 한다.

이에 비해 국어 능력 신장과 관련된 문법 지식은, 국어 사용 능력의 신장과 관련되는 문법 지식도 포함되지만 이런 성격의 문법 지식보다는 언어적인 탐구 능력을 신장시켜 문법 지식을 발견하

구성하는 한 측면으로 보아 여기에 통합할 수 있다. 그러나 비문학적인 글과 문학적인 글이 문학성(예술성-상상력)이라는 면에서 차이가 있는 것으로 보면 문학 능력과 국어 사용 능력은 서로 독자적인 것으로 볼 수 있다. 여기서는 후자의 관점을 취한다.

고 이를 체계화하여 정보를 활용할 수 있는 능력을 길러 주는 데 필요한 요소를 중심으로 학습 내용이 선정되어야 한다.

이러한 내용을 통한 학습은 주로 탐구 활동으로 이루어지고 그 과정에서 언어적 탐구 능력이 신장된다. 언어적 탐구 능력은 국어 사용 능력과 구분되며 국어 사용 능력과 함께 국어 능력을 구성하는 국어적 사고 능력의 하나가 된다. 이처럼 국어 능력(국어적 사고 능력) 신장을 위해 필요한 문법 지식의 성격과 국어 사용 능력에 필요한 문법 지식의 성격은 뚜렷한 차이가 있다. 따라서 국어 능력과 국어 사용 능력이 지시하는 바도 차이가 크다고 하겠다.

국어과 목표 분석을 통해 국어과는 '창의력', '표현·이해력', '탐구력', '상상력' 등 교육적 보편성으로서의 사고 교육이, 교과적 특수성으로서의 '국어 활동을 통한 국어 능력 신장' 교육이 가능하게 된다.

3) 국어과의 영역 체계

앞에서 논의한 국어과의 상위 목표에 따라 국어과의 영역 체계도 달리 설정할 수 있다. 여기서는 먼저 국어과의 상위 목표를 '창의적인 국어 능력 신장'으로 설정하였을 때의 영역 체계를 먼저 논의하고, 이어서 '창의적인 국어 사용 능력 신장'을 상위 목표로 했을 때의 영역 체계를 살펴보기로 한다.

(1) 창의적인 국어 능력 신장과 영역 체계

국어과 교육의 목표가 '국어 활동을 통한 창의적인 국어 능력(고등 정신 기능) 신장'에 있는 것으로 보면, 듣기·말하기·읽기·쓰기와 문법, 문학 영역은 단일한 상위 목표 아래 묶일 수 있다. '창의적인 국어 능력 신장'을 국어과의 본질적인 목표로 설정하여 그 영역 체계를 그림12)으로 나타내면 다음과 같다.

---

12) 이 그림에서는 문법이 '국어 사용 활동'의 기반 지식이 될 수 있고 '듣기·말하기·읽기·쓰기'와 관련된 기능이나 지식이 '국어 현상에 대한 탐구 활동'의 대상이 될 수 있음을 실선으로 연결하여 나타내었다.

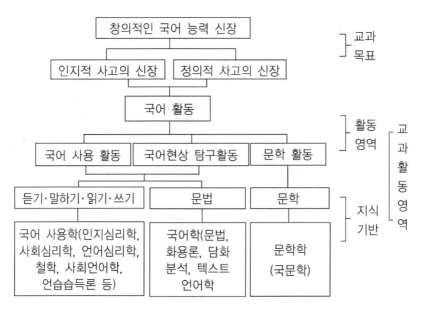

〈그림 2〉 국어과 목표와 영역 체계

이 책에서는 국어과의 최상위 목표를 창의적인 국어 능력 신장에 두고 이것을 다시 인지적 사고의 신장과 정의적 사고의 신장으로 하위 구분한다. 인지적 사고에는 표현·이해력, 탐구력, 상상력 등이 포함되고 정의적 사고는 국어나 국어 사용에 대한 가치나 태도 등을 갖기 위해 필요한 사고가 포함된다. 예를 들면 한글이나 세종 대왕, 주시경 선생에 대해 자랑스러워하는 마음을 가지기 위해서는 한글의 우수성이나 세종 대왕, 주시경 선생의 업적을 알아야 한다. 한글이 다른 문자에 비해 어떤 점이 우수한지, 역사적으로나 현대적으로 어떤 의미와 가치를 지니는지 알고 있어야 한글에 대한 긍지와 자부심이 생긴다. 세종 대왕이나 주시경 선생은 다른 왕들이나 선각자들에 비해 어떤 점에서 존경할 만한지 충분한 지식이 있어야 존경하고 싶은 마음이 생기게 된다.

한편 시나 소설을 잘 감상할 수 있는 사람은 그런 문학 작품을 통하여 우리 말과 글의 아름다움과 우수성을 직접 체험할 수도 있다. 우리 말과 글의 우수성과 아름다움을 이론이나 지식으로 알지 않더라도 직접적인 국어 체험을 통해 국어를 사랑하는 마음을 가질 수 있다. 시나 소설을 감상하는 바탕이 읽기 기능과 무관하지 않은 것이라 본다면 태도는 기능과도 깊은 관련을 맺고, 기능과 상호 의존적인 관계에 있다고 할 수 있다.

이러한 점 때문에 노명완 외(2003: 245~246)에서는 가치관의 변화는 결국 인간이 가지고 있는 스키마가 변화하는 것이라고 하였다. 즉 한 대상에 대해 알고 있는 정보나 지식이 변하면 그에 대한 신념이나 정의적 태도는 변하기 마련이라는 것이다.[13]

이처럼 인지적 사고와 정의적 사고는 상호의존적인 관계에 있다. 그러므로 국어과의 본질적인 목표를 창의적인 국어 능력(국어 활동을 통한 창의적인 사고력) 신장에 있는 것으로 보더라도 여기에는 결국 국어의 발전, 국어 문화 창조, 우리말의 아름다움과 소중함, 한국인의 정체성과 유대감 함양 등과 같은 정의적인 측면이 포함되어 있는 것이다.

(2) 창의적인 국어 사용 능력 신장과 영역 체계

한편 국어과의 영역 체계를 다음과 같이 도식화하는 경우도 있다.

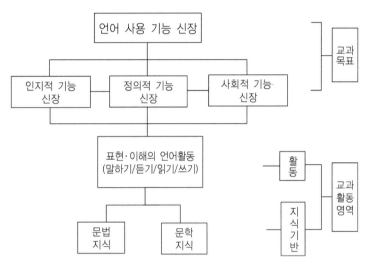

〈그림 3〉 국어과 교육의 목표와 영역 체계(노명완, 1988: 33)

〈그림 3〉에서 볼 수 있는 것처럼 문법(국어 지식)과 문학은 '국어 사용 기능 신장'의 지식 기반으로 기능하고 있다. 이러한 국어과 교육의 상위 목표에 부합하는 문법 지식은 국어 사용 기능 신장을 위해 필요한 것에 국한한다.

국어 현상에 대한 탐구 활동을 통해 탐구력도 신장하고 그 결과로 얻어진 지식을 국어 사용의 기반 지식으로 활용한다면 두 번째의 경우도 그 목표에 부합하는 것으로 볼 수도 있다. 그러나 탐구 활동의 결과가 모두 지식 기반으로 사용될 수 있는 것은 아니며 국어 사용에 필요한 문법

---

13) 이삼형(2000)에서는 인지와 정의를 이분법적으로 보기 어렵다고 하면서 '알고 따지기, 알고 느끼기, 알고 즐기기, 느끼고 알기, 느끼고 따지기, 느끼고 즐기기, 따지고 알기, 따지고 느끼기, 따지고 즐기기, 즐기고 알기, 즐기고 느끼기, 즐기고 따지기' 등은 정의 중심적 사고의 이해 · 표현 활동으로 인지와 정의가 함께 공존하며 작동함을 극명하게 보여주는 틀이라고 하였다.

지식이 모두 탐구 활동의 대상이 되는 것도 아니다. 따라서 국어 현상에 대한 탐구 활동이 국어 사용 기능 신장과 직접적인 연관성은 없다. 더구나 국어 문화유산, 한국인의 정신세계 형성 수단으로 기능하는 문법 지식의 경우는 국어 사용 기능 신장과는 더 더욱 무관하다. 따라서 이러한 성격의 문법 지식은 국어과에서 배제된다.

〈그림 3〉의 체계는 국어과 교육 영역의 복합성과 난체계성을 극복하기 위하여 국어과 교육의 목표를 학생들의 '언어 사용 기능 신장'에 두고 이 단일 목표를 지향하는 관점에서 교과 내용 영역을 체계화한 것으로 제5차 교육과정이 지향한 것이다(노명완 외, 2003: 95). 그러나 앞에서 살펴본 것처럼 실제 교육과정 상에 제시된 전문과 하위 목표, 내용 영역은 이러한 체계를 따르고 있지 않다. 또 이 체계는 표현·이해 활동의 지식 기반이 문법 지식과 문학 지식뿐인 것처럼 되어 있어 설명력이 약하다.

문법 지식이 국어 사용의 지식 기반뿐만 아니라 탐구 활동의 대상, 문화유산, 한국인의 정신세계 형성 수단으로 기능하는 경우까지 국어과 교육적 가치가 있는 것으로 보아 국어과의 목표와 영역 체계는 다음 〈그림 4〉와 같이 나타낼 수도 있다.

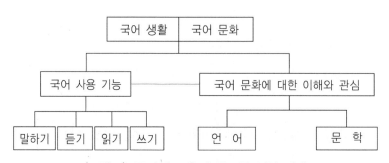

〈그림 4〉 국어과 교육의 목표와 영역 체계

이 체계[14]는 언어(문법)와 문학 영역이 국어 사용 기능의 하위 영역이 아니라 대등한 영역으로 제시되어 있다. 문법과 문학에 대한 지식이 국어 사용 기능에 기여하는 경우가 있다는 점에서 점선으로 연결하였다. 그러나 이 체계에서는 국어 사용 기능과 국어와 문학에 대한 이해와 관심이 어떻

---

14) 이 체계는 제5차 국어과 교육과정을 개발할 때 제안된 것으로 본래의 취지는 여기서 해석한 것과 방향이 같지 않다. 위의 점선 부분은 문법 지식과 문학 지식이 국어 사용 기능 신장의 기반 지식이 되는 경우가 있다는 것을 보여 주기 위해 필자가 넣은 것이다. 점선 부분이 없으면 문법 지식과 문학 지식이 기반 지식의 성격을 가지는 것으로 해석하는 본래의 제안은 수용하기 어렵다. 왜냐하면 앞의 그림에서 점선이 없으면 문법 지식, 문학 지식이 국어 사용 기능의 기반 지식으로 기능할 수 있다는 것을 보여 줄 수 없기 때문이다.

게 관련되는지 상위 목표는 무엇인지 드러나지 않는다. 국어 생활과 국어 문화는 어떻게 관련되는지 국어 생활, 국어 문화가 국어 사용 기능이나 국어와 문학에 대한 이해와 관심 부분과 어떻게 연결되는지도 불분명하다는 점에서 한계가 있다.

5. 초등 국어과 교육의 특성

초등 국어교육의 학문적 위상의 전문성을 확립하기 위한 과제는 초등 국어교육의 정체성을 확보하고, 특수성을 정확히 인식하는 것이다. 따라서 초등 국어교육과 중등 국어교육과의 관계를 통해서 초등 국어교육의 특수성을 이해할 수 있다.

초등 국어과 교육은 국어과 교육의 부분 집합으로써 중등 국어과 교육과 공통점을 이루는 부분도 있지만 이에 못지않게 차이점 또한 존재한다는 것을 인정해야 한다. 이러한 차이점에 대한 인식이 초등 국어교육의 특수성을 가름하는 출발점이 되는 것이다.

초등 국어 교육의 특수성을 이루는 몇 가지 요소를 들면 다음과 같다(황정현, 1999).

① 학습 대상자의 특수성
② 지식 인식의 특수성
③ 기초 능력의 도구성
④ 기초 기능의 통합성
⑤ 활동 중심 교수 방법의 다양성
⑥ 맥락 관련성

이상과 같은 요소는 현장성을 바탕으로 초등 국어 교육 전문가들이 교육과정 체계 고안이나 교재 구성에 있어 중요한 단서를 제공할 것이다. 이런 점에서 국어 교육의 일반적 이론을 바탕으로 현장성을 중시한 초등 교육의 전문가가 초등 국어 교육의 교육과정, 교재 개발 등에 참여하여 현장에 맞는 이론과 방법론을 개발하여야 할 것이다.

1) 학습 대상자의 특수성

교과 교육학은 응용 학문으로 교과 내용을 어떻게 효과적으로 가르쳐야 하느냐 하는 문제와 직결된다. 방법적 학문에서 고려할 내용 요소로 우선적으로 고려해야 할 요소는 학습 대상자의 특수성이다. 왜냐하면 이것은 학습 내용 선정과 기준, 내용 구성 체계, 교수 방법 등을 결정하는 중요한 기준이 되기 때문이다. 그럼에도 불구하고 기존의 국어과 교육과 관련된 논문이나 출판물의 대부분은 초·중등을 포괄한 일반적 이론과 방법론이 지배적이다. 흔히 일선 교사들이 국어과 교육의 이론이 교육 현장과 맞지 않는다는 지적을 하고 있는 것이 그 한 예가 될 것이다.

초등학교 재학 학령에 해당하는 6~12세의 아동기에는 다른 어느 시기보다도 발달 단계가 민감하다. 이러한 발달 단계의 민감성에 따른 신체적, 사고적, 심리적, 언어적, 정서적 특성의 고려가 필수적이다. 그리고 초등학교 학습자의 학습에 대한 최적 조건에 대한 이해 역시 학습자의 특성과 관련된다. 학습은 기본적으로 학습자가 주어진 활동에 진정으로 흥미를 느낄 때 가장 잘 이루어진다. 어떤 외부적인 보상이나 처벌보다는 내적 필요, 놀라움, 호기심 등에 의해 동기가 생길 때 가장 효과적이다. 특히 학습의 기초적인 단계에 있는 초등 학습자들에게 이러한 성향은 더욱 강하다. 이뿐만 아니라 이 시기는 구체적 조작 단계이기 때문에 아직 추상적인 개념을 다루는 데에는 약하지만 어느 시기보다 상상력이 풍부하고 감수성이 예민한 시기가 이때이다. 따라서 이러한 초등 학습 대상자의 특성에 대한 이해를 위해 인근 학문에 대한 천착이 있어야 할 것이다.

2) 지식 인식의 특수성

초등학교의 지식 수준은 중등학교의 지식의 수준을 단순하게 낮추어 놓은 것이 아니다. 초등학교의 지식 영역은 초등학교 학습자가 인식하고 수용할 수 있는 인식 방법과 인지적 능력과 관련하여 구성하여야 하기 때문에 앞에서 언급한 학습 대상자의 특수성과 더불어 초등학교 지식 인식의 특수성에 대한 이해가 필요하다.

인식은 구체에서 추상이라는 관점에서 보면 네 개의 층으로 나누어 볼 수 있다. 첫 번째 층은 '감각 인식(感覺 認識)'이고 두 번째 층은 '사실 인식(事實 認識)'이며, 세 번째 층은 '관계 인식(關係 認識)'이고, 네 번째 층은 '본질 인식(本質 認識)'이라고 할 수 있다.[15]

이러한 층위의 관계는 감각적인 구체적 단계에서 추상적 단계로, 특수성에서 보편성으로 이루어져 있다. 초등학교 학습자는 이러한 인식의 층위에서 어떤 단계에 있으며, 그 단계에서 다른 단계와의 관계 인식 정도, 또는 인식 구조나 방법을 아는 것이 초등 교육의 특수성을 이해하는 데 중요한 관건이 된다. 왜냐하면 이에 따라 초등학교 지식의 내용 선정과 지식을 다루는 방법이 결정되기 때문이다.

---

15) 오병승(1998)에서는 인식의 층을 '사실 인식', '관계 인식', '본질 인식'으로 삼분하고 있으나 이 글에서는 '사실 인식'의 전 단계로 '감각 인식'을 추가하였다.

인간이 세계에 대한 지식을 획득하는 것은 일차적으로 감각을 통해서이다. 말하자면 세계를 이해하는 지식의 통로는 청각, 시각, 촉각, 후각, 미각, 근(筋)감각 등이라는 점이다. 감각 인식을 통한 세계의 구체적 경험은 세계의 본질을 내면화하는데 중요한 역할을 한다. 그러나 감각 인식의 이러한 역할이 중요하긴 하지만 그것이 바로 지식이 되는 것은 아니다. 감각을 통한 개인의 특수성이 객관성을 획득해야 하는 것이다.

사실 인식은 이런 개인의 특수한 경험을 언어나 기호로 객관화하는 것이다. 언어나 기호로 대상의 객관성을 확보한다는 것은 결국 개념화 내지는 개념의 범주화를 의미하는 것이다. 이런 세계의 객관적 사실은 하나의 지식의 틀을 이루고 이런 틀이 어떻게 상호 작용하는가 하는 관계 인식으로 나아간다.

관계 인식은 체계적 인식이다. 복잡한 사상(事象)의 관계를 체계적으로 인식한다는 것은 지식 형성에 중요한 역할을 한다. 개별 대상을 통합하고 그 통합 관계를 통해 대상의 본질을 인식할 수 있기 때문이다.

본질 인식은 대상에 대한 보편성을 확보하는 것이다. 보편성은 지식 형성의 궁극적 단계로 세계를 가장 정확하게 인식하는 요소이다. 그리고 인식된 요소를 개념화하여 저장하게 된다.

이상과 같은 인식들은 지식 형성에 중요한 역할을 한다. 그러나 이 요소들이 단계적으로 구성되는 것은 아니다. 이것들은 지식이라는 유기체 안에서 기능적으로 상호 작용하는 것이다.

이런 지식 형성의 인식 요소 중 감각 인식은 지식의 기능적 상호 작용성에 있어 가장 기본적 요소이며, 동시에 기능적 상호 작용을 원활하게 하며, 궁극적으로 대상에 대한 본질을 인식하게 하는 데 중요한 역할을 한다.

현대 과학은 관찰자의 존재가 관찰 대상에게 영향을 미친다는 사실을 입증하고 있다. 이것은 지식은 지식을 사용하는 사람의 외부에 객관적으로 존재하는 것이 아니라 내면화될 때 그 본연의 역할을 수행할 수 있음을 의미한다. 초등학교 학생들에게는 특히 경험적, 구체적 조작 없이 지식은 내면화될 수 없다.

이런 점을 고려할 때, 온전한 지식 획득을 위해서는 구체적 조작기에 속하는 초등학교 학습자에게 알맞은 지식 영역을 인식하고 그 교수 방법의 개발에 힘써야 할 것이다.

3) 기초 능력의 도구성

초등 교육의 목적은 교육법 제 93조[16])에서도 명시하고 있듯이 기초 교육, 보통 교육이다. 이런

---

16) 교육법 제 93조에는 '초등학교는 국민 생활에 필요한 기초적인 초등보통교육을 하는 것을 목적으로 한다.'

기초 교육, 보통 교육은 중등 교육의 목적과 구별된다. 기초, 혹은 보통 교육은 삶을 영위하는 데 있어 기본적인 능력의 신장을 목적으로 한다. 따라서 초등 국어과 교육의 목적은 일차적으로 언어 사용 능력의 향상에 있다. 말하자면 "초·중·고 공통 과목인 '국어'는 국어를 정확하고 효과적으로 사용하는 데 필요한 능력과 태도를 기르고, 비판적이고 창의적인 국어 사용을 바탕으로 하여 국어 발전과 국어문화 창달에 이바지하려는 뜻을 세우며, 가치 있는 국어 활동을 통해 바람직한 인성과 공동체 의식을 함양하는 과목이다."라고 2015 개정 국어과 교육과정에서 그 성격을 밝히고 있다. 이것은 1학년에서 10학년까지의 성격을 포괄적으로 밝히고 있는 것인데 특히, 초등학교에 해당하는 1학년에서 6학년까지는 일차적으로 '기초 기능, 기초 지식, 기초 역량' 함양에 두어야 한다.

이 점에서 초등 국어과 교육은 기초적이고 기본적인 국어 사용을 위한 지식, 국어 현상 탐구를 위한 지식, 문학 작품의 감상과 창작을 위한 지식 이해뿐만 아니라 이를 활용하여 실제 국어생활에 적용할 수 있는 능력을 함양할 수 있도록 하여야 한다. 초등 교사 역시 이러한 점을 고려하여 교수 방법을 개발해야 할 것이다.

언어 습득 과정에서 볼 수 있듯이, 어린이들은 언어를 사회·문화적인 맥락 속에서 스스로 체득하여 배우게 된다. 이러한 어린이들의 언어 학습의 특성을 고려하여 초등학교 국어과 교육의 방법을 모색하여야 할 것이다. 예를 들면 말하기 교육에서 "여러 사람 앞에서 자연스럽게 말한다."란 학습 목표를 달성하기 위해 자세라든가, 목소리의 조절, 심리적 안정을 개념적으로 설명한다고 해서 자연스럽게 말하게 되는 것은 아니다. 실제와 같은 상황을 만들어 주고 그 상황 속에서 실천적으로 활동해 봄으로써 그런 능력을 향상시킬 수 있는 것이다. 그리고 이런 언어적 활동이 사회 활동의 훌륭한 도구로써의 구실을 할 수 있다.

초등 국어과 교육은 한 인간으로서 자기 삶을 영위할 수 있게 하는 '기초 기능'으로써의 도구적 성격이 강하다고 할 수 있다. 이뿐만이 아니라 타 교과 학습을 위한 도구 교과라는 점 나아가 국어 교과는 언어를 통해 사고를 표현하고 이해하는 고등 정신 기능의 신장과 연결되어 있는 '세계를 인식하는 도구' 교과라는 점, 다시 말하면 '사고의 도구' 교과라는 점도 잊어서는 안 된다.

4) 기초 기능의 통합성

현대 교육의 가장 심각한 문제 중 하나는 교육적 경험 사이의 연관성, 통합성이 부족한 것이다. 학교생활은 지식의 팽창으로 인하여 이를 피교육자에게 전달하는 과정에서 전문가에 의해 각 분

로 명시되어 있다.

야별로 단순화시키게 되고, 나아가 학생에게는 특수 분야의 생경한 윤곽만을 전달하게 되므로 인간 지식의 총체성과 관련성이 약화되는 것이다. 즉, 현대 교육의 맹점은 어린이들에게 단편적인 지식을 전달하는 데 급급하여 삶을 총체적으로 파악하는 능력을 길러 주지 못한다는 것이다.

세계는 통합적이다. 그리고 세계는 언어로 표상된다. 따라서 언어는 세계를 통합적으로 인식하는 도구이다. 그런 의미에서 언어는 본질적으로 통합적이다. 언어 교육은 이를 고려하여 이루어져야 한다. 특히 초등학교 학습자는 정서적, 심리적, 인지적 측면에서 미분화 상태에 있기 때문에 중등학교 학습자에 비해 통합적 교육이 이루어져야 한다. 따라서 초등 국어과 교육에서의 언어 교육은 일차적으로 언어 기능을 통하여 세계를 통합적으로 인식하는 데 초점을 두어야 할 것이다.

일차적으로 듣기/말하기/읽기/쓰기와 같은 기초적인 기능은 초등학교에서 통합적인 방법으로 지도되어야 할 사항이다. 이러한 기초 기능의 통합적 지도는 어린이가 이 세상을 살아가는데 있어 필요한 지적 토대의 기초를 이루기 때문이다.

그리고 모국어 습득 시기에 속하는 초등학교 시절의 언어 교육은 단순히 언어 그 자체를 교육하는 것이 아니라 언어를 매개로 하는 타 교과와의 통합을 전제로 한다. 이러한 모국어를 통하여 공동체 고유의 문화 창조 역량과 공동체의 의식 구조가 형성된다.

따라서 초등학교 국어과 교육은 일차적으로는 국어의 기초 기능을 통합적으로 지도할 수 있는 방안을 마련하는 데 중점을 두어야 한다. 그리고 이차적으로 언어를 매개로 하는 타 교과와의 통합 방법, 나아가 지역 문화 기관과의 협력에 의한 협동 학습의 방안도 모색되어야 한다.

5) 활동 중심 교수 방법의 다양성

초등학교 어린이들의 학과목에 대한 선호도는 체육이 가장 높다는 것은 주지의 사실이다. 체육에 대한 선호도가 높은 이유는 무엇일까? 이것은 어린이들의 생태적 특성이 활동적이라는 데 있기 때문이다.

"움직임 활동은 언어 능력을 촉진하고 창의성을 키우며 억눌린 에너지를 풀어주고 신경계통에 영양분을 준다."(황정현 역, 1998: 187)라는 말은 어린이에게 있어 활동은 학습에 있어 다양한 사고력을 높일 뿐만 아니라 어린이들이 심리적, 생리적인 균형 감각을 형성하는 데 있어 필수적이라는 것을 의미한다. 그리고 어린이들의 생리적, 심리적 특성을 이루는 이러한 활동은 어린이로 하여금 감수성을 일깨우고, 잠재된 학습 능력을 자극한다. 또한 그것은 외부 자극에 대한 잠재된 내부 의식의 적극적인 표현이며, 능동적으로 세계와 자아의 관계를 형성할 수 있다는 점에서 교육에 있어 가장 기본을 이루는 요소이다.

최근에 소개되고 있는 일련의 활동 중심의 교수 방법은 이러한 초등학교 어린이들의 특성을 반영한 것이다. 예를 들어, 학습자 중심의 학습, 자기 주도적 학습, 협력 학습, 역할 수행 학습 등이 그것이다.

6) 맥락 관련성

일상의 언어 사용은 발화자와 수화자가 특정 상황 맥락 속에서 서로 특정한 의도와 목적을 지닐 때만이 비롯된다. 따라서 발화자와 수화자를 둘러싼 특정 상황이 언어 사용 과정에서 매우 중요한 요소이다. 그러므로 국어 교수·학습의 영역 속에서도 무의미한 상태의 언어 자체를 반복 학습하는 것보다는, 실제의 상황과 경험을 교실에 끌어와서 의사소통 학습의 장(場)을 넓히도록 할 필요가 있다.

내가 누군가와 만날 때, 우리는 서로 즉흥극을 한다. 한 잔의 커피를 놓고 우리는 이야기를 한다. 다음에 상대방이 무슨 말을 하고 어떤 행동을 할지 모른다. 다만 짐작할 뿐이다. 만나기 전에 무슨 말을 할까 미리 연습을 했을지도 모른다. 상대방이 특정한 질문을 한다면 사전에 그에 대한 대답을 곰곰이 생각할 수도 있다. 다만 '상대방의 입장이 되어 생각할수록' 그 짐작은 더욱 더 성공적으로 될 수 있을 것이다. 이와 같이 언어는 '지금, 여기에서' 실제(實際)의 상황에서 살아 움직인다. 이렇게 특정한 상황에 반응하는 언어의 민감성을 상황과의 유기적 관계 속에서 적절하게 조정할 줄 아는 능력과 또 창의적인 사용 능력이 언어 교육의 핵심이 된다.

한편, 실제 의사소통 과정을 살펴보면 언어적 의사소통 외에 많은 비언어적 의사소통이 동원되고 있다. 예를 들면, 화자(話者)나 청자(聽者)는 의사소통 중에 의사소통의 효과를 극대화하기 위해 얼굴 표정, 몸짓 그리고 시각적, 청각적, 근(筋)감각적인 감각들을 하나로 통합한다. 이러한 비언어적 의사소통 기술은 단순히 언어적 의사소통 기술을 보완하는 수준에 머무는 것이 아니라 오히려 메타 의사소통(meta-communication) 수단으로 작용한다. 예를 들면, 심리학자 Mehrabian과 Ferris는 메시지의 전체 효과 중 7%는 기본적인 음성 상징들에 의해 이루어지는 반면 38%는 억양, 강세, 연접-반 언어(半 言語: paralanguage)의 음성적 연기에 의해 전달되는 것으로 보았다. 게다가 메시지의 55%는 얼굴 표정을 수반하는 신체 언어(kinesics)에 의해 결정된다는 것이다(Stewig & Buege, 1994: 42).

국어 교육은 의사소통을 위한 구체적 환경이 제공되어야 한다. 왜냐하면 언어의 의미는 구체적인 삶의 공간과 시간, 그리고 환경에 따라 달라지기 때문이다. 따라서 학습자들에게 국어 사용의 구체적 현장을 경험하게 하여 학습자들의 언어적 잠재력을 마음껏 발휘하게 하는 장(場)을 제공하여야 한다.

　이러한 상황 맥락뿐만 아니라 사회·문화적 맥락 또한 중요하다. 국어는 하루아침에 만들어진 것이 아니라 우리나라 반만년 역사와 함께 변화되어 왔다. 따라서 국어에는 우리 조상의 얼과 문화와 관습이 자연스럽게 배어들어가 있기 마련이다. 그리고 이러한 과정을 통하여 변화되어 온 국어의 고유한 사용 방식과 관습을 국어의 문화성이라고 일컬을 수 있다. 그러므로 국어 교실에서는 초등학교 때부터 바로 이런 국어 사용상의 특성을 이해하고 존중해야 한다. 예컨대, 한국인의 얼과 문화가 담겨서 생긴 고유한 국어 예절과 국어 사용 관습 및 관용 표현의 사용들을 중시하여 다뤄야 한다.

　이뿐만 아니라 최근에는 학교를 중심으로, 가정, 지역 사회와 교육적 환경, 문화의 통합이 강조되고 있다. 가정, 지역 사회와의 협력은 아동에게 언어 학습, 문화 교류, 다양하고 실제적인 교육 환경에의 노출과 이들을 통합하여 학습하는 데 중요하기 때문이다.

참고문헌

강경호 외(2012), 개정 7차 교육과정에 따른 초등국어교육의 이해, 박이정.

교육과학기술부(2002), 초등학교 교사용 지도서(국어 6-2), 대한교과서주식회사.

교육과학기술부(2009), 초등학교 교육과정 해설(III), 미래엔.

교육과학기술부(2010), 초등학교 교사용 지도서(국어 3-2), 대한교과서주식회사.

교육과학기술부(2011), 국어과 교육과정, 미래엔.

교육부(1992), 제6차 교육과정 국민학교 교육과정 해설, 대한교과서주식회사.

교육부(1992), 제6차 교육과정 국민학교 교육과정, 대한교과서주식회사.

교육부(1992), 제6차 중학교 국어과 교육과정 해설, 대한교과서주식회사.

교육부(1993), 국민 학교 교육 과정, 대한교과서주식회사.

교육부(1998), 제7차 교육 과정 국어과 교육 과정, 대한교과서주식회사.

교육부(1998), 제7차 초·중등 학교 교육 과정-국민 공통 기본 교육 과정-, 대한교과서주식회사.

교육부(1998), 제7차 초등학교 교육 과정 해설(I), (III), 대한교과서주식회사.

교육부(2015), 국어과 교육과정.

김하수(1988), 국어와 국어교육에 관한 기본 문제, 모국어교육 6, 모국어교육학회.

노명완·정혜승·옥현진(2003), 창조적 지식 기반 사회와 국어과 교육, 박이정.

노명완·박영목·권경안(1988), 국어과 교육론, 갑을 출판사.

방인태 외(2000), 제7차 교육과정을 위한 초등 국어과 교육, 박이정.

신헌재 외(2005), 초등 국어과 교수·학습 방법, 박이정.

양태식(1997), 초등 국어 교육의 성격과 과제, 한국어 교육 12, 한국어문교육학회.

오병승(1998), 교육의 관점에서 본 수학적 지식과 수학적 추상의 특성」, 과학과 수학 교육 논문집 24, 서울교육대학교 과학교육연구소.

이병규(2005), 국어 지식 교육의 성격과 국어과 교육의 영역 체계, 국어교육학연구 22, 국어교육학회.

이병규(2012ㄱ), 국어 문법 교육의 원리, 새국어교육 90, 한국국어교육학회.

이병규(2012ㄴ), 국어 문법 교육의 교수-학습 자료 개발의 원리, 초등국어교육연구 48, 한국초등국어교육학회.

이병규(2013), 국어과 교육 대상으로서의 매체의 특성 연구, 초등국어교육연구 53, 한국초등국어교육학회.

이병규(2014), 담화의 개념과 단위, 어문론총 제61집, 한국문학언어학회.

이병규(2017), 지능 정보화 시대와 국어교육, 새국어교육 113, 한국국어교육학회.

이병규 · 김정은(2017), 원리 중심 학습이 소리와 표기의 관계에 대한 이해에 미치는 효과 연구, 한민
    족문화연구 60, 한민족문화학회.

이병규 · 최선희(2014), 기행문 텍스트의 맥락과 형식 연구, 한국초등교육연구 27-1, 서울교육대학
    교 초등교육연구원.

이병규 · 김희동 · 김세현(2017), 국어과 내용으로서의 맥락에 대한 재고(再考), 새국어교육 111, 한
    국국어교육학회.

이삼형 외(2007), 국어교육학과 사고, 역락.

이삼형(2000), 국어교육학, 소명.

이재승(1992), 통합 언어(whole language)의 개념과 국어 교육에의 시사점, 국어교육 79 · 80, 한
    국국어교육학회.

정동화 외(1994), 국어과 교육론, 선일문화사.

천경록 외(2004), 초등국어과 교육론, 교육과학사.

최현섭 외(1996/2001), 국어교육학 개론, 심지원.

허재영(2006), 국어과 교육의 이해와 탐색, 박이정.

황정현(1999), 초등국어과 교육의 특수성과 과제, 초등국어교육 9, 서울교대 초등국어교육연구소.

황정현 역(1998), 창조적인 언어사용 능력을 위한 교육연극 방법(Nancy King), 평민사.

Geoffrey Leech(1975), Semantics and Society, Semantics, Penguin Book.

Barrett, T.(1976), Taxonomy of Reading Comprehension, In R. Smith and
    T.Barrett(Eds), Teaching Reading in the Middle Grades, Addison-Wesley.

Marzano, R.J. et. al.(1988), Dimensiion of Thinking: Framwork for Curriculum and
    Instruction, ASCD.

Nellie McCaslin(1996), Creative Drama in the Classroom and Beyond, Longman
    Publishers.

탐구문제

1. 언어의 특성과 언어의 기능을 예를 들어 설명하시오.
2. 한국의 공용어가 '영어'로 바뀐다면 어떤 변화가 생길 수 있는지 예를 들어 설명해 보시오.
3. 도구 교과로서의 국어과의 성격과 사고 교과로서의 국어과의 성격을 예를 들어 설명하시오.
4. 지식 교과로서의 국어과의 성격과 기능 교과로서의 국어과의 성격을 예들 들어 설명하시오.
5. 내용 교과로서의 국어과의 성격과 문화 교과로서의 국어과의 성격을 예를 들어 설명하시오.
6. 국어과 교육과정에서 알 수 있는 국어과의 성격을 설명해 보시오.
7. 국어과 교육의 각각의 관점의 특징을 설명해 보시오.
8. 초등 국어과 교육의 과업을 설명하시오.
9. 국어과 교육의 목표 논의의 문제점을 설명하고 해결 방안을 모색해 보시오.
10. 초등 국어과 교육의 특수성을 설명하시오.

초등 국어과 교육과정

1. 2015 개정 국어과 교육과정의 특성

2015 개정 국어과 교육과정의 주요 특징으로는 ① 국어과 교육과정 구성 및 목표 개선 ② 국어과 핵심 역량 제시 ③ 내용 체계표의 상세화 ④ 교육 내용의 양과 수준 적정화 ⑤ 누리교육과정과의 연계와 한글 교육의 강화 ⑥영역별 내용 요소 및 성취기준의 위계정선 등이다.

1) 국어과 교육과정 구성 체제 변화 및 목표 개선

2015 개정 교육과정의 구성은 이전교육과정보다 명료하게 구성되었다. 이전 교육과정에 제시되었던 '추구하는 인간상', '학교 급별 교육 목표'는 제외되었으며 '성격'항을 신설하였다. 또한 성취기준을 영역별로 상세화 하였으며 교수·학습과 평가 방향을 함께 제시하였다. 구 교육과정과의 차이는 다음과 같다.

2015 개정 국어과 교육과정 체제 변화

2009 개정	2015 개정 교육과정
1. 추구하는 인간상	
2. 학교급별 교육 목표	1. 성격
3. 목표	2. 목표
4. 내용의 영역과 기준	3. 내용 체계 및 성취기준
5. 교수·학습 방법	4. 교수·학습 및 평가의 방향
6. 평가	

2015 개정 국어과 교육과정의 목표는 2009 개정 교육과정보다 구체적으로 기술되었다. 이전 교육과정에서는 '국어'라는 용어가 여러 가지 의미로 혼용되어 '가'항에서는 '문법'을 의미하고, '다'항에서는 국어활동, 문학, 문법 등을 포괄하는 의미로 해석되었다. 그러나 2015 개정 국어과 교육과정에서는 혼란스러운 용어의 사용을 없애고 명료하게 진술하였다. 2015 개정 국어과 교육과정의 '가'항은 국어 교과에서 지도해야 하는 기능을 제시하고, '나'항에서는 국어 교과에서 지도해야 하는 지식을, '다' 항에서는 국어과에서 지도해야 하는 태도의 특성을 제시하였다. 구체적인 내용은 다음과 같다.

2015 개정 국어과 교육과정 목표 개선

2009 개정 교육과정	2015 개정 교육과정
가. 국어 활동과 국어와 문학에 대한 기본적인 지식을 익힌다. 나. 다양한 유형의 담화와 글을 비판적이고 창의적으로 수용하고 생산한다. 다. 국어의 가치와 중요성을 인식하고 국어생활을 능동적으로 하는 태도를 기른다.	가. 다양한 유형의 담화 글, 작품을 정확하고 비판적으로 이해하고 효과적이고 창의적으로 표현하며 소통하는데 필요한 기능을 익힌다. 나. 듣기 · 말하기, 읽기, 쓰기 활동 및 문법 탐구와 문학 향유에 도움이 되는 기본 지식을 갖춘다. 다. 국어의 가치와 국어 능력의 중요성을 인식하고 주체적으로 국어생활을 하는 태도를 기른다.

2) 국어과의 교과 역량 제시

국어과의 교과 역량은 교육과정에서 '성격' 항에 제시되어 있다. 국어과의 교과역량은 총론에서 제시한 핵심 역량을 기반으로 국어 교과에 적합한 역량을 수정 보완한 것이다. 2015 개정 교육과정 총론에서는 교과교육을 포함한 학교교육 전 과정을 통해 중점적으로 기르고자 하는 역량을 6가지(자기 관리 역량, 지식정보처리 역량, 창의적 사고 역량, 심미적 감성 역량, 의사소통 역량, 공동체 역량)로 제시하였다. 이를 바탕으로 2015 국어과 교육과정에서는 아래와 같이 국어과 교과 역량을 제시하였다.

2015 개정 국어과 교육과정의 교과 역량과 의미

구 분	의미
비판적 · 창의적 사고 역량	다양한 상황이나 자료, 담화, 글을 주체적인 관점에서 해석하고 평가하여 새롭고 독창적인 의미를 부여하거나 만드는 능력

구 분	의미
자료 · 정보 활용 역량	필요한 자료나 정보를 수집, 분석, 평가하고 이를 효과적으로 활용하여 의사를 결정하거나 문제를 해결하는 능력
의사소통 역량	음성 언어, 문자 언어, 기호와 매체 등을 활용하여 생각과 느낌, 경험을 표현하거나 이해하면서 의미를 구성하고 자아와 타인, 세계의 관계를 점검 · 조정하는 능력
공동체 · 대인 관계 역량	공동체의 가치와 공동체 구성원의 다양성을 존중하고 상호 협력하며 관계를 맺고 갈등을 조정하는 능력
문화 향유 역량	국어로 형성 · 계승되는 다양한 문화를 이해하고 그 아름다움과 가치를 내면화하여 수준 높은 문화를 향유 · 생산하는 능력
자기 성찰 · 계발 역량	삶의 가치와 의미를 끊임없이 반성하고 탐색하며 변화하는 사회에서 필요한 재능과 자질을 계발하고 관리하는 능력

3) 내용 체계표의 상세화

2015 교육과정에서는 교과 공통적으로 내용 체계표를 통일하였다. 국어과 교육과정에서는 국어과 교육의 하위 영역별(듣기 · 말하기, 읽기, 쓰기, 문법, 문학)로 내용 체계표를 구성하였다. 먼저 '핵심 개념'은 국어교과의 기초 개념이나 원리를 말한다. 국어과는 문자언어와 음성언어를 포함한 매체를 다루는 교과이므로 다양한 유형의 담와 구성요소, 담화의 본질을 파악하고 담화를 사용하는 태도를 핵심 개념으로 보았다. 다음으로 국어과에서 지도하는 교육 '내용(일반화된 지식)'에는 국어 활동 및 문법, 문학에 관한 지식, 언어 사용의 목적 파악, 담화 구성 요소, 흥미 등을 포함시켰다. '기능'은 수업 후 학생들이 할 수 있기를 기대하는 능력으로 국어과 고유의 탐구과정 및 사고 기능을 말한다.

2015 개정 국어과 교육과정 내용 체계표에는 학년(군)에서 필수적으로 배워야 하는 학습 내용을 학습 요소로 제시하여 학년별 학습 내용의 위계를 쉽게 파악할 수 있도록 하였다. 이러한 변화는 교육과정 문서 체계의 일관성을 높이고, 최소한의 핵심적인 내용을 제시하여 학습 내용의 위계를 강화하며, 학년군에서 다루어야 하는 교육 내용을 체계적으로 제시하여 각 학년(군)에서 다루어지는 내용이 어떤 수준에 있는지 확인하기 쉽고, 교과내 다른 영역 및 타교과 간의 통합이 용이하도록 하였다.

4) 교육 내용의 양과 수준의 적정화

2015 개정 교육과정에서는 이전교육과정보다 학년(군)별 성취기준 수가 감소하였다. 1~2학년 군에서 4개, 3~4학년 군에서 5개, 5~6학년 군에서 6개씩 감함으로써 교육 내용의 양과 수준을 적정화하였다. 2009 교육과정 대비하여 구체적인 증감 성취기준 수는 아래와 같다.

〈표 5〉 2015 개정 국어과 교육과정의 성취기준 수 감소

	학년(군)별 성취기준 수					
	초1~2		초3~4		초5~6	
	2009	2015	2009	2015	2009	2015
듣기·말하기	8	6	8	7	9	7
읽기	6	5	6	5	7	6
쓰기	5	5	6	5	7	6
문법	4	4	6	5	6	5
문학	6	5	6	5	7	6
계	29	25	32	27	36	30
증감	-4		-5		-6	

5) 누리교육과정과의 연계 및 한글 교육의 강화

2015 국어과 교육과정은 유치원에서 이루어지는 누리교육과정과의 연계를 강화하였다. 누리교육과정에서 배운 내용과 초등학교 1-2학년 군에서 배우는 내용의 간극을 줄이고, 입문기 문자 교육 내용을 강화한 것이다. 2009 개정 교육과정에서는 한글교육에 관련한 언급이 없었고, 교과서에서도 한글교육과 직접적으로 관련된 내용은 27차시정도였다. 그러나 새 교육과정에서는 한글 자모를 정확하게 알거나 글자의 짜임이나 구성 관계를 이해하는 기초문식성 관련 내용을 정선하였다. 또한 교수-학습 및 평가 유의사항에서도 받침이 없는 낱말이나 글자 수가 적은 낱말로부터 시작하여 점차 그 범위를 확대하며, 지나치게 어려운 낱말이나 문장을 노출하는 활동은 자제하도록 권장하고 있다.

한글교육의 지도상 유의점으로는 입학 전에 한글을 익힌 학생이더라도 정확한 지식을 가지고 기능을 수행하는지 교사가 진단하여야 한다. 오류가 있다면 단원 학습을 통하여 바로잡을 수 있어야 한다. 학교에서 기초 한글 교육이 안 될 경우 다문화 가정, 조손 가정, 농산어촌의 소외 지역

학생들이 특히 피해 대상이 된다. 한글교육의 수업을 충실히 운영하여 모든 학생이 기초 한글을 충분히 배울 수 있는 시간이 되도록 한다. 그리고 한글 자모를 암기하여야 할 기호로만 지도하는 것을 지양하며, 무리한 받아쓰기 금지, 선행 학습을 이유로 가르치지 않고 넘어가는 일이 없도록 하며 학생들이 흥미를 가지고 활동할 수 있도록 재미있는 학습 자료와 놀이 활동을 활용한다.

6) 영역별 내용 요소 및 성취기준의 위계정선

2015 개정 교육과정에서는 영역 간의 통합을 보다 효율적으로 실현시키기 위하여 성취기준의 위계를 조정하였다. 다음은 문법영역에서의 예로, 낱말의 표기 및 의미 관계를 파악하는 성취기준을 학년별로 정선하여 내용 타당도를 높였다.

〈표 6〉 2015 교육과정에서 성취기준의 수준 정선

2009 개정 국어과 교육과정		2015 개정 국어과 교육과정	
학년군	성취기준	학년군	성취기준
1학년	· 문법(4) 문장의 기본 구조를 이해하고 문장 부호를 바르게 쓴다.(3-4로 ↑)	1~2 학년군	[2국02-04] 글을 읽고 인물의 처지와 마음을 짐작한다.(3-4에서)
2학년	· 듣말(7) 상대에 적절하게 반응하며 대화를 나눈다.(3-4로 ↑) · 문법(3) 낱말과 낱말의 의미 관계를 알고 활용한다.(3-4로 ↑)		[2국04-02] 소리와 표기가 다를 수 있음을 알고 낱말을 바르게 읽고 쓴다.(3-4 에서)
3학년	· 읽기(2) 글쓴이의 마음이나 인물의 마음을 짐작하며 글을 읽는다.(1-2로 ↓) · 읽기(3) 읽기 과정에서 지식과 경험을 적극적으로 활용하며 글을 읽는다.(5-6으로↑) · 문법(1) 소리와 표기가 다를 수 있음을 알고 낱말을 바르게 발음하고 쓴다.(1-2로↓) · 문법 (3) 국어의 낱말 확장 방법을 알고 다양한 어휘를 익힌다.(5-6으로 ↑)	3~4 학년군	[4국01-01] 대화의 즐거움을 알고 대화를 나눈다.(1-2에서) [4국02-03] 글에서 낱말의 의미나 생략된 내용을 짐작한다.(5-6에서) [4국01-06] 예의를 지키며 듣고 말하는 태도를 지닌다.(5-6에서) [4국04-02] 낱말과 낱말의 의미 관계를 파악한다.(1-2에서) [4국04-03] 기본적인 문장의 짜임을 이해하고 사용한다.(1-2에서)
4학년	· 쓰기(6) 다양한 매체를 활용하여 생각과 느낌을 효과적으로 표현한다.(5-6으로 ↑) · 문학(5) 작품 속의 세계와 현실 세계의 공통점과 차이점을 안다.(5-6으로 ↑)		
5학년	· 읽기(1) 문맥을 고려하여 낱말의 의미를 파악하며 글을 읽는다. + (3)내용을 추론하며	5~6 학년군	[6국02-01] 읽기는 배경지식을 활용하여 의미를 구성하는 과정임을 이해하

2009 개정 국어과 교육과정		2015 개정 국어과 교육과정	
학년군	성취기준	학년군	성취기준
6학년	글을 읽는다.(3-4로 ↓) · 듣말(7) 매체를 통한 소통의 특성을 알고, 매체 언어 예절에 맞게 대화한다. (3-4로 ↓)		고 글을 읽는다.(3-4에서) [6국03-02] 목적이나 주제에 따라 알맞은 내용과 매체를 선정하여 글을 쓴다. (3-4에서) [6국04-02] 국어의 낱말 확장 방법을 탐구하고 어휘력을 높이는 데에 적용한다.(5-6에서) [6국05-02] 작품 속 세계와 현실 세계를 비교하며 작품을 감상한다.(3-4에서)

이 밖에도 교육과정의 내용을 쉽게 이해할 수 있도록 간결하고 분명하며 쉬운 낱말로 표현하였으며, 듣기 · 말하기, 읽기, 쓰기, 문법, 문학 영역별 갖춰야 하는 수행 능력을 제시하였다.

1-2학년군의 경우 기존에 3-4학년군에 있었던 성취기준 2개 항을 새롭게 가르치게 되었으며, 기존의 1-2학년군에서 다루어졌던 3개항이 3-4학년군으로 이동하였다. 먼저 1-2학년군에서 새롭게 다루어지는 내용은 '읽기' 영역의 '인물의 처지와 마음을 짐작한다.'와 '문법'영역에 있었던 '소리와 표기가 다를 수 있음을 알고 낱말을 바르게 읽고 쓴다.' 이다. 두 성취기준 모두 3-4학년군에서 다루었던 내용으로서 초등학교 1학년 과정에서는 다루어지기 어려운 내용으로 주로 2학년 교과서에서 지도된다. 인물의 처지와 마음을 짐작하는 활동은 인물의 말과 행동을 통해서 유추하는 것이므로 1학년 학생들에게는 인지적 부담을 줄 수 있다. 또한 소리와 표기가 다름을 이해하는 활동 역시 표기법을 완벽하게 익히는 활동이라기보다는 쉬운 낱말부터 소리와 표기가 일치하지 않는 낱말로 학습 범위를 확장해야 한다.

한편, 그간 1-2학년군에서 다루던 '대화의 즐거움을 알고 대화를 나눈다.'(듣기 말하기 영역), '낱말과 낱말의 의미 관계를 파악한다.'(문법영역), '기본적인 문장의 짜임을 이해하고 사용한다.'

7) 독서 교육의 강화

2015 개정 교육과정에서는 독서 교육을 강조하고 있다. 국어과 교육과정의 '교수 · 학습 방향에서 '국어 활동의 총체성을 고려하여 통합형 교수 · 학습을 계획하고 운용한다.'라고 명시하고, '한 학기에 한 권, 학년(군) 수준과 학습자 개인의 특성에 맞는 책을 긴 호흡으로 읽을 수 있도록 도서 준비와 독서 시간 확보 등의 물리적 여건을 조성하고, 읽고, 생각을 나누고, 쓰는 통합적인 독서

활동을 학습자가 경험할 수 있도록 한다.'라고 제시하였다. 따라서 초등학교 3학년부터 교과서에서는 한 학기에 한 권 수업시간에 책을 일고 생각을 나눌 수 있도록 '독서 단원'이 신설되었다.

독서 단원은 '한 학기 한 권 읽기'의 경험으로 학생의 독서 습관을 형성하고 독서 태도를 함양하며, 나아가 평생 독자로 성장하는 기반을 마련하는 데 목적이 있다. 학생이 스스로 한 학기 한 권의 책을 선정해 읽고 생각을 나누고, 다양하게 표현함으로써 독서의 즐거움을 경험하고 느끼게 한다. 또한 학생들이 책을 읽는 과정에서 자연스럽게 읽기 전략을 익히고, 책을 읽으면서 생각하는 힘을 기르도록 돕는다.

독서는 사회·문화적 의미를 구성하는 과정이므로, 학급 구성원들이 만들어 가는 독서 경험은 중·장기적으로 중요한 의미가 있다.

8) 연극 교육의 강화

2015 개정 교육과정의 총론에서 강조하는 인문학적 소양 교육의 차원에서 국어과 교육과정에서는 연극 교육을 강화하였다. 2015 개정 교육과정은 바른 인성을 지닌 창의, 융합적 인재 양성을 위한 '역량중심교육과정'을 지하고 있다. 이는 기존의 교과특성별 편성이 아닌, 이제는 핵심역량 중심으로 여러 교과들이 각 역량에 부합하도록 융합, 연계하여야 함을 의미한다. 따라서 초등국어 교과에 '활동 중심의 연극대단원'은 국어교과의 하위 영역들의 특성이 연극이라는 종합적 행위를 매개로 융합되고 연계되도록 학생 참여 중심의 수업을 이끌어야 한다. 따라서 '연극 단원'이 '연극'이라는 예술학문 개념의 학습을 추구한다기보다는 보다 다양한 인문학적 소양, 감성, 소통과 표현을 위한 매체로서 연극을 인식해야 하는 것이 중요하다. 따라서 전체 2015 개정 교육과정의 총론 및 국어과의 올바른 지향점을 고려하면서 5~6학년군에서는 연극 단원이 신설되었다.

2. 2015 개정 교육과정의 이해

이 장에서는 초등학교 2015 개정 초등 국어과 교육과정의 내용을 중점적으로 살펴보고자 한다. 2015 개정 교육과정은 융·복합적 인재 양성을 목적으로 역량 중심의 교육과정을 표방하였다. 2015 개정 국어과 교육과정은 초등학교 1학년부터 고등학교 1학년까지의 10년간의 교육 내용을 다루고 있다. 그러나 이장에서는 초등학교에서 진행되는 초등 국어과 교육과정만을 다루고자 한다. 이 장은 교육부 고시 2015 개정 국어과 교육과정의 내용(교육부 고시 제2015-74호 [별책 5])을 근간으로 구성되었음을 밝힌다.

1) 2015 개정 교육과정의 성격

국어는 대한민국의 공용어로서 사고와 의사소통의 도구이자 문화 창조와 전승의 기반이다. 학습자는 국어를 활용하여 자아를 인식하고 타인과 교류하며 세계를 이해한다. 또한 다양한 국어 활동을 통해 문화를 이해 · 향유하며 새로운 문화의 발전에 참여한다. 한편으로, 국어는 학습의 중요한 토대이기도 하다. 학교 안과 밖에서 이루어지는 대부분의 학습은 국어를 통해 이루어지므로 국어 능력은 학습의 성패를 결정하는 중요한 요인이 된다. 국어 능력이 부족하면 효과적인 학습이 어렵고 결과적으로 성공적인 삶을 영위하기도 어렵다. 따라서 학습자는 학교생활을 통해 폭넓은 국어 경험을 쌓으며 일상생활과 학습에 필요한 실질적인 국어 능력을 길러야 한다. 이를 바탕으로 학습자는 더 깊이 있는 사고와 효과적인 소통, 발전적인 문화 창조 능력을 갖추게 된다. 나아가 자신의 말이나 글에 책임지는 태도를 지니고, 바람직한 인성과 공동체 의식을 기름으로써 국어 교육의 목적을 달성할 수 있다.

초 · 중 · 고 공통 과목인 '국어[17]'는 국어를 정확하고 효과적으로 사용하는 데 필요한 능력과 태도를 기르고, 비판적이고 창의적인 국어 사용을 바탕으로 하여 국어 발전과 국어문화 창달에 이바지하려는 뜻을 세우며, 가치 있는 국어 활동을 통해 바람직한 인성과 공동체 의식을 함양하는 과목이다. 학습자는 '국어'의 학습을 통해 '국어'가 추구하는 역량인 비판적 · 창의적 사고 역량, 자료 · 정보 활용 역량, 의사소통 역량, 공동체 · 대인 관계 역량, 문화 향유 역량, 자기 성찰 · 계발 역량을 기를 수 있다.

'국어'에서 추구하는 비판적 · 창의적 사고 역량은 다양한 상황이나 자료, 담화, 글을 주체적인 관점에서 해석하고 평가하여 새롭고 독창적인 의미를 부여하거나 만드는 능력이고, 자료 · 정보 활용 역량은 필요한 자료나 정보를 수집, 분석, 평가하고 이를 효과적으로 활용하여 의사를 결정하거나 문제를 해결하는 능력이다. 의사소통 역량은 음성 언어, 문자 언어, 기호와 매체 등을 활용하여 생각과 느낌, 경험을 표현하거나 이해하면서 의미를 구성하고 자아와 타인, 세계의 관계를 점검 · 조정하는 능력이며, 공동체 · 대인 관계 역량은 공동체의 가치와 공동체 구성원의 다양성을 존중하고 상호 협력하며 관계를 맺고 갈등을 조정하는 능력이다. 그리고 문화 향유 역량은 국어로 형성 · 계승되는 다양한 문화를 이해하고 그 아름다움과 가치를 내면화하여 수준 높은 문화를 향유 · 생산하는 능력이며, 자기 성찰 · 계발 역량은 삶의 가치와 의미를 끊임없이 반성하고 탐색하며 변화하는 사회에서 필요한 재능과 자질을 계발하고 관리하는 능력이다. 이들 역량은 미래 사회에서 필요한 핵심적인 능력 요소로서, '국어'는 이를 신장하기 위해 의미 있는 목표를 설정하고 적정한 성취

---

17) 교육과정에서는 교과로서의 국어과를 의미할 때, '국어'로 표기하였다.

기준 및 효과적인 교수 · 학습과 평가의 방향을 체계적으로 제시하였다.

'국어'의 하위 영역은 듣기 · 말하기, 읽기, 쓰기, 문법, 문학이다. 학습자는 이들 영역에 관한 지식을 갖추고 각 영역의 수행에 필요한 기능과 태도를 기름으로써 '국어'의 목표를 달성할 수 있다. 이를 위하여 '국어'는 담화나 글, 작품을 정확하고 비판적으로 이해하고 생각과 느낌, 경험을 효과적이고 창의적으로 표현하는 활동과, 국어가 쓰이는 실제 현상을 탐구하여 국어를 깊이 있게 이해하고 반성적으로 인식하는 활동, 그리고 문학 작품을 수용하거나 생산하면서 인간의 다양한 삶을 이해하고 정서를 함양하는 활동으로 내용을 구성하였다. 학습자는 이러한 활동에 능동적이고 적극적으로 참여하여 '국어'의 목표를 달성해야 한다.

'국어'가 지니는 또 하나의 특성은 국어 교과가 다른 교과의 학습 및 비교과 활동과 범교과적으로 연계된다는 점이다. '국어'는 범교과적 내용이나 주제를 담은 담화나 글, 작품을 듣기 · 말하기, 읽기, 쓰기의 활동 자료로 활용함으로써 미래 사회가 요구하는 융합형 인재를 기르는 데 이바지한다. 그러므로 '국어'의 교수 · 학습과 평가는 학습자가 다양한 차원의 통합적 활동을 통하여 교과 역량을 기반으로 한 실질적인 국어 능력을 기르도록 하는 데 중점을 두어야 한다.

2) 2015 개정 국어과 교육과정의 목표

국어로 이루어지는 이해 · 표현 활동 및 문법과 문학의 본질을 이해하고, 의사소통이 이루어지는 맥락의 다양한 요소를 고려하여 품위 있고 개성 있는 국어를 사용하며, 국어문화를 향유하면서 국어의 발전과 국어문화 창조에 이바지하는 능력과 태도를 기른다.

> 가. 다양한 유형의 담화, 글, 작품을 정확하고 비판적으로 이해하고 효과적이고 창의적으로 표현하며 소통하는 데 필요한 기능을 익힌다.
> 나. 듣기 · 말하기, 읽기, 쓰기 활동 및 문법 탐구와 문학 향유에 도움이 되는 기본 지식을 갖춘다.
> 다. 국어의 가치와 국어 능력의 중요성을 인식하고 주체적으로 국어생활을 하는 태도를 기른다.

3) 2015 개정 국어과 교육과정의의 내용 체계 및 성취기준

국어과의 내용 체계는 듣기·말하기, 읽기, 쓰기, 문법, 문학 영역으로 구성하였다. 각 영역의 내용은 하위 범주별 '핵심 개념'과 '일반화된 지식'을 바탕으로 하여 '학년(군)별 내용 요소'로 전개하였으며, 이를 통해서 각 영역이 추구하는 통합적 '기능'을 신장하도록 하였다. 학년(군)별로 제시한 내용 요소는 해당 학년(군)에서 집중적으로 다루되, 학년(군) 간 연계성을 바탕으로 하여 다른 학년(군)에서도 융통성 있게 다룰 수 있다. 또한, 국어 활동의 총체성을 바탕으로 하여 특정 영역의 성취기준을 같은 학년(군)의 다른 영역에서 적절하게 활용하여 내용을 구성할 수도 있다. 각 학년(군)별 성취기준은 다음과 같다.

학년군	성취기준
초등학교 1~2학년	취학 전의 국어 경험을 발전시켜 일상생활과 학습에 필요한 기초 문식성을 갖추고, 말과 글(또는 책)에 흥미를 가진다.
초등학교 3~4학년	생활 중심의 친숙한 국어 활동을 바탕으로 하여 일상생활과 학습에 필요한 기본적인 국어 능력을 갖추고, 적극적이고 능동적인 의사소통 태도를 생활화한다.
초등학교 5~6학년	공동체·문화 중심의 확장된 국어 활동을 바탕으로 하여 일상생활과 학습에 필요한 국어 교과의 기초적인 지식과 역량을 갖추고, 국어의 가치와 국어 능력의 중요성을 인식한다.

2015 개정 국어과는 초등학교 1~2학년, 3~4학년, 5~6학년, 중학교 1~3학년, 고등학교 1학년으로 단계화하여 영역별로 성취기준을 제시하고 각 영역의 하위 범주별로 교수·학습과 평가에 관한 사항을 덧붙였다. 그리고 학년(군)의 말미에 '국어 자료의 예'를 첨부하였다. 성취기준의 제시 순서는 대체로 내용 체계의 순서에 따랐는데, 이 순서가 교수·학습의 순서를 의미하지는 않는다. '학습 요소'는 성취기준과 관련된 내용의 범위와 수준을 명료하게 제시하기 위한 것으로, 다양한 교수·학습 상황에 맞게 재구성할 수 있다. '성취기준 해설'은 설정의 취지나 학습 요소에 대해 오해의 소지가 있거나 상세한 설명이 필요한 경우에 한하여 제시하였으며, 해설의 제시 여부가 학습 내용의 경중을 의미하지는 않는다. 모든 성취기준의 내용과 '국어 자료의 예'는 학습자의 요구와 수준에 따라 통합적 관점에서 내용의 위계성과 학습의 계열성을 고려하며 창의적으로 재구성하여 활용할 수 있다.

2015 개정 교육과정의 학년(군)별 성취기준에는 고유번호를 부여하였다. 이 고유번호의 앞은 1학년부터 고등학교 1학년까지 02~10으로 부여되어 있다. 학년(군)교육과정이므로 학년(군)의 지

막학년으로 성취기준번호를 넣었다. 1~2학년(군)의 경우 '02'가 앞자리에 배치되는 것이다. 이는 단순히 학년군의 마지막 학년을 제시한 것이면서, 해당 성취기준이 학년군을 마무리하는 시기에 달성되면 되는 것이라는 수준도 함께 보여준다. 두 번째 자리는 영역을 나타낸다. 듣기·말하기 영역은 '01', 읽기 영역은 '02', 쓰기 영역은 '03', 문법 영역은 '04', 문학 영역은 '05'이다. 마지막으로 붙은 숫자는 학년군의 영역별 성취기준의 제시 순서이다. 따라서 성취기준 앞에 '[2국 01-01]'이 붙어 있다면 1~2학년군의 듣기 말하기 영역 첫 번째 성취기준임을 알 수 있다.

교육과정 문서에는 학년별로 교육과정의 내용을 제시하고 있으나, 이 장에서는 영역별로 교육과정의 내용체계와 학년군별 성취기준을 제시하고자 한다.

듣기·말하기 영역

(1) 내용 체계표

핵심 개념	일반화된 지식	학년(군)별 내용 요소					기능
		초등학교			중학교 1~3학년	고등학교 1학년	
		1~2학년	3~4학년	5~6학년			
▶ 듣기·말하기의 본질	듣기·말하기는 화자와 청자가 구어로 상호 교섭하며 의미를 공유하는 과정이다.			• 구어 의사소통	• 의미 공유 과정	• 사회· 문화성	• 맥락 이해· 활용하기 • 청자 분석하기 • 내용 생성하기
▶ 목적에 따른 담화의 유형 • 정보 전달 • 설득 • 친교·정서 표현 ▶ 듣기·말하기와 매체	의사소통의 목적, 상황, 매체 등에 따라 다양한 담화 유형이 있으며, 유형에 따라 듣기와 말하기의 방법이 다르다.	• 인사말 • 대화 [감정표현]	• 대화 [즐거움] • 회의	• 토의 [의견조정] • 토론[절차와 규칙, 근거] • 발표 [매체활용]	• 대화공감과 반응 • 면담 • 토의[문제 해결] • 토론[논리적 반박] • 발표[내용 구성] • 매체 자료의 효과	• 대화 [언어예절] • 토론 [논증 구성] • 협상	• 내용 조직하기 • 자료·매체 활용하기 • 표현· 전달하기
▶ 듣기·말하기의 구성 요소 • 화자·청자·맥락 ▶ 듣기·말하기의 과정 ▶ 듣기·말하기의 전략 • 표현 전략 • 상위 인지 전략	화자와 청자는 의사소통의 목적과 상황, 매체에 따라 적절한 전략과 방법을 사용하여 듣기·말하기 과정에서의 문제를 해결하며 소통한다.	• 일의 순서 • 자신 있게 말하기 • 집중하며 듣기	• 인과 관계 • 표정, 몸짓, 말투 • 요약하며 듣기	• 체계적 내용 구성 • 추론하며 듣기	• 청중 고려 • 말하기 불안에의 대처 • 설득 전략 분석 • 비판하며 듣기	• 의사소통 과정의 점검과 조정	• 내용 확인하기 • 추론하기 • 평가· 감상하기 • 경청· 공감하기 • 상호 교섭하기

핵심 개념	일반화된 지식	학년(군)별 내용 요소					기능
		초등학교			중학교 1~3학년	고등학교 1학년	
		1~2학년	3~4학년	5~6학년			
▸ 듣기·말하기의 태도 • 듣기·말하기의 윤리 • 공감적 소통의 생활화	듣기·말하기의 가치를 인식하고 공감·협력하며 소통할 때 듣기·말하기를 효과적으로 수행할 수 있다.	• 바르고 고운 말 사용	• 예의를 지켜 듣고 말하기	• 공감하며 듣기	• 배려하며 말하기	• 담화 관습의 성찰	• 점검·조정하기

(2) 1~2학년(군) 성취기준

초등학교 1~2학년 듣기·말하기 영역 성취기준은 학습자가 학교생활에 적응하면서 다른 사람과의 상호 작용에 필요한 기초적인 듣기·말하기 능력을 갖추는 데 중점을 두어 설정하였다. 다른 사람의 말을 경청하고 자신의 감정이나 경험을 자신 있게 말하는 활동을 바탕으로 하여 듣기·말하기의 습관과 태도를 바르게 형성하는 데 주안점을 둔다.

[2국01-01] 상황에 어울리는 인사말을 주고받는다.
[2국01-02] 일이 일어난 순서를 고려하며 듣고 말한다.
[2국01-03] 자신의 감정을 표현하며 대화를 나눈다.
[2국01-04] 듣는 이를 바라보며 바른 자세로 자신 있게 말한다.
[2국01-05] 말하는 이와 말의 내용에 집중하며 듣는다.
[2국01-06] 바르고 고운 말을 사용하여 말하는 태도를 지닌다.

(가) 학습 요소

인사말 주고받기, 일의 순서 이해하기, 대화하기(감정 표현), 자신 있게 말하기, 바른 자세로 말하기, 주의 집중하며 듣기, 바르고 고운 말 사용하기

(나) 성취기준 해설

• [2국01-01] 이 성취기준은 생활 속에서 상황에 맞는 인사말을 주고받음으로써 타인과 원만한 관계를 형성하는 능력을 기르기 위해 설정하였다. 학교생활에 적응할 때에도 자연스러운 인사말이 필요하고, 집을 나서거나 집으로 돌아올 때, 사람을 만나거나 헤어질 때, 처음 만나는 사람끼리 자기소개를 할 때, 상대방에게 고마운 마음을 드러낼 때 등 상황에 따라 주고받는

인사말이 다르다. 학습자가 처할 수 있는 여러 상황별로 어울리는 인사말을 이해하고 연습하는 데 중점을 둔다.

• [2국01-03] 이 성취기준은 대화를 나눌 때 자신의 감정을 적절하게 표현함으로써 타인과의 관계를 유지하고 발전시키는 능력을 기르기 위해 설정하였다. 자신의 감정을 이해하고 상황에 적절하게 감정을 표현하는 것은 자기를 이해하고 대인 관계를 형성하는 데 도움이 된다는 점을 알도록 하고, 기쁨, 슬픔, 사랑, 미움 등 다양한 종류의 감정을 자연스럽게 표현하도록 하는 데 중점을 둔다.

• [2국01-05] 이 성취기준은 바른 듣기 방법과 태도를 배우고 연습함으로써 말하는 이를 존중하고 말의 내용을 정확하게 이해하는 능력을 기르기 위해 설정하였다. 말하는 이와 말의 내용에 주의를 집중하여 듣는 것은 내용을 이해하기 위해서 필요할 뿐 아니라, 상대를 배려하며 듣는 태도의 문제이며 언어 예절과도 관계가 있다. 눈 맞춤, 고개 끄덕임 등의 반응을 보임으로써 상대방의 말에 집중하며 듣고 있음을 상대가 알도록 하는 데 중점을 둔다.

(다) 교수·학습 방법 및 유의 사항

① 일상생활에서 자연스럽게 이루어지는 대화 상황이나 학교에서 이루어지는 교사 및 또래 집단과의 상호 작용 상황을 선정하여 듣기·말하기 활동이 이루어지도록 한다.

② 듣기 활동을 지도할 때에는 학습자의 흥미와 관심을 고려하여 이야기 구조가 있는 담화를 선정하고 교사가 직접 이야기해 주거나 시청각 매체를 활용하는 등 다양한 방법을 활용할 수 있다.

③ 말하기 활동을 지도할 때에는 학습자가 겪은 일, 읽거나 보거나 들은 이야기를 말하게 하되, 저학년의 특성을 고려하여 교사가 대화를 주도하면서 학습자가 자연스럽게 말하기 활동에 참여하게 한다.

④ 인사말을 지도할 때에는 학습자가 경험할 수 있는 여러 상황을 제시하여 연습하게 하고 생활 속에서 인사말을 자연스럽게 주고받도록 지속적으로 지도한다.

⑤ 감정을 표현하는 말하기를 지도할 때에는 자신의 감정을 직접 표현하거나 역할극 등을 활용하여 다양하게 표현해 보게 한다.

⑥ 바른 자세로 말하기를 지도할 때에는 말하기 자세와 관련된 매체 자료를 활용하여 바른 자세, 자신 있게 말하기의 특징을 파악하도록 한다.

⑦ 집중하며 듣기를 지도할 때에는 듣는 이의 반응에 따라 말하는 이의 기분이 어떻게 다른지 말해 보는 활동을 활용한다.

⑧ 어법에 맞는 고운 말의 사용은 해당 성취기준의 학습 시간 외에도 일상생활 속에서 지속적으로 관심을 기울이도록 지도한다.

(라) 평가 방법 및 유의 사항
① 학습자가 능동적으로 말하기 활동에 참여하도록 격려하여 평가에 부담을 느끼지 않게 한다.
② 인사말, 감정 표현하기, 바른 자세로 말하기, 바른 말을 사용하는 태도 지니기 등의 학습 요소는 학습자가 학교뿐 아니라 가정에서의 말하기에서도 잘 실천하고 있는지 점검하여, 학교 안팎에서 듣기 · 말하기 능력이 균형 있게 발달할 수 있도록 한다.
③ 바른 자세로 말하기와 집중하며 듣기를 연계하여 모든 학습자가 듣기와 말하기 활동에 고루 참여하도록 한다.

(3) 3~4학년(군) 성취기준

초등학교 3~4학년 듣기 · 말하기 영역 성취기준은 일상생활과 학습에 필요한 기본적인 듣기 · 말하기 능력을 갖추고 바람직한 듣기 · 말하기 태도를 생활화하는 데 중점을 두어 설정하였다. 생활 중심의 친숙한 국어 활동을 바탕으로 하여 자신의 의견을 효과적으로 표현하고 상대방의 감정을 고려하며 예의 바르게 듣고 말하는 능력과 태도를 기르는 데 주안점을 둔다.

[4국01-01] 대화의 즐거움을 알고 대화를 나눈다.
[4국01-02] 회의에서 의견을 적극적으로 교환한다.
[4국01-03] 원인과 결과의 관계를 고려하며 듣고 말한다.
[4국01-04] 적절한 표정, 몸짓, 말투로 말한다.
[4국01-05] 내용을 요약하며 듣는다.
[4국01-06] 예의를 지키며 듣고 말하는 태도를 지닌다.

(가) 학습 요소
대화하기(경험 나누기, 대화의 즐거움), 회의하기(의견 교환), 인과 관계 이해하기, 효과적으로 표현하기(표정 · 몸짓 · 말투), 요약하며 듣기, 대화 예절 지키기

(나) 성취기준 해설

- [4국01-01] 이 성취기준은 자신의 생각과 느낌, 경험을 다른 사람과 공유하면서 대화의 즐거움을 깨닫고 능동적으로 대인 의사소통에 참여하는 태도를 기르기 위해 설정하였다. 대화에서 상대가 나의 말을 귀담아 듣고 흥미를 보이며, 서로 말의 내용과 감정을 공유하는 과정에서 대화의 즐거움을 느끼게 하는 데 중점을 둔다. 거창하거나 대단한 경험이 아닌 소박하고 친숙한 일상의 경험도 화제로 활용하게 하며, 경험과 함께 감정도 나눌 수 있도록 지도한다.

- [4국01-02] 이 성취기준은 의견을 조율하고 타당한 합의안을 선택하는 의사 결정의 기초 능력을 기르기 위해 설정하였다. 학습자가 겪을 수 있는 일상적 문제 중에서 회의 주제를 채택하고, 적절한 근거를 들어 의견을 제안하고 다른 사람의 의견을 경청하며 자신의 의견과 다른 사람의 의견을 비교하도록 한다. 직접 회의를 수행해 보며 회의가 일정한 절차와 방법에 따라 진행됨을 경험하고 회의에 능동적으로 참여하도록 한다.

(다) 교수·학습 방법 및 유의 사항

① 일상생활이나 학교생활에서 자연스럽게 이루어지는 대화 상황을 선정하여 듣기·말하기 활동이 이루어지도록 한다.

② 듣기 활동을 지도할 때에는 학습자의 인지적 이해 수준을 고려하여 인과 관계 구조가 있는 담화를 선정하고 교사가 직접 이야기해 주거나 시청각 매체를 활용하는 등 다양한 방법을 활용할 수 있다.

③ 회의에서 의견 교환하기를 지도할 때에는 학급 회의를 열게 하여 배운 내용을 적용할 수 있도록 하고, 공식적 말하기에 대한 긍정적 학습 경험을 가지도록 격려한다.

④ 원인·결과를 고려하며 듣기를 지도할 때에는 인과 관계의 담화 표지로 '그래서, 결국, 왜냐하면, 결과적으로, ~(으)니까, ~ 때문에, ~의 원인은' 등을 사용할 수 있음을 알려 준다.

⑤ 원인·결과를 고려하며 말하기를 지도할 때에는 학습자가 일상 경험을 바탕으로 하여 인과 관계 구조로 내용을 구성하여 발표하도록 하고, 이를 요약하며 듣기와 연계하여 지도할 수 있다.

⑥ 적절한 표정·몸짓·말투로 말하기를 지도할 때에는 부탁, 수락, 거절, 사과, 감사, 제안 같은 다양한 목적의 대화 상황에서 언어적 표현을 보강하는 표정, 몸짓, 말투를 선택해서 말해 보도록 지도한다.

⑦ 예의를 지켜 말하기를 지도할 때에는 나이가 많은 사람과의 의사소통 상황에 국한된 것으로

오해하지 않도록 하고, 문자 메시지를 주고받거나 인터넷상에서 의사소통할 때 다른 사람의 기분과 입장을 배려할 수 있도록 매체 언어 예절을 포함하여 지도한다.

(라) 평가 방법 및 유의 사항

① 일상 대화나 수업에서 이루어지는 듣기 · 말하기 활동을 직접 점검하거나 교사 또는 동료 학습자가 기록할 수 있는 점검표나 관찰 기록표 등을 활용할 수 있다.
② 동료 학습자의 듣기 · 말하기 활동에 대해 피드백을 할 때에는 단점보다는 장점을 더 많이 찾아보게 하고, 동료 학습자의 피드백을 들을 때에는 열린 마음으로 수용하도록 지도한다.
③ 회의에서 의견 교환하기를 평가할 때, 발언의 횟수를 양적으로 집계하여 평가하지 않도록 지도한다.
④ 적절한 표정, 몸짓, 말투로 말하는지 평가할 때에는 연극 대본, 드라마나 애니메이션의 한 장면을 활용할 수 있다.

(4) 5~6학년(군) 성취기준

초등학교 5~6학년 듣기 · 말하기 영역 성취기준은 일상생활과 학습에 관여하는 듣기 · 말하기의 기초 지식을 습득하고 효과적으로 듣기 · 말하기 활동을 하는 데 중점을 두어 설정하였다. 발표 · 토의 · 토론 등 공동체 중심의 담화 수행 및 추론하며 듣기와 짜임새 있게 말하기를 연습하고, 듣기 · 말하기에서 지켜야 할 절차와 규칙, 태도를 학습함으로써 기본적인 의사소통과 관계 형성의 능력을 기르는 데 주안점을 둔다.

[6국01-01] 구어 의사소통의 특성을 바탕으로 하여 듣기 · 말하기 활동을 한다.
[6국01-02] 의견을 제시하고 함께 조정하며 토의한다.
[6국01-03] 절차와 규칙을 지키고 근거를 제시하며 토론한다.
[6국01-04] 자료를 정리하여 말할 내용을 체계적으로 구성한다.
[6국01-05] 매체 자료를 활용하여 내용을 효과적으로 발표한다.
[6국01-06] 드러나지 않거나 생략된 내용을 추론하며 듣는다.
[6국01-07] 상대가 처한 상황을 이해하고 공감하며 듣는 태도를 지닌다.

(가) 학습 요소

구어 의사소통, 토의하기(의견 조정), 토론하기(절차와 규칙, 근거와 주장), 발표할 내용 정리하기, 발표하기(매체 활용), 추론하며 듣기, 공감하며 듣는 태도 갖기

(나) 성취기준 해설

- [6국01-01] 이 성취기준은 문어 의사소통과 구분되는 구어 의사소통으로서 듣기·말하기의 특성을 이해하고 듣기·말하기를 하는 능력을 갖추기 위해 설정하였다. 구어 의사소통은 화자와 청자가 언어적·준언어적·비언어적 표현을 통해서 쌍방향적으로 소통하며 의미를 구성하는 과정인데, 순간적이고 일회적이므로 신중함과 주의 집중이 요구된다. 구어 의사소통에서 말하기와 듣기는 순차적으로 이루어지는 것이라기보다 동시적으로 이루어지며 의사소통에 참여하는 사람들이 서로 의논하고 절충하며 의미를 재구성하게 된다. 구어 의사소통은 상대방과 더불어 소통하면서 서로 관계를 형성하고 유지하며 발전시키는 데도 중요한 역할을 한다. 듣기·말하기 활동 시 이와 같은 구어 의사소통의 특성을 고려하도록 한다.
- [6국01-03] 이 성취기준은 토론의 일반적 절차와 규칙에 대한 이해를 바탕으로 하여 토론에서 타당한 근거를 들며 논리적으로 주장을 펼치는 능력을 기르기 위해 설정하였다. 토론의 구성원은 사회자, 토론자, 판정관, 청중이며, 토론자는 찬성 측과 반대 측으로 나누어 논제에 대한 자신의 주장을 펼친다. 이때 토론의 단계와 정해진 시간을 지키고 타당한 근거를 들어 주장하며 토론에 참여하도록 하는 데 중점을 둔다.
- [6국01-05] 이 성취기준은 매체의 특성에 따라 그림, 표, 그래프, 사진, 동영상 등 말할 내용을 구체적으로 형상화하거나 요약적으로 보여 주는 자료를 보조 자료로 활용하여 발표하는 능력을 기르기 위해 설정하였다. 화자의 생각을 형상화한 매체 자료를 보조 자료로 활용하면 청자의 흥미를 유발하고 정보를 효과적으로 전달할 수 있으며 설득력을 높일 수 있다. 말하기의 목적과 대상, 말할 내용의 특성에 알맞은 매체와 매체 자료를 활용하여 발표 내용을 구성하고 발표를 해 보도록 한다.

(다) 교수·학습 방법 및 유의 사항

① 구어 의사소통의 특성을 지도할 때에는 순서 교대가 있는 대면 의사소통 상황을 제시하고, 제시된 자료에서 학습자 스스로 자신의 경험을 활용하여 구어 의사소통의 특성을 찾아내도록 한다.

② 구어 의사소통의 특성을 지도할 때에는 대화에 실패했던 경험이나 오해를 불러일으킨 경험 등을 이야기하게 하고 이를 학습에 활용하도록 한다.

③ 발표, 토의, 토론 등 각각의 공식적 담화 상황의 특성에 초점을 맞추어 학습자가 공식적 말하기에 자신감을 가지도록 학습자의 수행에 대해 격려하고 칭찬하며 긍정적인 피드백을 한다.

④ 매체 자료의 활용에 대해 지도할 때에는 매체 자료를 양적으로 많이 활용하는 것보다 발표할 내용과 발표를 듣는 대상의 특성, 발표 상황을 고려하여 적절한 자료를 알맞게 활용하게 하여 발표의 효과를 높이도록 한다.

⑤ 토의에 대해 지도할 때에는 학습자가 적극적으로 의견을 제시하도록 격려하되, 소수의 학습자가 발언권을 독점하지 않도록 유의한다.

⑥ 토론에 대해 지도할 때에는 논제에 대한 입장을 정하고 주장을 뒷받침할 만한 논리적 근거를 찾아 상대방을 설득하는 방법을 익히도록 한다. 상대방의 의견을 존중하며 듣고 이를 통해 자기 주장의 문제점을 점검하면서 합리적으로 토론해 가는 과정을 익히도록 지도한다.

⑦ 추론하며 듣기를 지도할 때에는 드러나지 않은 화자의 의도나 관점을 생각하며 듣게 하거나 생략된 내용을 짐작하며 듣도록 지도한다.

(라) 평가 방법 및 유의 사항

① 공식적인 말하기를 평가할 때에는 말하기 환경도 그와 유사하게 만들어 말하기 평가의 실제성을 높여 주고 녹화를 통해 자신의 말하기를 스스로 점검해 볼 수 있는 기회를 제공한다.

② 매체 활용, 의견 제시, 자료 정리 등의 수행 여부를 기계적으로 평가하지 않도록 유의하고 말하기 효과를 고려하여 수행 수준을 평가하며, 학습자 스스로 칭찬할 점과 보완할 점을 찾아보게 한 후 수정 방향도 함께 논의하는 적극적인 피드백이 이루어지도록 한다.

③ 담화 수행의 전 과정을 연습할 수 있도록 하고, 성취기준의 초점을 고려하여 평가의 범위를 설정하되 담화 수행의 전체적인 맥락과의 연계성에 유의하도록 한다.

④ 토론의 절차와 규칙에 대한 지식의 수준을 확인하기보다는 학습자의 토론 수행을 관찰함으로써 토론의 절차와 규칙에 대한 이해 및 실제 사용 수준을 평가한다.

읽기 영역

(1) 내용 체계표

핵심 개념	일반화된 지식	학년(군)별 내용 요소					기능
		초등학교			중학교	고등학교	
		1~2학년	3~4학년	5~6학년	1~3학년	1학년	
▶읽기의 본질	읽기는 읽기 과정에서의 문제를 해결하며 의미를 구성하고 사회적으로 소통하는 행위이다.			•의미 구성 과정	•문제 해결 과정	•사회적 상호 작용	•맥락 이해하기 •몰입하기 •내용 확인하기 •추론하기 •비판하기 •성찰·공감하기 •통합·적용하기 •독서 경험 공유하기 •점검·조정하기
▶목적에 따른 글의 유형 •정보 전달 •설득 •친교·정서 표현 ▶읽기와 매체	의사소통의 목적, 매체 등에 따라 다양한 글 유형이 있으며, 유형에 따라 읽기의 방법이 다르다.	•글자, 낱말, 문장, 짧은 글	•정보 전달, 설득, 친교 및 정서 표현 •친숙한 화제	•정보 전달, 설득, 친교 및 정서 표현 •사회·문화적 화제 •글과 매체	•정보 전달, 설득, 친교 및 정서 표현 •사회·문화적 화제 •한 편의 글과 매체	•인문·예술, 사회문화, 과학기술 분야의 다양한 화제 •한 편의 글과 매체	
▶읽기의 구성 요소 •독자·글·맥락 ▶읽기의 과정 ▶읽기의 방법 •사실적 이해 •추론적 이해 •비판적 이해 •창의적 이해 •읽기 과정의 점검	독자는 배경지식을 활용하며 읽기 목적과 상황, 글 유형에 따라 적절한 읽기 방법을 활용하여 능동적으로 글을 읽는다.	•소리 내어 읽기 •띄어 읽기 •내용 확인 •인물의 처지·마음 짐작하기	•중심 생각 파악 •내용 간추리기 •추론하며 읽기 •사실과 의견의 구별	•내용 요약[글의 구조] •주장이나 주제 파악 •내용의 타당성 평가 •표현의 적절성 평가 •매체 읽기 방법의 적용	•내용 예측 •내용 요약[읽기 목적, 글의 특성] •설명 방법 파악 •논증 방법 파악 •관점과 형식의 비교 •매체의 표현 방법·의도 평가 •참고 자료 활용 •한 편의 글 읽기 •읽기 과정의 점검과 조정	•관점과 표현 방법의 평가 •비판적·문제 해결적 읽기 •읽기 과정의 점검과 조정	
▶읽기의 태도 •읽기 흥미 •읽기의 생활화	읽기의 가치를 인식하고 자발적 읽기를 생활화할 때 읽기를 효과적으로 수행할 수 있다.	•읽기에 대한 흥미	•경험과 느낌 나누기	•읽기 습관 점검하기	•읽기 생활화하기	•자발적 읽기	

(2) 1~2학년(군)

초등학교 1~2학년 읽기 영역 성취기준은 한글을 깨치고 읽는 활동을 통해 글의 내용을 이해할 수 있는 기초적인 읽기 능력을 갖추는 데 중점을 두어 설정하였다. 글자라는 약속된 기호가 있음을 알고 스스로 글자를 읽으려는 태도를 길러 읽기에 흥미를 가지도록 하는 데 주안점을 둔다.

[2국02-01] 글자, 낱말, 문장을 소리 내어 읽는다.
[2국02-02] 문장과 글을 알맞게 띄어 읽는다.
[2국02-03] 글을 읽고 주요 내용을 확인한다.
[2국02-04] 글을 읽고 인물의 처지와 마음을 짐작한다.
[2국02-05] 읽기에 흥미를 가지고 즐겨 읽는 태도를 지닌다.

(가) 학습 요소

정확하게 소리 내어 읽기, 알맞게 띄어 읽기, 주요 내용 확인하기, 인물의 처지와 마음 짐작하기, 읽기에 흥미 갖기

(나) 성취기준 해설

- [2국02-02] 이 성취기준은 알맞게 띄어 읽기를 통해 글의 내용을 파악하는 능력을 기르기 위해 설정하였다. 띄어 읽기를 할 때에는 어절, 문장 부호 다음, 주어부와 서술어부 등을 단위로 하여 띄어 읽을 수 있는데, 이들 용어를 노출시키지 않도록 주의한다. 쉬는 지점과 쉼의 길이에 유의하여 알맞게 띄어 읽도록 하는 데 중점을 둔다.
- [2국02-04] 이 성취기준은 글에 등장하는 인물의 심리를 상상하고 이에 공감하는 능력을 기르기 위해 설정하였다. 등장인물이 어떤 처지와 상황에 있는지, 혹은 어떤 마음인지를 짐작해 보는 활동에 주안점을 둔다. 이를 위해서는 글의 내용을 확인하고, 등장인물의 마음을 자신의 경험과 비교하는 활동을 해 보는 것이 좋다. 이러한 과정을 통해 타인에 대한 공감 능력을 기름으로써 실제 주변 인물에 대한 이해를 높일 수 있다.

(다) 교수·학습 방법 및 유의 사항

① 학교 안내판, 학급 게시판, 광고지 등 주변에서 접할 수 있는 읽기 자료를 보고 학습자 스스로 읽기를 시도해 보도록 한다. 예컨대, 글자, 낱말, 문장을 소리 내어 읽기를 지도할 때에는

낱자의 형태, 소리, 이름 등을 읽기보다는 '자동차'의 '자'와 같이 학습자가 익숙한 낱말 속에서 글자의 형태와 소리를 익히도록 한다.

② 띄어 읽기를 지도할 때에는 다 같이 읽기보다는 혼자 읽기를 하도록 하여 기계적으로 띄어 읽기를 하지 않도록 한다. 여러 단위에서 띄어 읽기가 가능하므로 특정한 띄어 읽기 방법을 강요하지 않으며 의미가 통할 수 있는 수준에서 띄어 읽도록 지도한다.

③ 글을 읽고 내용 확인하기를 지도할 때에는 '무엇이 어떠하다.', '누가 무엇을 하였다.'와 같은 수준에서 내용을 파악하도록 지도한다.

④ 글을 읽고 인물의 처지와 마음 짐작하기를 지도할 때에는 그렇게 짐작한 까닭을 말해 보게 함으로써 인물의 처지나 마음을 바르게 짐작하였는지를 살펴본다. 또한 인물의 처지나 마음을 표현할 때에는 '기분이 좋다, 기분이 나쁘다'와 같은 표현을 이용하기보다는 '신나다, 즐겁다, 설레다, 창피하다, 기죽다, 답답하다'와 같이 감정을 표현하는 다양한 어휘를 사용하여 표현할 수 있도록 지도한다.

⑤ 이 시기는 읽기에 흥미를 가질 뿐 아니라 기본적인 읽기 능력을 갖추도록 하는 데 매우 중요한 시기이므로 글자, 낱말, 문장을 소리 내어 능숙하게 읽을 수 있도록 교과 시간 외에도 지속적으로 관심을 가지고 읽기를 독려한다.

(라) 평가 방법 및 유의 사항

① 글자, 낱말, 문장 소리 내어 읽기와 알맞게 띄어 읽기는 교실 수업 상황에서 돌아가며 읽기 등의 수행 과정에서 평가할 수 있다. 또한 친구들끼리 서로 평가하도록 할 수도 있는데, 이 과정에서 자신의 읽기를 자연스럽게 점검해 볼 수 있게 한다.

② 글자, 낱말, 문장 소리 내어 읽기를 평가할 때에는 음운 변동이 없는 낱말이나 문장을 주로 평가하되, 음운 변동을 다루더라도 연음 현상이나 경음화(된소리되기) 위주로 다룬다.

③ 인물의 처지나 마음을 짐작하는 글 읽기에서는 글을 읽고 내용을 확인하기, 자신과 비슷한 경험을 떠올리기, 글쓴이의 마음이나 처지를 파악하기를 순차적으로 평가하여 학습자의 읽기 능력을 정확하게 점검하도록 한다.

(3) 3~4학년(군) 성취기준

초등학교 3~4학년 읽기 영역 성취기준은 다양한 글의 내용을 파악하고 글에 담긴 의미를 추론하는 등 읽기의 기초적 기능을 이해하고 활용하는 데 중점을 두어 설정하였다. 글에 대한 경험과 느낌을 다른 사람과 나누는 활동을 통해 적극적으로 의미를 구성하는 독자를 기르는 데 주안점을 둔다.

[4국02-01] 문단과 글의 중심 생각을 파악한다.
[4국02-02] 글의 유형을 고려하여 대강의 내용을 간추린다.
[4국02-03] 글에서 낱말의 의미나 생략된 내용을 짐작한다.
[4국02-04] 글을 읽고 사실과 의견을 구별한다.
[4국02-05] 읽기 경험과 느낌을 다른 사람과 나누는 태도를 지닌다.

(가) 학습 요소

중심 생각 파악하기, 대강의 내용 간추리기, 짐작하기(낱말의 의미, 생략된 내용), 사실과 의견 구별하기, 읽기 경험을 나누는 태도 갖기

(나) 성취기준 해설

• [4국02-03] 이 성취기준은 중요한 낱말의 의미나 글에서 생략된 내용을 문맥을 통해 짐작하여 추측하며 읽는 능력을 기르기 위해 설정하였다. 글의 전체적인 흐름이나 글에서 빠진 세부 내용을 추측하거나, 이어질 내용을 예측하거나, 인물의 마음이나 상황을 상상하거나, 사건의 전후를 추론하거나, 낱말의 의미 등을 짐작하면서 내용을 이해하도록 지도한다. 이때 문맥이나 읽는 이의 배경지식을 이용하여 짐작할 수 있도록 지도한다.

• [4국02-04] 이 성취기준은 사실과 의견을 구별하고 이를 바탕으로 하여 글의 내용을 평가하며 읽는 능력을 기르기 위해 설정하였다. 사실과 의견 구별하기를 지도할 때에는 '~라고 생각한다.', '~해야 한다.'와 같이 문장 표현을 중심으로 사실과 의견을 구분하는 데서 더 나아가, 실제 있었던 일이나 이미 알려진 지식 등을 토대로 사실과 의견을 구별하여 판단할 수 있도록 지도한다.

(다) 교수·학습 방법 및 유의 사항

① 글의 중심 생각 파악하기를 지도할 때에는 중심 낱말을 찾고 그것을 바탕으로 하여 문단에서 중심 문장과 뒷받침 문장을 파악한 후 이를 토대로 한 편의 글에서 중심 내용을 간추려 글쓴 이가 글에서 드러내고자 하는 중심 생각을 파악하도록 한다. 문단의 중심 생각이 명시적으로 드러나지 않는 글은 학습자가 재구성하여 표현하도록 지도한다. 중심 문장을 찾을 때 두괄 식, 미괄식 등 문단 구성의 유형을 먼저 가르치지 않도록 유의한다.

② 글의 유형을 고려하여 대강의 내용을 간추릴 때에는 글의 목적에 따라 대강의 내용을 간추리 는 방법이 다름을 파악하도록 한다. 예를 들어, 정보 전달을 목적으로 하는 글일 때에는 다 루고 있는 중심 화제(소재)가 무엇인지를 파악하여 이를 설명하는 중심 문장을 선별하는 것 이 중요하고, 설득을 목적으로 하는 글일 때에는 주장과 그것을 지지하는 근거가 무엇인지를 선별하는 것이 중요하다. 이와 같이 글의 유형을 고려하여 글 내용을 간추리도록 한다.

③ 읽기 경험과 느낌을 다른 사람과 나눌 때에는 동일한 글에 대한 경험과 반응을 공유할 수도 있고, 생각의 차이를 발견하고 이를 이해하는 과정을 다룰 수도 있다. 서로 얼굴을 맞대고 읽기 경험을 나눌 수도 있지만, 인터넷 매체를 활용하여 의견을 나눌 수도 있다. 또한 자신 의 마음을 표현하는 글 쓰기, 문학 작품을 듣거나 읽거나 보고 떠오른 느낌과 생각을 다양한 방법으로 표현하기, 재미나 감동을 느끼며 작품을 즐겨 감상하는 태도 지니기 등 쓰기나 문 학 영역과 연계하여 지도할 수 있다.

(라) 평가 방법 및 유의 사항

① 대강의 내용 간추리기를 평가할 때에는 글에 나타난 문장을 그대로 옮겨 쓰기보다 자신의 말로 바꾸어 쓰도록 한다.

② 중심 생각 파악하기, 짐작하기와 사실과 의견 구분하기를 평가할 때에는 특정한 단원, 특정 한 차시의 학습 활동만을 관찰하여 평가하기보다는 여러 단원에 걸쳐 학습 태도를 살펴보고 누적된 결과를 바탕으로 하여 평가하도록 한다.

③ 읽기 경험과 느낌을 다른 사람과 나누는 태도를 평가할 때에는 교과 수업에서뿐 아니라 평소 에도 읽기 경험을 공유하는지 관찰하여 형식적이고 일회적인 평가가 되지 않도록 유의한다.

(4) 5~6학년(군) 성취기준

초등학교 5~6학년 읽기 영역 성취기준은 읽기의 목적과 읽기 습관을 점검하며 읽는 능동적인 독자를 기르는 데 중점을 두어 설정하였다. 읽기 목적에 따라 알맞은 방법을 선택하고 지식과 경험 등을 활용하여 능동적으로 의미를 구성하며 글을 비판적으로 이해하는 능력을 기르는 데 주안점을 둔다.

[6국02-01] 읽기는 배경지식을 활용하여 의미를 구성하는 과정임을 이해하고 글을 읽는다.
[6국02-02] 글의 구조를 고려하여 글 전체의 내용을 요약한다.
[6국02-03] 글을 읽고 글쓴이가 말하고자 하는 주장이나 주제를 파악한다.
[6국02-04] 글을 읽고 내용의 타당성과 표현의 적절성을 판단한다.
[6국02-05] 매체에 따른 다양한 읽기 방법을 이해하고 적절하게 적용하며 읽는다.
[6국02-06] 자신의 읽기 습관을 점검하며 스스로 글을 찾아 읽는 태도를 지닌다.

(가) 학습 요소

의미 구성 과정으로서의 읽기, 요약하기(글의 구조), 주장과 주제 파악하기, 내용의 타당성 평가하기, 표현의 적절성 평가하기, 다양한 읽기 방법 적용하기(매체), 읽기 습관 점검하기, 스스로 글을 찾아 읽기

(나) 성취기준 해설

- [6국02-02] 이 성취기준은 읽은 내용을 글의 구조를 고려하여 자신의 언어로 요약하는 능력을 기르기 위해 설정하였다. 요약하기는 단순히 글의 분량을 줄이는 것이 아니라, 주요 내용을 뽑아 이를 중심으로 간추려 정리하는 것이다. 이때 '머리말-본문-맺음말', '서론-본론-결론', '발단-전개-위기-절정-결말' 등 글의 형식상 구조를 고려하여 요약하는 것이 적절하다. 이 성취기준에서는 한 편의 글을 요약하는 것은 물론, 다양한 매체에서 타 교과 학습과 관련된 글을 찾아 읽고 이를 요약하는 활동을 함으로써 다른 교과의 읽기 활동도 자연스럽게 다루도록 한다.
- [6국02-05] 이 성취기준은 매체의 유형을 고려하여 적절한 읽기 방법을 선택하고 효과적으로 읽는 능력을 기르기 위해 설정하였다. 예컨대, 애니메이션이나 영화와 같은 매체 자료는 인물의 표정이나 몸짓, 목소리의 변화, 음악 등이 내용을 파악하는 데 중요한 요소가 되며, 인터넷에 실린 기사문을 읽을 때에는 글을 읽는 것은 물론 사진, 동영상 등도 함께 이해해야

하는 경우가 많고, 경우에 따라서는 댓글도 내용을 파악하는 데 중요한 요소가 된다. 이 성취 기준에서는 문자뿐 아니라 그림, 표, 그래프, 사진, 동영상 등의 매체가 내용을 전달하는 데 중요한 역할을 한다는 것을 알고, 이러한 매체의 유형에 따라 내용을 어떻게 파악하는 것이 효과적인지를 생각하여, 그에 맞는 적절한 읽기 방법을 찾아 적용하며 읽도록 하는 데 중점을 둔다.

(다) 교수·학습 방법 및 유의 사항

① 읽기가 글의 내용을 바탕으로 하여 배경지식을 활용하여 의미를 구성하는 과정임을 지도할 때에는 글을 읽으면서 떠올린 생각이 의미 구성에 어떠한 영향을 주는지를 살펴보고 이를 바탕으로 하여 읽기의 의미 구성 과정을 이해하도록 한다.

② 요약하기를 지도할 때에는 요약하기 방법을 이해하도록 하고, 글에서 중심 문장을 그대로 옮기기보다는 자신의 말로 재구성하도록 지도한다.

③ 내용의 타당성과 표현의 적절성을 판단하는 방법을 지도할 때에는 글에 나타난 주장이나 내용이 편견에 치우치지 않고 타당한지, 글쓴이가 자신의 생각을 드러내기 위해 사용한 표현이 적절한지를 평가하도록 지도한다.

④ 학습자가 글에 대한 질문을 만들고, 함께 답을 찾아가는 대화로 수업이 진행될 수 있도록 한다.

(라) 평가 방법 및 유의 사항

① 읽기가 글의 내용을 바탕으로 배경지식을 활용하여 의미를 구성하는 과정임을 아는지를 평가할 때에는 지필 평가보다는 읽기를 수행하는 과정을 중심으로 평가한다.

② 읽기 습관 점검하기를 평가할 때에는 독서 시간을 충분히 확보하는지, 좋아하는 분야나 갈래 위주로 편협한 독서를 하지는 않는지 등을 점검한다. 또한, 자신의 독서 습관을 살펴보고 읽을거리의 분량, 난이도, 시간 등을 고려하여 독서 계획을 세워 실천하는지도 확인한다. 읽을거리를 스스로 찾아 읽으며 한 권의 책을 완독하는 습관을 가지고 있는지도 평가할 수 있다. 독서 계획을 세울 때에는 자율적으로 정하도록 하되, 매일 일정한 시간 동안 읽어야 한다는 생각에 얽매이지 않도록 한다.

쓰기 영역

(1) 내용 체계표

핵심 개념	일반화된 지식	학년(군)별 내용 요소					기능
		초등학교			중학교	고등학교	
		1~2학년	3~4학년	5~6학년	1~3학년	1학년	
▶쓰기의 본질	쓰기는 쓰기 과정에서의 문제를 해결하며 의미를 구성하고 사회적으로 소통하는 행위이다.			• 의미 구성 과정	• 문제 해결 과정	• 사회적 상호 작용	• 맥락 이해하기 • 독자 분석하기 • 아이디어 생산하기 • 글 구성하기 • 자료·매체 활용하기
▶목적에 따른 글의 유형 • 정보 전달 • 설득 • 친교·정서 표현 ▶쓰기와 매체	의사소통의 목적, 매체 등에 따라 다양한 글 유형이 있으며, 유형에 따라 쓰기의 초점과 방법이 다르다.	• 주변 소재에 대한 글 • 겪은 일을 표현하는 글	• 의견을 표현하는 글 • 마음을 표현하는 글	• 설명하는 글 [목적과 대상, 형식과 자료] • 주장하는 글 [적절한 근거와 표현] • 체험에 대한 감상을 표현한 글	• 보고하는 글 • 설명하는 글 [대상의 특성] • 주장하는 글 [타당한 근거와 추론] • 감동이나 즐거움을 주는 글 • 매체의 특성	• 설득하는 글 • 정서를 표현하는 글	
▶쓰기의 구성 요소 • 필자·글·맥락 ▶쓰기의 과정 ▶쓰기의 전략 • 과정별 전략 • 상위 인지 전략	필자는 다양한 쓰기 맥락에서 쓰기 과정에 따라 적절한 전략을 사용하여 글을 쓴다.	• 글자 쓰기 • 문장 쓰기	• 문단 쓰기 • 시간의 흐름에 따른 조직 • 독자 고려	• 목적·주제를 고려한 내용과 매체 선정	• 내용의 통일성 • 표현의 다양성 • 대상의 특성을 고려한 설명 • 고쳐쓰기 [일반 원리]	• 쓰기 맥락 • 고쳐 쓰기 [쓰기 과정의 점검]	• 표현하기 • 고쳐쓰기 • 독자와 교류하기 • 점검·조정하기
▶쓰기의 태도 • 쓰기 흥미 • 쓰기 윤리 • 쓰기의 생활화	쓰기의 가치를 인식하고 쓰기 윤리를 지키며 즐겨 쓸 때 쓰기를 효과적으로 수행할 수 있다.	• 쓰기에 대한 흥미	• 쓰기에 대한 자신감	• 독자의 존중과 배려	• 쓰기 윤리	• 책임감 있게 쓰기	

(2) 1~2학년(군) 성취기준

초등학교 1~2학년 쓰기 영역 성취기준은 한글을 깨치고 학습자가 학교생활을 하면서 자신의 생각이나 학습 결과를 문자로 표현하는 데 필요한 기초적인 쓰기 능력을 갖추는 데 중점을 두어 설정하였다. 글자를 바르게 쓰고, 자신의 생각을 문장이나 짧은 글로 쓰면서 쓰기에 흥미를 갖고 부담 없이 쓰는 태도를 기르는 데 주안점을 둔다.

[2국03-01] 글자를 바르게 쓴다.
[2국03-02] 자신의 생각을 문장으로 표현한다.
[2국03-03] 주변의 사람이나 사물에 대해 짧은 글을 쓴다.
[2국03-04] 인상 깊었던 일이나 겪은 일에 대한 생각이나 느낌을 쓴다.
[2국03-05] 쓰기에 흥미를 가지고 즐겨 쓰는 태도를 지닌다.

(가) 학습 요소

글자 정확하게 쓰기, 글씨 바르게 쓰기, 완성된 문장 쓰기, 짧은 글 쓰기, 경험에 대한 생각이나 느낌 쓰기, 쓰기에 흥미 갖기

(나) 성취기준 해설

• [2국03-01] 이 성취기준은 바른 자세로 글자를 정확하게 쓰는 습관을 기르기 위해 설정하였다. 바른 자세로 글씨 쓰기에는 바르게 앉아 쓰기, 연필 바르게 잡기, 낱자의 모양이나 간격 등을 고려하여 글씨 바르게 쓰기가 포함된다. 글자를 정확하게 쓰기 위해서는 짜임과 필순에 맞게 낱자를 쓰게 한다. 글자의 복잡성 정도를 고려하여 처음에는 받침이 없는 간단한 글자부터 시작하여 점차 받침이 있는 복잡한 글자를 쓸 수 있게 한다.

• [2국03-02] 이 성취기준은 문장 구성 능력을 기르기 위해 설정하였다. 문장은 글을 구성하는 기본이다. 글을 잘 쓰려면 먼저 자신의 생각을 정확하게 문장으로 표현할 수 있어야 한다. 한두 문장으로 짤막하게 자신의 생각이나 느낌을 표현하되, 마침표, 물음표, 느낌표 등의 문장 부호를 사용하여 자신의 생각을 문장으로 정확하게 구성하는 기본 능력을 기르도록 지도한다. 또한 꾸며 주는 말을 넣어 자신의 생각과 느낌을 구체적으로 표현하도록 지도한다.

• [2국03-03] 이 성취기준은 자신의 주변에서 소재를 찾아 글로 표현하는 능력을 기르기 위해 설정하였다. 자신의 주변에 있는 사람이나 사물에 관심을 가지고 그 특징이 드러나도록 짧은 글로 나타내 보게 한다.

(다) 교수 · 학습 방법 및 유의 사항

① 가장 기본적인 글자, 낱말, 문장을 바르고 정확하게 쓰게 하는 데 주안점을 두되, 학습자가 생활 속에서 흔히 접하는 것을 중심으로 반복해서 학습하도록 한다.

② 글자 바르게 쓰기를 지도할 때에는 학습자의 발달 단계와 수준을 고려하여 기본적인 낱말과

문장을 제시하여 글씨 쓰기를 연습하도록 한다. 학습자의 수준을 넘는 낱말이나 문장을 제시하면 쓰기를 어려워할 수 있으므로 적절한 수준의 낱말이나 문장을 제시하여 쓰기에 흥미를 갖도록 지도한다. 특히 읽기 능력에 비해 쓰기 능력의 발달이 늦다는 점을 고려한다.

③ 받아쓰기는 글자를 정확하게 쓰는 데 도움이 될 수 있으나, 학습자가 부담을 갖게 되면 국어 활동에 자신감을 잃을 수도 있으므로 신중하게 활용한다. 너무 어려운 글자를 받아쓰게 하여 국어에 대한 흥미가 떨어지지 않도록 유의하며 요소 중심으로(예 : 된소리되기 현상이 나타나는 낱말) 지도한다.

④ 기초 한글 학습이 부족한 학습자를 위해서는 문자 학습에 흥미를 느낄 수 있도록 놀이 중심, 활동 중심으로 교수 · 학습을 진행한다.

⑤ 주변 사람이나 사물에 대한 짧은 글 쓰기를 지도할 때에는 학습자 자신의 주변에 어떤 사람이 있는지, 생활하면서 어떤 사물을 접하게 되는지를 먼저 생각해 보도록 한 다음, 서너 문장의 짧은 글로 표현하도록 한다.

⑥ 인상 깊었던 일이나 겪은 일을 쓸 때에는 한 편의 글이 갖추어야 하는 형식적인 측면을 지나치게 강조하지 말고 자신의 생각을 자유롭게 표현하도록 하는 데 중점을 둔다.

⑦ 쓰기를 처음 시작하는 단계이므로 쓰기에 흥미와 자신감을 가지도록 격려하고, 최대한 활동 중심, 놀이 중심의 수업이 되도록 한다.

(라) 평가 방법 및 유의 사항

① 평가를 위한 별도의 시간을 마련하거나 활동을 계획하기보다는 수업 및 학교생활에서 학습자의 수행과 태도의 변화 과정을 누적 기록하여 평가한다. 평소 자신이 쓴 쓰기 결과물을 정리해 두도록 하여 이를 평가하는 방법을 적극적으로 활용한다.

② 결과 중심으로 평가할 때에는 맞춤법이나 글씨에 지나치게 얽매이지 않고 표현하고자 하는 내용을 얼마나 충실하게 표현했느냐에 주안점을 두어 평가함으로써 쓰기에 흥미를 가질 수 있게 한다.

(3) 3~4학년(군) 성취기준

초등학교 3~4학년 쓰기 영역 성취기준은 기본적인 쓰기의 방법을 익히고 몇몇 종류의 글을 실제로 써 보면서 쓰기 경험을 쌓는 데 중점을 두어 설정하였다. 친숙한 소재를 활용하여 글을 쓰면서 쓰기에 자신감을 갖고 쓴 글을 다른 사람들과 나누는 태도를 기르는 데 주안점을 둔다.

[4국03-01] 중심 문장과 뒷받침 문장을 갖추어 문단을 쓴다.

[4국03-02] 시간의 흐름에 따라 사건이나 행동이 드러나게 글을 쓴다.

[4국03-03] 관심 있는 주제에 대해 자신의 의견이 드러나게 글을 쓴다.

[4국03-04] 읽는 이를 고려하며 자신의 마음을 표현하는 글을 쓴다.

[4국03-05] 쓰기에 자신감을 갖고 자신의 글을 적극적으로 나누는 태도를 지닌다.

(가) 학습 요소

문단 쓰기(중심 문장과 뒷받침 문장 이해하기), 시간의 흐름에 따라 쓰기, 의견이 드러나는 글 쓰기, 마음을 표현하는 글 쓰기, 쓰기에 자신감 갖기(글을 적극적으로 나누는 태도 갖기)

(나) 성취기준 해설

• [4국03-03] 이 성취기준은 어떤 대상이나 사실에 대해 자신의 의견을 밝히는 글을 쓰는 과정에서 생각을 구체화 · 명료화 · 정교화하여 제시하는 능력을 기르기 위해 설정하였다. 주변 현상에 대해 관심 갖기의 중요성을 일깨우고, 주장이 무엇이고 주장을 할 때에는 어떤 점에 주의해야 하는지를 기초적인 수준에서 다루도록 한다. 그리고 주장을 뒷받침하는 근거를 들어 자신의 의견이 뚜렷하게 드러나는 주장하는 글을 쓰게 한다.

• [4국03-04] 이 성취기준은 읽는 이의 흥미나 관심, 입장, 반응 등을 고려하여 글을 쓰는 자세를 기르기 위해 설정하였다. 글은 글쓴이와 읽는 이가 만나는 공간이다. 글을 통해 다른 사람과 소통하려면 읽는 이의 흥미나 관심, 입장, 반응 등을 고려하여 글을 써야 한다. 친구, 부모님, 선생님, 이웃 등 주위 사람을 대상으로 하여 고마움, 미안함, 기쁨, 슬픔, 사랑, 우정, 고민 등 자신의 정서와 감정을 표현하는 글을 쓰는 경험을 통해 읽는 이를 고려하여 쓸 내용을 마련하거나 적절한 표현을 할 수 있는 능력을 기르도록 한다.

(다) 교수 · 학습 방법 및 유의 사항

① 쓰기 과제를 부여할 때에는 실제로 학습자의 삶과 직결되는 쓰기를 경험하게 한다. 자신의 생활을 바탕으로 하여 글을 쓸 상황을 구체적으로 설정하고, 그 상황에서 주제나 목적, 읽는 이 등을 고려하여 글을 써 보도록 지도한다.

② 문단 쓰기를 지도할 때에는 중심이 되는 내용과 이를 부연해 주거나 뒷받침해 주는 내용을 잘 조직하여 문단 자체의 완성도를 높이도록 지도한다.

③ 시간의 흐름에 따라 사건이나 행동이 드러나는 글 쓰기를 지도할 때, 보통 수준의 학습자에게는 자신이 경험한 사건이나 행동을 시간 순서대로 써 보게 할 수 있고, 심화 수준의 학습자에게는 창작성을 감안하여 일부 내용을 꾸며 쓰게 할 수 있다.

④ 서사적인 글 쓰기를 지도할 때에는 본격적인 이야기 창작 능력을 기르는 것이 목적이 아니므로 지나치게 높은 수준의 창작성을 요구하지 않도록 한다.

⑤ 관심 있는 주제에 대해 자신의 의견을 쓰게 할 때에는 읽기 영역의 사실과 의견 구별하기 활동과 연계하여, 관심 있는 주제에 관한 객관적 사실과 이에 대한 자신의 의견을 구별하여 정리한 후 이를 글로 써 보게 할 수도 있다. 또는 듣기 · 말하기 영역의 인과 관계를 고려한 말하기 활동과 연계하여, 특정한 상황의 원인과 결과 그리고 그에 대한 자신의 의견을 글로 정리해서 발표하고 청중의 반응을 반영하여 보완하는 글을 써 보게 할 수도 있다.

⑥ 의견이 드러나는 글 쓰기는 엄격한 형식을 갖추거나 지나치게 타당성이 높은 근거를 들도록 하기보다는 주변의 현상에 관심을 갖고 이에 대해 자유로운 형식으로 주장을 펼 수 있도록 지도한다.

⑦ 읽는 이를 고려하여 쓰기를 지도할 때에는 처음에는 학습자가 잘 알거나 친숙한 사람을 읽는 이로 삼아 글을 쓰도록 하고, 학년이 올라감에 따라 점차 잘 알지 못하거나 친숙하지 않은 이를 읽는 이로 삼아 글을 쓰도록 한다.

⑧ 글을 쓰고 난 후 자신의 글을 다른 학습자와 나누어 보는 활동을 통해 쓰기에 대한 자신감을 갖고 자신의 글을 점검하는 기회를 갖도록 한다. 또한 다른 학습자들의 반응이나 비평을 반영하여 자신의 글을 보완하는 노력을 해 보도록 독려한다. 짝 활동을 할 수도 있고 게시판이나 인터넷을 활용하여 다수가 참여하는 활동을 할 수도 있다.

(라) 평가 방법 및 유의 사항

① 평가 목표는 쓰기의 목적, 읽는 이, 주제에 맞게 한 편의 글을 온전하게 썼는지를 평가하는 데 주안점을 두어 설정한다.

② 교사의 평가뿐 아니라 자기 평가와 상호 평가를 실시하여 학습자의 쓰기 활동을 다면적으로 평가한다.

③ 자신이 쓴 글과 다른 사람으로부터 받은 피드백을 포트폴리오 형식으로 정리하게 하여 성취감을 느낄 수도 있도록 한다. 이렇게 누적된 활동 결과를 평가 자료로 활용할 수도 있다.

④ 자신이 쓴 글을 다른 학습자들과 나누어 읽는 과정에서 긍정적인 피드백을 경험하게 하여 평가가 글쓰기를 점검하고 보완할 수 있는 정보를 제공해 준다는 점을 이해하게 한다.

(4) 5~6학년(군) 성취기준

초등학교 5~6학년 쓰기 영역 성취기준은 쓰기의 특성을 이해하고 목적과 내용에 맞게 다양한 종류의 글을 쓰는 능력을 갖추는 데 중점을 두어 설정하였다. 글의 내용과 형식에 관심을 갖고 독자를 존중하고 배려하면서 쓰는 능력과 태도를 기르는 데 주안점을 둔다.

[6국03-01] 쓰기는 절차에 따라 의미를 구성하고 표현하는 과정임을 이해하고 글을 쓴다.
[6국03-02] 목적이나 주제에 따라 알맞은 내용과 매체를 선정하여 글을 쓴다.
[6국03-03] 목적이나 대상에 따라 알맞은 형식과 자료를 사용하여 설명하는 글을 쓴다.
[6국03-04] 적절한 근거와 알맞은 표현을 사용하여 주장하는 글을 쓴다.
[6국03-05] 체험한 일에 대한 감상이 드러나게 글을 쓴다.
[6국03-06] 독자를 존중하고 배려하며 글을 쓰는 태도를 지닌다.

(가) 학습 요소

의미 구성으로서의 쓰기, 목적과 주제에 따라 내용 선정하기(글의 목적, 매체 활용), 설명 대상의 특성에 맞게 쓰기, 근거를 들어 주장하는 글 쓰기, 체험에 대한 감상 쓰기, 독자를 존중·배려하며 쓰기

(나) 성취기준 해설

- [6국03-02] 이 성취기준은 글을 쓰기 전에 글을 쓰는 목적, 주제 등과 관련된 문제를 탐색하고 쓰는 자세를 기르기 위해 설정하였다. 글의 목적, 주제 등을 고려하는 것은 글의 내용을 마련하는 과정에 영향을 미친다. 글을 쓸 때 글의 목적이나 주제를 고려해야 하는 이유를 이해하고, 글의 목적이나 주제를 정한 다음 그것에 따라 내용을 생성하고 선정하는 방법을 익힌 후 글을 쓸 수 있도록 한다. 또한 글의 목적이나 주제에 따라 선정할 수 있는 매체가 달라질 수 있음을 이해하도록 한다. 예컨대 친교를 목적으로 글을 쓸 때에는 편지나 전자 우편을 이용할 수 있고, 단체에 정보를 제공할 때에는 인터넷 게시판을 이용할 수 있으며, 간단한 정보를 전달할 때에는 문자 메시지를 이용할 수도 있다.
- [6국03-04] 이 성취기준은 주장하는 글 쓰기의 능력을 기르기 위해 설정하였다. 주장하는 글 쓰기의 중요성과 특성, 주장하는 글의 조직 방식, 주장하는 글의 특징에 따른 표현 방법에 대해 학습하게 한다. 특히 주장과 근거의 개념, 주장과 근거의 관계 등을 알고 이를 적절히 활용할 수 있게 한다. 그리고 주장하는 글을 쓸 때 알맞은 표현에 관심을 갖게 하며 특히 주관

적 표현이나 단정적인 표현, 모호한 표현 등을 사용하지 않도록 한다.

- [6국03-06] 이 성취기준은 읽는 이를 존중하고 배려하며 글을 쓰는 자세를 기르기 위해 설정하였다. 편지나 문자 메시지를 받고 감동했던 경험, 불쾌했던 경험에 대해 이야기해 보고, 또래나 자신의 주변 사람을 정하고 그 사람의 상황과 처지를 이해하여 적절하게 조언하는 글을 쓰게 한다. 격식에 맞지 않는 표현이나 속어, 비어 등 부정적인 표현이 드러난 글을 제시하여 적절하게 고쳐 써 볼 수도 있다. 긍정적인 언어 표현의 효과에 대해 이해하고, 타인에게 상처를 주는 언어 표현에 대해 비판할 줄 알며 타인을 존중하고 배려하며 글을 쓰는 태도를 기르는 데 중점을 두도록 한다.

(다) 교수·학습 방법 및 유의 사항

① 쓰기의 절차를 지도할 때에는 글 한 편을 완성하도록 강조하면서 쓰기가 계획하기, 내용 생성하기, 내용 조직하기, 초고 쓰기, 고쳐쓰기의 과정을 요구한다는 점을 이해하도록 하되, 이러한 일련의 쓰기 과정이 엄격하게 구별되거나 분절적인 것이 아니라는 점에 유의한다. 특히 내용 생성하기 단계에서는 브레인스토밍, 마인드맵 등의 방법을 통해 글을 쓰기 위한 내용을 생성하는 전략이나 기능을 익히도록 하는 데 중점을 둔다. 고쳐쓰기 단계에서는 띄어쓰기와 맞춤법을 포함하여 지도하되, 창의성이나 유창성을 저해하지 않도록 유의한다.

② 글의 목적이나 주제에 따라 내용과 매체를 선정하여 쓰기를 지도할 때에는 다양한 예시 글을 제시하고 학습자가 스스로 글을 분석하여 내용 선정 시 고려해야 할 점, 내용 선정 방법 등을 찾아내도록 안내한다. 이때 제시한 글이 단순히 모방을 위한 예가 되지 않도록 유의한다.

③ 설명하는 글 쓰기를 지도할 때에는 내용 마련을 위한 자료 수집 과정에서 전문적인 자료보다는 학습자가 쉽게 구할 수 있는 자료를 활용하도록 한다. 특히 목적이나 대상에 알맞은 사진이나 도표, 동영상 등의 자료를 적절히 찾을 수 있도록 안내한다. 시각 자료를 포함한 글, 구체적인 예를 제시한 글이나 비교·대조 형태로 내용을 조직한 글 등을 제시하여 목적이나 대상에 따른 형식의 중요성을 이해하도록 한다.

④ 체험한 일에 대한 쓰기를 지도할 때에는 직접 여행했던 경험을 제재로 기행문을 쓰거나 미술관이나 박물관 등을 견학하고 자신이 인상 깊게 보고 느낀 점을 표현하도록 한다. 책, 영화, 음악 등을 보고 들은 경험을 바탕으로 하여 감상문을 쓸 수도 있다. 단, 학습자의 다양한 체험을 이끌어 내어 글로 쓰게 하되, 사회적 위화감을 불러일으킬 수 있는 체험은 다루지 않도록 유의한다.

⑤ 국어과의 다른 영역과 통합적으로 교수·학습을 진행할 수 있다. 예를 들어 글의 주제나 목

적에 따른 쓰기를 지도할 때에는 읽기 영역에서 글의 주제가 무엇인지를 파악하고 내용 중에서 주제에 벗어난 것은 없는지를 분석해 보게 할 수도 있다. 독자를 존중하고 배려하며 쓰기는 듣기·말하기 영역의 언어 예절과 비교해 보게 하는 활동을 통해 지도할 수도 있다.

(라) 평가 방법 및 유의 사항

① 평가 목표는 쓰기의 목적, 읽는 이, 주제에 맞게 글을 효과적으로 쓰는 능력에 중점을 두어 설정한다.

② 한 편의 글을 평가할 때에는 내용, 형식, 표현 등을 종합적으로 살펴보되, 경우에 따라 이들 중에서 어느 한 측면에만 초점을 맞추어 평가할 수도 있다. 예를 들어 주장하는 글 쓰기를 평가할 때에는 주장에 따라 타당한 논거를 제시하였는지에 중점을 두어 평가할 수 있다.

③ 한 편의 완성된 글을 평가하되, 경우에 따라서는 일련의 글쓰기 과정을 평가하여 학습자에 대한 좀 더 풍부한 정보를 얻을 수도 있다.

④ 독자를 존중하고 배려하며 쓰기와 같은 정의적 영역의 평가를 할 때에는 일회적으로 끝나지 않도록 한다. 체크리스트를 만들어 활용할 수도 있고 자신의 언어 사용 실태를 기록하는 기록장을 만들어 활용할 수도 있다.

⑤ 교사의 평가뿐 아니라 글을 쓰고 나서 다른 사람과 돌려 읽으며 자기 평가와 상호 평가를 하도록 하고, 이를 통해 학습자의 쓰기 활동에 대한 다면 평가를 강조하도록 한다.

문법 영역

(1) 내용 체계표

핵심 개념	일반화된 지식	학년(군)별 내용 요소					기능
		초등학교			중학교 1~3학년	고등학교 1학년	
		1~2학년	3~4학년	5~6학년			
▶국어의 본질	국어는 사고와 의사소통의 수단이 되는 기호 체계로서, 언어의 보편성을 바탕으로 하여 고유한 국어문화를 형성하며 발전한다.			• 사고와 의사소통의 수단	• 언어 기호	• 역사적 실체	• 문제 발견하기 • 자료 수집하기 • 비교·분석하기 • 분류·범주화하기 • 종합·설명하기 • 적용·검증하기 • 언어생활 성찰하기
▶국어 구조의 탐구와 활용 • 음운 • 단어 • 문장 • 담화	국어는 음운, 단어, 문장, 담화로 구성되며 이들에 대한 탐구를 통해 국어 지식을 얻고 이를 언어생활에 활용할 수 있다.		• 낱말의 의미 관계 • 문장의 기본 구조	• 낱말 확장 방법 • 문장 성분과 호응	• 음운의 체계와 특성 • 품사의 종류와 특성 • 문장의 짜임 • 담화의 개념과 특성	• 음운의 변동 • 문법 요소의 특성과 사용	
▶국어 규범과 국어생활 • 발음과 표기 • 어휘 사용 • 문장·담화의 사용	발음·표기, 어휘, 문장·담화 등 국어 규범에 대한 이해를 통해 국어 능력을 기르고 바른 국어생활을 할 수 있다.	• 한글 자모의 이름과 소릿값 • 낱말의 소리와 표기 • 문장과 문장 부호	• 낱말 분류와 국어사전 활용 • 높임법과 언어 예절	• 상황에 따른 낱말의 의미 • 관용 표현	• 단어의 정확한 발음과 표기 • 어휘의 체계와 양상의 활용 • 한글의 창제 원리	• 한글 맞춤법의 원리와 내용	
▶국어에 대한 태도 • 국어 사랑 • 국어 의식	국어의 가치를 인식하고 국어를 바르게 사용할 때 국어 능력이 효과적으로 신장된다.	• 글자·낱말·문장에 대한 흥미	• 한글의 소중함 인식	• 바른 국어 사용	• 통일 시대의 국어에 대한 관심	• 국어 사랑과 국어 발전 의식	

(2) 1~2학년(군) 성취기준

초등학교 1~2학년 문법 영역 성취기준은 학습자가 기초 문식성을 습득하여 학교에서의 국어생활에 원활히 적응하도록 하는 데 중점을 두어 설정하였다. 한글을 해득하고 낱말과 문장, 문장 부호를 바르게 사용하며 말과 글에 대한 관심을 갖게 하는 데 주안점을 둔다.

[2국04-01] 한글 자모의 이름과 소릿값을 알고 정확하게 발음하고 쓴다.
[2국04-02] 소리와 표기가 다를 수 있음을 알고 낱말을 바르게 읽고 쓴다.
[2국04-03] 문장에 따라 알맞은 문장 부호를 사용한다.
[2국04-04] 글자, 낱말, 문장을 관심 있게 살펴보고 흥미를 가진다.

(가) 학습 요소

한글 자모의 이름과 소릿값 알기, 소리와 표기의 관계 이해하기, 문장 부호 바르게 사용하기, 글자 · 낱말 · 문장에 흥미 갖기

(나) 성취기준 해설

• [2국04-02] 이 성취기준은 소리와 표기가 일치하는 낱말과 그렇지 않은 낱말이 있음을 알고 소리와 표기 사이의 관계를 이해하여 낱말을 바르게 쓰는 능력을 기르기 위해 설정하였다. 소리와 표기가 일치하는 쉬운 낱말부터 소리와 표기가 일치하지 않는 낱말로 점차 학습 범위를 확장하며 소리와 표기가 일치하지 않는 낱말을 어법에 맞게 적을 수 있도록 한다. 또한 소리와 표기가 일치하는 낱말이나 그렇지 않은 낱말을 그 소릿값에 맞게 바르게 읽을 수 있도록 한다.

• [2국04-04] 이 성취기준은 주변의 글자, 낱말, 문장에 대해 무심코 넘어가지 않고 민감하게 받아들이며 호기심을 바탕으로 탐구하는 자세를 기르기 위해 설정하였다. 예를 들어 낱자 하나를 바꾸면 낱말의 의미가 달라지거나 하나의 글자가 여러 낱말에서 쓰일 수 있는 것을 발견하는 등 일상생활에서 사용하는 글자, 낱말, 문장에 관심을 갖도록 하는 데 중점을 둔다.

(다) 교수 · 학습 방법 및 유의 사항

① 이 시기의 학습자는 기초 문식성을 습득하는 단계임을 감안하여, 받침이 없는 낱말이나 글자 수가 적은 낱말에서 시작하여 점차 그 범위를 확장해 나가도록 한다.

② 한글 자모의 이름과 소릿값을 알고 정확하게 발음하고 쓰는 교수 · 학습의 과정에서는 자음과 모음이 모여 글자를 만드는 방식을 쉽게 이해할 수 있도록 기본 음절표나 낱말 카드 등을 활용할 수 있다.

③ 소리와 표기의 관계에 대해 지도할 때에는 소리와 표기가 같은 낱말, 소리와 표기가 다른 낱말 두 가지 모두를 다루도록 하고, 교수 · 학습의 초기에는 발음이나 표기가 지나치게 어려운 낱말이나 글자 수가 지나치게 많은 낱말을 피하도록 한다.

④ 문장에 따라 알맞은 문장 부호 사용하기를 지도할 때에는 평서문, 의문문, 감탄문과 같은 용어를 노출할 필요는 없으며 문장에 따라 마침표, 물음표, 느낌표 등이 나타나는 양상을 알게 한다. 문장의 유형과 직접 관련이 없지만 쉼표는 필요하면 같이 지도할 수도 있다.

⑤ 글자, 낱말, 문장에 흥미나 관심 가지기를 지도할 때에는 학습자가 국어 현상에 대해 창의적이고 비판적으로 사고할 수 있는 기회를 제공한다는 생각으로 교수·학습을 이끌어 가도록 한다.

(라) 평가 방법 및 유의 사항

① 한글 자모의 이름과 소릿값을 알고 정확하게 발음하고 쓰는 것과 같은 기초 문식성 관련 평가는 듣기·말하기, 읽기, 쓰기와 관련된 기초적인 의사소통 능력을 배양하기 위한 학습 과정 전반에 대한 평가의 일부가 되도록 통합적으로 평가한다.

② 낱말을 바르게 읽고 쓰기와 관련된 평가는 읽기 영역과 쓰기 영역을 통합하여 할 수 있다.

③ 글자, 낱말, 문장에 대한 흥미와 관심에 대한 평가는 교사에 의한 관찰, 자기 평가와 동료 평가, 상황 학습이나 놀이 학습 등의 방법을 활용할 수 있다.

(3) 3~4학년(군) 성취기준

초등학교 3~4학년 문법 영역 성취기준은 낱말과 문장을 사용하는 능력과 한글을 소중히 여기고 언어 예절을 지키며 의사소통하는 능력을 갖추는 데 중점을 두어 설정하였다. 낱말, 문장 및 높임법에 대한 이해를 통해 기초적인 국어 사용 능력을 기르는 데 주안점을 둔다.

[4국04-01] 낱말을 분류하고 국어사전에서 찾는다.
[4국04-02] 낱말과 낱말의 의미 관계를 파악한다.
[4국04-03] 기본적인 문장의 짜임을 이해하고 사용한다.
[4국04-04] 높임법을 알고 언어 예절에 맞게 사용한다.
[4국04-05] 한글을 소중히 여기는 태도를 지닌다.

(가) 학습 요소

낱말 분류하기(기본형, 모양이 바뀌는 낱말, 모양이 바뀌지 않는 낱말), 낱말의 의미 관계 이해하기(비슷한 말, 반대말, 상·하위어), 기본적인 문장의 짜임 알기, 높임법 바르게 사용하기, 한글을 소중히 여기는 태도 갖기

(나) 성취기준 해설

- [4국04-01] 이 성취기준은 낱말 분류에 대한 기초적인 지식을 바탕으로 하여 국어사전에서 낱말을 정확하게 찾는 능력을 기르기 위해 설정하였다. 형태(모양)나 의미 등을 생각하면서 여러 가지 낱말을 분류해 보는 활동을 통해 주요 품사(명사, 동사, 형용사)를 변별할 수 있도록 한다. 이를 통해 낱말의 기본형을 이해하고 국어사전에서 낱말을 찾는 방법을 지도한다.
- [4국04-02] 이 성취기준은 낱말들이 의미 관계를 가지고 있음을 알고 어휘에 대한 관심과 호기심을 갖도록 하기 위해 설정하였다. 비슷한 말, 반대말, 상·하위어에 중점을 두어 낱말 간의 의미 관계를 지도하고, 연상 활동이나 말놀이를 통해 다양한 어휘를 익힐 수 있게 한다. 그리고 비슷한 말, 반대말, 상·하위어 등을 여러 상황에서 활용해 봄으로써 어휘력을 신장하도록 한다.
- [4국04-03] 이 성취기준은 기본적인 문장의 짜임을 익히고 이에 따라 문장을 만드는 능력을 기르기 위해 설정하였다. 문장은 기본적으로 동작이나 상태의 주체를 나타내는 부분(주어부)과 주체에 대해 서술하는 부분(서술어부)으로 나눌 수 있다. 주어부와 서술어부의 역할을 이해하고 정확하게 문장을 사용하도록 한다. 단, 주어나 서술어와 같은 문장 성분은 다루지 않는다.
- [4국04-05] 이 성취기준은 한글의 소중함과 제자 원리에 대한 기초적인 이해를 바탕으로 하여 한글을 바르게 사용하고 가꾸려는 태도를 기르기 위해 설정하였다. 한글이 어떤 점에서 우리에게 소중한 의미를 갖고 있는지, 어떤 면에서 독창적이고 과학적인지 등을 탐구함으로써 한글의 우수성과 독창성을 알고 한글을 사랑하는 마음을 가질 수 있게 한다.

(다) 교수·학습 방법 및 유의 사항

① 낱말의 분류를 지도할 때에는 학습자에게 낱말 분류의 경험을 제공함과 아울러 국어사전(종이 사전, 인터넷 사전)에서 낱말을 찾는 데에 필요한 방법적 지식을 익힐 수 있게 하고, 국어사전에서 낱말을 즐겨 찾는 태도를 지니게 하는 데 중점을 둔다.
② 낱말의 의미 관계 파악을 지도할 때에는 어휘망 그리기 등 여러 가지 활동을 통해 한 낱말과 연관된 다양한 어휘를 익히게 한다. 사전을 통해 자신이 조사한 낱말을 이용하여 연상 활동이나 말놀이를 해 보고 어휘에 대한 관심을 가지도록 한다.
③ 기본적인 문장의 짜임을 지도할 때에는 용어의 개념을 지도하기보다는 여러 가지 예시 자료를 활용하여 문장의 짜임을 이해하도록 한다. 학습자에게 기본적인 문장의 짜임을 보여 주는 사례를 제시한 다음, 이와 짜임이 유사한 문장을 생성해 보도록 할 수 있다.

④ 높임법에 대해 지도할 때에는 높임법과 관련된 지식을 전달하는 데 중점을 두기보다는 학습자가 자주 틀리고 어려워하는 높임법 사례를 제시하여 문제의식을 유발하고 그것을 바로잡는 경험을 제공하는 데 중점을 둔다.

⑤ 한글의 창제 과정, 한글의 우수성을 보여 주는 다양한 매체 자료를 활용하여 자연스럽게 한글을 소중히 여기는 태도를 기를 수 있게 한다. 또한 한글이 없거나 쓸 수 없는 상황을 상상하여 역할극을 해 보는 등 학습자가 흥미를 느낄 수 있는 다양한 학습 방법을 사용할 수도 있다.

(라) 평가 방법 및 유의 사항

① 국어사전에서 낱말 찾기를 평가할 때에는 사전을 찾는 데 필요한 지식뿐만 아니라 사전에서 낱말을 찾는 수행 과정을 직접 관찰하여 평가하도록 한다.

② 낱말과 문장, 높임법, 한글과 관련하여 비판적·창의적 사고력과 탐구 능력을 평가하는 데 중점을 둔다.

③ 한글의 소중함을 깨닫게 해 주는 자료에 관해 자기 주도적으로 발표하거나 다른 학습자와 토의하고 그 내용을 공유하게 함으로써 자료·정보 활용 능력과 의사소통 능력을 평가할 수 있다.

(4) 5~6학년(군) 성취기준

초등학교 5~6학년 문법 영역 성취기준은 언어의 기본 특성과 낱말, 문장에 대한 이해를 바탕으로 하여 학습자의 국어 능력을 점차 확장하는 데 중점을 두어 설정하였다. 낱말에 대한 이해와 활용 능력을 신장하고 어법에 맞고 바람직한 국어 문장과 표현을 사용하는 태도를 기르는 데 주안점을 둔다.

[6국04-01] 언어는 생각을 표현하며 다른 사람과 관계를 맺는 수단임을 이해하고 국어생활을 한다.
[6국04-02] 국어의 낱말 확장 방법을 탐구하고 어휘력을 높이는 데에 적용한다.
[6국04-03] 낱말이 상황에 따라 다양하게 해석됨을 탐구한다.
[6국04-04] 관용 표현을 이해하고 적절하게 활용한다.
[6국04-05] 국어의 문장 성분을 이해하고 호응 관계가 올바른 문장을 구성한다.
[6국04-06] 일상생활에서 국어를 바르게 사용하는 태도를 지닌다.

(가) 학습 요소

언어의 기능(사고와 의사소통의 수단), 낱말 확장 방법 알기(합성, 파생), 낱말의 의미 파악하기(문맥적 의미, 다의어, 동음이의어), 관용 표현 활용하기, 문장 성분 이해하기, 호응 관계 이해하기, 국어를 바르게 사용하기

(나) 성취기준 해설

- [6국04-01] 이 성취기준은 언어가 자신의 느낌을 표현하는 수단이자 인간관계 형성의 수단임을 알고 국어 활동을 하는 자세를 기르기 위해 설정하였다. 언어의 기능에는 지시적 · 정보적 · 친교적 · 정서적 · 명령적 기능이 있는데, 언어가 대상과 상황 맥락에 따라 다양하게 표현되어 인간관계 형성에 중요한 영향을 미친다는 것을 이해하게 하는 데 중점을 둔다.
- [6국04-02] 이 성취기준은 낱말의 확장 방법(합성, 파생)을 이해하고 이를 바탕으로 하여 낱말의 의미를 정확하게 파악함으로써 다양한 언어 사용 상황에서 적절하게 활용하는 능력을 기르기 위해 설정하였다. 우리가 접하는 낱말들은 다양한 낱말 확장 방법에 의해 만들어졌음을 탐구 활동을 통하여 이해하도록 한다. 또한 여러 가지 확장 방법을 통해 만들어진 낱말의 의미를 추론하고 의사소통 상황에서 적절하게 사용할 수 있도록 한다.
- [6국04-03] 이 성취기준은 상황에 따라 낱말이 다양하게 해석될 수 있음을 알고 상황에 따라 낱말의 구체적인 의미를 파악하는 능력을 기르기 위해 설정하였다. 낱말의 의미는 의사소통 상황의 구체적인 맥락이나 문맥에 따라 달라질 수 있다. 소리는 같고 뜻은 다른 낱말이나 다양한 의미를 갖는 낱말을 주요 학습 대상으로 하며, 낱말들의 의미가 어떻게 다른지를 다양한 사례를 통해 탐구하도록 한다.

(다) 교수 · 학습 방법 및 유의 사항

① 언어의 기능을 지도할 때에는 다양한 언어 기능을 모두 다루기보다 지시적, 친교적, 명령적 기능 등 기본적인 기능을 중심으로 하되, 일상생활 속에서 언어 사례를 찾고 이때 사용된 언어 기능을 확인하도록 지도한다.

② 낱말의 확장 방법을 지도할 때에는 낱말의 짜임에 대한 실제 사례를 탐구해 보고 새로운 낱말을 만들어 보도록 안내한다. 또한 짜임이 비교적 단순하고 대표적인 낱말을 분석 대상으로 삼도록 한다.

③ 다양한 의미를 가진 낱말의 해석을 지도할 때에는 학습자가 일상생활에서 많이 접하는 낱말

을 대상으로 한다. 낱말의 다양한 의미를 확인할 때에는 국어사전을 활용할 수도 있다.

④ 관용 표현에 대해 지도할 때에는 관용어구, 속담 등이 담긴 글이나 담화를 대상으로 삼아 관용 표현에 대한 이해 능력을 향상시키고 관용 표현을 활용하는 능력을 신장하도록 한다.

⑤ 문장 성분을 지도할 때에는 주어, 서술어, 목적어 수준에서 다루고, 학습자가 스스로 문장을 구성하는 요소를 탐구하여 문장 성분에 대해 이해할 수 있도록 한다.

⑥ 호응 관계에 대해 지도할 때에는 학습자가 주로 범하는 오류 문장을 대상으로 하여 다루되 어떤 문제가 있는지 스스로 찾아보게 한다. 그리고 호응 관계가 맞지 않은 문장을 바르게 고쳐 보는 활동을 한다.

⑦ 바른 국어 사용을 지도할 때에는 발음, 표기, 어휘 등의 기본적인 요소와 함께 어법, 언어 예절 등의 화용적인 측면까지 지속적으로 지도하도록 한다.

(라) 평가 방법 및 유의 사항

① 언어의 기능, 낱말의 확장과 해석, 관용 표현, 문장의 구성에 관한 평가에서는 실제의 언어생활에서 접할 수 있는 다양한 자료를 활용하도록 한다.

② 낱말이 상황에 따라 다양하게 해석됨을 평가할 때에는 상황이나 문맥이 드러나는 실제 언어 자료를 바탕으로 하여 평가하도록 한다.

③ 낱말 확장, 관용 표현, 문장 구성에 대한 이해뿐 아니라 표현의 측면에 대해서도 평가가 이루어지도록 한다.

④ 호응 관계를 평가할 때에는 지식을 독립적으로 평가하기보다는 쓰기 영역과 관련지어 자신의 글이나 친구가 쓴 글에서 호응 관계가 맞지 않는 문장을 찾아 바르게 고쳐 보게 한다.

⑤ 바른 국어 사용의 태도는 자기 보고, 관찰 평가, 상호 평가 등의 비형식적, 상위 인지적 평가를 적극적으로 활용한다.

문학 영역

(1) 내용 체계표

핵심 개념	일반화된 지식	학년(군)별 내용 요소					기능
		초등학교			중학교	고등학교	
		1~2학년	3~4학년	5~6학년	1~3학년	1학년	
▶문학의 본질	문학은 인간의 삶을 언어로 형상화한 작품을 통해 즐거움과 깨달음을 얻고 타자와 소통하는 행위이다.			• 가치 있는 내용의 언어적 표현	• 심미적 체험의 소통	• 유기적 구조	• 몰입하기 • 이해 · 해석하기 • 감상 · 비평하기 • 성찰 · 향유하기 • 모방 · 창작하기 • 공유 · 소통하기 • 점검 · 조정하기
▶문학의 갈래와 역사 • 서정 • 서사 • 극 • 교술 ▶문학과 매체	문학은 서정, 서사, 극, 교술의 기본 갈래를 중심으로 하여 언어, 문자, 매체의 변화와 함께 시대에 따라 변화해 왔다.	• 그림책 • 동요, 동시 • 동화	• 동요, 동시 • 동화 • 동극	• 노래, 시 • 이야기, 소설 • 극	• 노래, 시 • 이야기, 소설 • 극 • 교술	• 서정 • 서사 • 극 • 교술 • 문학 갈래의 역사	
▶문학의 수용과 생산 • 작품의 내용 · 형식 · 표현 • 작품의 맥락 • 작가와 독자	문학은 다양한 맥락을 바탕으로 하여 작가와 독자가 창의적으로 작품을 생산하고 수용하는 활동이다.	• 작품 낭독 · 감상 • 작품 속 인물의 상상 • 말놀이와 말의 재미 • 일상생활에서 겪은 일의 표현	• 감각적 표현 • 인물, 사건, 배경 • 이어질 내용의 상상 • 작품에 대한 생각과 느낌 표현	• 작품 속 세계와 현실 세계의 비교 • 비유적 표현의 특성과 효과 • 일상 경험의 극화 • 작품의 이해와 소통	• 비유, 상징의 효과 • 갈등의 진행과 해결 과정 • 보는 이, 말하는 이의 관점 • 작품의 사회 · 문화적 배경 • 작품의 현재적 의미 • 작품 해석의 다양성 • 재구성된 작품의 변화 양상 • 개성적 발상과 표현	• 갈래 특성에 따른 형상화 방법 • 다양한 사회 · 문화적 가치 • 시대별 대표작	
▶문학에 대한 태도 • 자아 성찰 • 타자의 이해와 소통 • 문학의 생활화	문학의 가치를 인식하고 인간과 세계를 성찰하며 문학을 생활화할 때 문학 능력이 효과적으로 신장된다.	• 문학에 대한 흥미	• 작품을 즐겨 감상하기	• 작품의 가치 내면화하기	• 문학을 통한 성찰	• 문학의 주체적 수용과 생활화	

(2) 1~2학년(군) 성취기준

초등학교 1~2학년 문학 영역 성취기준은 문학에 대하여 친밀감과 흥미를 느끼도록 하는 데 중점을 두어 설정하였다. 재미있는 발상과 표현이 담긴 작품을 활용하여 말의 재미를 느끼거나 작품에 묘사된 인물이나 사건을 상상하고 자신의 생각이나 느낌, 경험을 자유롭게 표현하는 활동을 통해 문학에 입문하도록 하는 데 주안점을 둔다.

[2국05-01] 느낌과 분위기를 살려 그림책, 시나 노래, 짧은 이야기를 들려주거나 듣는다.
[2국05-02] 인물의 모습, 행동, 마음을 상상하며 그림책, 시나 노래, 이야기를 감상한다.
[2국05-03] 여러 가지 말놀이를 통해 말의 재미를 느낀다.
[2국05-04] 자신의 생각이나 겪은 일을 시나 노래, 이야기 등으로 표현한다.
[2국05-05] 시나 노래, 이야기에 흥미를 가진다.

(가) 학습 요소

작품 낭독 · 낭송하기(느낌과 분위기), 인물의 모습 · 행동 · 마음 상상하기, 말의 재미 느끼기, 생각 · 느낌 · 경험을 표현하기, 문학에 흥미 갖기

(나) 성취기준 해설

- [2국05-01] 이 성취기준은 작품의 내용이나 표현에서 오는 느낌과 분위기를 살려서 노래하거나 낭독 혹은 낭송함으로써 작품의 수용 능력을 향상시키기 위해 설정하였다. 따라서 시나 노래, 이야기 등 다양한 갈래의 작품을 두루 활용하여 목소리의 높낮이, 성량, 속도 등에 대한 감각을 기르도록 한다. 운율과 정서 및 운율과 분위기가 조화로운 작품, 다양한 분위기를 엿볼 수 있는 작품을 통해 내용과 표현이 서로 연관된다는 점을 이해하도록 하는 데 중점을 둔다.
- [2국05-03] 이 성취기준은 놀이 요소를 가진 말을 통해 문학의 즐거움을 느끼도록 하기 위해 설정하였다. 갈래를 시나 노래에 한정할 필요는 없으며, 여러 갈래의 작품은 물론 일상적 대화 등을 통해 언어의 놀이적 성격을 인지하고 문학을 즐겨 향유하도록 한다. 의성어와 의태어, 두운이나 각운, 율격이 두드러진 말, 언어유희, 재치 있는 문답, 수수께끼, 끝말잇기 등에서 재미를 느끼게 한다.
- [2국05-04] 이 성취기준은 일상생활의 다양한 경험을 문학적으로 표현함으로써 그 즐거움을 맛보고 문학 활동에 자신감을 갖도록 하기 위해 설정하였다. 시나 노래, 이야기의 특성이나

요건에 얽매이지 않고 자유롭게 표현하도록 하며, 이전에 배운 다른 작품을 모방하여 표현하는 것도 허용될 수 있다. 문학이 경험의 언어적 표현이라는 점을 익히도록 하는 데 중점을 둔다.

(다) 교수·학습 방법 및 유의 사항

① 낭송이나 낭독을 지도할 때에는, 작품이 특정한 느낌과 분위기를 고유하게 가지고 있다 하더라도 이를 낭송하는 과정에서는 또 다른 느낌과 분위기를 빚어낼 수 있으므로 허용적인 분위기 속에서 다양한 활동이 이루어지게 한다.

② 재미있는 발상과 표현을 통해 창의력을 신장하도록 하고, 경험을 표현하는 활동에서는 인성 함양도 이루어질 수 있도록 한다.

③ '재미'가 엄밀한 학문적 개념으로 쓰이는 용어가 아니므로 그 의미를 폭넓게 보고 유연하게 접근하도록 한다.

④ 문학적 완성도에 구속되지 않고 일상적 언어생활의 연장선상에서 문학에 접근하도록 함으로써 문학에 대한 친밀감을 형성하도록 한다.

⑤ 노래와 시, 이야기 등 특정한 문학 갈래에 국한하지 말고 만화, 애니메이션 등 갈래의 범위를 넓히거나 역할극과 같은 연극적 기법을 활용함으로써 학습자의 흥미와 관심을 유발하도록 한다.

⑥ 문학의 기능이나 효용에 대한 일방적 설명을 지양하고, 문학에 대한 유의미한 경험과 기억을 바탕으로 하여 자발적으로 문학을 향유하는 습관을 형성하도록 한다.

(라) 평가 방법 및 유의 사항

① 허용적인 분위기 속에서 시나 노래, 이야기를 감상하고, 느낀 점과 생각을 자유롭게 표현하도록 하고 이를 관찰하여 평가한다.

② 시나 노래, 이야기를 교과 외 시간에도 흥미를 갖고 즐겨 접하도록 독려하고 이를 누적적으로 기록하여 평가한다.

③ 작품에 대한 학습자의 반응에 대해 옳고 그름을 평가하기보다는 다른 학습자들과 반응을 공유하는 과정을 통해 자신의 생각과 느낌을 스스로 점검해 보는 기회를 제공한다.

(3) 3~4학년(군) 성취기준

초등학교 3~4학년 문학 영역 성취기준은 작품으로 형상화된 세계를 포괄적으로 이해하며 감상하고 그 결과를 다양한 방법으로 표현하는 능력을 갖추는 데 중점을 두어 설정하였다. 학습자의 흥미와 발달 단계에 맞는 작품을 찾아 읽고 감상의 결과를 능동적으로 표현하면서 문학을 즐기는 태도를 기르는 데 주안점을 둔다.

[4국05-01] 시각이나 청각 등 감각적 표현에 주목하며 작품을 감상한다.
[4국05-02] 인물, 사건, 배경에 주목하며 작품을 이해한다.
[4국05-03] 이야기의 흐름을 파악하여 이어질 내용을 상상하고 표현한다.
[4국05-04] 작품을 듣거나 읽거나 보고 떠오른 느낌과 생각을 다양하게 표현한다.
[4국05-05] 재미나 감동을 느끼며 작품을 즐겨 감상하는 태도를 지닌다.

(가) 학습 요소

감각적 표현의 효과 느끼기, 인물·사건·배경 이해하기, 이야기의 흐름 파악하기, 이야기 이어서 구성하기, 작품에 대한 생각과 느낌 표현하기, 작품을 즐겨 읽기

(나) 성취기준 해설

• [4국05-01] 이 성취기준은 언어가 인간의 오감을 자극하며, 이에 따라 구체적인 이미지를 형성하고 정서를 환기하는 기능이 있다는 점을 이해하며 문학 활동을 하도록 하기 위해 설정하였다. 문학, 특히 시에서 시각적 이미지나 청각적 이미지를 중심으로 감각을 환기하는 문학적 표현의 기능에 대해 알고 시적 언어의 용법을 이해하는 데 중점을 두었다. 의성어와 의태어, 비유적 표현을 비롯한 여러 가지 시어의 감각 환기 기능을 통해 인간의 오감을 자극하는 시적 표현의 재미를 느끼도록 한다.

• [4국05-02] 이 성취기준은 서사 갈래나 극 갈래의 작품을 수용할 때 인물, 사건, 배경이라는 핵심적인 요소를 중심으로 이야기를 이해하는 능력을 기르기 위해 설정하였다. 서사 갈래와 극 갈래가 인물, 사건, 배경으로 구성된다는 점을 바탕으로 하여 옛이야기, 창작 동화, 아동극, 애니메이션 등에서 인물과 사건의 관계, 사건과 배경의 관계 등을 파악하는 데 중점을 두도록 한다. 육하원칙을 적용하면 인물은 '누가'에, 사건은 '무엇을, 왜, 어떻게'에, 배경은 '언제, 어디서'에 해당된다는 점을 이해하도록 한다.

(다) 교수 · 학습 방법 및 유의 사항

① 창의적 표현을 중심으로 학습자의 창의적 사고를 계발하도록 하고, 다양한 삶에 대한 간접 경험을 통해 타자에 대한 이해의 폭을 넓힘으로써 인성 함양에도 기여하도록 한다.

② 수용에 초점이 있는 학습 요소라 하더라도 발산적 사고 활동을 바탕으로 하여 창의적 재구성이나 창작 활동이 이루어지도록 지도한다.

③ 작품을 선정할 때에는 문자로 기록된 문학에 국한하지 말고 아동극이나 동영상 등도 적극적으로 활용한다.

④ 감각적 표현을 지도할 때에는 작품의 특정 구절과 다섯 가지 감각을 기계적으로 연결하는 데 초점을 두지 말고 그 표현 효과에 집중하여 지도한다.

⑤ 인물, 사건, 배경을 지도할 때에는 이들 요소를 개별적으로 확인하게 하기보다는 이야기 속에서 상호 연관성을 파악하도록 하는 데 중점을 둔다.

⑥ 독후 활동으로서 생각과 느낌 표현하기를 지도할 때에는 전형적인 감상문 쓰기 외에 인물에게 보내는 편지 쓰기, 일기 쓰기 등으로 활동을 다양화하고, 듣기 · 말하기와 연계한 작가 혹은 인물과의 가상 인터뷰, 미술 교과와 연계한 그림 그리기 등의 활동을 하도록 한다.

⑦ 문학의 생활화를 위해 학교나 가족 혹은 또래 집단을 소재로 한 작품 중에서 현재 자신이 겪고 있는 고민을 성찰하는 데 도움이 되는 작품을 찾아 읽도록 하며, 교과서에 수록된 작품에 국한하지 않고 다양한 작품을 교수 · 학습 자료로 활용한다.

(라) 평가 방법 및 유의 사항

① 인물, 사건, 배경을 통해 작품 이해하기에 대한 평가는 작품을 읽고 난 후 느낀 점이나 생각을 학습자끼리 공유하는 과정에서 이들 요소를 중심으로 작품을 이해하고 있는지 자연스럽게 확인하도록 한다.

② 문학적 지식을 단편적으로 확인하기보다는 작품을 감상하는 가운데 문학 지식을 적절하게 활용할 수 있는지를 평가하는 데 중점을 둔다.

③ 교수 · 학습에서 다룬 지식이나 내용을 직접적으로 확인하기보다는 작품을 감상한 결과를 다양한 방법으로 표현하는 과정에 중점을 두어 평가한다.

④ 교과서에 수록된 작품에 국한하지 않고 학습 주제와 연관된 다양한 작품을 적절하게 활용하여 평가한다.

⑤ 독후 활동으로서 생각과 느낌을 표현하는 능력을 평가할 때에는, 작품에 대한 수렴적인 이해보다는 발산적인 감상 능력에 중점을 두도록 한다.

(4) 5~6학년(군) 성취기준

초등학교 5~6학년 문학 영역 성취기준은 문학의 수용과 생산 활동을 통해 자아를 성찰함으로써 문학이 개인의 성장을 돕는 자양분이 된다는 점을 경험하는 데 중점을 두어 설정하였다. 문학의 내용과 형식적 특성에 대한 이해를 바탕으로 하여 작품을 수용하고 다양한 갈래로 표현하며 다른 독자들과 능동적으로 소통하는 데 주안점을 둔다.

> [6국05-01] 문학은 가치 있는 내용을 언어로 표현하여 아름다움을 느끼게 하는 활동임을 이해하고 문학 활동을 한다.
> [6국05-02] 작품 속 세계와 현실 세계를 비교하며 작품을 감상한다.
> [6국05-03] 비유적 표현의 특성과 효과를 살려 생각과 느낌을 다양하게 표현한다.
> [6국05-04] 일상생활의 경험을 이야기나 극의 형식으로 표현한다.
> [6국05-05] 작품에 대한 이해와 감상을 바탕으로 하여 다른 사람과 적극적으로 소통한다.
> [6국05-06] 작품에서 얻은 깨달음을 바탕으로 하여 바람직한 삶의 가치를 내면화하는 태도를 지닌다.

(가) 학습 요소

문학의 의의(가치 있는 내용, 아름다운 표현), 작품 속 세계와 현실 세계 비교하기, 비유적 표현, 이야기나 극으로 표현하기, 작품을 매개로 하여 소통하기, 작품에서 발견한 가치 내면화하기

(나) 성취기준 해설

- [6국05-01] 이 성취기준은 문학이 가치 있는 내용을 언어로 표현하여 아름다움을 느끼게 하는 언어 활동의 일환이라는 점을 이해하고 문학 활동을 하는 자세를 기르기 위해 설정하였다. 문학 작품의 아름다움은 가치 있는 내용에서도, 언어 표현의 참신성이나 함축성에서도 생성된다는 점을 이해하는 데 중점을 둔다. 작품의 내용과 표현을 꼼꼼하게 분석하기보다는 내용과 표현의 아름다움을 느끼며 문학을 즐기는 수준의 활동이 되도록 한다.
- [6국05-02] 이 성취기준은 작품 속의 인물·정서·상황·배경·분위기 등이 현실 세계를 반영한 것이지만, 작품 속 세계는 허구적 세계여서 현실 세계와는 구별된다는 점을 인식하며 문학 활동을 하는 능력을 기르기 위해 설정하였다. 시와 이야기, 생활문 등 갈래에 따라 차이는 있지만, 문학 작품 속의 세계가 현실에 바탕을 두면서도 현실 세계를 있는 그대로 묘사한 것이 아니라 허구적으로 구성된 것이라는 점에 초점을 맞추어 문학적 상상력을 동원하여 감상하도록 하는 데 중점을 둔다.

• [6국05-04] 이 성취기준은 이야기와 극 만들기 활동을 통해 이야기와 극의 기본적인 원리를 이해하는 한편, 이를 다른 교과의 학습을 위한 도구로 활용하는 능력을 기르기 위해 설정하였다. 이야기와 극은 문학의 주요한 갈래로서 그 자체로 교수·학습의 주요한 내용이기도 하지만, 모든 교과에서 교수·학습 활동을 위한 도구로 활용될 수도 있다. 일상생활의 경험 중 즐겁거나 감동을 받았던 일, 슬프거나 속상했던 일, 부끄럽거나 후회스러웠던 일 등을 내용으로 삼아 이를 이야기나 극의 형식으로 표현하도록 한다.

(다) 교수·학습 방법 및 유의 사항

① 개념적 지식은 가급적 배제하고 문학이 자아 성찰과 지적·정서적 성장에 기여하는 바를 중심으로 그 효용을 직접 경험하도록 한다.

② 문학의 의의를 지도할 때에는 문학 활동이 언어 능력의 신장에 기여할 수 있음을 이해하도록 함으로써 영역 통합적으로 접근하도록 한다. 문학의 가치 있는 내용은 인성 함양과, 세련된 표현은 창의적 능력과 각각 연결되며, 문학이 언어 활동의 하나라는 점을 강조한다.

③ 작품 속 세계와 현실 세계의 관계를 다룰 때에는 문학 작품이 허황된 세계를 근거 없이 꾸며낸 것이라는 오해가 생기지 않도록 작품 속 세계와 현실 세계의 차이를 과도하게 강조하지 않도록 한다.

④ 비유적 표현을 지도할 때에는 개성적·독창적 표현의 가치를 존중하되 널리 알려진 상투적 비유도 활용하도록 한다. 다만 기존 작품에서 베끼는 등의 쓰기 수행이 일어나지 않도록 쓰기 윤리를 강조한다.

⑤ 일상생활의 경험을 이야기나 극으로 표현하기를 지도할 때에는 역할극은 물론 만화 그리기, 극본 구성 등 다양한 형식으로 수행하도록 한다. 극본을 구성하고 극화 활동을 할 때에는 비교적 긴 시간에 걸쳐 계획적으로 준비하여 2인 이상이 참여하고 신체의 움직임과 표정, 말투를 두루 고려하도록 한다. 이때 표정이나 동작 등 연기의 요소보다 내용을 이루는 경험의 가치에 초점을 맞추도록 한다.

⑥ 작품 이해와 소통에 대해 지도할 때에는 문학적 표현의 의미만이 아니라 거기에서 얻는 느낌이나 생각의 차이도 함께 다룸으로써 작품의 개방성만이 아니라 인간의 다양성을 이해하는 데 중점을 둔다. 그리고 작품 해석의 개방성과 다양성을 보장한다 하더라도, 해석에는 최소한의 합리적 타당성은 있어야 하므로 지나치게 기이한 해석은 경계하도록 한다.

⑦ 학습자가 작품에 대한 질문을 만들고, 함께 답을 찾아가는 대화로 수업이 진행될 수 있도록 한다.

(라) 평가 방법 및 유의 사항

① 평가를 위한 별도의 시간을 할애하거나 활동을 계획하기보다는 수업 및 학교생활에서 학습자의 수행과 태도의 변화 과정을 직접적·누적적으로 기록하여 평가한다.

② 개념적 지식에 대한 이해는 가급적 배제하고 문학을 즐겨 감상하는 능력에 중점을 두어 평가한다.

③ 수업에서 다룬 내용이라고 하더라도 단편적인 정보에 초점을 맞추지 말고 작품 전체에 대해 추론적, 비판적, 창의적 사고를 발휘할 수 있도록 평가 도구를 구성한다.

④ 형성 평가에서는 학습 목표에 초점을 맞추더라도 총괄평가에서는 작품에 대한 전체적인 감상 능력과 창작 능력을 측정하도록 한다.

⑤ 교과서에 수록된 작품에 국한하지 않고 같은 또래 학습자들의 다양한 작품을 활용하여 평가한다.

⑥ 비유적으로 표현하는 능력을 평가할 때에는 참신성과 개성은 물론 공감의 폭을 중요하게 고려한다.

⑦ 이야기나 극의 형식으로 표현한 것을 평가할 때에는 완성도보다는 학습자가 즐겁게 참여하고 적극적으로 표현하려는 태도에 관심을 갖는다.

참고문헌

교육부(2015), 국어과 교육과정, (교육부 고시 제2015-74호 [별책 5]).

교육부(2017), 초등1~2학년군 교과서 연수교재, 한국교과서 연구재단.

교육부(2017), 초등학교 1학년 교사용 지도서, (주)미래엔.

교육부(2018), 초등학교 4학년 교사용 지도서, (주)미래엔.

교육부(2018), 초등학교 6학년 교사용 지도서(현장검토본), (주) 미래엔.

탐구문제

1. 2015 개정 국어과 교육과정의 특성을 설명하시오.

2. 2015 개정 국어과 교육과정의 성격을 설명하시오.

3. 2015 개정 교육과정에서 강조한 국어과 핵심 역량과 그 의미를 기술하시오.

4. 2015 개정 국어과 교육과정의 목표를 설명하시오

5. 2015 개정 교육과정의 듣기 · 말하기 영역의 성취기준 중에서 한 가지를 골라 설명하시오.

6. 2015 개정 교육과정의 읽기 영역의 성취기준 중에서 한 가지를 골라 설명하시오.

7. 2015 개정 교육과정의 쓰기 영역의 성취기준 중에서 한 가지를 골라 설명하시오.

8. 2015 개정 교육과정의 문법 영역의 성취기준 중에서 한 가지를 골라 설명하시오.

9. 2015 개정 교육과정의 문학 영역의 성취기준 중에서 한 가지를 골라 설명하시오.

10. 2015 개정 교육과정의 교수 · 학습과 평가의 특성을 설명하시오.

초등 국어과 교재

1. 교재의 개념과 중요성

가. 교재의 개념과 범위

교재(teaching materials)란 수업 목표 달성에 직접적인 관련을 맺으면서 수업 장면에서 활용되는 일체의 교수 학습 매개물로, 교육 목표나 내용이 구현되어 어떤 형태로 형상화된 것을 말한다.

이 정의에는 교재의 조건이 몇 가지 포함되어 있다. 수업 목표 달성과 직접적인 관련을 맺어야 한다는 점, 수업 장면에서 활용되어야 한다는 점, 교육 목표나 내용을 구현하고 있어야 한다는 점, 어떤 형태로 형상화된 것이어야 한다는 점이다. 이 조건을 모두 만족할 때 온전한 교재로 볼 수 있다.

예를 들어 국어 시간에 김소월의 '진달래꽃'이란 시를 가르치기 위해 진달래꽃이 활짝 핀 장면을 비디오를 통해 보여주었다. 이 경우, 진달래꽃은 교재가 될 수 있지만 비디오나 텔레비전은 교재가 될 수 없다. 수업 목표에 직접적인 관련을 맺고 있지 않다는 점 때문인데, 여기에서 직접적인 관련이란 그것이 지니고 있는 고유한 속성으로 인해 생기는 것으로 국어과의 목표를 달성하는 데 그 속성이 곧바로 연결되어야 한다는 것이다. 이 점에서 볼펜이나 종이 자체도 교재로 볼 수 없다. 하지만 빈 종이가 아니라 시를 가르치기 위해 어떠한 형태로 조직된 활동지라면 교재로 볼 수 있다. 이것은 수업 목표 달성에 직접적인 관련을 맺고 있기 때문이다.

그리고 서점에 있는 일반 도서가 교재가 될 수 있는가 하는 점을 생각해 볼 수 있는데, 그것이 수업 장면에서 활용되지 않았다면 교재로 볼 수 없다. 마찬가지 이유로 교사가 학생들에게 가정에서 읽어야 할 책으로 서점에서 볼 수 있는 책을 제시했다고 하더라도 그 책은 교재가 될 수 없다. 만약 그 책이 다음 수업 장면에 직접적으로 활용이 된다면 교재로 볼 수 있다. 다른 측면에서 수업 장면에서 활용될 목적으로 만들어진 것이라고 하더라도 그것이 수업 장면에서 본래의 목적을 위해 활용되지 않았다면 교재로 볼 수 없다. 예를 들어 수업 시간에 교과서가 딱지를 접는 데 사용되었다면 그것은 교재로 볼 수 없다. 그러나 가정에서 숙제를 위해 교과서를 활용했다면 이것은 수업 장면과 관련지어 활용되었기 때문에 교재가 된다.

교재의 조건으로, 교재는 교육의 목표나 내용을 구현하고 있어야 한다는 점 또한 중요한 기준이 된다. 이 점에서 칠판이나 분필, 컴퓨터, TV 등은 교육 목표 달성을 위해 사용되지만 교재는 아니다. 교수 학습 목표나 내용의 구현물이 아니기 때문이다. 교재는 말 그대로 교육의 재료를 말하는 것인데, 이들은 교육의 재료 자체가 아니라 교육을 도와주는 도구에 해당된다. TV나 컴퓨터에 있는 어떤 내용이 교육의 목표나 내용을 구현하고 있을 때 이는 교육의 재료가 될 수 있고 곧 교재가 된다.

그리고 교사의 언어가 교재가 될 수 있는가 하는 문제이다. 교사의 언어나 학생의 언어는 교수 학습 장면에서 매우 중요한 것이지만, 물리적인 형태로 형상화되어 있지 않다는 점에서 교재로 볼 수 없다. 마찬가지로 아이들 간에 수업 시간에 일어나는 대화 역시 교재는 아니다. EBS 강의 내용은 프로그램이나 테이프 형태로 형상화되어 있는 것이기 때문에 교재로 볼 수 있다. 일반적으로 교재가 물리적으로 표상되는 방법으로는 전통적인 지면 형태(교과서, 시험지, 활동지 등), 시청각적 형태(텔레비전, 영화, 테이프 등), 지도, 사진 등으로 흔히 나타난다.

한편, 잠재적 교재의 개념에 대해 생각해 볼 필요가 있다. 설명문 쓰기 수업 시간에, 어떤 아이가 수업 시간에 교실 게시판에 붙어 있는 '우리 반의 자랑거리'라는 문구를 문득 보다가 설명문 쓰기의 원리를 터득했다고 하자. 이 경우, '우리 반의 자랑거리'라는 문구는 설명문 쓰기와 직접 관련을 맺을 수 있고, 수업 목표 달성에 직접적으로 기여한 것이므로 교재로 볼 수 있다. 잠재적 교재의 개념에서 보면 그렇다는 말이다. 그것이 해당 수업 목표에 직접적으로 관련이 되든, 아니면 해당 수업과는 직접적으로 관련이 되지는 않지만 국어과 목표와 직접 관련된 다른 어떤 것을 얻었는지는 상관이 없다. 이렇게 보면 사실 세상에 있는 모든 것이 교재가 될 수 있다. 학생들이 그것을 보고 무엇을, 어떻게 느낄지는 알 수 없는 일이기 때문이다.

하지만, 일반적인 의미에서 이 경우 '우리 반의 자랑거리'라는 문구는 교재로 보지 않는다. 교재는 교육 목표 달성을 위해 계획적으로 만들어진 것인데, 이 문구는 이런 의도로 만들어진 것이 아니고, 설혹 그런 의도를 어느 정도 가지고 있었다 하더라도 이번 시간에 직접적으로 사용될 것을 목적으로 하지 않았기 때문이다.

　교재의 범주에 들어갈 수 있는 것은 여러 가지이다. 대표적인 교재는 교과서(textbook)이고, 학교에서 흔히 사용하는 학습지(활동지)도 교재이며, 교사용 지도서, 시중의 참고서나 일반 도서와 같은 지면 자료도 수업 장면에서 사용되면 교재가 될 수 있다. 또는 라디오 프로그램이나 녹음 테이프와 같은 녹음 자료, 텔레비전 프로그램과 같은 영상 자료, 인터넷 프로그램 자료, OHP 자료, 괘도, 그밖에 지면이나 시청각 자료 등도 교재가 될 수 있다.

　이들 여러 교재 중에서 학교 현장에서 교수 학습 장면에서 핵심적인 역할을 하는 것이 교과서이다. 교과서는 다른 교재와는 상당히 다른 특성을 지니고 있다. 최미숙 외(2008:50-51)에서는 교과서의 성격으로, 목표 달성을 위한 목표 지향적 텍스트라는 점, 정교화하게 구조화된 텍스트라는 점, 교수 학습 자료 수준으로 교육과정을 구체화한 텍스트라는 점, 수월성을 강조한 텍스트라는 점, 특정 교과나 학문 분야의 내용을 기반으로 하는 텍스트라는 점, 보편적이고 대표적인 내용을 다룬 텍스트라는 점을 들고 있다. 이를 포함하여 좀더 구체적으로 다른 일반적인 교재와 비교해 살펴볼 때, 교과서는 몇 가지 특징을 지니고 있다.

　첫째, 교재는 주로 학생용을 지칭하는 개념이다. 교사용 지도서와 같이 기본적으로 교사가 교수 학습을 위해 사용하는 것도 교재에 포함되지만, 교과서는 학생용이라는 점에서 교사용 지도서와 같은 교재와는 구별된다.

　둘째, 교과서는 교육과정을 직접적으로 표상하고 있다는 점이다. 다른 교재도 교육과정의 의도나 내용을 포함하고 있지만, 교과서만큼 직접적이지는 않다.

　셋째, 교과서는 표준성(획일성), 보수성, 균등성 등을 강하게 지니고 있다. 개발 주체 문제로 교재는 학교 현장이나 교육청 단위, 또는 일반 상업용 출판사 등에서 제작할 수 있는데, 교과서는 일반적으로 교육부와 같은 기관에서 지정하거나 교육부의 검정을 통과한 형식적인 기관 또는 출판사 등에서 개발한다. 학교 현장에서 제작되는 교재와는 달리 교과서는 그 내용이나 체제 등에서 표준성을 지향하며, 또한 보수성을 강하게 지닌다.

　넷째, 교과서는 형식성을 중요시한다. 여기에서 교과서는 안정성 또는 통일성을 강조하기 때문에 단원 구성이나 외형 체제 등에서 형식적인 틀을 고집하는 경향이 강하다.

　다섯째, 교과서는 일반적으로 지면 형태로 제공된다. 최근 전자 교과서의 개념도 등장하여 부분적으로 도입되고 있지만, 일반적으로 교과서라고 하면 지면 형태로 된 것을 말한다. 예를 들어 국가 수준에서 공급되는 녹음 테이프나 CD 등은 교과서라기보다는 교재의 개념으로, 보충 교재의 성격을 지닌다. 이들 형태로 제공되는 것을 보고 교과서로 부르지는 않는다.

나. 교재의 중요성

흔히 교육의 3요소로 교사, 학생, 교재를 든다. 이를 다음과 같이 그림으로 나타낼 수 있다.

〈그림 1〉 교육의 3요소

여기에서 볼 수 있듯이, 교재는 교사와 학생을 연결해주는 매개체이다. 교사는 기본적으로 교재를 매개로 하여 학생들과 의사소통을 하고 의도한 목표를 달성하게 된다. 교재가 없는 상황에서도 교육은 이루어질 수 있지만, 일반적인 것은 아니며 그 효과 또한 일반적으로 안정적이지 않다.

국어과 교재는 국어 수업 현상에서 여러 가지 기능(functions)을 한다.

첫째, 교과서는 국어 수업(교육)이 나아가야 할 방향을 제시해 주고 있다. 교과서는 기본적으로 교육과정을 토대로 만들어지지만 이를 그대로 반영한다기보다는 해석해서 반영하게 된다. 교과서는 국어 교육에 대한 나름의 철학이나 관점을 반영함으로써 국어 수업(교육)이 나아갈 방향을 제시해 주고 있다.

둘째, 교과서는 교수 학습 방법을 제공해 준다. 교과서의 주된 임무 중 하나는 문제를 해결하는 방법을 가르쳐 주는 것이다. 교과서는 단순히 좋은 작품을 모아놓은 선집이 아니다. 그 제재를 통해 문제를 해결하는 방법을 안내해 주는 것이다. 방법을 제공해 줌으로써 자기 주도적 학습 능력을 길러주고, 한편으로 자기 주도적 학습을 할 수 있는 장치를 제공해 주고 있다.

셋째, 교과서는 연습 공간을 제공해 준다. 대부분의 교과서에서는 배운 것을 적용해 보게 하고 그것을 완전히 자기 것으로 만들 수 있도록 연습 문제(활동)를 제공해 주고 있다.

넷째, 교과서는 교수 학습 자료를 제공해 준다. 교과서는 수업 시간에 주로 교수 학습 자료의 역할을 담당하고 있다. 수업 시간에 교사는 교과서에 있는 제재를 읽게 하거나 이를 토대로 질문을 하기도 하고, 교과서에 있는 문제를 풀게 하면서 수업을 한다.

다섯째, 교과서는 평가 기준이나 자료를 제공해 주고 있다. 평가를 할 때 교과서에 있는 것을 그대로 내지는 않는다 하더라도 최소한 교과서는 평가 문제를 낼 때 주된 준거가 된다.

이 이외에도 교재는 여러 가지 기능을 가지고 있다. 예를 들어 학습자들의 동기를 유발하고 동기를 지속할 수 있도록 해 주는 역할을 하기도 하며, 교사와 학생 또는 학생과 학생 간의 대화를 시작하게 하고 지속하게 하는 역할을 하기도 한다. 때로는 교과서는 자습을 위한 자료 역할을 하기도 한다.

교재가 가지고 있는 기능을 다하도록 하기 위해서는 크게 두 가지 측면이 전제되어야 한다. 우선 교재가 잘 만들어져야 한다는 점이고, 또 하나는 이를 제대로 활용할 수 있어야 한다는 점이다. 이를 위해 교재의 특징을 정확히 이해하고 이를 효과적으로 활용하는 방안을 잘 알고 있어야 한다.

다. 국어 교재관

국어 교재에 대한 관점을 크게 두 가지로 나누어 볼 수 있다. 닫힌 교재관과 열린 교재관이 그것이다. 물론 절대적 교과서관과 상대적 교과서관으로 나눌 수도 있다. 닫힌 교재관은 교재를 신성시하면서 교재에 있는 내용을 있는 그대로 가르쳐야 한다는 관점을 취한다. 이에 비해 열린 교재관은 교재를 하나의 자료로 인식하여 수정, 보완할 수 있다는 관점을 취한다. 이를 표로 대비해 보면 다음과 같다(최현섭 외, 2007: 103).

〈표 1〉 국어 교재관

닫힌 교재관	열린 교재관
• 교사, 교재 중심 • 교과서는 유일한 교재 • 단일 교과서 지향 • 교육의 효율성, 균질성, 규범성 중시 • 완벽하고 이상적인 언어 자료를 교재로 제공 • 모방 학습, 전범 학습 강조 • 내용 설명, 분석 중심의 수업	• 학습자, 목표 중심 • 교과서는 다양한 교재 중 하나 • 여러 보조 교재 활용 • 교육의 창의성, 자율성, 전이성 중시 • 불완전한 자료라도 목표 달성에 활용할 수 있으면 수용 • 비판 학습, 창의 학습 강조 • 아동 활동, 상호작용 중심 수업

교재관은 비단 수업에만 관련된 문제가 아니라 국어 교육 전반과 관련을 맺는다. 교재관은 국어 교육에 대한 철학이나 관점, 교과서 활용 방식, 수업, 평가 등과 연관을 맺고 있다. 예를 들어 평가와 관련지어 생각해 보면, 닫힌 교재관을 가지고 있으면 교재에 있는 것을 거의 그대로 평가 자료로 제공해서 그 자료를 제대로 이해하고 있는지를 보려고 할 수 있다.

대표적 교재인 교과서는 교육과정을 구체화 해 놓은 하나의 자료이다. 그 이상도 그 이하도 아니다. 이렇게 볼 때 열린 교재관을 취하는 것이 바람직하다. 교과서는 성전이 아니다. 교과서는 여러 자료 중의 하나이며, 학습 목표 달성을 위해 얼마든지 수정하거나 삭제, 보완할 수 있다. 또한 교과서 있는 내용을 모두 가르칠 필요는 없으며, 특히 그것을 반드시 순서대로 가르칠 필요도 없다. 또한 경우에 따라서는 배정된 시수보다 축약해서 가르치거나 확대해서 가르쳐도 무방하다.

물론 초등학교 교사의 경우 여러 과목을 가르쳐야 하기 때문에 각 과목에 대한 이해가 충분하지 않을 수 있고 업무의 과다로 인해 교과서의 내용을 재구성해서 가르치는 것은 현실적으로 쉬운 일이 아니다. 하지만 기본적으로 열린 교재관에 입각해서 교과서를 활용하는 자세를 견지할 필요가 있다.

아무리 훌륭한 교과서라 하더라도 국가에서 공급하는 단일 교과서가 '지금 여기'의 상황을 충족하기는 어렵다. 우리 반 학생들의 관심이나 흥미, 요구, 능력 등을 모두 반영하는 것은 어렵다는 것이다. 그러므로 우리 반 아이들의 상태를 감안하여 교과서의 내용을 적절히 재구성해야 한다. 이를 위해서는 열린 교재관이 필요하다. 물론 그렇다고 해서 지나치게 열린 교재관을 가지고 있어서 교과서를 무시하는 것 또한 문제이다. 교과서를 신성시하는 것보다는 오히려 교과서를 무시하는 것이 더 큰 문제가 될 수 있다.

2. 국어 교과서의 변천

가. 교수 요목기까지의 교과서 변천

개화기 이전에는 교과서가 별도로 만들어지지는 않았다. 책명, 또는 학문명이 곧 교과서였다. 예를 들어 천자문, 소학, 대학, 중용 등이 곧 교과서였다.

근대적인 의미의 교과서는 소학교령과 한성사범학교령이 공포된 1895년 이후에 만들어졌다. 갑오경장(1894)에서 일제 강점기(1910)까지를 근대 계몽기로 할 때, 근대 계몽기에는 독본이 만들어지게 되었다. 1910년에 국권 침탈 이전까지 발간된 국어 교재는 총 5종으로 국민소학독본(國民小學讀本), 소학독본(小學讀本), 국문정리, 신정심상소학(新訂尋常小學), 보통학교학도용국어독본(普通學校學徒用國語讀本)이고, 그 외는 민간 차원에서 발간되었다. 이 중에서 특히 '국민소학독본'은 시기상 최초의 국정 교과서로 독본의 전형을 보여준다(김혜정, 2005: 195).

여기에서 독본에 대해서 살펴볼 필요가 있다. 독본은 일종의 글 자료 모음집이라 할 수 있다. 일반적으로 제재명이 곧 단원명이 된다. 독본 체제에서는 당연히 글 자체를 중요시 여긴다.

여기에 비해 학습 목표가 설정되고 학습 활동이 구체화되는 형태를 지니는 것이 교본이다. 우리가 지금 시점에서 말하는 교재는 교본형 교재라고 할 수 있다. 교본형 교재는 글 (제재)자체도 중요하지만 이 제재를 대상으로 어떤 학습 활동을 하느냐도 중요시 여긴다. 학생 입장에서 보면 독본보다 좀더 친절한 교과서라 할 수 있다. 대체로 교과서 개발 역사가 진척될수록 교과서는 교본형 교재 형태를 취하게 된다.

그렇지만 독본은 천자문이나 소학과 같이 책명에서 벗어나 교재로서 개발되었다는 점에 의미가 있다. 독본은 주로 학생들이 반복적으로 읽어야 할 읽기 자료 위주로 되어 있는 것으로 주로 한글 학습을 위한 것이지만 이 시기의 독본들은 다양한 지식 습득이나 서구의 문물 도입, 자주 독립 의식 고취 등과 같은 계몽의 성격도 함께 가지고 있었다.

일제 강점기에 접어들면서 일반 교과서는 일본어로 기술하게 되었으며, 교과명도 '국어'에서 '조선어'로 강등시키고 그간 우리말로 기술된 교과서를 판매 금지하고 몰수했다. 이 시기에 나온 초등학교용 교재로는 보통학교조선어급한문독본(普通學校朝鮮語及漢文讀本), 보통학교조선어독본(普通學校朝鮮語讀本), 조선어독본(朝鮮語讀本), 초등조선어독본(初等朝鮮語讀本)이 있다. 중등학교용으로는 주로 한자와 병행한 교재가 발간되었다. 이 중에서 대표적인 교재가 조선어독본이다. 이 교재 역시 독본의 형식이 강하지만, 그래도 이전에 비해 철자나 어휘 학습, 문장 학습과 같은 내용을 다루고 있다는 점에서 교재의 성격이 강하다. 물론 내용면에서 언어에 담긴 민족성과 같은 가치적인 것은 배제되었다. 일제 강점기 교과서는 전 근대성을 어느 정도 탈피하는 모습을 보이기는 했지만 일제의 조선어 말살 정책으로 교과서 개발이나 조선어 지도 등에서 쇠퇴 일로를 걸었다.

앞에서 언급했듯이 개화기 이전의 교과서는 지금의 교과서와는 많은 차이가 있다. 근대적 의미의 교과서는 교육과정의 부산물이다. 즉, 교육과정이 만들어지고 이에 따라 교과서가 만들어지는 것이 일반적이다. 그러므로 교과서의 역사는 필연적으로 교육과정의 역사와 밀접한 관련을 맺고 있다. 특정 시기의 교과서는 곧 해당 시기의 교육과정의 특징을 담고 있다.

근대적 의미에서 우리 나라 교육과정의 역사를 보면 교수 요목기를 시작으로 하여 대체로 5년에서 10년 주기로 교육과정이 바뀌었다. 이에 따라 교과서 역시 바뀌게 되었다.

교수 요목기는 1945년 광복부터 1차 교육과정이 만들어진 1954년까지를 일컫는다. 교수 요목이라는 말에서 볼 수 있듯이, 교수 요목은 지금의 교육과정처럼 구체적인 내용을 담기보다는 핵심적으로 가르쳐야 할 요소나 가르칠 때 주의해야 할 점을 열거해 놓은 정도의 것이었다. 교수 요목은 미군정청의 학무국을 중심으로 만들어진 것으로 1948년에 고시되었다.

광복 직후에는 실질적으로는 민간 학회인 조선어학회를 중심으로 교본이 발간되었다. 〈한글 첫걸음〉(1945)과 초등국어교본(1945), 중등국어교본(1946) 등이 그것이다. 그 이후로는 문교부를 기점으로 국가 주도로 교과서를 개발했다. 조선어학회에서 만든 교과서는 문자 지도 방법으로는 이른바 자모식의 발음 중심 방법을 채택했다. 이전에 비해 이들 교과서는 계몽의 성격에서 어느 정도 벗어났으며, 국어 국문학 관련 글을 많이 실었다. 그만큼 '국어를 통한 학습'에서 '국어에 대한 학습'으로 상당 부분 전환되었다. 그리고 여전히 독본이었지만 이전에 비해서는 학습 방법을 제공해 주는 '학습서'의 성격을 띠었다.

1948년 정부 수립 후에 조선어학회에서 개발한 〈초등국어교본〉은 문교부로 바뀌어 간행되었다. 이 교과서는 횡서로 되어 있고 한글 맞춤법 통일안에 따라 표기했으며, 한자를 괄호 속에 병기했다. 내용면에서는 광복의 기쁨으로 가득찬 시기로 민족의식 고취나 국가에 대한 사랑이나 충성에 관한 것이 많았다. 정부 수립 후에 만들어진 첫 교과서는 〈바둑이와 철수〉(초등국어)였다. 여기에 와서 교과서명이 '교본'에서 '국어'로 바뀌게 되었다. '바둑아, 바둑아'로 시작되는 이 교재는 학생들의 흥미를 중심으로 구성된 것이 특징이다. 문자 지도 방법으로는 문장식을 중심으로 한 의미 중심 방법이 채택되었다. 이 교과서는 존 듀이를 중심으로 한 진보주의 교육의 영향을 받아, 이른바 생활 중심의 교재라는 데 특징이 있다. 또한 독본 위주의 읽기 교과서가 아니라 듣기, 말하기, 쓰기의 기능들을 통합적으로 가르치려고 하는 시도를 엿볼 수 있다는 점에서도 중요한 특징을 지니고 있다(정동화 외, 1984).

이상에서 보듯이, 개화기까지의 교과서는 현대적 의미의 교과서로 보기 어렵다. 일제 강점기에는 〈국어〉가 〈조선어〉로 강등됨으로써 사실상 〈국어〉 교과서가 없었다. 이 시기에 나름 의미있는 교재는 〈조선어 독본〉이었다. 이전에 비해서는 교본의 성격을 어느 정도는 갖추었다는 점에서 그렇다. 해방 이후에 나온 교재 중에서 특징적인 것은 〈바둑이와 철수〉이다. 이 교과서는 당시 미국의 진보주의 사조를 받아들여 교재 구성의 관점이나 문자 지도 방식 등에서 이전 교과서에 비해 획기적인 형태를 취했다. 1948년에 한글 전용 정책이 공포되어, 교과서가 한글 전용으로 바뀌면서 한자나 일본어에서 탈피하기 시작했다.

나. 교육과정기의 교과서 변천

교수 요목기 이후에는 교육과정의 공포와 더불어 교과서가 편찬되었다. 먼저 1955년에 1차 교육과정이 공포되면서 초등학교 저학년용 국어 교과서가 개발되었고, 1956년에는 고학년용이 개발되었으며, 1958년에는 교사용 지도서가 간행되었다. 1957년에는 상용한자 1,300한자가 정해져서 이 중에 744자를 초등학교 〈국어〉 교과서에 병기하였다.

1963년에 2차 교육과정이 공포되면서 새 교과서가 개발되었다. 초등학교 1~3학년까지는 〈쓰기〉 교과서가 별도 개발되어 경필쓰기와 글짓기가 병행되었다. 이때 〈쓰기〉 교과서는 주로 글씨 쓰기에 초점이 있었다. 초등학교 4학년 이상에서는 교육용 한자 600자를 혼용 표기하다가 많은 비판을 받자 1969년 9월 한글 전용으로 전환하게 된다.

1973년에 공포된 3차 교육과정 시기에는 문형 학습이 강조되었다. 우리말의 기본이 되는 문형을 강조함으로써 국어 능력을 기르고자 하는 것이 특색이었다. 또한 이 시기에서는 정치적인 이유와 맞물려 가치관 교육을 강조하면서 주제 중심의 단원 편성 경향이 짙다. 즉, 국어 시간에 학습해야 할 '주제(주로 가치적인 문제)'를 선정하고 이를 축으로 단원을 구성했다. 그리고 이 시기에 독본 위주의 교과서에서 공부할 문제가 늘어가는 것을 볼 수 있듯이 구체적인 학습 방법을 제공해 주는 교과서로 변화를 시도한 흔적을 볼 수 있다. 특히 '공부할 문제'는 이전에는 전체 단원에 걸쳐서 상당히 포괄적으로 제시했으나, 이 시기에 와서 매 단원 말미에 제시했으며 그 내용도 단순히 독해 문제와 관련된 것만 아니라 국어과 각 영역의 특성에 맞는 내용으로 체계화, 다양화했다. 공부할 문제에서 매단원 빠짐없이 '말익히기'가 있었는데, 이는 당시에 유행했던 문형 학습을 위한 것이었다.

1981년에 4차 교육과정이 공포되었는데 이 시기에는 통합 교육과정이 강조되었다. 그래서 초등학교 1,2학년에서 〈국어〉 과목이 없고 〈국어〉가 〈바른생활〉에 통합되었다. 〈바른생활〉은 도덕, 국어, 사회 과목의 통합 과목이라 할 수 있다. 이 시기 중학교 교과서의 경우 〈국어〉와 〈생활 국어〉의 2종 체제로 변화했다. 4차 교육과정기에 비로소 교과서 편찬자가 문교부나 교육부에서 기관이나 단체로 변했다. 저작권은 국가에서 갖되, 특정 기관이나 단체가 편찬진이 되었다. 초등 교과서의 경우, 5차 교육과정기부터 교과서 편찬진(연구진과 집필진)을 명기하기 시작했다(조희정, 2011). 내용적인 특성을 보면, 1학년 '바른 생활'에 기본 음절표가 제시되어 이른바 절충식 문자 지도 방법을 채택했으며, 공부할 문제는 더욱 분량면에서도 늘어나고 체계화되었다. 중학년 이상에서는 속독 교육이 이루어졌으며, 글씨 쓰기는 이전의 1-2학년에서 전 학년으로 확대되었다.

1987년에 공포된 5차 교육과정 시기에는 교과서에서 많은 변화가 있었다. 이전 교육과정 시기에 국어가 〈바른생활〉에 통합됨으로써 발생한 국어 기초 능력 저하 문제를 극복하기 위해 1,2학년에서 〈국어〉가 독립되었으며, 무엇보다 〈국어〉 교과서가 〈말하기 듣기〉 교과서, 〈읽기〉 교과서, 〈쓰기〉 교과서로 나누어지게 되었다. 이렇게 함으로써 〈읽기〉 위주의 학습에서 말하기, 듣기, 쓰기가 균형 있게 다루어질 수 있는 토대가 마련되었다. 특히 학생들의 언어 사용 기능이 충실하게 지도될 수 있는 기반이 마련되었다. 그리고 이와 아울러 독본 위주의 교과서가 학습 방법을 제공해 주는 교과서로 한층 발돋움하게 되었다. 그리고 판형면에서 국판을 4×6배판으로 확대함으로써 학습의 효율성을 높였다.

1992년에 공포된 6차 교육과정기에서는 5차 교육과정에 따른 교과서를 계승하여 1-4학년에서는 여전히 세 권 체제로 유지하였다. 초등학교 고학년의 경우에는 언어 활동의 통합성을 고려하여 말하기, 듣기, 쓰기를 한 권으로 묶고, 읽기를 한 권으로 하여 두 권 체제를 취하였다. 그리고 4~6학년 〈읽기〉 교과서에 남아있던 국판 판형을 없애고 모든 책을 4×6 배판 체제로 바꾸었다. 4학년 이상의 〈읽기〉 책에서는 이른바 '날개'와 '처마'를 두어 학습의 효율성을 높이고자 했다. 단원 구성 체제로는 이른바 '원리 학습'과 '적용 학습'의 개념이 도입되어, 앞 차시에서는 지식이나 개념, 기능 등을 습득하고, 뒤 차시에서는 앞에서 배운 원리를 적용해 보게 하였다.

1997년에 공포된 7차 국어과 교과서 시기 역시 이전의 교과서 개발 체제를 계승하면서 특히 과정 중심, 활동 중심의 교과서를 강조했다. 예를 들어 읽기나 쓰기 교과서에서 일련의 과정을 거쳐 학습 활동이 이루어질 수 있도록 했으며, 다양한 활동을 통해 자연스럽게 언어 능력이 길러질 수 있도록 하였다. 또한 언어 사용의 목적(실제)을 축으로 단원을 구성함으로써 언어 활동의 실제성을 강조했다. 그리고 문제 해결 방법을 구체적으로 가르쳐줄 것을 강조했으며, 7차 교육과정에서 수준별 학습이 강조되면서 수준별 활동이 교과서에 전면적으로 들어가게 되었다. 〈읽기〉 교과서에서는 이전 교육과정 시기에 취했던 '날개'를 계승하되 초등학교 3학년부터 '날개'를 포함하게 되었다. 또한 단원이 끝날 무렵에 '쉼터'라는 공간을 만들어 학생들이 교과서에 대해 친근감을 느끼게 하고, 재미있는 활동을 통해 학습을 할 수 있도록 유도했다.

교육과정 개발 정책이 이른바 수시 개발 정책으로 바뀌면서 2007년에 교육과정이 고시되었다. 이른바 2007년형 교육과정이 고시되면서 이에 따라 새 교과서가 만들어지게 된 것이다. 초등학교의 경우 여전히 국정 체제를 취했지만 개발 기관을 국가 지정제에서 공모제를 통해 선정했다는 점에서 변화가 있었다. 교과서 권수에서는 큰 변화는 없었으나 초등학교의 경우, 교과서 개발 단계에서 1학년에서 3학년까지는 〈듣기 말하기〉, 〈읽기〉, 〈쓰기〉의 체제였고, 4-6학년에서는 〈듣기 말하기 쓰기〉, 〈읽기〉 2권 체제였다. 그러나 당시 교육과학기술부의 주도로 이미 만들어서 학교 현장에서 사용되고 있는 교과서를 3학년의 경우에 〈듣기 말하기 쓰기〉, 〈쓰기〉의 2권 체제를 바꾸고, 곧이어 1-2학년도 2권 체제로 바꾸었다. 교과서명은 교육과정의 영역 배치 순서나 일반적인 언어 발달의 순서를 고려하면서 한편으로 교육과정에서 제시된 영역 순서에 맞추어 〈말하기 듣기〉 교과서를 〈듣기 말하기〉 교과서로 명칭을 개정했다. 이 시기에는 이전 교과서에 비해 이른바 과정 중심, 활동 중심의 개념이 대폭 강화되었으며, 각종 장치를 통해 학습 방법을 안내해 주는 기능을 한층 강화했다. 또한 부록을 제공하면서 교수 학습 자료 제공 역할을 강화하여, 이른바 친근한 교과서가 만들어지게 되었다. 또한 이전에 제시되었던 '쉼터'라는 공간을 '놀이터'라는 이름으로 바꾸고 학생들의 창의적인 사고를 북돋울 수 있는 내용으로 구성했다.

2009년에 교육과정 총론이 바뀌었다. 이에 따른 국어과 교육과정은 2011년에 고시되었는데 이 교육과정에 따른 교과서가 개발되었다. 이 시기에 와서 교과서의 외형적 체제에서 많은 변화가 있었다. 초등학교의 경우, 30여년 가까이 유지해 오던 분권 체제, 언어 기능별 교과서 체제에서 통합형 단권 체제로 바뀌었다. 즉, 교과서명이 〈국어〉와 〈국어 활동〉으로 바뀌었다. 여기에서 〈국어 활동〉은 보조 교과서 형태를 취하게 된다. 이 시기의 교과서는 이전 교과서에 비해 텍스트 생산이나 수용 중심의 교육과정 정신을 더욱 강화했으며, 언어 영역들을 통합적으로 지도할 수 있도록 했고, 학년군 개념에 부합하도록 하면서 태도 영역을 강화했다.

2015년에 교육과정이 또 바뀌었다. 이에 따라 초등학교 교과서 역시 바뀌게 되었다. 외형 체제에서 주목할 점은 5,6학년의 경우에 〈국어 활동〉 교과서를 만들지 않게 된 것이다. 학생이나 교사의 부담을 줄여준다는 취지가 있었던 것으로 보인다. 그리고 단원 구성 면에서 특징으로는 3,4학년군부터 독서 단원이 특별히 만들어지게 되었다. 한 학기에 한 단원씩 특별 단원을 설정하고 있다. 이른바 '한 학기 한 권 책 읽기' 개념으로, 수업 시간에 온전히 책을 한 권 읽고, 또 경우에 따라서는 관련 있는 책을 읽으면서 독서 흥미와 독서 태도를 증진하고 아울러 창의력이나 인성을 함양한다는 취지를 가지고 있다. 또한 5,6학년에서는 연극 교육을 위한 단원을 신설했다. 5학년 2학기에 한 단원, 6학년 1,2학기에 각 한 단원씩 신설하고 있다. 연극에 대한 이해에서부터 실제로 연극을 해 보는 것까지를 포함하고 있다. 이외에 이 시기의 교과서는 초등학교 저학년에서 한글 교육을 대폭 강화한 점, 자기 주도 학습을 강화한 점, 실제 언어 생활을 반영하려고 한 점 등에서 특징이 있다.

교과서 단원 구성 방식 측면에서 살펴보면, 대체로 3차 교육과정기 전까지는 국어과에서 다룰 만한 주제(내용)를 고려하여 단원을 구성하는 주제 중심 접근이나 글의 종류를 강조하는 문종 중심 접근이 혼용되는 양상을 보였다. 3차 교육과정 시기에는 주제 중심 접근이 강화되었다. 4차 교육과정기에서는 전형적인 문종 중심형 접근을 취했다. 5차 교육과정기에서는 특정한 기능이나 전략을 중심으로 한 이른바 목표 중심형 단원 구성 방식을 취했다. 6차 교육과정기에서도 이를 계승했다. 7차 교육과정기에서는 특정한 언어 사용의 목적(정보 전달, 설득, 친교 등)을 강조하면서 목표 중심 접근을 병행하는 식으로 구성했으며, 2007년 교육과정에서는 언어 사용 목적 중심 접근을 이전에 비해 더 강조했다. 여기에서 언어 사용 목적(실제) 중심 접근은 사실상 문종(갈래) 중심형과 유사하며, 이른바 장르 중심 접근과도 기본적으로 유사한 개념이다. 2009년 교육과정에 따른 국어 교과서 역시 이전 교과서의 관점을 그대로 유지하고 있다.

그리고 교과서 권수를 보면, 4차 교육과정기까지는 기본적으로 〈국어〉라는 명칭을 사용하고 단권 체제를 유지했지만 5차 교육과정기부터 분권 체제를 취하게 되었다. 초등학교 1~3학년의 경우에는 〈말하기/듣기〉, 〈읽기〉, 〈쓰기〉 교과서로 나누어지게 되었다. 4~6학년은 〈듣기/말하기/쓰기〉, 〈읽기〉 교과서로 나누어졌다. 권수는 2007 개정 교육과정에 이르기까지 변함이 없었다. 다만 〈말하기/듣기〉 교과서명이 〈듣기/말하기〉로 바뀌었다. 중학교의 경우에는 6차 교육과정기부터 〈국어〉와 〈생활 국어〉로 나누어지면서 지금까지 이 체제를 유지하고 있다. 고등학교 경우에는 지금까지 단권 체제를 유지하고 있다. 초등학교의 경우 5차 교육과정기 이래로 오랫동안 분권 체제를 취해 오다가, 2009년형 교육과정기에 이르러 다시 〈국어〉라는 이름 취하면서 기본적으로 단권 체제를 취하게 되었다.

전체적으로 볼 때, 교육과정이 공포되고 새 교육과정이 만들어지면서 교과서는 좀 더 나은 방향으로 바뀌어 왔다. 대체로 독본 위주의 교과서에서 학습 방법이나 자료를 충분히 제공해 주는 교과서로 바뀌었다. 이는 상당 부분 닫힌 교재관에서 열린 교재관으로의 변화를 뜻한다. 그리고 단권 체제에서 세 권이나 두 권 체제로 변화하면서 읽기 위주에서 벗어나 듣기, 말하기, 쓰기가 균형 있게 다루어지는 형태로 바꾸었다. 그러던 것이 2009년 교육과정에 이르러서는 다시 단권 체제를 취하게 되었다. 그리고 각종 학습 보조 장치나 판형, 디자인 등을 개선함으로써 학습의 효율성을 높이는 쪽으로 변화되었다. 또한 선언적인 지식이나 개념을 명시적으로 제공해 주는 형태에서 과정 중심이나 활동 중심을 통해 학생들이 활동 속에서 자연스럽게 학습이 이루어질 것을 강조하는 형태로 변화하였다.

다. 국어 교과서 개발 정책

우리는 전통적으로 중앙 집권식 교육과정 정책을 취하고 있다. 중앙 집권식 교육과정 정책이란 국가가 단일한 교육과정을 만들어 공급하는 것을 말한다. 물론 지역 시도교육청이나 학교 단위의 교육과정이 있기는 있지만, 이들 교육과정은 국가 수준의 교육과정과 대비될 수 있는 것이 아니고 단지 운영 차원의 교육과정이라 할 수 있다.

교육과정이 개발, 고시되면 이에 따른 교과서를 개발하게 된다. 교과서 개발 정책은 크게 세 가지로 나누어 볼 수 있다. 국정 체제, 검인정 체제, 자유 발행제가 그것이다. 국정 체제는 나라에서 단일한 교과서를 공급하는 것을 말하고, 검인정 체제는 국가나 시도 교육청 단위에서 어떤 기준에 비추어 검정(평가)을 해서 여기에 통과한 교과서를 인정해 주면 단위 학교에서 자유롭게 선택하는 것을 말한다. 그리고 자유 발행제는 특별한 절차에 의해 인정하는 절차를 거치지 않고, 학교 현장에서 일정한 조건을 충족하는 것을 교과서로 채택하는 것을 말한다.

교과서 개발 주체를 보면, 교육부가 초등학교 국정 교과서는 주로 교육대학이나 한국교육과정평가원, 한국교육개발원 같은 연구소에 의뢰를 해서 개발하게 된다. 검정 체제의 교과서는 일반적으로 출판사에서 개발하게 된다. 교육부에서 특정한 기준을 제시하고 이 기준에 비추어 검정을 해서 여기에 통과한 교과서를 학교 현장에서 선택해서 사용하게 된다. 인정 교과서는 교육부나 시도 교육청 등에서 신청을 받아 인정을 받은 것을 말한다. 검정 교과서와 인정 교과서를 비교해 볼 때, 일반적으로 검정 교과서가 좀더 엄격한 기준과 절차에 의해 선정된 것이라 할 수 있다. 2007 개정 교육과정에 따른 중학교와 고등학교 국어 교과서가 이 체제를 취하게 되었다.

국정 교과서와 같은 중앙 집권형 교재와 자유 발행 교재 개발 체제는 각기 장, 단점이 있다. 중앙 집권형 교재는 대체로 경제성, 교수 학습의 통일성과 균질성, 정교한 수업 시간의 개발과 적용 등의 순기능이 있지만 한편으로 내용의 피상성이나 획일성, 보수성 등의 역기능을 함께 가지고 있다(신헌재, 1992: 229-231).

대체로 중앙 집권식 교육과정을 운영하는 나라에서는 중앙 집권형 교재 정책을 사용하면서 국정 체제나 검인정 체제를 취한다. 우리나라의 경우에는 지금까지 국정 체제의 교과서 개발 정책을 고수해 왔다. 물론 고등학교의 경우에는 국어 선택 과목의 경우 검인정 체제를 취하고 있지만, 10학년까지의 국민 공통 교육 기간의 교과서는 국정 체제를 취해 왔다. 2007 개정 교육과정에 따른 교과서 개발 정책에서는, 국민공통 교육 기간에 해당하는 중학교와 고등학교 교과서는 검인정 체제를 취하게 되었다. 이는 2009년 교육과정에서도 그대로 이어졌고 2015년 교육과정에서도 지속되었다.

3. 새 국어 교과서의 특징

새 초등학교 국어 교과서는 2015년 교육과정에 따른 교과서를 말한다. 교과서 개발 정책으로 볼 때, 새 교과서 역시 이전 2009년 교육과정에 따른 교과서와 마찬가지로 공모제를 취했고, 개발 기관 역시 동일하게 서울교대와 한국교원대 연합팀에서 만들었다. 새 교과서는 1,2학년의 경우에는 2017년에 투입, 3,4학년은 2018년, 5,6학년은 2019년에 전국의 초등학교에 보급된다.

국어 교사용 지도서 총론에 있는 내용을 기준으로 새 국어 교과서의 특징을 살펴보면 다음과 같다(초등학교 1-1학기 국어 교사용 지도서, 2017).

가. 국어 교과서의 외형 체제

① 1~2, 3~4학년군까지는 학기별로 『국어』 두 권, 『국어 활동』 한 권으로 구성한다. 5~6학년 군에서는 학기별로 『국어』 두 권으로 구성하며 『국어 활동』 교과서는 구성하지 않는다.
② 학기별로 『국어』는 ㉮ 권, ㉯ 권으로 나누어 편찬한다.

나. 『국어』와 『국어 활동』의 관계

① 『국어』는 주 교과서이며, 『국어 활동』은 보조 교과서이다.
② 『국어 활동』은 『국어』에서 학습한 내용을 스스로 점검하고 연습해 국어 능력을 내면화·습관 화하도록 하는 데 의의가 있다.
③ 『국어 활동』은 『국어』의 단원별 학습 내용을 활동과 연계해 구성한다.

다. 국어 교과서의 특징

(1) 교과 역량을 함양할 수 있는 교과서

● 학습 목표와 학습 제재, 학습 활동 등에 국어과 교과 역량을 반영한다.
● 단원의 학습 목표나 내용 등을 감안해 단원별로 국어과의 특정 교과 역량을 반영한다.
● 『국어』의 단원 도입에 해당 단원에서 길러야 할 교과 역량을 학습자가 이해하기 쉬운 용어와 간단한 그림으로 표시하고, 교사용 지도서에서는 해당 단원에서 강조해야 할 교과 역량을 구 체적으로 설명한다.

국어과 교과 역량		
비판적·창의적 사고 역량 다르게 생각하기	**자료·정보 활용 역량** 자료 찾아보기	**의사소통 역량** 함께 이야기하기
다양한 상황이나 자료, 담화, 글을 주체적인 관점에서 해석하고 평가해 새롭고 독창적인 의미를 부여하거나 만드는 능력	필요한 자료나 정보를 수집, 분석, 평가하고 이를 효과적으로 활용해 의사를 결정하거나 문제를 해결하는 능력	음성 언어, 문자 언어, 기호와 매체 등을 활용해 생각과 느낌, 경험을 표현하거나 이해하면서 의미를 구성하고 자아와 타인, 세계의 관계를 점검·조정하는 능력
공동체·대인 관계 역량 마음 나누기	**문화 향유 역량** 누리며 즐기기	**자기 성찰·계발 역량** 자신 알아보기
공동체의 가치와 공동체 구성원의 다양성을 존중하고 상호 협력하며 관계를 맺고 갈등을 조정하는 능력	국어로 형성·계승되는 다양한 문화를 이해하고 그 아름다움과 가치를 내면화해 수준 높은 문화를 향유·생산하는 능력	삶의 가치와 의미를 끊임없이 반성하고 탐색하며 변화하는 사회에서 필요한 재능과 자질을 계발하고 관리하는 능력

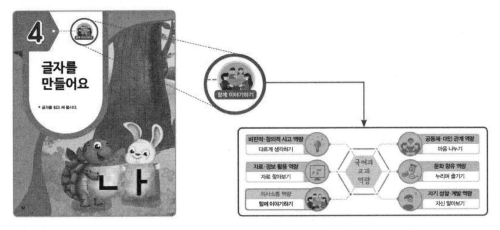

〈그림 2〉『국어 1-1 ㉮』 4단원 도입 면과 교사용 지도서 안내

〈그림 2〉의 왼쪽은 『국어 1-1 ㉮』 4단원의 도입 면이다. 단원 도입 면에서 단원명과 함께 국어과 교과 역량과 관련된 간단한 그림을 제시했다. 국어과 교과 역량을 나타내는 용어가 초등 학습자를 위한 교수·학습 용어로는 충분하지 못하다고 판단해 쉬운 어휘로 풀어서 제시했다. 〈그림 2〉의 오른쪽은 지도서 단원 안내 부분에 나오는 국어과 교과 역량을 제시한 것이다.

(2) 자기 주도 학습 능력을 증진하는 교과서

● 단원 준비 학습에서 자신의 배경 경험이나 지식을 점검하고 스스로 학습 계획을 세울 수 있도록 한다.

- 일련의 단원 교수·학습 과정에서 학습자의 자기 주도성을 증진할 수 있는 지식, 개념, 방법을 제공한다.
- 『국어 활동』에서 자신의 능력을 스스로 점검하고 보충할 수 있는 기회를 제공한다.

〈그림 3〉『국어 1-1 ㉮』 7단원 '무엇을 배울까요'와 『국어 2-1 ㉮』 8단원 '준비'

　　매 단원 준비 학습의 마지막 학습 활동은 '무엇을 배울까요'이다. 이 활동은 준비 학습에서 획득한 배경지식이나 기초 기능을 기반으로 하여 앞으로 해당 단원에서 배우게 될 학습 내용을 살펴보도록 안내한다. 〈그림 3〉의 왼쪽에는 『국어 1-1 ㉮』 7단원의 '무엇을 배울까요'가 제시되어 있다. 학생들은 순서대로 제시된 단원의 학습 내용을 미리 확인하면서 학습 계획을 세울 수 있다.

　　〈그림 3〉의 오른쪽에는 자기 주도 학습의 예로 『국어 2-1 ㉮』 8단원의 준비 학습 차시가 제시되어 있다. 글쓴이의 마음을 생각하기 위해 학생들이 겪었을 법한 상황을 제시하고 그때의 마음이 어떨지 생각해 보도록 하고있다. 학습자가 개인의 경험을 떠올려 자기 주도적으로 학습 과제를 해결하도록 설계했다. 또 『국어 2-1 ㉮』 171쪽 하단에는 학습 활동을 도와주는 학습 도우미(책 선생님)가 제시되었다. 학생들은 학습 도우미가 안내하는 말을 읽고 학습 과제를 해결할 단서를 얻거나 생각을 확장할 수 있다.

(3) 창의성과 인성을 함양하는 교과서

- 다양하면서도 교육적으로 의미 있는 글이나 작품을 제재로 선정한다.
- 창의성과 인성을 함양하는 데 도움이 되는 내용으로 학습 활동을 구안한다.

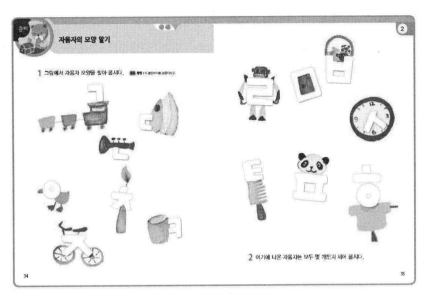

〈그림 4〉『국어 1-1 ㉮』 2단원 '준비'

〈그림 4〉는 『국어 1-1 ㉮』 2단원의 준비 학습으로, 자음자의 모양을 실생활에서 자주 접할 수 있는 사물에서 찾아보는 활동을 제시하고 있다. 학생들은 이 활동을 통해 무심코 지나쳤던 사물에 대한 민감성을 키울 수 있고, 한글의 자음자 모양을 구체적으로 익힐 수 있다.

〈그림 5〉『국어 2-1 ㉯』 10단원 '기본'

〈그림 5〉는 『국어 2-1 ㉯』 10단원의 기본 학습이다. 이 학습 활동에는 각 장소에서 우연히 생긴 문제를 슬기롭게 해결하는 학습 과제가 제시되어 있다. 학생들은 상대를 고려한 표현이 친구 관계를 긍정적으로 맺는 데 도움이 될 수 있음을 이해하고, 이를 내면화하는 계기를 만들 수 있다.

(4) 통합적 언어 활동을 강조한 교과서

● 단원별로 언어 사용 영역(듣기·말하기, 읽기, 쓰기) 및 문법, 문학 영역의 유기적인 통합 활동을 강조한다.
● 특정 단원에서는 범교과적 주제를 중심으로 하여 국어과의 여러 영역이 통합적으로 운영될 수 있도록 한다.

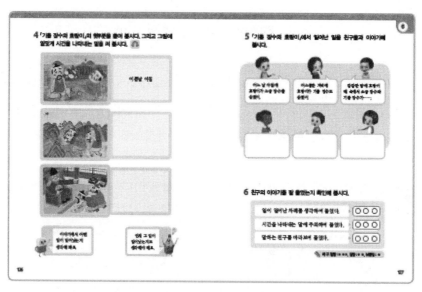

〈그림 6〉 『국어 2-1 ㉮』 6단원 '기본'

〈그림 6〉에 제시된 『국어 2-1 ㉮』 6단원의 기본 학습은 듣기·말하기, 읽기, 쓰기 활동이 유기적으로 통합된 모습을 보여 준다. 학생들은 「기름 장수와 호랑이」를 듣고 '시간을 나타내는 말'을 쓰고, 친구에게 이야기를 하는 활동을 하게 된다. 또 그림에는 제시되지 않았지만 「기름 장수와 호랑이」에서 일어난 일을 읽는 활동도 차시 안에 포함되어 있다.

(5) 실제 언어생활을 반영한 교과서

● 학습 제재나 활동에는 학습자들이 실제 생활 속에서 쓰고 있거나 쓸 수 있는 언어를 담는다.

● 준비, 기본, 실천 학습의 단원 전개 방식을 설정함으로써 '실천'을 하나의 단원 구성 체제명으로 명명하고, 그 이름에 걸맞는 학습 제재와 활동을 구안한다.

● 단원의 정리 학습에서는 교과서에서 배운 것을 실제 삶에서 어떻게 활용할 수 있는지 생각해 보도록 한다.

〈그림 7〉『국어 2-1 ㉮』 5단원 '기본'과 '정리'

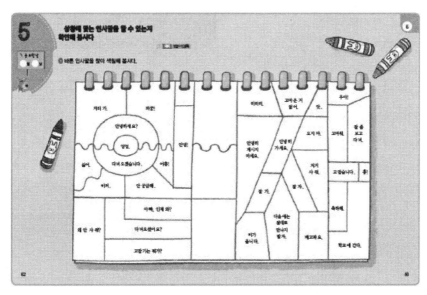

〈그림 8〉『국어 활동 1-1』 5단원 '기본 학습 연계 활동'

학생들의 실제 언어생활은 제재나 활동에 반영되었다. 〈그림 7〉에 제시된 『국어 2-1 ㉮』 5단원의 「국어 시간」이라는 제재는 학생들이 학교 수업 시간에 흔히 겪을 수 있는 일화로 구성되어 있다. 또 〈그림 8〉에 제시된 『국어 활동 1-1』 5단원의 '기본 학습 연계 활동'과 같이, 학생들의 실제 언어생활을 고려해 인사한 경험을 떠올리고 바른 인사말을 확인할 수 있도록 안내하는 활동도 제시되었다.

(6) 텍스트의 생산과 수용을 강조한 교과서

● 세부적인 지식이나 기능, 전략 학습뿐만 아니라 하나의 텍스트를 수용하거나 생산하는 데 필요한 지식, 기능, 전략을 통합적으로 학습한다.
● 부분적인 텍스트가 아니라 완결된 텍스트를 수용하고 산출하는 활동을 강조한다.
● 언어 사용 맥락을 강조해 그 맥락에 알맞은 지식이나 기능, 전략을 통합적으로 학습한다.

〈그림 9〉는 『국어 1-1 ㉯』 9단원에서 이루어지는 그림일기 쓰기 학습 활동 내용이다. 기본 학습에서 일기를 읽고 일기의 내용을 파악하고 이해하는 활동을 한 뒤에 온전한 그림일기를 써 보는 활동을 하도록 유도하고 있다.

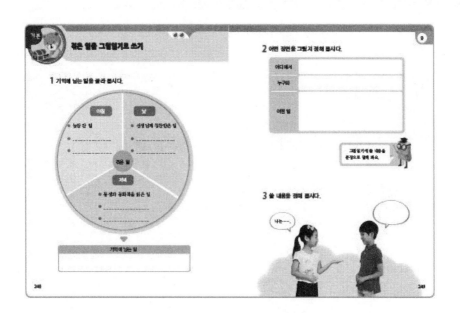

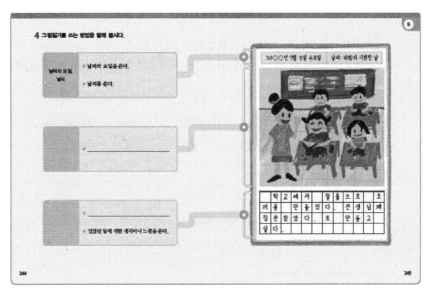

〈그림 9〉『국어 1-1 ④』9단원 '기본'

(7) 과정 중심 언어 학습을 강조한 교과서

● 단원의 도입이나 준비 학습 부분에서 단원 학습 과정을 자세히 안내한다.

● 단원의 학습 과정에서 학습 결과 자체보다는 일련의 학습 과정을 강조해 구성한다.

〈그림 10〉『국어 1-1 ④』7단원 '기본'

〈그림 10〉은 새로운 문장을 만들고 능숙하게 읽는 능력을 기르기 위한 기본 학습이다. 먼저 문장을 만드는 활동을 위해서 동물이 등장하는 재미있는 그림을 제시했다. 학생들은 흔히 접할 수 있는 상황을 표현한 흥미로운 그림을 보며 누가 무엇을 하는지 말하는 활동을 진행한다. 그 이후 알맞은 문장을 만들 수 있도록 언어 자료(주어, 목적어, 서술어)를 제공해 학생들이 문장의 구성 요소를 인식하도록 했다. 마지막 활동에서는 누가 무엇을 하고 있는지 학생이 스스로 문장을 구성 하도록 했다. 이것은 학생들이 문장 구성 과정을 인지적으로 탐구하고 발견하도록 유도하기 위해서 단계적으로 제시한 것이다.

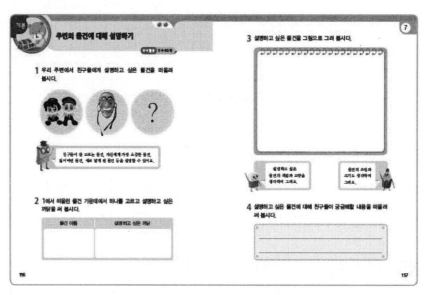

〈그림 11〉 『국어 2-1 ㉯』 7단원 '기본'

〈그림 11〉은 『국어 2-1 ㉯』 7단원의 기본 학습으로, 우리 주변의 물건에 대해 설명하는 글 쓰기 를 하기 위한 학습 활동 과정을 제시하고 있다. 학습자는 자신의 주변에 있는 물건 가운데에서 친구들에게 설명하고 싶은 것을 떠올려 보고, 그 까닭을 정리하며 간단한 그림을 그려 본다. 학생 은 물건의 그림을 간단하게 그려 보면서 물건의 특성을 발견할 수 있고 어떻게 설명하면 좋을지 생각할 수 있다. 이러한 일련의 활동은 학생들의 글쓰기 능력을 신장하기 위한 과정 중심 학습의 차원에서 구성되었다.

(8) 학습량을 적정화한 교과서

● 교육부의 기준 수업 시수(차시)에서 5퍼센트 정도를 줄여 개발함으로써 학교 현장에서 실정에 맞게 운용할 수 있는 여지를 제공한다.

● 한 차시의 학습 내용이 과도하거나 부족하지 않도록 적정화해 구성한다.

● 교수·학습 활동에 직접적으로 필요한 자료만 제공해 교과서 분량을 최소화한다.

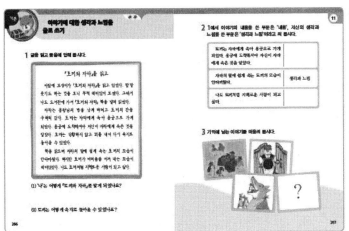

〈그림 12〉『국어 2-1 ㉯』 11단원 '기본'

〈그림 12〉는 『국어 2-1 ㉯』 11단원의 기본 학습이다. 이 차시에서는 이야기를 읽고 감상문을 쓰는 활동이 진행된다. 그런데 초등학교 2학년 학생들에게 감상문의 갈래적 특성이나 개념을 이해시키거나 규격화된 틀을 제공하는 것은 학습 부담을 줄 뿐만 아니라 감상문을 쓰는 본연의 목적을 이해시키고 핵심 원리를 파악하게 하는 일과 거리가 있다. 따라서 학습자가 감상문을 쓰는 주요 목적과 참된 학습의 과정을 경험하도록 학습의 질을 확보하는 데 주력했다. 즉, 또래 학생이 「토끼와 자라」를 읽고 쓴 감상문을 읽음으로써 감상문의 가치를 알 수 있도록 하고, 감상문이 어떤 내용으로 구성되었는지 확인하도록 했다. 이러한 활동을 바탕으로 하여 감상문 쓰기를 위한 발상 활동을 진행하게 되는데, 이야기에서 가장 기억에 남는 장면을 친구들과 이야기하는 활동을 예로 제시했다. 마지막으로 학생들이 친구들 앞에서 자신의 생각과 느낌을 발표하게 함으로써 이야기를 읽고 이야기에 의미를 부여하는 까닭이나 근거를 탐구하고 논의하도록 했다.

(9) 한글 해득 학습을 강화한 교과서

● 한글 해득을 위한 학습 활동을 45차시 이상으로 구성한다.
● 한글을 해득하지 못한 학생이 한글의 구성 원리, 글자의 소릿값, 글자의 짜임 등 기초부터
  체계적으로 학습해 한글을 충분히 익힐 수 있도록 구성한다.

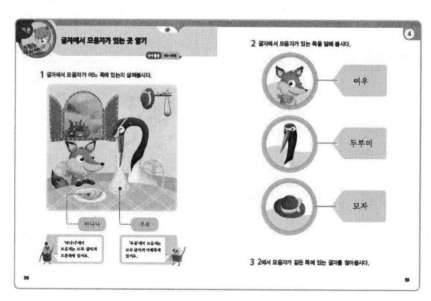

〈그림 13〉『국어 1-1 ㉮』 4단원 '기본'

　2015 개정 교육과정 국어과 1학년 교과서에서는 한글 해득을 위한 학습 활동을 충분히 제시하
고 있다. 특히 이전 교과서에서는 제시되지 않았던 받침이 없는 글자를 익히는 단원을 구성하고,
자음자와 모음자의 결합이 어떻게 이루어지는지 이해하도록 했다. 〈그림 13〉은 받침이 없는 글자
를 지도하기 위한 『국어 1-1 ㉮』 4단원의 기본 학습이다. 이 단원에는 받침이 없는 글자로 이루어
지는 쉬운 낱말만 활용한 학습 활동을 제시했으며, 받침이 없는 글자로 구성된 이야기도 읽을거리
로 제공했다. 학생들은 받침이 있는 복잡한 글자를 배우기 전에 받침이 없는 글자를 충분히 학습함
으로써 한글 해득을 위한 기초를 튼튼히 할 수 있다.
　한편 한글을 어느 정도 해득한 학생이 한글을 해득하는 학습을 진행하는 동안 학습에 흥미를
잃지 않도록 주의해야 한다. 교과서가 한글 해득 학습을 중심으로 구성되어 있으므로 학습자의 상
황에 따라 학습 내용을 재구성해 운영할 필요가 있다. 한글을 해득한 학생을 위한 학습 활동을
마련할 때에는 『국어 교사용 지도서』에 제시한 다양한 자료를 활용할 수 있다. 예를 들면 매 차시
의 '교수 · 학습 활동' 마지막에 제시한 '생활에 활용하기', 각 단원에 제시한 '참고 자료'와 '활동지'

를 활용해 한글을 해득한 학생을 위한 학습 활동을 재구성할 수 있다. 그리고 각 단원 마지막에 제시한 '들려줄 이야기'를 통해 한글을 해득한 학생을 위한 심화 활동을 재구성해 지도할 수도 있다. 또 한글을 해득하지 못한 학생이나 한글을 어느 정도 해득해 심화 지도가 필요한 학생은 한국교육과정평가원 기초 학력 향상 지원 사이트인 '꾸꾸'에서 기초 학습 및 입문기 지도 자료를 참고해 학습에 활용할 수 있다.

(10) 독서 교육을 강화한 교과서

- 3~4학년군부터 5~6학년군까지 매 학기 한 권을 수업시간에 읽을 수 있도록 '독서 단원'을 개발하며 독립단원으로서 적용 시기가 유연하도록 개발한다.
- 학급에서 교사와 학생이 책을 선택하여 읽을 수 있는 활동을 개발한다.
- 학생들의 독서 흥미를 유발하고 독서의 효용성을 극대화할 수 있도록 개발한다.

(11) 연극 교육을 강화한 교과서

- 5~6학년군에는 5학년 2학기부터 6학년 2학기까지 연극 단원을 개발한다.
- 5학년 1학기에서는 연극 활동을 위한 준비 과정으로서 다양한 연극 기법을 활용한 활동을 구안한다.
- 연극 단원은 즉흥 표현과 같은 호흡이 짧은 연극 활동은 물론 희곡을 읽기, 연극 상연하기 등 다양한 층위로 심도 있게 다룬다.

4. 국어 교과서의 단원 구성 체제

가. 『국어』의 단원 구성 체제

단원 전개	성격	주요 내용
준비 학습 차시 수 1~2 분량 6~8쪽	• 단원 도입 • 단원 학습 준비	• 단원 목표 관련 상황(삽화, 사진) • 단원의 국어과 교과 역량 • 단원명 • 단원의 학습 목표 • 단원 학습 동기 유발 • 단원 도입 질문
		• 차시 주요 활동명 • 배경 경험이나 지식 활성화 • 선수 학습 및 학습 출발점 확인 • 학습의 필요성이나 중요성 인식 • 단원의 기초 학습 • 단원 학습 내용 예측 • 단원 학습 계획 설계
기본 학습 차시 수 6~7 분량 11~23쪽	• 지식 학습 • 기능 학습 • 태도 학습	• 차시 주요 활동명 • 단원 학습 목표에 도달하기 위한 지식, 기능, 태도 등을 학습 • 차시 활동 구성: 지식이나 원리 등을 이해하고 이를 적용하는 학습(연역식 학습)을 하거나 다양한 경험이나 자료 등을 통해 원리를 터득하는 학습(귀납식 학습) 형태로 구성
실천 학습 차시 수 2~4 분량 2~6쪽	• 기본 학습 내용의 심화, 확장, 실천을 위한 학습 • 단원 정리 및 평가	• 차시 주요 활동명 • 차시 활동 구성: 단원 목표, 내용 특성, 국어과 교과 역량 등을 고려해 다양한 활동(과정 중심 활동, 통합적 국어 활동, 수준별 활동, 프로젝트 활동 등)으로 구성
		• 단원 학습 내용 정리, 평가 • 생활 속에서 실천할 가능성 탐색

(1) 준비 학습

① 단원의 도입 부분에서 해당 단원의 학습 목표나 내용, 학습 계열을 이해하고, 해당 단원에서 집중적으로 길러야 할 교과 역량이 무엇인지 파악한다.

② 도입 면은 두 쪽인데 첫째 쪽에는 단원명이 있고, 두 쪽 전체에 삽화 또는 사진을 넣어 단원에서 다루는 언어 사용 상황이나 목적을 부각한다.

③ 도입 면 둘째 쪽 하단에는 단원에서 다루게 되는 언어 사용 상황과 주요 학습 내용에 대한 질문이 있다. 단, 1학년 1학기의 경우 글자의 노출을 최소화하기 위해 생략한다.

④ 학생들이 단원 학습을 위해 자신의 학습 준비도를 점검하고 학습을 계획하도록 한다.

⑤ 학생들이 단원과 관련된 배경지식을 확인하고 활성화하도록 한다. 그리고 자기 점검 질문을 통해 학습을 위한 출발점을 이해하고 학습에 대한 흥미와 필요성을 느낄 수 있도록 한다.

⑥ 해당 단원 학습에 필요한 지식이나 개념 등을 이해하는 활동을 한다.

(2) 기본 학습

① 단원 학습 목표에 도달하기 위한 지식, 기능, 태도 등을 충분히 익히는 학습이다.

② 기본 학습에서 이해, 연습 및 적용이 이루어짐으로써 학습의 흥미를 유발하고 학습이 내면화되도록 한다.

③ 기본 학습 과정에서 지식이나 원리 등을 이해하고 이를 적용하는 학습(연역식 학습)을 하거나 다양한 경험이나 자료 등을 통해 원리를 터득하는 학습(귀납식 학습)을 한다.

(3) 실천 학습

① 기본 학습에서 공부한 지식, 기능, 태도 등의 학습 내용을 통합해 실제적인 국어 생활에서 심화, 확장함으로써 풍부하고 효율적인 국어 생활이 이루어지도록 한다.

② 지식, 규칙, 기능, 맥락 등을 통합적으로 적용하며 한 편의 텍스트(또는 담화)를 이해하거나 산출하도록 한다.

③ 태도와 관련된 학습에서는 학습 내용이 학습자의 삶에 내면화되도록 한다.

④ 통합 활동, 프로젝트 학습, 과정 중심 학습 등을 강조한다.

⑤ 실제적이고 통합적인 언어 사용 능력을 길러 주며 학습자가 언어 활동 결과물을 다양한 형태로 발표할 수 있게 한다.

⑥ 언어 사용의 과정을 중심으로 제시할 때 말하기와 쓰기에서는 '내용 생성 → 내용 조직 → 표현 → 수정'의 순서, 듣기와 읽기에서는 '듣기(읽기) 전 활동 → 듣기(읽기) 활동 → 듣기(읽기) 후 활동'의 순서를 강조한다.

⑦ 한 편의 작품을 읽고 자신의 배경지식을 활성화해 글의 내용을 이해하고, 이해한 내용을 바탕으로 하여 깊이 있는 감상 활동과 자신의 생각을 표현하는 활동을 통해 정서적인 반응을 활성화하며 학습자의 삶에 내면화하도록 한다.

⑧ 재미있고 다양한 놀이로 실제적이고 통합적인 언어 사용 능력을 향상하는 데 기여한다.

⑨ 단원 전체 학습을 정리하고 그 결과를 생활 속에서 실천할 수 있도록 한다.

- 되돌아보기: 단원 학습을 정리하고 평가한다.
- 생활 속으로: 단원에서 배운 내용을 생활 속에서 실천할 수 있는 여지를 찾아본다.

나. 『국어 활동』의 단원 구성 체제

단원 구성	성격	주요 내용
기본 학습 연계 활동 **분량** 1~17쪽	• 『국어』 교과서 '기본 학습 내용'의 이해 점검 및 연습	• 차시 점검 및 평가 활동 • 연습 활동 • 상호 텍스트성 활동
기초 다지기 **분량** 1쪽	• 기초 기능이나 국어에 대한 이해 학습 활동	• 쓰기 활동 • 발음 학습 • 어휘 학습 • 기초적인 문법 학습

(1) 기본 학습 연계 활동

① 『국어』의 해당 단원에서 학습한 내용을 중심으로 배운 내용을 점검 · 평가 · 연습할 수 있도록 한다.

② 단원의 성격에 따라 『국어』의 제재, 작가, 주제 등과 상호 텍스트성이 있는 읽을거리를 제공한다.

(2) 기초 다지기

① 국어 능력의 기초를 다지기 위해 그 학년에서 배워야 할 지식이나 기능 등을 제시한다.

② 글씨 쓰기, 발음, 어휘, 문법 등을 지속적으로 학습함으로써 국어의 기초적인 능력을 갖출 수 있도록 한다.

글씨 쓰기의 경우 연필을 잡는 자세, 필순, 낱자 모양, 낱자 간격, 글자 모양, 글자 간격, 문장 부호 등의 학습이 이루어지도록 한다. 발음 학습의 경우는 자음과 모음의 발음, 소리의 길이, 받침의 발음, 소리의 동화, 된소리되기, 소리의 첨가 등을 포함한다. 어휘 학습에서는 해당 학년에서 알아야 할 어휘를 체계적으로 학습할 수 있도록 한다. 문법 학습의 경우에는 가장 기본적인 문법 내용을 학습하도록 한다.

5. 1~2학년군 국어과 성취 기준 배분 현황

　1~2학년 국어 교과서에서는 국어 교육과정의 학년군 설정의 취지를 살려 성취 기준을 중점 성취 기준과 지속 성취 기준으로 분류했다. 중점 성취 기준은 해당 학년에서만 중점적으로 학습하는 성취 기준이고, 지속 성취 기준은 두 개 학년에 걸쳐 지속적으로 학습하는 성취 기준이다. 듣기·말하기 영역을 예로 들면 듣기·말하기 성취 기준 (1), (2), (3), (5)는 중점 성취 기준이고, 듣기·말하기 성취 기준 (4), (6)은 지속 성취 기준이다.

1~2학년군 국어과 성취 기준 배분 현황

영역	성취 기준	1학년	2학년
듣기·말하기	[2국01-01] 상황에 어울리는 인사말을 주고받는다.	●	
	[2국01-02] 일이 일어난 순서를 고려하며 듣고 말한다.		●
	[2국01-03] 자신의 감정을 표현하며 대화를 나눈다.		●
	[2국01-04] 듣는 이를 바라보며 바른 자세로 자신 있게 말한다.	●	●
	[2국01-05] 말하는 이와 말의 내용에 집중하며 듣는다.	●	
	[2국01-06] 바르고 고운 말을 사용하여 말하는 태도를 지닌다.	●	●
읽기	[2국02-01] 글자, 낱말, 문장을 소리 내어 읽는다.	●	
	[2국02-02] 문장과 글을 알맞게 띄어 읽는다.	●	●
	[2국02-03] 글을 읽고 주요 내용을 확인한다.	●	●
	[2국02-04] 글을 읽고 인물의 처지와 마음을 짐작한다.		●
	[2국02-05] 읽기에 흥미를 가지고 즐겨 읽는 태도를 지닌다.	●	●

영역	성취기준		
쓰기	[2국03-01] 글자를 바르게 쓴다.	●	
	[2국03-02] 자신의 생각을 문장으로 표현한다.	●	●
	[2국03-03] 주변의 사람이나 사물에 대해 짧은 글을 쓴다.		●
	[2국03-04] 인상 깊었던 일이나 겪은 일에 대한 생각이나 느낌을 쓴다.	●	●
	[2국03-05] 쓰기에 흥미를 가지고 즐겨 쓰는 태도를 지닌다.	●	●
문법	[2국04-01] 한글 자모의 이름과 소릿값을 알고 정확하게 발음하고 쓴다.	●	
	[2국04-02] 소리와 표기가 다를 수 있음을 알고 낱말을 바르게 읽고 쓴다.		●
	[2국04-03] 문장에 따라 알맞은 문장 부호를 사용한다.	●	●
	[2국04-04] 글자, 낱말, 문장을 관심 있게 살펴보고 흥미를 가진다.	●	●
문학	[2국05-01] 느낌과 분위기를 살려 그림책, 시나 노래, 짧은 이야기를 들려주거나 듣는다.	●	
	[2국05-02] 인물의 모습, 행동, 마음을 상상하며 그림책, 시나 노래, 이야기를 감상한다.		●
	[2국05-03] 여러 가지 말놀이를 통해 말의 재미를 느낀다.	●	●
	[2국05-04] 자신의 생각이나 겪은 일을 시나 노래, 이야기 등으로 표현한다.	●	●
	[2국05-05] 시나 노래, 이야기에 흥미를 가진다.	●	●

6. 국어 교과서 활용 방안

가. 교과서 활용의 원칙

① 『국어』와 『국어 활동』은 주 교과서와 보조 교과서의 관계에 있다. 『국어 활동』은 『국어』의 보조 교과서로서 『국어』에서 공부한 것을 확인·점검해 보고 연습함으로써 배운 것을 내면화하고 실천하는 데 초점을 둔다.

② 교사는 사용 편의성을 위해 될 수 있으면 『국어』와 『국어 활동』을 동시에 펼쳐 놓고 수업을 전개하지 않도록 한다.

③ 각종 학습 도우미나 학습 기호 등의 역할을 이해하고 수업 시간에 이를 적극적으로 활용한다.

　• 교사 학습 도우미: 학습을 하는 데 도움이 될 만한 지식이나 개념, 원리 등을 제공한다. 또는 자신의 학습 활동을 점검해 보도록 안내하는 질문을 제공한다.

　• 학생 학습 도우미: 학생들 간의 적극적인 상호 작용을 통해 의미를 구성할 수 있도록 안내

하는 기능을 한다.

④ 국어 교과서는 언어 활동의 통합성과 활용의 융통성을 높이기 위해 주로 두 차시의 수업을 하나의 학습 단위로 구성하고 있다. 이때 두 차시의 수업을 하루에 연속해서 해야 하는 것은 아니다. 두 차시나 세 차시의 수업을 한 차시씩 분리해 운영할 경우, 어느 부분에서 분리하는 것이 좋은지를 판단하려면 단원별로 제시 되어 있는 『국어 교사용 지도서』의 '이렇게 운영해 봅시다'를 살펴보는 것이 좋다.

⑤ 교과서에 실린 제재나 학습 활동 등은 학습자의 수준을 고려해 구안했지만 모든 학급의 수준을 반영하는 것은 무리이다. 열린 국어 교과서관을 가지고 난이도와 흥미 면에서 우리 반 학생들의 수준에 알맞게 교과서를 적절히 재구성하여 사용해야 한다.

⑥ 교과서에 실린 작품은 교과서 지면에 제한이 있어 전체가 실리지 못한 경우가 많다. 학생들에게 작품 전체를 읽어 보도록 권장하는 것이 좋다.

⑦ 국어과 교과 역량은 비판적·창의적 사고 역량, 자료·정보 활용 역량, 의사소통 역량, 공동체·대인 관계 역량, 문화 향유 역량, 자기 성찰·계발 역량이다. 이러한 교과 역량을 『국어』의 단원별 특성을 감안해 단원별로 반영했으며, 이를 『국어』의 단원 도입 면에 제시했다. 따라서 단원을 공부할 때 해당하는 국어과 교과 역량을 기반으로 하여 수업을 운영할 수 있도록 한다. 물론 그 단원에 그 역량만 반영되어 있는 것은 아니다.

⑧ 2015 개정 교육과정에 따르면 1~2학년군 국어과의 기준 수업 시수는 448시간이지만, 그중에서 5퍼센트 정도는 덜 개발했다. 이 차시만큼 학교의 실정에 맞게 자유롭게 국어 학습 활동을 구성해 운영한다. 때로는 『국어』의 특정 차시를 배정 수업 시수보다 늘려서 학습할 수도 있고 별도로 학습 내용을 구성해 학습할 수도 있다.

⑨ 제재나 활동 중에는 양성평등 교육, 안전 교육, 인성 교육, 민주 시민 교육, 인권 교육, 다문화 교육, 통일 교육 등과 관련된 내용이 있다. 이를 적절히 활용하도록 한다.

나. 『국어』 교과서 활용 방안

① 국어 학습은 일반적으로 『국어』의 준비 학습, 기본 학습, 실천 학습의 순서를 따른다. 필요한 경우, 『국어 활동』에 있는 내용을 국어 수업을 할 때 부분적으로 활용할 수도 있다.

② 단원의 각 단계별 특성을 고려해 수업한다. 준비 학습에서는 학생들이 단원의 학습 내용과 관련된 자신의 지식이나 경험을 활성화하고 자기 점검을 하며 학습 계획을 수립할 수 있도록 한다. 기본 학습에서는 해당 학습의 목표가 충분히 달성될 수 있도록 한다. 실천 학습은 기본

학습에서 배운 것을 심화·확장하되, 학생들의 실제 언어생활에 도움이 되도록 하는 데 주안점을 둔다.

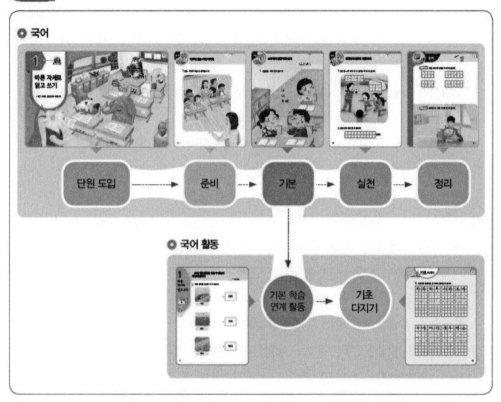

③ 『국어』의 차시 학습 목표의 성격과 차시 분량을 파악하고 수업해야 한다. 준비 학습, 기본학습, 실천 학습을 구분하도록 시각적인 기호로 명시했다. 준비 학습은 주황색으로, 기본 학습은 초록색으로, 실천 학습은 보라색으로 제시되어 있다. 또 차시 분량은 차시 목표의 오른쪽에 있는 동그라미의 수로 파악하면 된다.

다. 『국어 활동』 교과서 활용 방안

① 『국어 활동』은 다음과 같은 목적을 지닌 교과서이다.

- 국어 학습의 특성상 『국어』 시간에 학습 내용을 한두 차례 접한 것으로 학습이 완성되지 않는다. 『국어 활동』으로 『국어』에서 학습한 것을 자기 주도적으로 실천·적용·연습해 봄으로써 『국어』에서 공부한 것을 내면화·습관화한다.
- 『국어』의 한 단원으로만 해결할 수 없고 지속적으로 해야 하는 활동(글씨 쓰기, 발음, 어휘, 기초적인 문법 등)을 꾸준히 익히게 함으로써 기본 국어 능력을 신장할 수 있다.

② 『국어』의 기본 학습을 마치고 나서 『국어 활동』의 '기본 학습 연계 활동'을 학습할 수 있다. 『국어』의 기본 학습이 시작하는 시점에, 해당되는 『국어 활동』의 '기본 학습 연계 활동'이 있는 쪽을 명시했다.

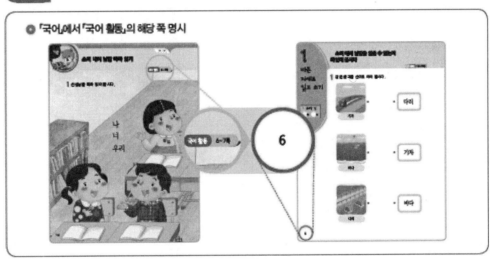

③ 『국어 활동』은 학생들이 자기 주도적으로 학습할 수 있도록 하되, 필요하면 국어 수업 시간에 활용한다.

④ 『국어 활동』의 필요성을 학생들에게 충분히 인지시키고 단원별로 구체적인 안내를 해 주어 학생들이 충실히 학습할 수 있도록 유도한다.

⑤ 『국어 활동』에 나오는 평가 기반 활동으로 학습자에게 자기 점검과 연습을 해 볼 기회를 제공한다. 자신에게 무엇이 부족한지 깨닫고 보충해서 학습할 수 있도록 유도한다.

⑥ 『국어 활동』의 본문에 나오는 학습 장치를 적절히 활용한다. 본문 양쪽에 한 번씩 등장하는 '알아 두기'는 학습을 하는 데 필요한 지식이나 개념 등을 제공한다. 본문 끝부분의 '잘했나

요? 부족하다면…'으로 학습이 충분한지 부족한지를 스스로 점검해 다소 부족하다고 판단되면 제시된 활동을 더 해 보도록 유도한다.

⑦ '기초 다지기'에 제시된 내용은 국어에 대한 이해를 돕고 원활한 국어 생활을 하는 데 꼭 필요한 요소이기 때문에 반드시 익히게 한다. 특히 글씨 쓰기나 발음 학습, 어휘 학습 등은 교과서 지면의 제한으로 부분적으로 수록되어 있는데, 지도서 부록에 제시된 '초기 문자 지도', '글씨 쓰기 지도' 내용을 참고해 별도의 자료를 개발하고 이를 활용해 지속적으로 지도하도록 한다.

⑧ 『국어 활동』에 대한 예시 답안은 『국어 활동』 부록과 『국어 교사용 지도서』에 제시되어 있으므로 이를 적절히 활용한다.

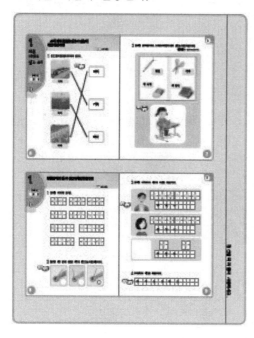
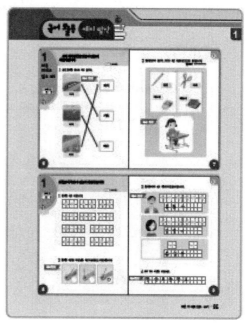

7. 국어 교사용 지도서 활용 방안

① 지도서의 첫 부분에 나오는 '국어과 교육의 이해'는 국어 교육 전반을 이해하려는 것이므로 이를 숙지한 뒤에 수업하는 것이 좋다.

② '교수·학습의 실제'에 제시된 내용을 숙지해 해당 단원이나 차시의 학습 목표와 내용을 왜 가르쳐야 하고, 무엇을 가르쳐야 하며, 어떻게 가르치고 평가해야 하는지 명확히 파악한 뒤에 수업을 하는 것이 바람직하다.

③ '교수·학습의 실제'에 제시된 교수·학습 활동은 하나의 예를 보인 것이므로, 교사가 학급 상황에 알맞게 변형해 사용할 수 있다.

④ 단원별로 특정한 교수·학습 모형을 예로 제시하고 있는데, 이것은 하나의 예시이므로 이를 변형해서 적용하거나 다른 모형을 적용할 수도 있다. 단원별로 특정한 교수·학습 모형을 적용한 것을 예로 제시하면 다음과 같다.

각 단원의 교수·학습 과정안 및 적용 모형

단원	단원에 적용된 교수·학습 모형		
	차시	차시 학습 목표	해당 모형
1단원	5~6	바르게 쓰는 자세를 익힐 수 있다.	직접 교수 모형
2단원	3~4	자음자의 이름을 안다.	문제 해결 학습 모형
3단원	3~4	모음자의 이름을 안다.	지식 탐구 학습 모형
4단원	4~5	글자의 짜임을 안다.	문제 해결 학습 모형
5단원	7~8	상황에 맞는 인사말을 할 수 있다.	역할 수행 학습 모형
6단원	3~4	받침이 있는 글자의 짜임을 안다.	지식 탐구 학습 모형
7단원	3~4	그림을 보고 문장을 만들 수 있다.	직접 교수 모형
8단원	1~2	띄어 읽으면 좋은 점을 안다.	지식 탐구 학습 모형
9단원	7~8	겪은 일을 그림일기로 쓸 수 있다.	창의성 계발 학습 모형

⑤ 특정한 교수·학습 모형을 적용하지 않은 차시에도 교수·학습 모형을 적용해 수업을 할 수 있다. 이때에는 차시의 성격, 차시의 학습 목표, 학습 내용의 난이도, 교수·학습 능력, 교수·학습 환경 등을 고려해 결정한다.

⑥ 각 단원의 도입에 제시되어 있는 '국어과 교과 역량'의 내용을 숙지하고 해당 단원을 지도할 때 그 역량을 달성할 수 있도록 주의한다.

⑦ 다른 교과와의 통합적 활동을 강조할 필요가 있다. 다른 교과와의 통합 방안으로는 주제(예 봄, 우리나라 등)를 중심으로 통합하는 방안, 특정한 활동 또는 프로젝트(연극, 독서 신문 만들기 등)를 중심으로 통합하는 방안, 유사한(관련 있는) 학습 목표를 중심으로 통합하는 방안 등을 생각할 수 있다.

⑧ 지도서에 수록되어 있는 '활동지'나 '참고 자료' 등을 적절히 활용하되, 가능한 한 다른 자료를 더 찾아 활용 하는 것이 바람직하다.

⑨ 지도서의 교과서 축쇄본에 제시된 예시 답안이나 교수·학습 활동에 제시된 학생 반응은 그

야말로 하나의 예시이므로 얼마든지 다른 형태의 답이 나올 수 있다.

⑩ 단원별로 끝부분에 있는 '평가 자료'를 적극적으로 활용한다. 주로 수행 평가를 할 수 있도록 제공하고 있는데, 평가 문항뿐만 아니라 예시 답안, 채점 기준 등을 제공함으로써 단원의 총괄 평가와 학습 과정에서도 활용할 수 있다.

⑪ 한글을 해득하지 못한 학생이 한글을 충분히 해득하도록 교과서뿐만 아니라 지도서에 있는 각종 '참고 자료'나 '활동지'를 충분히 활용하도록 한다. 읽기의 경우 글자를 정확하게 소리 내어 읽기, 기본적인 낱말의 뜻 이해하기, 몇몇 문장으로 구성된 글을 읽고 이해하는 활동을 강조한다. 쓰기의 경우에는 연필을 바르게 잡는 것에서부터 글씨 바르게 쓰기, 기초적인 낱말이나 문장을 정확하게 쓰기 등을 꾸준하게 지도하도록 한다.

⑫ 한글 해득을 위한 목적으로 받아쓰기를 하면서 문제를 지나치게 어렵게 내거나 지나치게 자주 실시하지 않도록 한다. 특히 이를 점수화함으로써 점수에 부담을 느끼거나 상대 평가에 열등감을 느껴 한글 학습에 흥미가 떨어지지 않도록 주의한다.

⑬ 『국어 교사용 지도서』의 각 단원 끝부분에는 학생들의 창의성과 인성을 함양하고 독서 동기를 향상하며, 간접적으로나마 학습 목표를 좀 더 충실히 달성하도록 하기 위해 '들려줄 이야기'를 신설했다. '들려줄 이야기'에서 소개하는 제재는 전자 저작물에 단원별로 원문이 수록되어 있다. 그런데 1학년 1학기의 경우, 한글을 해득하지 못한 학생들에게 초점을 맞추어 교과서를 개발했기 때문에 한글을 어느 정도 해득한 학생들은 학습에 적극적으로 참여하지 않을 수 있다. 전자 저작물에 수록된 '들려줄 이야기' 제재는 한글을 어느 정도 해득한 학생들을 위한 심화 활동을 포함하고 있으므로 이를 적극적으로 활용한다.

⑭ '부록'의 내용은 평소 여러 차례 읽어 숙지한 뒤에 필요한 곳에 적절히 활용한다.

8. 전자 저작물의 활용 방안

① 전자 저작물은 교사가 교수·학습의 전개 과정에서 보조 자료로 활용할 수 있는 내용을 제공하고 있다. 단원별로 어떤 내용이 수록되어 있는지 알고 이를 적극적으로 활용한다.

② 전자 저작물은 교사의 교수·학습 계획, 학교의 사회·문화적 학습 환경, 학습자의 언어 발달 수준, 차시 학습 목표 등을 종합적으로 고려해 교사가 단원별로 수록된 자료를 충분히 분석하고 필요한 자료를 재구성해 융통성 있게 활용한다.

③ 1학년의 경우, 한글을 어느 정도 해득한 학생들에게 전자 저작물에 단원별로 제시된 '들려줄 이야기'를 들려주고 심화 활동 자료로 활용한다. 그리고 2학년의 경우, 창의성과 인성을 함

양하고 독서 동기를 향상하며 간접적으로나마 학습 목표를 좀 더 충실히 달성하게 하는 독서 활동 자료로 활용한다.

④ 전자 저작물의 부록에는 「2015 개정 교육과정에 따른 교수·학습 자료 개발 연구」(조재윤 외, 2016)의 교수·학습 자료(일부)를 제시했다. 1학년에서는 한글 해득 교수·학습 자료로 활용하고, 2학년에서는 국어 교수·학습 자료로 활용한다.

(1) 전자 저작물의 주요 기호

	교과서와 지도서 피디에프(PDF)를 볼 수 있다.
	듣기 자료의 음성을 들을 수 있다.
	동영상 자료를 볼 수 있다.
	들려줄 이야기를 활용할 수 있다.
	교수·학습 과정안과 활동지 한글 파일을 활용할 수 있다.

(2) 전자 저작물의 활용 실제

① 디브이디롬(DVD-ROM) 드라이브에 디브이디(DVD)를 넣으면 처음 화면이 나타난다. 처음 화면에서 원하는 책의 그림 단추를 누르면 해당하는 책의 차례로 이동한다.

② ①에서 교과서 그림 단추를 누르면 교과서 차례 화면이 나타난다. 교과서 차례에서는 단원별로 교과서 피디에프(PDF), 동영상 자료, 듣기 자료, 들려줄 이야기 등의 그림 단추가 있어 필요한 자료를 바로 찾아 활용할 수 있다.

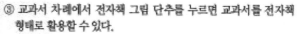

③ 교과서 차례에서 전자책 그림 단추를 누르면 교과서를 전자책 형태로 활용할 수 있다.

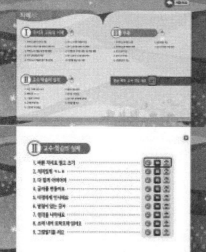

④ ①에서 지도서 그림 단추를 누르면 지도서 차례 화면이 나타난다. '국어과 교육의 이해', '교수·학습의 실제', '부록'을 각각 누르면 그에 해당하는 지도서 피디에프(PDF)를 볼 수 있다. 그리고 지도서 차례의 오른쪽 아래에는 한글 해독 교수·학습 자료가 제공된다.

⑤ 지도서 '교수·학습의 실제'에서는 단원별로 정리된 자료를 볼 수 있다. 지도서 피디에프(PDF), 교수·학습 과정안과 활동지 한글 파일, 들려줄 이야기 등의 그림 단추가 있어 필요한 자료를 찾아 활용할 수 있다.

초등 국어과 평가

1. 국어과 평가의 중요성

평가는 학생의 학습 활동에 대한 정보를 얻기 위해 진단을 하고 판단을 하는 행위이다. 교사는 평가에서 학생의 학습 결과를 진단하고, 진단에 따른 학습 처방을 내리게 된다. 학생의 학습 활동을 돕기 위해서는 정확한 진단이 필요하다. 정확한 진단의 결과를 바탕으로 판단을 하고 이에 대한 학습 처방이 제시되었을 때 학습의 효과가 높아질 수 있다. 즉 교사의 학생 학습 지도는 평가에 기초하여 이루어지는 것이다. 여기에서 평가의 필요성과 중요성이 대두된다.

국어과 평가는 교사가 학생의 국어 학습 활동에 대해 진단한 후 얻은 정보를 종합하여 국어 학습의 결과를 판단하는 행위이다. 여기서 진단하여 얻은 정보를 종합한다는 것은 여러 가지 진단 방법을 활용하여 국어 학습의 과정과 결과에 대한 양적·질적 정보를 최대한 얻는다는 것이다. 그리고 학습 결과를 판단한다는 말은 진단에 의해 얻은 자료를 정리, 해석하여 학생의 학습의 '잘됨' 또는 '부족함'의 여부를 결정하는 것이다. 학습의 잘됨은 다음 단계의 학습으로 나갈 수 있도록 허락하는 것이고, 학습의 부족함은 현재 단계의 학습을 더 수행하도록 하도록 하는 요구를 하는 것이다. 학생 학습의 부족함은 학생의 학습 방법과 교사의 지도 방법에 문제가 있기 때문이다. 교사는 평가에서 학생의 학습을 부족함으로 판단하였을 경우 학습과 교수의 문제점을 확인하고, 문제의 원인과 해결에 필요한 정보를 찾아야 한다. 그리고 정보에 기초한 문제의 해결 방안을 마련해야 한다.

교육 평가의 목적은 학생의 학습을 돕기 위한 것이다. 평가는 학생의 학습 활동을 정확하게 진단하고, 그 결과에서 교수와 학습 방법의 개선점을 찾기 위한 것이다. 교수와 학습의 개선을 위해서는 교육 계획부터 교육 내용(학습 자료), 교육 방법, 교육 환경, 학습 태도까지 다양한 요인을 점검하는 것이 필요하다. 평가자는 평가를 통하여 학생 학습에 필요한 정보를 종합적으로 모아야 한다. 그래서 이 정보를 이용하여 학생의 학습에 대한 구체적인 방안을 마련하고 교수 활동을 해야 한다. 학생의 학습 활동과 교사의 지도에 대한 정확한 정보 없이 학생을 지도를 하게 되면 교수와 학습의 효과는 높아질 수 없다. 평가는 학생의 학습과 교사의 교수에 대한 정보를 제공하여 학생 학습의 효과를 높이게 한다.

평가는 평가 주체에 따라 달라질 수 있다. 교육 평가에서 일차적인 평가 주체는 교사와 학생이다. 이외에 학부모나 교육 정책 수립자, 연구자 등도 평가 주체가 되기도 한다. 학부모는 자녀의 학습 활동을 판단할 수 있는 자료를 제공함으로써 자녀에게 무엇을 도와주어야 할지에 대한 정보를 제공한다. 그리고 정책 수립자는 교육과정이나 교육 계획, 교육의 내용, 교육 방법 등에 대한 데 근거 자료를 제공한다. 또한 교육 연구자들도 교육 평가에 필용한 다양한 자료와 방법을 제공하여 평가의 근거를 마련해 주고 평가의 주체가 되기도 한다. 이들 평가 주체들이 학생의 학습 활동에 대한 정보를 모으는 목적은 조금씩 다를 수 있지만 교육의 정책과 교육계획, 교육 내용, 교육 방법을 개선하기 위한 것이라 할 수 있다.

국어과 교육에서 교사에게 평가는 다음과 같은 점에서 필요하고 중요하다.

- 수업 전 평가(진단 평가)에서는 각 학생의 국어 학습 능력을 점검함으로써 수업 계획이나 난이도 등을 결정하는 데 정보를 제공한다.
- 수업 중이나 수업 후 평가(형성이나 총괄 평가)에서는 교사의 교육 행위(교수 방법, 자료 등)에 대한 점검(주로 반성) 기회를 제공함으로써 결국 교수 학습의 질을 개선하는 데 도움이 된다.
- 각 학생들의 국어 활동에 대한 강점과 약점 등의 정보를 파악함으로써 개인차에 따른 교육을 실시하는 데 도움을 준다.
- 학생들의 진급이나 선발 등의 장면에서 근거 자료를 제공한다.
- 평가의 과정을 곧 지도의 과정으로 활용할 수 있다.

그 다음 학생에게는 다음과 같은 점에서 평가가 중요하다.

- 국어 학습 결과나 국어 능력을 판단할 수 있는 정보를 제공한다.
- 학습할 내용이 무엇인지에 대한 정보를 제공한다.
- 평가 과정은 국어 능력을 기를 수 있는 기회를 제공한다.

국어과 평가는 이들 국어과 평가의 목적, 또는 국어과 평가 관련 주체들의 기대를 충족했을 때 올바르게 이루어질 수 있다. 물론 이를 위해서는 평가 계획 수립, 평가 문항 작성, 평가 실시, 채점, 결과 해석 등이 평가 목적이나 필요, 대상에 맞게 이루어져야 한다. 무엇보다 국어과 평가의 중요성이나 필요성 등을 직시하고 평가를 실시함으로써 평가 가치를 담보할 수 있다. 평가를 위한 평가와 같이 평가 기능을 온전히 발휘할 수 없는 평가는 교사나 학생에게 부담이 될 뿐 평가의 본질적인 목적을 이루기 어렵다.

2. 2015 교육과정에서의 국어과 평가

각 교육과정에서는 교육 평가를 어떻게 해야 하는지를 밝혀 놓고 있다. 교육과정을 이수한 학생들이 교육 내용을 얼마나 성취하였는지를 확인하는 것이 필요하기 때문이다. 2015교육 과정도 마찬가지로 교육 평가에 대한 내용을 제시하고 있다. 2015 교육과정에서는 평가의 방향을 설정하고, 영역별, 학년군별로 평가 방법 및 유의 사항을 밝혀 놓고 있다. 2015 교육과정 개발 연구의 보고서(김창원 외, 2015)를 보면, 평가의 방향을 어떻게 설정했는지를 알 수 있다. 연구 보고서에 나타나 있는 2015 국어과 교육과정의 '평가 방향의 개발 취지'와 '평가의 방향'을 살펴본다. 그리고 교육과정에 제시되어 있는 '평가 방법 및 유의점'을 살펴보면 다음과 같다.

(1) 평가 방향의 개발 취지

'국어' 평가 방향 개발 취지는 '국어'의 교수·학습 방향 개발의 원칙에 있다고 할 수 있다. 교수·학습과 평가는 교육의 한축으로서 밀접한 관련을 맺고 있기 때문이다. 순환적인 국어교육의 흐름에서 교수·학습은 평가의 바탕을 제공하며, 평가는 교수―학습의 새로운 원리로 작용한다. 2015 국어과 교육과정에서는 평가 방향 개발의 취지를 다음가 같은 몇 가지로 구분하여 살펴볼 수 있다.

(가) '국어' 교육과정과 연계하여 계획된 '국어' 평가

'국어'의 평가는 '국어' 교육과정과 연계하여 국가 및 지역 수준의 '국어' 교육과정에서 추구하는 목적과 목표를 파악하고, 이를 근거로 단위 학교의 '국어' 교육과정을 계획하고 실천하여 의도한 교육적 효과가 어느 정도 성취되었는지 평가하는 일련의 과정이 연계성 있게 진행되도록 하였다. 학습자의 국어 능력을 타당하고 신뢰성 있게 평가할 수 있도록 '국어'의 교육 목표의 성취를 중심을 하되, 학년군 및 영역별 학습 내용별로 교육과정에서 제시된 성취기준의 성취를 중심으로 평가 계획을 설정하도록 하였다. 또한 지적 영역, 정의적 영역, 기능적 영역의 모든 영역이 균형 있게 평가되고, 학습자의 실제적인 국어 능력과 아울러 사회적 소통에 활용하는 국어 능력을 평가할 수 있도록 다양한 평가 방식을 활용하여 평가하도록 하였다.

(나) 학습의 과정과 결과의 균형 있는 '국어' 평가

'국어'가 추구하는 핵심역량과 성취기준의 여러 가지 능력은 현재 학교 현장에서 많이 사용하고 있는 선택형 문항이나 단답형 문항의 지필평가, 또는 수행의 결과만으로 평가하기 어려운 능력이라고 할 수 있다. 따라서 학교 현장에서 학생들의 핵심 역량을 제대로 평가하기 위해서는 현해 선택형과 단답형 중심의 지필 평가에서 벗어나려는 노력을 기울일 필요가 있다(이상하 외, 2014). 이러한 노력의 일환으로 '국어'의 평가는 국어사용의 실제성이 드러나도록 학습자의 삶과 연계된 평가, 학습의 결과뿐만 아니라 학습의 수행 과정도 함께 평가하도록 하였다.

(다) '국어' 평가의 결과를 활용하여 교수 · 학습을 개선할 수 있도록 지원하는 선순환 체제 마련

기존의 평가는 총괄 평가적 성격이 강하게 나타나는 평가로서 학생들의 학업수준을 점수와 석차로 제시하였다. 이를 통해 학생과 교사, 학부모는 학생의 상대적 학업 수준을 파악할 수 있었다. 이러한 평가는 학생 선발 및 학생 변별에는 주요하지만 학생들의 구체적인 학업 요소의 도달에 대한 정보가 부족해서 학생들의 학업 발달 수준을 고려한 학습 전략을 계획하는 데 있어서는 큰 의미가 없었다. 그러나 최근에는 학생들의 학업 성취를 도와주는 정보 제공 수단으로서 형성평가 기능이 강조되고 있다. 무엇을 배웠는지 확인하기 위한 평가(assessment of learning)에서 학습을 위해서 무엇이 필요한지 확인하기 위한 평가(assessment for learning)로 바뀌어 가고 있다(이상하 외, 2014). 최근에는 형성평가의 개념이 더욱 확대되어 학생의 현재 학업 상태에 대한 정보 획득을 뛰어넘어 교사의 교수 과정을 개선하는 과정까지 포함하고 있다. 미국 EST 주도로 연구 · 개발된 CBAL(Cognitively Based assessment of, for, and Learning) 평가 시스템은 학업 성취에 대한 성과를 측정함과 동시에 학급 단위의 교수 · 학습 방법 개성을 위해 도움을 주고, 평가 그 자체가 학습으로서의 의미가 있는 평가 시스템이다(김희경 외 2013). '국어'의 평가 역시 이러한 평가 관점의 변화와 관련하여 학습자의 국어 능력의 발달 정도를 판단하고 교육 활동을 개선하며 학습자의 성장과 발달을 파악하거나 학습자에게 피드백을 할 수 있는 근거로 평가 결과를 활동하도록 하였다.

(2) 평가의 방향

(가) 평가 항목별 내용 기술 형식

평가의 기본 원리는 평가 진행 단계에 따라 구성하였다. 이에 따라 1) 평가 계획 수립, 2) 평가 장면, 3) 평가 결과의 활용과 관련하여 기본 원리를 각각 1문단으로 구성하였다. 평가의 하위 원리는 평가 진행 단계별로 유의할 점을 중심으로 구성하였다.

(나) 항목별 세부 내용

기본원리	1) '국어' 교육과정과 연계하여, 평가 내용의 균형, 평가 방법 및 평가 도구의 타당성, 신뢰성, 적절성 등을 고려하여 평가 계획을 수립한다.
해설	이 원리는 '국어' 과목의 평가가 '국어' 교육과정에서 제시한 목표, 성취기준, 국어과 교과 핵심역량 달성 여부를 균형적이고 타당하게 평가하여 평가의 신뢰도와 적절성을 확보할 수 있도록 평가 계획을 수립해야 함을 강조하여 제시한 것이다.

하위 원리	해설
① '국어 교육과정의 목표와 성취기준을 반영하여 학습 목표 및 학습 내용을 평가 내용 및 평가 도구와 연계하여 평가 계획을 수립한다.	• 평가의 가장 기본적인 내용은 '국어' 교육과정의 목표와 성취 기준, 학습 목표 및 학습 내용에 대한 도달도이며, 평가 계획 수립 단계에서 가장 먼저 설정되어야 함을 명시하여 제시한 하위 원리이다.
② '국어'에서 기르고자 하는 교과 역량 및 창의·인성 등 평가 내용의 특성을 고려하되 표현 능력과 이해 능력, 인지적·행동적·정의적 요소가 균형을 이루도록 계획을 수립한다.	• 평가 계획 수립 단계에서 '국어' 교과 역량뿐만 아니라 다양한 영역에서의 균형적 신장을 평가할 수 있도록 평가 내용을 조정이 필요함을 강조한 하위 원리이다.
③ '국어'에 관한 단순하고 지엽적인 지식보다는 학습자의 실제적인 국어 능력을 평가할 수 있도록 계획을 수립하되, 국어를 사회적 소통에 복합적으로 활용할 수 있는 능력을 함께 평가할 수 있도록 계획한다.	• 단편적인 지식 습득에 대한 평가 계획이 아니라 교수·학습의 내용을 학습자의 삶과 연결하고 상호 협력적으로 과제를 해결하는 과정에서 학습자의 실제적인 국어 능력이 신장되고 확장되는지는 평가하는 계획을 수립해야 함을 제시한 원리이다.
④ 평가 목적, 내용, 상황 등을 고려하여 양적 평가와 질적 평가, 형식 평가와 비형식 평가, 간	• 학습자의 실제적인 국어 능력의 신장을 단면적으로 평가할 수 있도록 평가 목적, 내용, 상황에

접 평가와 직접 평가, 과정 평가와 결과 평가, 지필 평가와 수행 평가 등을 적절히 활용하여 평가 계획을 수립한다.	따라 다양한 유형과 범위의 평가 방식을 적절하게 활용하여 평가 계획을 수립해야 함을 강조하였다.
⑤ 구술 평가, 서술형 평가, 논술형 평가, 연구 보고서 평가, 포트폴리오 평가, 관찰 평가, 컴퓨터 기반 평가 등 다양한 평가 방법을 적절하게 활용하여 평가 과정에서도 배움이 일어날 수 있도록 평가 계획을 수립한다.	• 평가가 학생들의 학업 성취를 도와주는 정보제공으로서 형성 평가적 기능을 달성하고 평가 과정에서도 학습자 개인 및 학습자 간 상호 배움이 일어날 수 있도록 다양한 평가 방법을 적절하게 활용하여 평가 계획을 수립할 것을 제시한 하위 원리이다.

	2) 학습자의 국어 능력의 신장을 진단하고, 교수·학습 방법 및 평가 도구 개선에 기여할 수 있도록 학습 과정과 결과를 균형 있게 평가한다.
	이 원리는 '국어' 과목의 평가가 학습자의 국어 능력의 신장을 평가하면서 동시에 교수·학습 방법 및 평가 도구 개선에 기여하여야 함을 강조하여 제시한 것이다. 이를 위해 학습의 결과와 함께 학습의 과정도 중요한 평가의 대상으로 삼아야 함을 밝히고 있다.

하위 원리	해설
① 학습자의 수준, 관심, 흥미, 적성, 진로 등 개인차를 고려하되, 학습자의 '국어' 활동의 과정과 결과를 균형 있게 평가할 수 있도록 다양한 평가 방법을 모색한다.	• 평가가 학습자의 국어 능력 신장 여부를 확인하는 것에서 단절되는 것이 아니라 이수의 교수·학습 방법 및 평가 도구 개선에 기여하는 선순환 구조를 갖출 수 있도록 제시한 하위 원리이다.
② 국어사용의 실제성이 드러나도록 평가 과제, 평가 상황을 실제 삶의 맥락에서 설정하여 평가한다.	• 단편적인 지식 습득에 대한 평가가 아니라 학습자의 실제적인 국어 능력 신장을 평가하기 위해서 교수·학습 상황뿐만 아니라 평가 상황에서도 학습자의 삶과 연계하여야 함을 강조하여 제시한 하위 원리이다.
③ 사전 지식이나 능력보다는 '국어'의 활용을 통해 얻은 배움의 내용과 과정을 중심으로 평가한다.	• '국어' 과목의 평가는 교수·학습 상황에서 일어나는 학습자의 '국어' 활동의 과정과 결과에 대해서만 평가하도록 유의할 것을 강조하는 하위 원리이다.
④ 평가 기준이나 방향을 학습자에게 미리 안내하여, 학습자가 무엇에 초점을 맞추어 학습해야 하는지를 알고 교수·학습 과정에서 평가를 준비할 수 있도록 한다. 또한 학습자가 수행한 평가의 결과를 분석하여 교수·학습 내용 및 평가 방법을 개선한다.	• 평가 기준과 방향에 대한 사전 정보를 바탕으로 학습자가 교수·학습 활동에서부터 평가 활동에 이르기까지 계획적이고 적극적으로 참여할 수 있도록 교사가 이에 대한 사전 안내가 필요함을 강조하는 하위 원리이다.

⑤ 평가 목적, 평가 내용, 평가 상황을 고려하여 교사 평가 이외에 자기 평가, 상호 평가를 적극적으로 활용한다.	• 교수·학습 활동 상황에서 이루어지는 개별 활동, 짝 활동, 모둠 활동 등 다양한 활동에 대한 다면적인 평가가 이루어질 수 있도록 적절한 평가 방법을 활용할 것을 제시한 하위 원리이다.

기본원리	3) 학습자의 국어 능력의 발달 정도를 판단하고 교육 활동을 개선하는 데 '국어' 평가 결과를 활용한다.
해설	이 원리는 '국어' 과목의 평가가 학습자의 국어 능력 발달 정도를 평가하는 것에서 나아가 평가 결과를 긍정적으로 활용하는 것에 대해 제안하는 원리이다.

하위 원리	해설
① 학습자의 개인차를 고려하여 평가 결과를 해석하고 활용한다.	• 평가 결과를 개별 학습자의 성장에 도움이 되는 자료로 활용할 것을 제안하는 하위 원리이다.
② 평가 결과는 교수·학습 방법이나 평가 방법, 평가 도구를 개선하기 위한 자료로 활용 한다.	• 평가 결과를 활용한 다양한 방향을 제시하는 하위 원리이다.
③ 평가 결과를 누적하여 학습자의 성장과 발달을 파악하거나 학습자에게 피드백을 할 수 있는 근거로 활용한다.	• 일회성의 평가 결과가 아니라 누적된 평가 결과를 활용할 것을 제안하는 하위 원리이다.
④ 학습자, 학부모 및 교육 관련자가 이해하기 쉽도록 국어과가 목표로 하는 세부 능력과 성취 수준을 중심으로 평가 결과를 상세히 제공한다.	• 평가 결과를 학습자를 비롯한 다양한 교육 관련자들이 성장의 자료로 실질적으로 활용할 수 있도록 상세하게 기록하여 제공할 필요성을 제시하는 하위 원리이다.

(3) 평가 방법 및 유의 사항

2015 교육과정에 제시되어 있는 평가 방법 및 유의 사항을 영역별로 모아 보면 다음과 같다.

[듣말] - 【1, 2학년】
① 학습자가 능동적으로 말하기 활동에 참여하도록 격려하여 평가에 부담을 느끼지 않게 한다.
② 인사말, 감정 표현하기, 바른 자세로 말하기, 바른 말을 사용하는 태도 지니기 등의 학습 요소는 학습자가 학교뿐 아니라 가정에서의 말하기에서도 잘 실천하고 있는지 점검하여, 학교 안팎에서 듣기·말하기 능력이 균형 있게 발달할 수 있도록 한다.
③ 바른 자세로 말하기와 집중하며 듣기를 연계하여 모든 학습자가 듣기와 말하기 활동에 고루 참여하도록 한다.

【3, 4학년】

① 일상 대화나 수업에서 이루어지는 듣기·말하기 활동을 직접 점검하거나 교사 또는 동료 학습자가 기록할 수 있는 점검표나 관찰 기록표 등을 활용할 수 있다.

② 동료 학습자의 듣기·말하기 활동에 대해 피드백을 할 때에는 단점보다는 장점을 더 많이 찾아보게 하고, 동료 학습자의 피드백을 들을 때에는 열린 마음으로 수용하도록 지도한다.

③ 회의에서 의견 교환하기를 평가할 때, 발언의 횟수를 양적으로 집계하여 평가하지 않도록 지도한다.

④ 적절한 표정, 몸짓, 말투로 말하는지 평가할 때에는 연극 대본, 드라마나 애니메이션의 한 장면을 활용할 수 있다.

【5, 6학년】

① 공식적인 말하기를 평가할 때에는 말하기 환경도 그와 유사하게 만들어 말하기 평가의 실제성을 높여 주고 녹화를 통해 자신의 말하기를 스스로 점검해 볼 수 있는 기회를 제공한다.

② 매체 활용, 의견 제시, 자료 정리 등의 수행 여부를 기계적으로 평가하지 않도록 유의하고 말하기 효과를 고려하여 수행 수준을 평가하며, 학습자 스스로 칭찬할 점과 보완할 점을 찾아보게 한 후 수정 방향도 함께 논의하는 적극적인 피드백이 이루어지도록 한다.

③ 담화 수행의 전 과정을 연습할 수 있도록 하고, 성취기준의 초점을 고려하여 평가의 범위를 설정하되 담화 수행의 전체적인 맥락과의 연계성에 유의하도록 한다.

④ 토론의 절차와 규칙에 대한 지식의 수준을 확인하기보다는 학습자의 토론 수행을 관찰함으로써 토론의 절차와 규칙에 대한 이해 및 실제 사용 수준을 평가한다.

[읽기] － 【1, 2학년】

① 글자, 낱말, 문장 소리 내어 읽기와 알맞게 띄어 읽기는 교실 수업 상황에서 돌아가며 읽기 등의 수행 과정에서 평가할 수 있다. 또한 친구들끼리 서로 평가하도록 할 수도 있는데, 이 과정에서 자신의 읽기를 자연스럽게 점검해 볼 수 있게 한다.

② 글자, 낱말, 문장 소리 내어 읽기를 평가할 때에는 음운 변동이 없는 낱말이나 문장을 주로 평가하되, 음운 변동을 다루더라도 연음 현상이나 경음화(된소리되기) 위주로 다룬다.

③ 인물의 처지나 마음을 짐작하는 글 읽기에서는 글을 읽고 내용을 확인하기, 자신과 비슷한 경험을 떠올리기, 글쓴이의 마음이나 처지를 파악하기를 순차적으로 평가하여 학습자의 읽기 능력을 정확하게 점검하도록 한다.

【3, 4학년】

① 대강의 내용 간추리기를 평가할 때에는 글에 나타난 문장을 그대로 옮겨 쓰기보다 자신의 말로 바꾸어 쓰도록 한다.

② 중심 생각 파악하기, 짐작하기와 사실과 의견 구분하기를 평가할 때에는 특정한 단원, 특정한

차시의 학습 활동만을 관찰하여 평가하기보다는 여러 단원에 걸쳐 학습 태도를 살펴보고 누적된 결과를 바탕으로 하여 평가하도록 한다.

③ 읽기 경험과 느낌을 다른 사람과 나누는 태도를 평가할 때에는 교과 수업에서뿐 아니라 평소에도 읽기 경험을 공유하는지 관찰하여 형식적이고 일회적인 평가가 되지 않도록 유의한다.

【5, 6학년】

① 읽기가 글의 내용을 바탕으로 배경지식을 활용하여 의미를 구성하는 과정임을 아는지를 평가할 때에는 지필 평가보다는 읽기를 수행하는 과정을 중심으로 평가한다.

② 읽기 습관 점검하기를 평가할 때에는 독서 시간을 충분히 확보하는지, 좋아하는 분야나 갈래 위주로 편협한 독서를 하지는 않는지 등을 점검한다. 또한, 자신의 독서 습관을 살펴보고 읽을거리의 분량, 난이도, 시간 등을 고려하여 독서 계획을 세워 실천하는지도 확인한다. 읽을거리를 스스로 찾아 읽으며 한 권의 책을 완독하는 습관을 가지고 있는지도 평가할 수 있다. 독서 계획을 세울 때에는 자율적으로 정하도록 하되, 매일 일정한 시간 동안 읽어야 한다는 생각에 얽매이지 않도록 한다.

[쓰기] − 【1, 2학년】

① 평가를 위한 별도의 시간을 마련하거나 활동을 계획하기보다는 수업 및 학교생활에서 학습자의 수행과 태도의 변화 과정을 누적 기록하여 평가한다. 평소 자신이 쓴 쓰기 결과물을 정리해 두도록 하여 이를 평가하는 방법을 적극적으로 활용한다.

② 결과 중심으로 평가할 때에는 맞춤법이나 글씨에 지나치게 얽매이지 않고 표현하고자 하는 내용을 얼마나 충실하게 표현했느냐에 주안점을 두어 평가함으로써 쓰기에 흥미를 가질 수 있게 한다.

【3, 4학년】

① 평가 목표는 쓰기의 목적, 읽는 이, 주제에 맞게 한 편의 글을 온전하게 썼는지를 평가하는 데 주안점을 두어 설정한다.

② 교사의 평가뿐 아니라 자기 평가와 상호 평가를 실시하여 학습자의 쓰기 활동을 다면적으로 평가한다.

③ 자신이 쓴 글과 다른 사람으로부터 받은 피드백을 포트폴리오 형식으로 정리하게 하여 성취감을 느낄 수도 있도록 한다. 이렇게 누적된 활동 결과를 평가 자료로 활용할 수도 있다.

④ 자신이 쓴 글을 다른 학습자들과 나누어 읽는 과정에서 긍정적인 피드백을 경험하게 하여 평가가 글쓰기를 점검하고 보완할 수 있는 정보를 제공해 준다는 점을 이해하게 한다.

【5, 6학년】

① 평가 목표는 쓰기의 목적, 읽는 이, 주제에 맞게 글을 효과적으로 쓰는 능력에 중점을 두어

설정한다.

② 한 편의 글을 평가할 때에는 내용, 형식, 표현 등을 종합적으로 살펴보되, 경우에 따라 이들 중에서 어느 한 측면에만 초점을 맞추어 평가할 수도 있다. 예를 들어 주장하는 글 쓰기를 평가할 때에는 주장에 따라 타당한 논거를 제시하였는지에 중점을 두어 평가할 수 있다.

③ 한 편의 완성된 글을 평가하되, 경우에 따라서는 일련의 글쓰기 과정을 평가하여 학습자에 대한 좀 더 풍부한 정보를 얻을 수도 있다.

④ 독자를 존중하고 배려하며 쓰기와 같은 정의적 영역의 평가를 할 때에는 일회적으로 끝나지 않도록 한다. 체크리스트를 만들어 활용할 수도 있고 자신의 언어 사용 실태를 기록하는 기록장을 만들어 활용할 수도 있다.

⑤ 교사의 평가뿐 아니라 글을 쓰고 나서 다른 사람과 돌려 읽으며 자기 평가와 상호 평가를 하도록 하고, 이를 통해 학습자의 쓰기 활동에 대한 다면 평가를 강조하도록 한다.

[문법] - 【1, 2학년】

① 한글 자모의 이름과 소릿값을 알고 정확하게 발음하고 쓰는 것과 같은 기초 문식성 관련 평가는 듣기 · 말하기, 읽기, 쓰기와 관련된 기초적인 의사소통 능력을 배양하기 위한 학습 과정 전반에 대한 평가의 일부가 되도록 통합적으로 평가한다.

② 낱말을 바르게 읽고 쓰기와 관련된 평가는 읽기 영역과 쓰기 영역을 통합하여 할 수 있다.

③ 글자, 낱말, 문장에 대한 흥미와 관심에 대한 평가는 교사에 의한 관찰, 자기 평가와 동료 평가, 상황 학습이나 놀이 학습 등의 방법을 활용할 수 있다.

【3, 4학년】

① 국어사전에서 낱말 찾기를 평가할 때에는 사전을 찾는 데 필요한 지식뿐만 아니라 사전에서 낱말을 찾는 수행 과정을 직접 관찰하여 평가하도록 한다.

② 낱말과 문장, 높임법, 한글과 관련하여 비판적 · 창의적 사고력과 탐구 능력을 평가하는 데 중점을 둔다.

③ 한글의 소중함을 깨닫게 해 주는 자료에 관해 자기 주도적으로 발표하거나 다른 학습자와 토의하고 그 내용을 공유하게 함으로써 자료 · 정보 활용 능력과 의사소통 능력을 평가할 수 있다.

【5, 6학년】

① 언어의 기능, 낱말의 확장과 해석, 관용 표현, 문장의 구성에 관한 평가에서는 실제의 언어생활에서 접할 수 있는 다양한 자료를 활용하도록 한다.

② 낱말이 상황에 따라 다양하게 해석됨을 평가할 때에는 상황이나 문맥이 드러나는 실제 언어 자료를 바탕으로 하여 평가하도록 한다.

③ 낱말 확장, 관용 표현, 문장 구성에 대한 이해뿐 아니라 표현의 측면에 대해서도 평가가 이루

어지도록 한다.

④ 호응 관계를 평가할 때에는 지식을 독립적으로 평가하기보다는 쓰기 영역과 관련지어 자신의 글이나 친구가 쓴 글에서 호응 관계가 맞지 않는 문장을 찾아 바르게 고쳐 보게 한다.

⑤ 바른 국어 사용의 태도는 자기 보고, 관찰 평가, 상호 평가 등의 비형식적, 상위 인지적 평가를 적극적으로 활용한다.

[문학] – 【1, 2학년】

① 허용적인 분위기 속에서 시나 노래, 이야기를 감상하고, 느낀 점과 생각을 자유롭게 표현하도록 하고 이를 관찰하여 평가한다.

② 시나 노래, 이야기를 교과 외 시간에도 흥미를 갖고 즐겨 접하도록 독려하고 이를 누적적으로 기록하여 평가한다.

③ 작품에 대한 학습자의 반응에 대해 옳고 그름을 평가하기보다는 다른 학습자들과 반응을 공유하는 과정을 통해 자신의 생각과 느낌을 스스로 점검해 보는 기회를 제공한다.

【3, 4학년】

① 인물, 사건, 배경을 통해 작품 이해하기에 대한 평가는 작품을 읽고 난 후 느낀 점이나 생각을 학습자끼리 공유하는 과정에서 이들 요소를 중심으로 작품을 이해하고 있는지 자연스럽게 확인하도록 한다.

② 문학적 지식을 단편적으로 확인하기보다는 작품을 감상하는 가운데 문학 지식을 적절하게 활용할 수 있는지를 평가하는 데 중점을 둔다.

③ 교수 · 학습에서 다룬 지식이나 내용을 직접적으로 확인하기보다는 작품을 감상한 결과를 다양한 방법으로 표현하는 과정에 중점을 두어 평가한다.

④ 교과서에 수록된 작품에 국한하지 않고 학습 주제와 연관된 다양한 작품을 적절하게 활용하여 평가한다.

⑤ 독후 활동으로서 생각과 느낌을 표현하는 능력을 평가할 때에는, 작품에 대한 수렴적인 이해보다는 발산적인 감상 능력에 중점을 두도록 한다.

【5, 6학년】

① 평가를 위한 별도의 시간을 할애하거나 활동을 계획하기보다는 수업 및 학교생활에서 학습자의 수행과 태도의 변화 과정을 직접적 · 누적적으로 기록하여 평가한다.

② 개념적 지식에 대한 이해는 가급적 배제하고 문학을 즐겨 감상하는 능력에 중점을 두어 평가한다.

③ 수업에서 다룬 내용이라고 하더라도 단편적인 정보에 초점을 맞추지 말고 작품 전체에 대해 추론적, 비판적, 창의적 사고를 발휘할 수 있도록 평가 도구를 구성한다.

④ 형성 평가에서는 학습 목표에 초점을 맞추더라도 총괄평가에서는 작품에 대한 전체적인 감상

능력과 창작 능력을 측정하도록 한다.
⑤ 교과서에 수록된 작품에 국한하지 않고 같은 또래 학습자들의 다양한 작품을 활용하여 평가한다.
⑥ 비유적으로 표현하는 능력을 평가할 때에는 참신성과 개성은 물론 공감의 폭을 중요하게 고려한다.
⑦ 이야기나 극의 형식으로 표현한 것을 평가할 때에는 완성도보다는 학습자가 즐겁게 참여하고 적극적으로 표현하려는 태도에 관심을 갖는다.

2015 교육과정의 국어과의 평가는 몇 가지 점에서 기존의 접근과 달리 접근하고 있다.

첫째, 평가에서 영역의 특성을 강조한다. 국어과의 다섯 개 영역에서 모두 평가의 방식을 개별적으로 제시하고 있다. 이는 국어과 평가가 기존의 일반적 원리에 의한 접근보다는 영역 특수성을 고려한 접근이 필요하다는 의식을 반영한 것이다. 국어과의 듣기·말하기, 읽기, 쓰기, 문법, 문학은 그 영역적 특징이 분명하게 구분된다. 따라서 평가를 이들 특징에 맞게 해야 할 필요가 있다.

둘째, 학년군을 강조한다. 교육과정에서 교육 내용의 제시가 학년군별로 되어 있는 것과 마찬가지로 평가도 학년군별로 내용과 방식을 같이 한다. 이는 학생의 학습 수준과 발달을 고려하여 평가하는 것이 필요함을 의미한다. 교육에서 교육의 내용과 학생의 발달 수준은 중요한 요인이다. 평가에서 늘 교육 내용과 학생의 발달을 고려해 왔지만 구체적인 내용을 제시하지는 않았다. 2015 교육과정에서는 이 학년군별로 평가 항목을 제시하여 평가를 강화하고 있다.

셋째, 내용의 구체성이다. 2015 교육과정에서 영역별, 학년군별 평가 내용과 방법을 제시하시하고 있다. 기존의 평가 방법을 중심으로 평가 항목을 제시한 것과는 차이가 크다. 영역별, 학년군별로 구체적이고 명시적으로 내용과 방법을 제시하고 있어 이에 맞게 평가가 이루어지도록 하는 것이 필요하다.

넷째, 평가 방법의 다양성이다. 영역별로 또는 학년군별로 평가할 내용을 지정하고 평가 방법도 구분하여 제시하고 있다. 이는 평가 내용에 맞는 방법을 사용하라는 의미이다. 평가 방법의 다양화는 평가를 상황에 맞게 운영할 것을 강조하는 것이라 할 수 있다.

평가에서 절대적으로 좋은 평가 방법은 있을 수 없다. 평가 목적이나 평가 내용, 평가 상황 등에 따라 적절한 평가 방법을 선택, 활용하는 것이 중요하다. 그리고 평가라고 하면 교사가 학생을 평가하는 것만 생각할 수 있는데, 평가 상황에 따라서는 학생의 자기 평가나 동료 평가 역시 적절히 활용한다. 학생들은 자신이나 동료에 대한 평가 활동을 통해 자신의 상태를 정확히 진단할 수 있고 이것은 곧 자신의 국어 능력을 증진하는 데 도움이 된다. 교육과정에서는 다양한 평가 방법을 제시하고 있다. 이는 내용 특성을 고려하여 적절한 평가 방법을 선택할 것을 강조하는 것이다. 국어과 평가에서는 교육과정에서 제시하고 있는 다섯 영역의 내용 특성과 학년군별 학생의 특성을 고려하여 평가를 실시해야 한다.

　다음은 국어과 평가에서 읽기 평가의 예를 들어 학습자들의 어떠한 면을 측정하고자 하는가에 따라 읽기 평가의 방법이 어떻게 적용되는지를 나타낸 것이다. 다음에 나오는 〈표 3〉은 특정 평가의 초점, 범위, 다양성 등을 확인하기 위하여 사용할 수 있는 예시 읽기 평가 점검표(reading assessment inventories)이다. 이 읽기 평가 점검표는 독서 지도와 학습에서 중요하게 고려되는 것들에 준하여 가용한 시간에 맞게 어떤 것을 언제 어떻게 사용할 수 있는지 그 순서를 결정하는 데에 도움이 된다(Afflerbach, 2007: 14~15).

〈표 1〉 예시 읽기 평가 점검표

	평가가 측정하는 것은 학생들의 ……					
	인지적 읽기 전략과 기능	읽기 동기	읽기의 사회적 활용	읽기에서의 독자성	협동 학습 환경에서의 읽기 활용	다른 유인에 우선한 읽기 선택
시험과 퀴즈	√					
포트폴리오	√	√	√	√	√	√
수행 평가	√		√	√	√	
교사 질문	√	√	√		√	√
비형식 읽기 검사	√					

√ = 특정 유형의 읽기 평가가 표시된 목적에 부합할 때

　국어과 평가를 할 때에는 균형 있는 평가가 필요하다. 여기에서 균형은 첫째 표현 능력과 이해 능력의 균형, 둘째, 인지적 요소와 행동적 요소, 정의적 요소의 균형을 말한다. 첫째의 균형은 국어과의 영역 중에서 어디에 치중하지 말고 골고루 평가해야 한다는 것을 뜻한다. 둘째의 균형은 지식적인 요소, 기능적인 요소, 행동적인 요소, 태도적인 요소가 고루 다루어져야 한다는 것을 뜻한다. 이는 국어과 평가가 특정한 내용 요소에만 매몰되지 말 것을 강조하는 말이다. 그렇다고 하여 모든 요소를 완전히 동일한 비중으로 해야 하다는 것은 아니다.

3. 국어과 평가 방법

1) 국어과 평가의 유형

평가 방법에는 여러 가지가 있다. 일반적으로 교육 전반에서 실시하는 평가 방법들은 대부분 국어과에서 활용할 수 있는 방법이다. 물론 이들 중에서 국어과에서 좀 더 많이 활용될 수 있는 것은 있다.

평가 방법을 나누는 기준은 여러 가지이다. 그리고 구분 기준에 대한 개념 역시 다소 차이가 있다. 우선 어느 기준에 따라 다양한 평가 방법들을 나누어 보면 다음과 같다.

〈표 2〉 평가 방법의 종류

구분 기준	평가 유형	평가 종류(방법)
형식성	형식적 평가	선다형 평가, 논술형 평가, 단계별 산출물 분석법
	비형식적 평가	속성 기술법, 교사 관찰형 평가, 자기나 동료 평가법, 포트폴리오법, 의미 구성 과정 평가법
객관성	객관식 평가	선다형 평가
	주관식 평가	논술형 평가, 속성 기술법, 단계별 산출물 분석법, 교사 관찰형 평가, 자기나 동료 평가법, 포트폴리오법, 의미 구성 과정 평가법
표준성	표준화 검사	선다형 평가
	비표준화 검사	논술형 평가, 속성 기술법, 단계별 산출물 분석법, 교사 관찰형 평가, 자기나 동료 평가법, 포트폴리오법, 의미 구성 과정 평가법
직접성	직접 평가	논술형 평가, 속성 기술법, 단계별 산출물 분석법, 교사 관찰형 평가, 자기나 동료 평가법, 포트폴리오법, 의미 구성 과정 평가법
	간접 평가	선다형 평가
비교 유무	상대 평가(규준 평가)	선다형 평가, 논술형 평가, 단계적 산출물 분석법
	절대 평가(기준 평가)	속성 기술법, 교사 관찰형 평가, 자기나 동료 평가법, 포트폴리오법, 의미 구성 과정 평가법
사용 도구	지필 평가	선다형 평가, 논술형 검사, 속성 기술법, 단계별 산출물 분석법, 자기나 동료 평가법, 포트폴리오법
	관찰 평가	교사 관찰형 평가법, 의미 과정 평가법

구분 기준	평가 유형	평가 종류(방법)
지속성	일회적 평가	선다형 평가, 논술형 평가, 단계별 산출물 분석법
	지속적 평가	교사 관찰형 평가, 자기나 동료 평가법, 포트폴리오법, 의미 구성 과정 평가법
평가 주체	교사나 전문가	논술형 평가, 단계별 산출물 분석법, 교사 관찰형 평가, 포트폴리오법, 의미 구성 과정 평가법
	자기나 동료	자기 평가법, 동료 평가법
전체성	전체(글) 평가	논술형 평가, 속성 기술법
	부분(과정) 평가	단계적 산출물 분석법
평가 대상	글 평가	서술형 평가, 논술형 평가, 속성 기술법, 단계별 산출물 분석법, 포트폴리오법, 자기나 동료 평가법
	필자 평가	교사 관찰형 평가, 의미 구성 과정 평가법
평가 시점	결과(글) 평가	논술형 평가, 속성 기술법, 포트폴리오법, 자기나 동료 평가법
	과정 평가	단계별 산출물 분석법, 교사 관찰형 평가, 의미 구성 과정 평가법
평가 목적	선발형 평가	선다형 평가, 논술형 평가, 단계별 산출물 분석법
	정보 파악용 평가	자기나 동료 평가법, 포트폴리오법, 교사 관찰형 평가, 의미 구성 과정 평가법
정보 종류	양적 평가	선다형 평가, 논술형 평가, 단계별 산출물 분석법
	질적 평가	속성 기술법, 자기나 동료 평가법, 포트폴리오법, 교사 관찰형 평가, 의미 구성 과정 평가법
평가 요소	지식 평가	선다형 평가
	기능/전략 평가	논술형 평가, 속성 기술법, 단계별 산출물 분석법 자기나 동료 평가법, 포트폴리오법, 의미 구성 과정 평가법
	태도 평가	교사 관찰형 평가
평가 시기	수업 중 평가	교사 관찰형 평가
	수업 후 평가	논술형 평가, 속성 기술법, 단계별 산출물 분석법, 자기나 동료 평가법, 포트폴리오법

〈표 2〉에서 형식적 평가는 비교적 엄격하면서도 객관적인 기준에 비추어서 평가를 하는 것을 말하고, 비형식적 평가는 비교적 느슨한 기준을 가지고 교사가 주관적으로 평가하는 것을 말한다. 경우에 따라서는 형식적 평가는 공식적인 절차에 의한 것으로 그 결과를 남겨야 하지만 비형식적 평가는 그렇지 않아도 되는 것으로 이들 둘을 구분하기도 한다. 이 구분 기준을 따르면 학교에서 중간고사나 기말고사를 보고 이것을 공식적으로 기록에 남겨야 하는 것이라면 이 경우 이는 형식

적 평가가 된다.

직접 평가와 간접 평가로 나누기도 하는데, 직접 평가는 실제로 학생들에게 국어를 수행해 보게 한 다음 그것을 평가하는 것을 말한다. 예를 들어 글쓰기 평가에서 실제로 한 편의 글을 쓰게 한 후에 평가를 하면 직접 평가가 된다. 이에 비해 대학수학 능력 시험의 경우처럼 선다형으로 쓰기에 대한 지식이나 기능을 평가하는 경우에는 간접 평가에 해당된다.

〈표 2〉에서 과정 평가는 완성된 결과 자체보다는 그것을 완성하기까지의 과정을 평가하는 것을 말한다. 예를 들어 글쓰기 장면에서 보면 완성된 글만이 아니라 아이디어를 생성해 놓은 것을 보고, 그 학생이 아이디어 생성면에서 어떤 어려움과 장점을 보이는지를 분석하는 것이 한 방법이 된다. 또는 개요를 작성해 놓은 것을 보고, 그 학생의 조직력을 볼 수 있다. 한편으로 아이디어를 생성해 놓고 조직한 것을 보면서 이 학생이 생성한 아이디어를 어떻게 활용하는지를 파악하고자 하는 것도 과정 평가의 한 범주에 포함시킬 수 있다. 이러한 방식은 글을 완성하기 전까지 학생들이 산출해 놓은 것을 통해 그 학생의 쓰기 능력을 측정하고자 한 것이다. 완성된 글 전체를 대상으로 하지 않는다는 점에서 부분 평가라 부를 수 있을 것이다. 이렇게 부분 평가를 할 때에는 이들 부분 부분에 대한 정보를 모아 하나의 전체를 파악하는 태도와 능력이 중요하다.

양적 평가와 질적 평가로 나누기도 하는데, 양적 평가는 수치화할 수 있는 평가를 말한다. 즉, 양적으로 측정하기 위한 평가를 말하는데 주로 서열화의 목적, 또는 선발의 목적으로 평가할 때 사용한다. 이에 비해 질적 평가는 객관화된 수치가 아니라 다양한 정보를 기술하는 평가를 말한다. 관찰형 평가에서는 주로 질적 평가를 한다.

이들 평가 방법들은 나름의 장점을 지니고 있다. 앞에서도 말했지만 절대적으로 좋은 평가 방법은 없다. 평가 목적이나 대상, 상황 등에 맞게 적절한 평가 방법을 선택하면 된다.

대체로 서열화를 위한 평가에서는 지필 평가, 그 중에서도 선다형 평가가 많이 사용된다. 이른바 객관식 평가가 사용된다. 서열화를 위한 평가에서는 신뢰도가 높은 방법을 사용해야 하기 때문이다. 이에 비해 다양한 정보 파악을 통해 교수 학습의 질 개선에 목적을 둔 평가를 위해서는 관찰형 평가가 많이 사용된다. 이 경우에는 타당도가 높은 방법을 선택하게 된다.

그리고 평가의 대상 문제로 선언적 지식을 평가하느냐, 기능이나 태도를 평가하느냐에 따라서도 평가 방식이 달라질 수 있다. 지식 평가에서는 지필 평가의 형태를 사용할 수 있고 양적 평가가 가능하지만, 기능을 평가할 때에는 주로 실제로 결과물을 산출해 내게 하는 질적인 평가를 많이 사용한다. 태도 평가에서는 주로 관찰형 평가를 사용하게 된다.

2) 국어과 평가 방법

국어과 교육과정에서는 여러 가지 평가 방법을 제시하고 있다. 교육과정에 제시된 방법은 대체로 국어과 전체 영역에서 두루 사용할 수 있는 방법들이다. 각 영역별로 적용될 수 있는 방법에 대해서는 따로 알아두어야 할 것이다. 교육과정에서는 다음과 같은 평가 방법들이 제시되어 있다(교육과학기술부, 2008: 180~183).

(1) 질적 평가

질적 평가란 학교 교육 현장에서 교수·학습의 질을 향상시키고 학습자 개개인의 교육적 성장을 돕기 위해, 다양한 정보를 수집하고 교육적으로 가치 판단하는 과정을 중시하는 평가 방식이다. 질적 평가에서는 학습자의 점수나 석차보다 학습자 개개인의 특성이나 장단점을 파악하는 것을 더 중시하며, 아울러 교과 내용에 대한 지식 및 가르치는 데 필요한 절차적 지식의 수준 등을 파악하는 것도 매우 중요시한다. 이에 비해 학습자의 선발이나 배치, 서열화를 목적으로 학습자의 학습 결과를 양적으로 측정하는 평가 방식을 양적 평가라 한다.

(2) 비형식 평가

비형식 평가란 제도적인 절차를 거치지 않고 공식적으로 결과를 남기지는 않지만, 학습자에 대한 정보를 파악하기 위해 수시로 이루어지는 평가이다. '비형식적 평가'는 자료 수집 계획을 사전에 세우지 않거나 당장 수행해야 할 최소한의 관찰 계획만 구상하여 평가하는 방법으로, 학습 효과의 향상을 위해 치르는 쪽지 시험이나 받아쓰기, 수업 담화 관찰 등이 그 예에 해당한다. 이에 비해 '형식 평가'란 제도적인 평가의 과정을 거치고 난 후 평가의 결과를 남겨 이후의 교수·학습 과정에 참고로 하기 위한 평가이다.

(3) 직접 평가

직접 평가는 국어 활동에 관한 지식이 아니라 실제 국어 활동을 대상으로 국어 능력의 특성 및 수준을 평가하는 것을 말한다. 즉 직접 평가란 국어 활동을 직접 수행하게 하여 직접적인 자료로 그 능력을 평가하는 것으로, 실제로 듣고, 말하고, 읽고, 쓰는 활동을 하게 하여 그 수행 과정이나 결과를 바탕으로 국어 능력의 특성과 수준을 판단한다. 이에 비해 '간접 평가'는 국어 활동에 관한 지식을 평가하거나 기타 간접적인 방법으로 국어 능력을 알아보는 방법이다. 말하기나 쓰기 등의 평가에서 선택형이나 단답형, 완성형 등의 방식으로 국어 능력을 평가하는 것을 말한다.

(4) 수행 평가

수행 평가는 학생 스스로 자신이 알고 있거나 생각하고 있는 것을 나타낼 수 있도록 답을 작성 (구성)하거나, 발표하거나, 산출물을 만들거나, 행동으로 나타내도록 요구하여 평가하는 것을 의미 한다. 여기서 '행동'이란 단순히 신체를 움직이는 것만을 의미하는 것이 아니라 말하거나, 듣거나, 쓰거나, 그리거나, 만들거나, 더 나아가서 그것을 준비하는 과정까지도 포함한다. '수행 (performance)'이란 구체적인 상황에서 행동을 하는 것이 아니라, 그러한 지식이나 절차를 바탕 으로 실질적이면서도 구체적인 국어 활동을 어떻게 구현하는가를 평가하는 데 초점을 둔다. 수행 평가를 실시하면서 활용할 수 있는 평가 방법으로는 서술형 평가, 논술형 평가, 관찰법, 토론법, 구술 평가, 면접법, 연구 보고서법, 자료철(포트폴리오) 등을 들 수 있다. 이 평가 방법에 대한 내용은 다음 4절에서 자세하게 다루도록 한다.

(5) 지필 평가

지필 평가는 일반적으로 학생들에게 문제를 나누어 주고 펜으로 답을 쓰게 하는 평가 방식을 의미하며, 대표적으로 선택형과 서답형을 들 수 있다.

선택형 평가란 주어진 몇 개의 선택지 중에서 물음이나 지시가 요구하는 답을 선택하도록 하는 문항을 의미하며, 진위형(眞僞型), 배합형(配合型,) 선다형(選多型) 등이 이에 속한다. 이 방법의 장점은 간편하면서도, 많은 학생들을 짧은 시간에 평가할 수 있다는 점이다. 반면에 문항 구성이 어렵고, 학습자의 답이 맞았거나 틀렸을 경우에 왜 맞았는지 또는 왜 틀렸는지 진단하기 힘들다는 단점이 있다. 또한 학생들의 주체적이고 창의적인 반응을 평가하기 힘들다는 단점도 있다. 일반적 으로 이 방식은 평가의 신뢰도는 높은 반면, 타당도는 낮다.

서답형 평가는 주어진 물음이나 지시에 따라서 학생들이 스스로 답안을 만들어서 서술하고 기록 하는 문항 형식의 통칭으로 단답형, 완성형, 서술형, 논술형 등이 이에 속한다. 일상용어로는 주관 식 문항이라고 불리며, 선택형 문항 형식과 대비된다. 서술형은 주어진 주제나 요구에 따라 학생이 스스로 서술하여 답하는 문항을 의미한다. 서술하는 방식이나 형식에 대한 사항은 각 문항에서 제 시하는 것이 좋다. 문항에 따라 글의 주제, 목적, 예상 독자, 분량, 시간 등을 제한하여 명시하기 도 한다. 논술형 평가는 주어진 논제에 대해 논리적이고 주체적으로 사고하면서 문제를 해결하는 과정을 쓰도록 한 후 평가하는 방식이다. 논술형 문항의 경우, 학생들이 논해야 할 주제가 무엇인지 분명히 드러나도록 해야 하며, 학습자는 자신의 주장에 대한 타당한 논거를 통해 논변력을 드러낼 수 있어야 한다. 논술형 문항은 일종의 서술형 문항이기는 하지만, 학생 개인의 생각이나 주장을 창의적이고 논리적이면서도 설득력 있게 하나의 완결된 구조로 조직하는 것을 강조한다는 점에서 서술형과 구별할 수 있다. 서답형 평가는 일반적으로 타당도가 높은 평가 방법으로, 선택형에 비해 높은 수준의 사고를 평가할 수 있는 장점을 지닌다. 하지만 채점을 하는 데 시간이 많이 걸리고 채점의 공정성(신뢰성) 문제가 있을 수 있다.

(6) 연구 보고서법

연구 보고서법은 특정한 주제에 대하여 학습자 스스로 자료를 수집하고 분석·종합하여 연구 보고서를 작성·제출하도록 하여 평가하는 방법이다. 이때 연구는 그 주제나 범위에 따라 개인적으로 할 수도 있고, 관심 있는 학생들이 함께 모여서 소집단별로 할 수도 있다. 이러한 연구 보고서법을 흔히 프로젝트(project)법이라고도 한다. 학생들은 연구를 수행하고 보고서를 작성하는 과정에서 연구하는 방법, 각종 정보를 수집하는 방법, 다양한 자료를 종합하고 분석하는 방법, 보고서를 작성하는 방법 등을 익히게 될 것이며, 연구 보고서 발표회나 학생들 간의 연구 보고서의 상호 교환을 통해서도 많은 것을 배울 수 있다.

이 방법은 타당도가 높은 평가 방식이며, 학생들 스스로 문제를 찾고 해결하는 능력과 태도를 기르는 데 도움이 된다. 또한 높은 수준의 사고를 평가하는 데 도움이 되며, 사고뿐만 아니라 단순 지식, 태도, 발표력, 협동심 등을 평가하는 데에도 도움이 된다. 그러나 학생이나 교사 모두 시간과 노력이 필요하며 자칫하면 학생들에게 부담을 줄 수 있다. 그리고 평가의 공정성을 확보하기가 쉽지 않다.

(7) 자료철(포트폴리오)

자료철 평가법은 포트폴리오법 또는 활동철 평가법(portfolio assessment)으로도 불린다. 자료철이란 개별 학습자가 직접 쓰거나 만든 작품을 지속적이면서도 체계적으로 모아 둔 작품집 또는 서류철을 대상으로 평가하는 방법이다. 이 방법은 학습자가 자신의 변화 발전 과정을 스스로 파악할 수 있고, 다른 사람에게도 평가받을 수 있다는 장점이 있다. 즉, 장시간에 걸친 평가이니만큼 그만큼 학생들의 발달 과정을 추론해 보는 데 도움이 된다. 그리고 타당도가 높은 평가로 높은 수준의 사고 능력이나 기능, 태도 등을 평가하는 데 적합하다. 하지만 많은 시간과 노력이 필요하고 평가의 신뢰도에서 문제가 될 수 있다. 자칫하면 교사나 학생 모두에게 상당히 부담스러운 평가 방법이 될 수 있다.

(8) 면접법

면접법은 평가자와 학생이 서로 대화를 통해서 얻고자 하는 자료나 정보를 수집하여 평가하는 방법이다. 즉, 교사가 학생과 직접 대면한 상황에서 교사가 질문하고 학생이 대답하는 과정을 통해 지필 평가만으로는 알 수 없는 의미 있는 정보를 얻고 평가할 수 있는 방식이다. 이 방법의 장점으로는 과정이나 원인 등 좀 더 심도 깊은 정보를 얻을 수 있다는 점, 사전에 예상할 수 없었던 정보나 자료를 얻을 수 있다는 점, 진행상 융통성을 발휘할 수 있다는 점을 들 수 있다. 그렇지만 개별 학생들과 면담하는 데에는 많은 시간이 필요하며 평가의 신뢰와 공정성에 문제가 될 수 있다.

(9) 구술 평가

구술 평가는 학생이 특정 교육 내용이나 주제에 대해 자신의 의견이나 생각을 발표하도록 하여 준비도, 이해력, 표현력, 판단력, 의사소통 능력을 직접 평가하기 위한 방법이다. 주제에 대해서 학생들에게 발표 준비를 하도록 한 다음, 개별적으로 약 5분간 발표하도록 하여 평가할 수 있다. 구술 평가는 주제나 질문을 사전에 미리 알려주는 형식을 취할 수도 있지만, 평가 영역만 알려준 후 구술 평가 상황에서 교사가 평가 영역과 관련된 주제나 질문을 제시하고 학생이 답변하는 형식을 취할 수도 있다. 이 평가 방법은 지필 평가로는 얻기 어려운 다양한 정보를 얻을 수 있고, 학생들이 알고 있는 지식을 표현할 수 있느냐를 평가할 수 있다는 장점이 있다. 하지만 시간이 많이 걸리고 평가의 공정에서 문제가 될 수 있다.

(10) 토론법

토론법은 교수·학습 활동과 평가 활동을 통합적으로 운영하는 대표적인 방법으로, 특정 주제에 대해 학생들이 서로 토론하는 것을 관찰하면서 평가하는 것이다. 특히 찬·반 토론법을 많이 사용하는데, 찬·반 토론법이란 사회적으로나 개인적으로 서로 다른 의견을 제시할 수 있는 토론 주제를 설정하고, 개인별로 혹은 소집단별로 찬·반 토론을 하도록 한 다음, 찬성과 반대 의견을 토론하기 위해 사전에 준비한 자료의 다양성이나 충실성, 그리고 토론 내용의 충실성과 논리성, 상대방의 발화에 대한 이해 능력, 적절하고 효과적인 담화로 구성하여 전달하는 능력, 반대 의견을 존중하는 태도, 토론 진행 방법에 대한 지식 등을 종합적으로 평가하는 방법이다.

이 방법은 지식이나 이해, 기능, 전략, 태도 등을 종합적으로 평가할 수 있는 장점을 지니고 있다. 또한 토론법을 잘 운영하면 평가가 곧 교수ㆍ학습(수업)이라고 할 수 있다. 즉, 평가하는 과정에서 학습이 일어난다. 그러나 학생들의 토론 과정을 일시적으로 관찰, 평가하는 데에는 어려움이 있다.

(11) 관찰법

관찰법은 학생을 이해하고 평가하기 위한 가장 보편적인 방법 중의 하나로서, 학생들의 일상생활이나 특정 국어 활동의 과정을 집중적으로 관찰하면서 평가하는 방법이다. 개별 학생이나 집단 단위로 관찰하며, 주로 인위적인 상황보다는 자연적인 상태에서 관찰한다. 객관적이고 정확한 관찰을 하기 위해서는 관찰 대상을 있는 그대로 기술하는 일화기록법이나, 체크리스트(checklist)나 평정 척도 등을 이용하기도 하고, 경우에 따라서는 비디오 녹화를 한 후에 분석하기도 한다.

이 방법은 학생들의 국어 수행에 대한 다양한 정보를 얻을 수 있는 장점이 있다. 특히 지필 평가로는 하기 어려운 태도적인 면을 파악할 수 있다. 하지만 관찰하는 데 시간과 노력이 많이 필요하다.

3) 국어과 채점 방법

국어과 채점 방법은 크게 총체적 채점 방법, 분석적 채점 방법으로 나눌 수 있다. 여기에 주요 특성 채점 방법을 추가하여 사용하기도 한다. 각 채점 방법에 대한 내용을 다음과 같다.

(1) 총체적 채점 방법

총체적 채점(holistic scoring)은 수행 결과나 서답형 문항에 대한 응답이나 수행을 채점할 때, 전체적으로 판단하여 단일한 점수를 부여하는 평가 방법이다. 총체적 채점 방법은 분석적 채점 방법에 비하여 시간을 절약할 수 있어 경제적이라는 것과 응답이나 수행을 전체적으로 판단할 수 있다는 것을 장점으로 가지고 있다. 반면에 총체적 채점 방법은 집단 내에서 상대적인 비교를 하게 되는 경향이 있기 때문에 객관성이 떨어질 수 있다는 것과 응답이나 수행에 대한 이해와 진단이 어렵다는 것을 단점으로 가지고 있다. 총체적 채점 방법은 평가의 주요 목적이 학생의 순위를 결정하는 것일 때 유용하다(한국교육평가학회, 2004: 361).

(2) 분석적 채점 방법

분석적 채점(analytic scoring)은 수행 결과나 서답형 문항에 대한 응답이나 수행을 채점할 때, 구성 요소들을 선정하여 구성 요소별로 채점한 뒤에 이 점수들을 총합하여 점수를 산출하는 채점 방법이다. 분석적 채점 방법은 채점자 간의 차이를 줄일 수 있기 때문에 채점의 객관성을 높일 수 있다는 것과 각 구성 요소별로 학생들의 강점이나 취약점을 파악할 수 있기 때문에 학생들에 대한 이해와 진단을 위해 적절하다는 것을 장점으로 가지고 있다. 반면에 분석적 채점 방법은 각 구성 요소별로 채점하므로 총체적 채점 방법에 비하여 시간이 더 걸린다는 것과 응답이나 수행을 통합적으로 판단하지 못한다는 것을 단점으로 가지고 있다. 분석적 채점은 학생에 대해 진단을 하는 것이 평가의 주요 목적일 때 유용하다(한국교육평가학회, 2004: 175).

(3) 주요 특성 채점 방법

주요 특성 채점 방법은 국어과 수행의 상황이나 주요한 특성에 주목하여 채점하는 방법이다. 이 채점 방법은 국어 수행의 과제와 수행 과정을 분석하여 평가의 대상이 되는 주요 특성을 찾고, 그 특성에 대하여 채점한다. 분석적 채점 방법은 모든 수행을 바탕으로 이루어지지만 주요 특성 채점은 수행 중에서 한두 가지의 주요 특성에만 주목한다. 이 방법은 평가하는 자료에 대한 환류가 자세하고, 미리 피험자가 채점 기준인 주요 특성을 인지할 수 있는 장점이 있으나, 제한적인 특성만을 평가하므로 전체적인 수행 맥락에서 멀어지는 단점이 있다.

4. 국어과 수행 평가

1) 국어과 수행 평가의 필요성

(1) 국어과 수행 평가의 뜻

최근 국어 교육 장면에서 수행 평가가 중요한 논의거리가 되었다. 그런데 수행 평가의 개념에 대해서도 사람들마다 이해의 차이가 있다. 어떤 사람들은 과정 평가가 수행 평가의 특징을 규정하는 핵심적인 개념이라고 생각하는가 하면, 또 다른 사람들은 지속적인 평가나 관찰 평가를 수행 평가의 핵심적인 특징으로 보고 있다. 이렇게 수행 평가가 여러 다른 평가 방법이나 평가 관점과 개념상 혼동되고 있다.

수행 평가의 개념을 정의하는 사람들은 대체로 수행 평가의 중요성을 부각시키는 입장에서 이를 지나치게 폭넓게 정의하는 경향이 짙다. 그 결과, 수행 평가 대신에 과정 평가나 관찰 평가와 같은 말로 대치해도 상관없는 일이 발생한다.

이 시점에서 무엇이 수행 평가의 특성을 가장 잘 드러내 주는지를 생각해 볼 필요가 있다. 학교 현장에서 수행 평가가 정착되려면 그 개념부터 분명해야 하기 때문이다. 수행 평가에서 '평가'라는 말은 다른 평가 방식 또는 관점과 공통된 것이기 때문에, 수행 평가의 특징은 결국 '수행'이라는 말에서 찾을 수 있을 것이다. 수행이라는 말을 어떻게 규정하느냐에 따라 수행 평가의 의미가 달라진다는 이야기다.

수행(遂行, performance)의 사전적 의미는 '계획한 대로 해 냄'을 뜻한다. 이 말은 의도한 것을 실제로 할 수 있는 것을 뜻한다. 수행이라는 말이 이와 같은 의미로 사용되는 것은 여러 군데에서 찾아볼 수 있다. 군대나 회사에서 흔히 사용하는 임무 수행이나 일상생활에서 많이 쓰는 업무 수행이라는 말 역시 이와 유사한 의미로 사용되고 있다. 그리고 언어학자인 촘스키가 일찍이 언어 능력(language competence)과 언어 수행(language performance)으로 나눈 바 있는데, 이 때 수행이라는 말은 자신의 언어 능력을 발휘하여 실제로 언어를 사용할 수 있는 능력이란 의미로 사용되었다. 이렇게 수행이라는 말은 어떤 상황에서 주어진 일을 실제로 해결할 수 있는 능력을 지칭하는 용어로 흔히 사용된다.

물론 수행 평가를 정의할 때 지나치게 사전적인 의미에 얽매일 필요는 없다. 전문 용어인 만큼 나름대로의 의미를 담을 수도 있다. 하지만 어차피 수행이라는 말을 쓴 이상, 이 말의 사전적인 의미에서 완전히 자유로울 수 없다는 점 또한 인정해야 할 것이다.

한 마디로 수행 평가라는 말은 평가의 '대상'을 기준으로 해서 이름 붙여진 것이라 할 수 있다. 즉, 실제로 임무를 수행해 낼 수 있는 능력을 평가의 '대상'으로 하는 평가를 말한다. 이렇게 보면 평가의 대상이 무엇이냐에 따라 수행 평가와 수행 평가가 아닌 것이 구별된다.

이렇게 수행 평가의 핵심을 '수행성'에 둘 때, 아무리 과정 평가를 했고 지속적인 평가를 했고 주관식 평가, 질적 평가를 했다고 하더라도 지식 자체를 평가했다면 이것은 수행 평가의 범주에 포함되지 않는다. 이렇게 보면 수행 평가에 대해 논의하는 자리에서 흔히 등장하는 과정 평가나 절대 평가, 질적 평가, 주관식 평가, 고등 능력 평가는 수행 평가를 규정하는 핵심적인 개념이라 볼 수 없다. 물론 수행 평가가 결과보다는 과정, 양적보다는 질적 평가를 지향하지만 이것들이 수행 평가를 규정짓는 본질적인 요소는 아니다.

앞에서 살펴본 평가 방법들 중에서 선택형 평가보다는 다른 방법들이 수행 평가에 좀 더 가깝다. 수행 평가는 흔히 말하는 실제적(참) 평가(authentic assessment), 대안 평가(alternative assessment), 생태학적 평가(ecological assessment) 등과 맥락을 같이 하고 있다.

수행 평가의 개념을 좀 더 분명히 하기 위해, 이를 표준화 검사와 실기 평가, 수행 평가를 비교해 보면 다음 〈표 3〉과 같다.

〈표 3〉 표준화 검사, 실기 평가, 수행 평가의 비교(박인기 외, 1999)

	표준화 검사	실기 평가	수행 평가
배경 철학	심리측정적 패러다임	두 패러다임의 중간	맥락적 패러다임
평가 목적	학생들의 규정과 판단	학생들의 규정과 판단	학생들의 이해와 진단
평가 대상	평가 가능한 지식과 이해 능력	선언적, 절차적 지식에 대한 학생들의 직접적 수행	선언적, 절차적 지식에 대한 학생들의 직접적 수행
평가 상황	교수 학습 시간 이외에 제한된 시간 내에 이루어지는 인위적 상황	평가를 위한 제한된 시간을 설정하여 제한된 횟수 내에서 이루어지는 인위적 평가상황	교수 학습과 통합된 자연스러운 평가 상황과 지속적인 평가 강조
평가 방법	양적 평가	양적 평가	질적 평가
	객관식 지필 평가	실험실기, 관찰, 논술형 검사, 구술 시험, 실기시험	실험실기, 관찰, 논술형 검사, 구술 시험, 실기시험

여기에서 볼 수 있듯이 기존의 실기 평가와 수행 평가는 그 관점에서 차이가 있다. 대체로 실기 평가에 비해 수행 평가는 평가의 목적이나 대상, 범위 등에서 더 포괄적인 개념이다. 실시 시기면에서 보더라도 대체로 실기 평가는 일회적으로 이루어지지만 수행 평가는 지속성을 가지고 있다. 또한 실기 평가는 주로 기능이나 전략에 대한 평가를 대상으로 하지만, 수행 평가는 지식 평가나 태도 측면까지 포함한다.

(2) 국어과 수행 평가의 필요성

초등학교의 경우에는 수행 평가라는 말이 사용되기 이전에도 지금 말하는 수행 평가와 유사한 방식이 실제로 사용되어 왔다. 또 초등학교의 경우에는 선발을 위한 목적으로 평가를 하는 경우가 거의 없기 때문에 중등학교에 비해 비교적 이러한 식의 평가가 널리 사용될 수 있었다. 그리고 초등학교의 경우에는 통상 한 교사가 한 학급을 맡기 때문에 학생들과 함께 생활함으로써 그만큼 학생들의 능력을 종합적으로 파악할 수 있다는 특성도 있다.

지금까지 초등학교에서 수행 평가라고 할 수 있는 평가를 해 왔다는 증거는 몇 군데에서 찾을 수 있다. 우선 실기 평가를 많이 해 왔다는 점, 그리고 학급 교육과정에 학생들의 행동을 수시로 관찰하고 이를 학기말에 종합하도록 했다는 점 등을 들 수 있다. 그러나 실기 평가는 지속적이지 못하고 일회적이었다는 점, 수업과는 별도의 장면에서 이루어졌다는 점, 실제적인 국어 사용 상황을 충분히 감안하지 못했다는 점(즉, 평가를 위한 평가였다는 점), 국어 사용의 결과만을 주로 대상으로 했다는 점 등에서 문제를 지니고 있다.

이러한 점을 생각할 때 지금까지 해 왔던 방식에 대해 깊이 있게 생각해 보고, 좀 더 정교하고, 체계적으로 수행 평가를 할 필요가 있다.

국어는 실제의 삶 속에 있는 것이다. 우리가 국어 수업을 하는 가장 기본적인 이유는 학생들이 일상생활에서 국어를 원활하게 사용할 수 있도록 하는 데 있다. 국어 수업을 잘 했다는 증거는 바로 여기에서 찾아야 할 것이다. 그렇다면 평가 역시 이 점에 초점을 맞추어야 한다. 단순히 알고 있는 것이 중요한 것이 아니라, 실제의 국어 사용 상황에서 알고 있는 것을 적절히 사용할 수 있는지를 평가해야 한다는 것이다. 물론 실제의 삶 속에서의 국어 사용 능력을 평가하는 것은 거의 불가능한 일이지만, 최대한 이런 관점에서 문제를 제시하고 평가해야 한다.

강조하지만 '다음 중 말을 잘 하기 위해서 필요한 것은? 글을 잘 쓰기 위해서 필요한 것은?'과 같은 질문을 통해서 학생들의 국어 사용 능력을 평가할 수 있다. 그리고 글을 실제로 쓰게 하더라도 '우리나라의 좋은 점에 대해 쓰시오.'라고 제시하는 것은 단순히 우리나라의 좋은 점에 대해 얼마나 알고 있느냐를 판가름하는 지식 평가밖에 되지 않을 가능성이 높다. 국어과 평가를 할 때에는 최대한 실제의 국어 수행 능력을 평가해야 한다. 이를 위해서는 과제를 제시할 때 언어가 사용되는 상황, 즉 언어 사용의 목적, 대상, 내용 등을 분명히 제시할 필요가 있다.

최근 생태학적 관점에 입각한 평가에 대한 관심이 높아지고 있다. 생태학적 평가와 수행 평가와는 개념적으로 구분되는 점이 있지만 크게 보면 같은 맥락을 지닌다. 여기에서 가장 중요한 점은 평가가 학생들의 삶과 괴리되어서는 안 된다는 점이다. 실제적인 평가 과제나 텍스트, 평가 활용 등 모든 평가 장면에서 요구된다. 여기에서 실제적인 평가 과제와 텍스트란 학생들이 학교 밖 세계에서 실제로 수행해야 할 읽기, 쓰기, 말하기 과제를 말한다(Jett- Simpson, M. 외, 1997: 24).

이러한 수행 평가는 대체로 진정으로 우리가 평가하고자 하는 것을 평가할 수 있는 장점을 지닌다. 즉, 높은 수준의 국어 수행력, 높은 수준의 사고, 태도 등을 평가할 수 있는 장점을 지닌다. 하지만 일반적으로 수행 평가는 학생이나 교사 모두에게 부담을 줄 수 있고, 시간과 노력이 많이 필요하며, 채점의 공정성에 문제가 있을 수 있어서 서열화를 위한 평가에서 제한적으로 활용될 수밖에 없는 단점을 지닌다.

2) 국어과 수행 평가의 원리

국어과에서 수행 평가를 할 때에는 다음과 같은 점을 유의할 필요가 있다. 이들은 비단 수행 평가를 할 때만 적용되는 것은 아니지만 수행 평가를 할 때 특히 고려해야 할 점이다.

첫째, 앞에서도 강조했지만 실제의 국어 수행을 강조할 필요가 있다. 평가를 위한 평가 과제를 제시하지 말고, 그것이 실제의 국어생활에서 어떤 의미가 있는지를 생각하며 과제를 제시하도록 한다. 그리고 과제 해결 능력을 평가할 때에는 지엽적인 지식(맞춤법, 띄어쓰기, 경필 등)보다는 의사소통 능력이나 의미 구성 능력에 초점을 두도록 한다.

둘째, 질적 평가를 많이 해야 한다는 점이다. 국어 점수가 몇 점이라고 하는 것은 교사나 학생, 학부모에게 의미 있는 정보를 제공해 주기 어렵다. 국어과와 관련하여 학생들의 장점과 단점 등을 세밀하게 말해 줄 수 있어야 한다. 예를 들어 철수라는 아이는 '집중만 하면 글을 잘 이해하는데, 글을 읽을 때에는 종종 집중하지 않는다. 글을 읽기 전이나 읽으면서 읽는 목적을 잘 생각하지 않는다. 추상적인 어휘에 대한 이해력이 낮다' 등과 같은 정보를 얻는 것이 중요하다.

셋째, 지속적이고도 종합적으로 평가를 해야 한다. 일회적인 평가로는 학생들의 국어 발달 상황을 좀처럼 파악하기 어렵다. 평소에 관찰 평가도 하고 실기 평가도 함으로써 각 학생들의 국어 발달 상황을 파악할 수 있도록 노력해야 한다. 사실 국어과의 경우는 학교생활 전반, 심지어 가정에서의 생활이 모두 평가 장면이 된다. 국어 수업이나 다른 수업을 할 때, 그리고 학생들이 평소에 이야기를 주고받는 활동, 소집단에서 토론을 하는 활동 등이 모두 평가의 대상이 될 수 있다는 말이다.

넷째, 과정 평가를 강조할 필요가 있다. 여기에서 과정 평가라는 말은 두 가지 의미로 사용했다. 하나는 수업과 평가를 별도로 생각하기보다는 수업 중에 평가하는 것을 강조할 필요가 있다는 점이고, 또 하나는 국어 수행의 결과 자체보다는 그 수행의 과정을 평가할 필요가 있다. 예를 들어 쓰기 평가를 할 때, 한 편의 완성된 글 자체보다는 그 글을 완성하기까지의 과정을 강조할 필요가 있다는 것이다. 말하기 평가나 읽기 평가에서도 마찬가지이다.

다섯째, 수행 평가의 절차를 염두에 두고, 각 절차에서 주의해야 할 점을 분명히 인식하면서 평가할 필요가 있다. 일반적으로 평가를 할 때에는 평가 목표 설정 → 평가 내용(대상과 자료) 선정 → 평가 방법 설정 및 실시 → 채점 기준 설정 및 채점 → 결과 정리 등으로 이루어진다. 평가 목표를 설정할 때에는 내가 이 평가를 통해 무엇을 알고자 하는지, 그것은 의미가 있는 것인지를 분명히 인식할 필요가 있다. 이를 위해서는 교육과정이나 교과서를 분석하는 일이 필수적이다. 그 다음에는 무엇을 가지고 평가하는 것이 바람직한지를 결정할 필요가 있다. 그리고 이를 평가하기 위한 적절한 방법을 찾아 실시하고, 채점을 한 다음에는 그것을 어떻게 활용할 것인지를 정리해 둔다.

특히 평가 기준을 명료화 할 필요가 있다는 점을 강조하고 싶다. 학교 현장에서 나온 수행 평가 자료집을 보면 무엇을 평가하고자 하는지, 과연 무엇을 기준으로 학생들의 능력을 판별하고 있는 지를 잘 파악할 수 없는 경우가 많다. 특히 국어과의 경우에는 학년에 따라 성취해야 할 목표를 분명히 제시할 수 없는 경우가 많아, 과연 이 정도 달성하면 학습 목표에 도달했다고 명확히 말하 기 어려운 경우가 많다. 예를 들어 초등학교 1학년에 '대강의 내용을 파악하며 읽기'가 있는데, 1학 년에서 말하는 대강의 내용 파악하기가 어느 정도의 수준을 요구하는지, 3학년에서 이 내용을 다 룬다면 어느 정도의 수준을 요구하는지를 정확하게 파악하기 어렵다. 수행 평가를 할 때에는 성취 수준에 도달했는지를 판가름할 수 있는 잣대를 분명히 마련할 필요가 있다. 경우에 따라서는 통과 와 실패로 나눌 수도 있지만, 상, 중, 하 정도로 나눌 수 있어야 하고, 상, 중, 하를 판가름할 수 있는 잣대를 제시할 수 있어야 한다. 그 목표에 도달했다는 증거로 나타나는 행동의 예를 제시하는 것도 한 방법이 된다. 이들 기준은 교사나 학생이 분명히 알아야 하고, 경우에 따라서는 학부모도 분명히 알고 있어야 한다.

여섯째, 학생들을 서열화 하는 데 너무 관심을 갖지 않는 것이 좋다. 수행 평가의 특성상 엄밀하 게 서열화 하는 데에는 어려움이 있다. 서열화 하기 위해서는 무엇보다 신뢰도가 높아야 하는데, 수행 평가는 타당도는 높지만 신뢰도가 낮을 우려가 있다. 최대한 신뢰도를 높이려고 할 필요는 있으나, 지나치게 의식할 필요는 없을 것이다. 두 마리 토끼를 다 잡기는 어렵다. 다행히 초등학교 의 경우에는 서열화 해야 하는 부담에서 상당히 벗어날 수 있다. 물론 수행 평가로만 평가를 하는 것은 바람직하지 않다. 전국적인 규모나 시도 교육청 규모의 집단 평가도 일정 부분 역할이 있다. 상호 보완하는 것이 필요하다.

일곱째, 일시적으로 모든 학생들을 대상으로 해야 한다는 부담에서 벗어날 필요가 있다. 물론 한 번에 모든 학생들을 대상으로 할 수도 있지만, 꼭 그럴 필요는 없다. 또 모든 학생이 똑 같은 수의 평가를 받을 필요도 없다. 필요하다면 학습 부진 학생에 집중할 수도 있고, 특별히 문제를 보이는 학생에게 집중할 수도 있다. 이번 시간에는 1모둠 학생들을 집중적으로 평가하고, 다음 시 간에는 2모둠을 평가할 수도 있을 것이다.

여덟째, 완벽하게 해야 한다는 부담에서 벗어날 필요가 있다. 원칙적으로 학습 목표에 적합해야 한다거나, 다양한 방법을 동원해야 한다는 등의 말을 하지만 이들 원칙을 다 지킬 수는 없는 일이 다. 그리고 매 시간, 또는 모든 영역별로 해야 한다는 부담에서 벗어날 필요가 있다. 모든 영역에 서 수행 평가를 할 필요는 없을 것이다. 가능한 부분부터 하고, 점차 그 범위를 넓혀 나가는 유연한 자세를 가질 필요가 있다. 처음부터 완벽하게 해야 한다는 부담을 가지면 틀림없이 벽에 부딪히고 만다.

아홉째, 평가에서 수업한 것을 모두 반영해야 한다는 부담을 벗어날 필요가 있다. 평가란 수업 전체를 반영할 수는 없는 것이다. 최대한 많이 반영할 필요는 있으나 모두 반영할 수 없다. 특히 중요한 부분이라고 생각되는 것을 중심으로 평가하는 것이 바람직하다.

열째, 교사 스스로 전문가 의식을 가질 필요가 있다. 내가 평가한 것에 대해 내가 신뢰하지 못하면 다른 사람이 신뢰할 수 없다. 내가 한 것에 대해 책임을 지겠다는 자세가 필요하고, 다른 사람이 문제를 제기했을 때, 나름의 논리를 펼 수 있어야 한다. 물론 교사의 전문성을 전적으로 인정해 주는 사회적인 분위기도 병행해야 할 것이다. 그리고 교사 입장에서 보면, 전문성을 갖추려는 노력이 필요하다.

3) 영역별 수행 평가 방법

(1) 듣기 · 말하기 영역

그 동안 학교 현장에서는 듣기 · 말하기 영역 부분에서 실기 평가를 많이 실시해 왔다. 그러나 실기 평가는 일회적이었다는 점, 태도 평가에 미흡했다는 점, 과제에 문제가 있다는 점, 한꺼번에 전체를 대상으로 하는 평가였다는 점, 평가 결과를 양화했다는 점, 그리고 평가 결과를 적극적으로 활용하지 않았다는 점 등에서 문제가 있다.

앞으로의 평가에서는 이러한 문제점을 보완할 필요가 있다. 즉, 최대한 지속적으로 평가할 필요가 있다는 점, 수업 중이나 일상생활에서 태도적인 면에 대해 좀 더 관심을 가질 필요가 있다는 점, 과제를 제시할 때 학생들에게 좀 더 의미 있고, 실제적인 것을 제시할 필요가 있다는 점, 한꺼번에 할 수도 있지만 수시로 평가를 할 필요가 있다는 점, 평가 결과를 질적으로 파악하여 학생과 학부모가 학습 상황을 충분히 알아야 하고 교사도 이 점을 충분히 인식하여 수업이나 학교생활 장면에서 각 학생을 도와주려는 노력을 경주해야 한다는 점 등을 강조할 필요가 있다.

그리고 기존 평가의 문제점 중의 또 하나 지적할 만한 것은 듣기 평가를 너무 소홀히 해 왔다는 것이다. 학교에서 통상 듣기와 말하기를 같은 것으로 묶어서 많이 이야기하지만, 가만히 살펴보면 듣기와 말하기 행위는 상당히 다른 특성을 지니고 있다. 때문에 말하기 능력을 평가할 때와 듣기 능력을 평가할 때는 상당히 다른 접근 방식이 필요하다. 듣기/말하기를 같은 장면에서 평가하게 되면, 보통 듣기 평가는 '태도 평가' 밖에 되지 않을 가능성이 높다.

말하기 평가 방법으로는 그 동안 실시해 왔던 실기 평가(구술 평가)를 보완하는 방법을 들 수 있다. 즉, 과제를 제시할 때 좀 더 의미 있는 과제를 제시해야 한다는 점(과제를 제시할 때 목적과 대상, 상황 등을 분명히 명시할 것), 평가 결과를 양화하는 데 치중하지 말고 상황 그대로를 서술하는 데 좀 더 관심을 가져야 한다는 점 등을 강조하면 될 것이다. 그리고 실기 평가를 할 때에는 평가 기준을 명료히 할 필요가 있는데, 보통 내용면과 조직면, 표현면으로 나누면 무난하다.

또 하나의 방법으로는 이른바 담화분석법을 들 수 있다. 이 방법은 소집단 토론이나 역할 놀이, 드라마 활동 등의 과제를 제시한 다음, 이들 과제를 해결하는 과정에서 학생들의 듣기와 말하기 능력을 평가하는 것이다. 그만큼 이 방법은 좀 더 실제 상황을 반영할 가능성이 높다는 점(자연스럽다는 점), 학생들 간의 상호작용 과정을 평가할 수 있다는 장점을 지니고 있다. 담화 분석법으로 평가할 때 가장 유의해야 할 점은 과제를 적절히 제시하는 일이다. 예를 들어 소집단 토론을 하게 하면, 토론 과제의 적절성, 토론 능력, 토론 태도 등을 평가할 수 있다. 그리고 이때 한 교사가 모든 소집단을 대상으로 평가할 수는 없기 때문에, 한 시간에 한두 집단만 대상으로 하거나, 학생들 스스로나 동료들이 평가해 보게 하는 방법, 특정 소집단을 앞에 나오게 한 후 교사나 다른 학생들이 이 과정을 평가해 보게 하는 방법, 녹음기나 비디오를 활용하는 방법, 어렵지만 학부모, 동료 교사 등의 협조를 얻는 방법 등을 생각해 볼 수 있다. 학생들이 자기 평가나 동료 평가를 할 때에는 특히 무엇에 대해 평가해야 하는지를 분명히 인식하도록 할 필요가 있다. 경우에 따라서는 학생들과 함께 평가 기준을 만들 수도 있을 것이다.

또 하나의 방법으로는 관찰법을 들 수 있다. 여기에서 관찰법은 듣기 · 말하기 수업이 이루어지는 장면이나 아니면 다른 수업 시, 그리고 일상적인 학교생활에서 듣기 · 말하기와 관련된 정보를 얻는 것을 말한다. 각 학생별 행동발달상황표와 같은 것을 만들어 둔 다음에 각 학생이 어떤 행동을 보일 때 수시로 기록해 두는 방법이다. 아니면 체크리스트 같은 것을 만들어 그러한 행동이 나왔을 때 표시해 두는 방법도 생각해 볼 수 있다. 이때에는 말하기나 듣기 기능뿐만 아니라 태도적인 면을 중요하게 포함할 필요가 있다.

듣기에 초점을 두어 평가할 때에는 듣기 과제를 잘 구성하는 것이 무엇보다 중요하다. 듣기 과제를 제시할 때에는 최대한 일상적인 삶을 반영해야 한다는 점, 상황에 따라 다르겠으나 고차적인 능력을 평가할 수 있어야 한다는 점을 강조할 필요가 있다. 그리고 교사가 일방적으로 들려주고 답을 찾도록 하는 식보다는 두 사람의 대화 장면, 몇 사람이 토론을 하는 장면, 텔레비전이나 라디오 등에서 흔히 보거나 들을 수 있는 장면 등을 보여주거나 들려준 다음에 교사가 평가하고자 하는 기능을 평가하도록 하는 것이 좋다. 듣기 과제를 제시할 때에는 교사가 들려줄 수도 있고, 녹음기나 라디오, 텔레비전을 활용할 수도 있을 것이다.

(2) 읽기 영역

읽기 평가는 대부분 지필 평가로도 수행 능력(의미 구성 능력)을 평가할 수 있다. 물론 낭독이나 시 읽기 등과 같은 것은 실기 평가를 해야 하고, 태도적인 면은 지필 평가로 하는 데 어려움이 있다. 그 이외에는 주로 지필 평가를 하면 되는데, 문제는 지필 평가 문항을 어떻게 구성할 것인가 하는 점이다. 단순히 낱말 뜻을 묻거나 맞춤법 틀린 것 등을 찾게 하거나 '우리나라 사람들이 가장 많이 먹는 김치는?'이나 '세종대왕이 태어난 년대는?'과 같은 '내용' 자체를 묻는 문제는 삼가야 할 것이다. 그리고 앞으로의 세계에는 대중 매체를 통한 읽기 행위도 중요하기 때문에, 가능한 범위 내에서 책을 통한 정보 이해 및 활용 능력뿐만 아니라, 비디오, 텔레비전, 컴퓨터 등의 매체를 통해 문자를 읽는 행위를 평가 대상으로 포함하려고 하는 노력이 필요하다. 예를 들어 인터넷을 통해 전해지는 상품에 대한 정보를 제시하고, 이 정보를 파악하는 능력을 평가할 수 있다는 것이다.

그 동안 읽기 평가 방법으로 제안된 것으로는 일반적인 선택형, 서술형 또는 논술형이 있다. 일반적으로 선택형은 문제가 있다고 이야기하지만 이 방식은 구성하기도 쉽고 평가하기도 쉽다는 장점이 있기 때문에 잘만 구성하면 읽기 평가 방법으로 널리 활용할 수 있다.

그리고 이들 이외의 방법으로는 앞에서도 설명했듯이 중요도 평정법(importance ratings), 빈칸 메우기법(cloze test), 오류 발견법(error detection), 오독 분석법(reading miscue analysis), 프로토콜 분석법(protocol analysis) 등이 있다.

중요도 평정법은 글의 중요도를 매겨보게 하는 방식을 말한다. 예를 들어 하나의 문단을 제시한 후에 각 문장의 중요도를 매겨보는 활동이다. 대체로 문단의 중심 내용이 가장 높은 점수를 얻게 된다. 중요도를 평정할 때에는 1, 2, 3, 4로 할 수도 있고, 상, 중, 하 정도로 할 수 있다. 중요도 평정에서 중요한 것은 문항을 적절히 구성하는 일이다.

빈칸 메우기법은 원래 불완전한 것을 채우려고 하는 인간의 심리를 반영해서 만들어진 것으로 글에서 일정한 곳을 비워둔 후에 빈곳을 채우게 하는 방식이다. 빈칸을 만드는 방식은 크게 두 가지이다. 하나는 규칙적인 빈칸 메우기법으로, 매 몇 번째 음절이나 어절을 비워두는 방식이다. 그 다음에는 의도적인 빈칸 메우기 법으로, 내용이나 기능어(접속어 포함) 등을 비워두는 방식을 말한다. 그리고 채점 방식으로도 크게 두 가지가 있는데, 하나는 정확 단어 채점법이고 또 하나는 허용 단어 채점법이다. 앞의 것은 완전히 맞는 것을 정답으로 처리하는 것이고, 뒤의 것은 어느 정도 허용되는 것을 답했으면 정답으로 처리하는 방식이다.

오류 발견법은 오류가 포함되어 있는 글을 제시한 후에 그 오류를 찾아보게 하는 방법이다. 글을 한 번 읽은 후에 오류를 찾게 할 수도 있지만, 글을 읽어나가는 과정에서 오류를 찾아보게 하면 얼마나 글 읽기에 집중하고 있는지, 또는 글의 의미를 제대로 파악하면서 읽고 있는지를 파악할 수 있다.

　오독 분석법은 글을 읽게 한 후 잘못 읽는 것을 분석하는 방식을 말한다. 보통 아동들은 원래 책(글)에 없는 것을 넣어서 읽는 경우(추가), 있는 것을 빠뜨리고 읽는 경우(삭제), 다른 것으로 바꾸어 읽는 경우(의미 대치와 무의미 대치), 자기 수정, 무반응 등의 행동을 보인다. 아동이 오독을 하는 것을 보면서 글을 읽는 과정에서 어떤 어려움을 보이는지를 간접적으로 추론해 볼 수 있다. 예를 들어 글을 읽다가 잠시 멈추는 경우가 있는데, 그때 읽어야 할 낱말이나 문장이 어려워서 그런 행동을 보였을 수도 있고, 아니면 지금까지 읽었던 내용을 잘 이해하지 못해서, 또는 딴 생각을 하고 있기 때문에 그런 행동을 보였을 수 있다.

　프로토콜 분석법은 어떤 학생에게 자기가 글을 읽어나가는 과정에서 어떤 생각을 했는지를 모두 말해 보게 한 후에 이 자료(프로토콜)를 분석하여 읽기의 과정을 추론해 보는 방법이다. 한 편의 글을 읽는 과정에서 머릿속에 떠오르는 생각을 모두 말해 보게 방식이다.

　이들 방법들은 각기 나름의 장단점이 있기 때문에 상황에 맞게 선택해서 사용하도록 한다. 대체로 중요도 평정법이나 빈칸 메우기법, 오류 발견법 등은 한꺼번에 전체를 대상으로 할 수 있다는 점, 지필 평가로 가능하다는 이점을 지니고 있다. 이에 비해 오독분석법이나 프로토콜 분석법은 개별적으로 할 수밖에 없고, 비교적 실시하기에 어려운 점이 있지만, 학생들의 읽기 과정을 세밀하게 파악할 수 있다는 장점을 지니고 있다.

　이 밖에 평소에 읽기 과정이나 읽기 행동을 종합적으로 관찰하여 평가하는 관찰법이 있다. 이때 체크리스트를 만들어 사용하는 것이 편리할 수 있다. 그리고 교사뿐만 아니라, 학생들에게 체크리스트를 만들게 한 후에 수시로 체크해 보게 할 수도 있을 것이다. 만약 학생들 스스로 체크해 보게 할 때에는 다음과 같은 항목을 체크리스트에 포함할 수 있을 것이다. 여기에서는 인지적인 면만을 대상으로 했지만, 태도적인 것도 얼마든지 포함할 수 있다.

- 나는 글을 읽는 목적을 정한 다음에 글을 읽는다.
- 나는 글을 읽으면서 중요한 내용이 무엇인지 생각한다.
- 나는 글의 내용과 관련된 경험을 떠올리며 글을 읽는다.
- 나는 글을 읽으면서 글쓴이의 생각과 내 생각을 견주어가며 읽는다.
- 글은 읽은 다음에는 이 글이 내게 어떤 도움이 되었는지를 생각해 본다.

(3) 쓰기 영역

지금까지 초등학교에서는 과제를 제시하고 한 편의 글을 쓰게 한 다음에 이를 평가하는 방식을 종종 사용해 왔다. 그러나 한 학기 동안 한두 번에 고작이었다는 점과 주어진 과제가 적절하지 않은 것이 있었다는 것이 문제이다. 쓰기 과제를 제시할 때에는 목적, 대상, 상황 등을 분명히 명시할 필요가 있다. 그리고 완성된 글만을 대상으로 해 왔는데, 미완성된 글, 예를 들어 브레인스토밍이나 개요를 작성해 놓은 것도 얼마든지 평가의 대상이 된다는 점을 생각할 필요가 있다. 그리고 형식적인 지필 검사뿐만 아니라 일기, 쓰기 교과서, 공책 등도 쓰기 평가의 대상이 된다는 점을 생각하고, 이들을 종합해서 각 학생의 쓰기 능력을 진단하려고 하는 노력이 필요하다.

쓰기 평가 방법으로 가장 많이 사용할 수 있는 것은 종래의 실기 평가 방식(논술형)이다. 완성된 글을 채점할 때에는 분석적 방법, 총체적 방법, 주요 특징 평가법 등이 있다. 분석적 방법은 내용면, 조직면, 표현면 등으로 나누어 평가하는 방식을 말하고, 총체적인 평가는 이렇게 세부적으로 나누지 않고 전체적인 인상을 평가하는 방식이다. 그리고 주요 특질 평가법은 여러 가지 평가 요소 등에서 특정한 부분(예: 주제 제시)에 초점을 맞추어 평가하는 방식이다. 그런데 일반적으로 논술형 평가는 완성된 글을 대상으로 하지만, 경우에 따라서는 미완성된 글, 다시 말해 브레인스토밍을 해 놓은 것이나 개요를 작성해 놓은 것 등을 평가 대상으로 삼을 수도 있다. 그리고 깔끔하게 정리된 것뿐만 아니라, 글을 쓰면서 자기가 했던 메모나 수정한 내용 등도 모두 평가의 대상으로 삼을 수도 있다.

그리고 쓰기 평가로 또 하나 추천하고 싶은 것은 최근 부각되고 있는 포트폴리오법이다. 요즈음 각 교과에서 이 방법에 대해 많이 이야기하고 있지만, 쓰기 평가 방법으로 가장 추천할 만하다. 이 방법은 특정한 목적을 가지고 일정 기간 동안 쓰기에 관한 정보를 파악하는 데 도움이 되는 각종 자료를 모아두게 한 후에 이를 종합해서 평가하는 방식을 말한다. 의도적인 목적을 가져야 한다는 점, 일정한 기간 동안 지속적으로 이루어진다는 점, 여러 가지 자료를 평가 대상으로 한다는 점, 학생에 관한 정보를 종합적으로 파악하려고 한다는 점 등에서 특징이 있다. 평가의 대상에는 쓰기와 관련된 것이면 무엇이든 포함되는데, 논술형 평가지, 쓰기 교과서, 편지, 일기장, 메모지, 자기 평가지, 동료 평가지, 학부모 평가지, 낙서장 등이다. 완성된 글만이 아니라 미완성된 글도 얼마든지 평가의 대상이 된다. 자료철 방법을 실시할 때에는, 처음에는 몇 항목만 가지고 한다는 점, 학년이 낮을수록 항목을 줄인다는 점, 학년이 낮을수록 평가 기간을 줄인다는 점, 평가 대상을 정할 때에는 학생들과 협의하는 것이 좋다는 점, 평가 대상으로 선정된 자료를 같은 비중으로 다룰 필요는 없다는 점 등을 유념한다. 자료철 방법을 실시할 때에 보통 문제가 되는 것은 무엇을 평가 대상으로 할 것인가, 평가하는 시기는 언제인가, 그리고 얻는 자료를 어떤 식으로 평가할 것인가 하는 문제이다. 이들 문제는 학급 상황에 따라 달라질 수밖에 없을 것이다. 학교나 학급 실정 등에 맞게 운영하면 될 것이다.

이외에도 학교생활 전반에서 쓰기와 관련된 학생들의 행동을 종합적으로 관찰, 기록하여 평가하는 일화기록법이나 체크리스트법 등을 들 수 있다. 이들 평가는 주로 쓰기 태도적인 면을 평가하는 데 많이 활용할 수 있을 것이다. 사실 학급 교육과정의 활용에서 볼 수 있듯이, 그 동안 학교 현장에서 이러한 측면을 무시했던 것은 아니다. 하지만 학급 교육과정이 충분히 제 기능을 발휘하지 못했던 것이 사실이 아닌가 한다. 그만큼 수업 시나 학교생활에서 각 학생들의 학습 상황을 체계적으로 기록, 종합하지 못했던 것으로 보인다.

그런데 논술형 평가나 자료철 방법은 일반적으로 완성된 글 자체를 대상으로 한다는 점에서 '결과 평가' 방식이라 할 수 있다. 여러 가지 어려움이 있지만, 우리는 어떤 과정을 거쳐 한 편의 글을 생성하였는지 그 과정에 관심을 가져야 한다. 과정 자체를 평가할 때, 각 학생들의 장단점을 무엇이고, 각 학생들이 무엇을 필요로 하는지를 좀 더 잘 파악할 수 있기 때문이다.

쓰기 과정 자체를 평가할 수 있는 방법으로는 사고구술법(프로토콜 분석법), 과정상 질문법, 사후 면담법, 오필 분석법, 자기 회상법 등을 들 수 있다.

사고 구술법은 학생에게 글을 쓰게 한 다음에 그때그때 생각나는 것을 모두 말해 보게 하는 것을 말한다. 교사는 학생이 말한 내용을 종합적으로 분석하여 판단을 내리게 된다. 사고 구술법을 사용할 때에는 통상 녹음기를 활용한다.

그런데 특별히 훈련을 받지 않는 학생들은 글을 쓰면서 머릿속에서 일어나는 생각을 잘 말하지 못한다. 그러므로 교사가 필요한 곳에 질문을 던져 알고자 하는 것을 파악하는 방법이 과정상 질문법이다. 예를 들어 어떤 학생이 글을 쓰기 시작할 때, '너 지금 이 글을 쓰는 목적을 생각하고 있니?'라고 질문을 던짐으로써 그 학생이 목적을 생각하며 글을 쓰는지 파악할 수 있다. 사후 면담법은 이들 질문을 일련의 글쓰기 행위가 끝난 직후에 던지는 방법이다. 자기 회상법은 그 글을 쓴 사람이 스스로 자신이 글을 처음 쓰기 시작하면서 완성할 때까지 한 행동을 최대한 자세히 말해 보게 하는 방법이다. 글을 쓰기 전에 생각한 것, 글을 쓰면서(문장별로 함) 생각한 점, 글을 쓴 후에 생각한 점 등으로 나누어 생각해 보게 하면 좋다.

오필 분석법은 교사가 학생이 글을 써 나가는 과정을 옆에서 면밀히 지켜보면서 어디에서 잘못 쓰고 있는지, 어디에서 멈추는지, 어떤 내용을 수정하는지 등을 종합적으로 분석하여 일련의 글쓰기 행위를 파악하는 방법이다.

물론 이들 과정 평가 방법들은 서로 얽혀 있다. 그러므로 어느 하나를 택하기보다는 두세 개를 합쳐서 사용할 수 있다. 예를 들어 과정상 질문법을 주로 사용하면서 자기 회상법을 통해 이를 보완할 수 있다.

4) 수행 평가에서의 평가 오류

평가 오류란 국어과 수행을 관찰하고 판단하여 채점하거나 평정하는 경우에 생기는 오류이다. 평가 상황에서 평가 대상에 대한 평가 결과가 생기는 오류로 집중 경향의 오류(error of central tendency), 인상의 오류(error of halo effect), 논리적 오류(logical error), 표준의 오류(error of standard), 대비의 오류(contrast error), 근접의 오류(proximity error), 과대(leniency) 평가·과소(severity) 평가 오류 등이 있다(한국교육평가학회, 2004: 410~411 재구성).

평가자 오류를 감소시키기 위해서는 대상 행동에 대한 분명한 정의를 내리고, 평가자를 훈련시켜야 한다. 또한 평가 결과의 신뢰도를 확인하기 위한 평가자 내 신뢰도나 평가자 간 신뢰도 등을 산출하여 확인하고, 불일치 정도가 높은 자료는 분석에서 배제하거나 결과 해석에 신중을 기해야 한다(한국교육평가학회, 2004: 411). 또한 동일한 평가 대상을 다수의 평가자가 복수 평정하도록 하는 방법, 평가 결과를 통계적으로 조정하는 방법 등이 있다.

(1) 집중 경향의 오류

인간의 행동을 평정할 때 평정자 오류의 한 형태로서 이것은 평가가 중간 부분에 너무 지나치게 집중하는 경향을 가리킨다. 이 오류는 평가자 훈련이 부족할 때 잘 범하게 된다. 오류의 원천은 주로 극단적인 판단을 꺼리는 인간 심리와 피평가자를 잘 모르는 데서 온다. 이 오류를 피하기 위해서는 채점 기준을 명확히 하고 중간 점수의 간격을 넓게 하는 것이 좋다.

(2) 인상의 오류

인상의 오류란 선입견에 따른 오차로서 후광 효과(halo effect)라고도 한다. 학생의 어떤 특성을 평가 요소보다는 인상에 의해서 평가하는 데서 오는 오차로, 관찰 대상자에 관한 다른 정보가 평가에 영향을 미치는 것으로 긍정적 또는 부정적으로 나타나게 된다. 즉 인상의 오류는 검증된 자료나 사실에 의하여 평가하는 것이 아니라 주관적인 판단에 의하여 평가하는 것이다. 예를 들어 '키가 크고 미인이라면 능력이 있고 성격도 좋을 것이다'라고 판단하는 것이다.

(3) 논리적 오류

논리적 오류는 논리적으로 연결된 것처럼 보이는 두 가지 항목에 대해 유사한 평가를 하는 경향을 가리킨다. 즉 다른 두 가지 행동 특성을 비슷한 것으로 생각해서 평가하는 현상으로 예를 들어 '사교성이 있으면 명랑성도 있다.'라든가 '정직성이 낮으면 준법성도 신통하지 않다.'라는 두 가지 행동 특성에 대하여 연결하여 판단하는 것이다. 이 오류는 객관적인 자료와 관찰을 통제하거나 다른 행동 특성에 대하여 변별적인 자질을 명확히 하여 제거할 수 있다.

(4) 표준의 오류

표준의 오류란 평가자가 표준을 어디에 두느냐에 따라서 오는 오류이다. 어떤 집단이든지 평범한 사람이 특별한 사람보다 훨씬 많다. 그러므로 평가를 할 때에는 평가 척도의 중간 정도를 표준으로 삼는 것이 바람직하다. 그런데 평가자가 중간 정도가 아니라 특별한 사람을 표준으로 삼게 되면 많은 피평가자들이 낮은 점수를 받게 된다. 이 오류를 극복하기 위해서는 피평가자들의 표준(중간)이 어느 정도인지를 파악해야 하기 때문에 평가자 훈련이 지속적으로 필요하다.

(5) 대비의 오류

대비의 오류는 평가자들이 많은 사람을 평가할 때 평가 대상이 되는 속성을 어떻게 보는가에 따라 자신과 정반대로 평가하거나 아니면 아주 비슷하게 평가하는 양면성을 가리킨다. 즉 어떤 평가 특성을 평가자 자신의 특성과 비교하여 평가하는 것이다. 또는 평가를 할 때 주관적인 평가 요소에 따른 평가 기준으로 평가하는 것이 아니라 다른 평가자 또는 평가 자료를 보고 비교를 하여 평가를 실시하는 것도 포함한다.

(6) 근접의 오류

근접의 오류는 시간적 또는 공간적으로 근접해 있는 항목들에 대해서 멀리 떨어져 제시된 항목들보다 비슷하게 평가하는 경향성을 가리킨다. 예를 들어 과거에 모범 학생 표창을 받은 학생이 최근에 학교 규칙을 어겨서 반성문을 썼다고 하면 그 학생의 행동을 평가할 규칙을 어겨서 쓴 반성문을 과거에 받은 모범 학생 표창보다 더 중시하여 평가하는 경우이다.

(7) 과대평가 오류 / 과소평가 오류

과대평가 오류는 지나치게 관대한 평가를 하는 것으로 피평가자에게 높고 후한 점수를 주려는 경향을 가리킨다. 예를 들어 자기와 친분이 있는 사람들을 지나치게 높게 평가하는 경우라고 할 수 있다. 과소평가 오류는 엄격함의 오류라고도 하는데, 과대평가 오류와는 반대로 피평가자에게 낮은 박한 점수를 주려는 경향을 가리킨다. 예를 들어 자신이 싫어하는 사람들에게 지나치게 평가 점수를 낮게 주는 경우라고 할 수 있다.

참고문헌

교육과학기술부(2008), 국어과 교육과정 해설, 미래엔.

교육과학기술부(2012), 국어과 교육과정.

김도남(2015), 초등학교 국어과 수행평가의 역동적 실행 방안 고찰, 한국초등교육 26(2), 초등교육연구원.

김도남(2013), 초등학교 국어과 서술형 평가 문항의 요건, 청람어문교육 47, 청람어문교육학회.

김창원 외(2015), 2015 개정 교과 교육과정 시안 개발 연구 Ⅱ: 국어과 교육과정, 한국교육과정평가원, 연구보고 CRE 2015-25-3.

김희경 외(2013), 인지진단모형을 활용한 수학 학업 성취분석 결과: 2011년 국가수준 학업성취도 가 자료를 중심으로, 학교수학 15(2) 대한수학교육학회.

노명완 외(2012), 국어교육학개론, 삼지원.

박인기 외(1999), 국어과 수행 평가, 삼지원.

류덕제 외(2012), 초등 국어과 교육론, 보고사.

이상하 외(2014), 미래 사회 핵심역량 교수·학습 지원을 위한 교육평가 정책의 방향, 한국교육과정평가원, RRE 2014-14

이재승(2004), 아이들과 함께하는 독서와 글쓰기 교육, 박이정.

임천택(2002), 학습자 중심의 국어과 평가, 박이정.

조재윤(2007), 국어 평가 연구의 발전 전망, 한국어교육 26, 한국어문교육학회.

천경록(2001), 국어과 수행 평가와 포트폴리오, 교육과학사.

최미숙 외(2012), 국어 교육의 이해(개정판), 사회평론.

한국교육평가학회(2004), 교육평가 용어사전, 학지사.

Afflebach, P.(2007) / 조병영 외 역(2010), 독서 평가의 이해와 사용, 한국문화사.

Jett-Simpson, M. 외(1997) / 원진숙 역(2004), 생태학적 문식성 평가, 한국문화사.

탐구문제

1. 국어과 평가를 계획할 때 주의해야 할 점에 대해 설명하시오

2. 말하기 평가를 할 때 특히 주의해야 할 점을 설명하시오.

3. 평가 중에서 비형식적 평가가 무엇인지 설명하시오.

4. 평가 결과를 어떻게 활용하는 것이 좋은지 구체적으로 설명하시오.

5. 자료철 평가법의 장점과 단점, 적용상의 문제점과 대안에 대해 설명하시오.

6. 국어과 채점 방법을 구분하여 설명하시오.

7. 수행평가를 실시할 때 평가 오류의 종류에 대하여 설명하시오.

8. 지문을 선택하여 읽기 능력을 다양하게 평가할 수 있는 읽기 선다형 문항을 구성해 보시오.

9. 국어과 다섯 개 영역 중에서 특정 영역을 선정하여 수행평가 문항을 구성해 보시오.

초등 국어과 교육의 적용

5장

1. 시 창작 지도

문학교육의 목표는 학습자에게 문학 능력을 길러주는 것이다. 그러므로 문학 능력이 무엇인지 규명하는 것은 문학교육의 목표를 설정하고, 그 목표에 따른 문학교육의 내용 선정과 조직을 하는 데 중핵적인 역할을 하기 때문에 매우 중요하다. 일반적으로 문학 능력은 문학 수용 능력과 문학 생산능력으로 이루어진다고 본다. 그런데 지금까지의 문학교육은 문학 수용 능력을 기르는데 치중해 온 반면에, 문학 능력의 다른 측면인 문학 생산(창작)에 대하여 소홀히 온 것이 사실이다.

문학 수용 능력을 중심으로 교육이 이루어지고 문학 생산 능력을 거의 다루지 않은 이유는 지금까지의 문학 이론이 형식주의, 신비평주의, 독자 반응 이론 등을 거치면서 문학 수용 중심의 연구에서 기인하기도 하지만, 문학 창작은 개인적인 것인 동시에 태생적으로 타고난 것이라는 생각을 일반적으로 가지고 있었기 때문이다. 그래서 문학 창작은 학교에서 교육을 통하여 이루어질 수 없다는 생각이 크게 작용하였고, 문학 창작을 교육적인 방법보다는 옛날부터 내려오는 삼다(三多)의 방법과 같이 개인이 열심히 노력하면 된다는 의미 속에서 탐구되어 왔다고 할 수 있다. 즉 문학 창작이 매우 어려운 과정을 거치는 일이지만, 혼자의 힘으로 해결해야 한다고 믿은 것이다. 하지만 문학 창작이 혼자 짊어지고 가야하는 것이라면 학교 교육이 거의 필요 없을 뿐만 아니라 현재 교육의 토대가 되는 동료나 교사의 도움을 받아 인지적인 발전을 이루는 사회 구성주의와도 차이가 있다. 이 장에서는 은유와 환유의 통합적 이해를 통한 시 창작 교육의 방안을 제시하고자 한다.

1) 은유와 환유의 통합적 이해

(1) 언어의 기본 구조로서 은유와 환유

문학은 창작 주체의 경험과 내적, 외적으로 연결되어 작가의 삶을 투영하고 있지만, 이 가운데 시는 창작 주체의 삶을 가장 농밀하게 함축하고 있다. 우리가 시를 시인의 인생 그 자체라고 말하는 이유가 여기에 있다.

본질적으로 시는 창작 주체의 삶에서 창조되는 바, 창작 주체의 내적 경험은 '시'라는 특수한 형식의 문장 속에서 재탄생한다. 따라서 우리는 시 창작 교육에 앞서 우선 학생들의 삶을 되돌아보고, 성찰하도록 지도해야 할 필요가 있다. "문학적 경험은 교묘하고 난해한 방식으로 일상생활의 경험과 연결된다"(Gribble, J., 1996 : 8-10)는 그리블의 주장은 시 창작 교육에 앞서 학생들이 그들의 삶을 어떻게 대면하도록 해야 하는지를 잘 보여준다. 오규원이 "누구나 시를 쓸 수 있다. 이 말은 조금도 과장되었거나 거짓말이 아니다."(오규원, 1990 : 14)라고 말한 것도 이러한 맥락에서다.

자신의 삶을 운문의 형태로 기술하는 것이 모국어 사용자라면 누구나 가능하다는 점에서 시를 쓸 수 없는 사람은 존재하지 않는다. 하지만, 그것만이 전부가 아니다. 시 창작 교육이 "학습자가 시를 마음으로 느끼고, 시를 즐기며 주체적으로 감상할 수 있는 능력을 기르면서 동시에 자신의 생각과 감정을 어려움 없이 표현할 수 있는 능력을 배양하는"(노현식, 2012 : 13)것에 있지만, "학습자들이 시를 자기표현의 수단으로 삼아 자신의 삶과 세상에 대한 생각을 자유자재로 표현할 수 있도록 하는 것"(노현식, 2012 : 14)이라는 점에서 언어 표현 능력의 신장도 중요하기 때문이다. 따라서 '시'라는 장르가 무엇인지, 그것은 어떠한 시스템으로 구조화되어 있는지, 그리고 어떤 방법이 학습자의 경험 세계를 자유자재로 표현할 수 있도록 유도할 수 있는지를 면밀히 고민할 필요가 있다.

시 창작에 관한 글은 한국현대문학 연구 초창기부터 존재했고 지금도 각종 문예지와 단행본에서 다뤄지고 있다. 하지만 개별 시인들이나 연구자들의 경험 속에서 나온 것으로, 엄밀한 의미에서 '일반화'하기에는 무리가 있다. 설령, 발상, 구상, 표현, 퇴고 등의 과정으로 일반화한다 하더라도 학습자에게 기계적으로 적용할 수는 없다. 학습자 자신의 정서와 언어습관, 경험의 차이 때문에 이 단계가 명확하게 구별되지 않는다. 게다가 시는 단어 하나하나가 작품의 주제나 구조와 밀접하게 연관되므로, 단어를 수정하게 되면 발상 자체를 수정해야 할 경우가 생긴다. 말하자면, 발상 자체가 한편의 시가 되는 경우도 있고, 탈고를 끝냈으나 다시 발상 단계로 되돌아가는 경우도 있다. "일반적으로 사상을 포착하고 점차 한 구절 한 문장으로 발전하며 나아가 본격적 창작에 진입

한다"(홍홍기, 2002 : 2)는 점에서 창작 주체 간의 다소간 편차는 있지만, 창작 과정은 어떠한 형식으로든 존재한다. 이것이 창작 과정을 통해 '창작 일반론'을 추론할 수 있는 이유다.

시 창작 교육이 언어와 연계될 수밖에 없는 한, 은유와 환유라는 언어의 기본 구조와 관련된다는 것도 주목해야 한다. 시는 인간의 경험이 표현된 것이며, 그 축적물인 동시에 일정한 미학적 준거를 충족해야 한다는 점은 분명하다. 시는 "인간의 삶과 사회 현실에 대한 정서적 접근이지 논리적 사상적 접근이 아니"(도종환, 2005 : 223)기 때문이다. 이때 중요한 것은 그 표현이 은유와 환유의 방식에 의해 직접적으로 혹은 간접적으로 나타난다는 점이다. 그리고 이를 통해 학습자의 경험은 창작론과 연계되어 끊임없이 확대·재구성된다. 20세기에 들어 언어학과 정신분석학의 놀라운 발달로 인해 전통적인 수사학의 영역으로 간주되던 '은유'와 '환유'가 인간 정신의 기본 구조로 심화·확대되고 있다는 점을 상기해야 한다. 여기서 은유는 선택적 원리, 곧 유사성에 근거하여 이루어지는 언어의 조직화 방식화 방식 모두를 포괄한다.

전통적인 수사학의 은유와 환유와는 달리 현대의 그것은 인간 인식의 심층이며, 언어의 일반적 구조로까지 간주된다. 특히 시 창작 교육에서는 발상에서 작품 산출까지 모든 과정에서 이 두 개념이 직·간접적으로 연관된다. 창작 주체의 개별 체험은 세계와 인간에 대한 이해와 해석 그리고 언어와 사유의 층위를 집약하는 은유와 환유를 통해 시로 드러나게 되기 때문이다. '은유'와 '환유'라는 개념적 준거는 미학적이며 수사학적 장치이자 동시에 언어의 기본 구조다.

(2) 시의 기본 구조로서 은유와 환유

"시를 쓰는 행위나 시가 특성화하는 과정은 어디까지나 언어적 구조를 기반으로 한다(신진, 2012 : 39)."7)때문에 시 창작 지도는 일차적으로 '언어적 구조'에 기초해야 한다는 점은 당연하다. 이때 '언어적 구조'라 함은, 소쉬르가 주창한 언어의 어휘들에 대한 의미 인식의 원리(언어의 선적 특성)인 '계열체'(syntagmaticrelation)와 '통합체'(associationrelation)와 밀접하게 연관된다(Saussure, 1991 : 146~150). 후에 로만 야콥슨은 전자를 수직적인과 관계(선택의 축)로 후자를 언어의 수평적 인과 관계(결합의 축)로 설명한다.

통합체(Associationrelation)는 선택되어 드러난 각 요소들, 즉 통합적 관계 밖에 잠재된 내용적 공통성이 있는 말들로서, 기억 속에 자리 잡고 있는 내적 창고에서 선택될 수 있는 말들의 관계이다. 이는 선택된 낱말들이 언술의 선조적 특성에 의하여 연쇄적인 관계를 맺으며 결합되어 표면화하는, 통합관계와 결합하여 의미를 생산한다. 계열체(Syntagmaticrelation)와 통합체(Associationrelation)는 모든 언어생활에서 결합·융합되어 작용하거니와, 언어를 매개로 하는 시적 표현의 두 가지 기본 구조를 시사하기도 한다. 시에도 어휘의 수평적 결합을 통하여 결합하는 통합체 지향의 축이 있는가 하면, 잠재적 언어창고에서 선택하는 심리적 계열체 지향의 축도 존재하는 것이다(신진, 2012 : 39).

쉽게 말해, 언어의 '계열체'란 어휘 선택의 문제에 해당한다. 이를테면, 우리가 '학교에 간다'라는 문장을 쓸 때, '~에'에 들어갈 수 있는 수많은 단어군—학교를 비롯해, 도서관, 집, 식당, 극장, 카페 등—이 존재하는데, 이 같은 '유자격' 어휘 중에서 문맥과 관련된 특정 단어를 선택하는 것이 '계열체'(선택의 문제)이다. 또한 '통합체'란 선택된 어휘를 문법 규칙에 따라 조합하고 배열하는 것이다. 시 창작에서 언어의 기호적 두 속성은 시어 선택이나 문장 구성을 비롯해 행과 연의 조합까지 포함한다.

시 구조에서 이 두 기호 체계는 반드시 동시적으로 나타나며, 어느 하나만 실현되는 경우는 존재하지 않는다. 동일한 어휘를 사용하더라도 시에서 의 어떻게 쓰이느냐(parole)에 따라 새로운 의미를 가질 수 있는 것은, 이두 계열체의 상호작용 때문이다. 따라서 학습자가 이 통합적 관계와 연상적 관계를 어떻게 받아들이고 표현하는가에 따라 자신만의 독특한 개성은 물론 시의 미학적 새로움까지 표출할 수 있다.

이 두 기호 체계에 대해 야콥슨 식으로 말하자면, 통합적 관계는 인접성의 원리에 따라 이뤄지는 환유적 측면이고, 계열적 관계는 유사성의 원리에 따라 이뤄지는 은유적 측면이다. 인간의 언어는 계열체와 통합체가 수직과 수평으로 교차하는 구조를 가진다. 시도 예외는 아닌 바, "언어의 시적 기능은 선택(selection)의 축으로부터 결합(combination)의 축으로 등가의 원리는 투사한다. 그리하여 등가는 연속(sequence)을 성립시키는 지위로 끌어올려진다."(신진, 2012 : 45)이것은 수직의 축에 상정될 수 있는 수 많은 유자격 어휘들이 수평의 축(결합)에서 선택된다는 뜻으로, "보통 산문 문장에서는 부재할 수밖에 없는 어휘들이 시 텍스트에서는 살아나게 되며, 시어들은 등가성을 가지게 된다."(이향근, 2013 : 97)이것이 한 편의 시가 유기적 관계 속에서 의미를 고정할 수 없는 구조적 이유에 해당한다. 이를 도식화하면 다음과 같다.

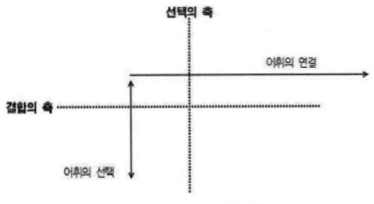

〈그림 1〉 은유와 환유의 결합 양상 구조

시어의 연결 관계는 창작 주체의 독특한 문채(figure)형성과 밀접하게 관계한다. 시는 모든 관습적 통사적 관계를 무시한 채 자신만의 고유한 어법을 만들기도 한다. 한 시대를 풍미한 시인들은 당대의 시어와 시어의 결합, 문법 규칙, 시 형태 등에 대해 무척 민감하게 반응하며, 그것을 전복하거나 파괴함으로써 자신의 문채를 만든다. 예컨대, 이상의 경우 띄어쓰기를 무시한다든지, 기호체계를 뒤틀어버린다든지, 전통적인 시 형식을 깨뜨리고 과감하게 진단서를 삽입한다든지 하면서 시를 낯설게 만들어버렸다. 물론 이것이 시인의 미적 자의식의 발로라는 것은 의심의 여지가 없겠지만, 그것은 시 구조 속의 결합 관계들을 해체하고 새롭게 창조하는 '통합적 관계'와 연관되어 있음은 부인할 수 없다. 하나의 시 텍스트는 이 '통합적 관계'로 인해 완성된다.

앞서 지적한 것처럼 은유와 환유는 단독으로 존재하지 않는다. 이점이 중요하다. 우리가 수사법적 차원에서 은유의 전범으로 삼는 "내 마음은 호수요"라는 구절은 '은유'를 설명하기에 적합할지는 몰라도, 내 마음은 이라는 시의 전부를 이해하는 데는 부족하다. 시는 문장으로 존재하는 것이 아니라 텍스트로 존재한다는, 지극히 상식적인 이유 때문이다. 만일 이 시가 첫 연의 첫 구절로만 존재한다면 지금과 같은 문학사적 가치를 가질 수 있을까. 이 문장은 다음 문장들, "그대 저어 오오./그대의 흰 그림자를 안고, 옥같이 /그대의 뱃전에 부서지리다."와 같이 읽어야 의미가 완성되는 것이며, '호수'로 은유된 '마음'의 전모를 밝힐 수 있다.뿐만 아니라. 이 '마음'이라는 시어는 다음 연에 등장하는 '촛불','나그네','낙엽'이 미치는 섬세하고 미묘한 의미들과 병치되며 공명하는 바, 시 속에 나타나 있거나 숨어 있는 모든 구조적 상관물들은 서로 영향을 미친다.

시 창작 과정도 마찬가지다. 창작 주체는 시를 쓸 때, 하나의 시어와 이미지, 문장 등을 매개로 시적 사유를 확장하지만 종국에는 시의 전체 구조 속에서 이를 재구성한다. 게다가 행과 연의 구성,문장의 배치를 비롯해, 쉼표와 마침표 등 문장부호까지도 '전체'의 관점에서 진행한다. 때문에 은유와 환유의 진행 양상은 동시적이라고 말할 수 있다.

오세영은 이를 유추와 연상으로 재구분하여, 은유와 환유의 통합적 지도 방법의 주요한 단초를 제공한다. 일반적으로 유추(analogy)란 한 대상이 다른 대상과 의미나 형태, 특징에 있어서 서로 유사하다는 것을 추정하는 것으로, 추상적 언어를 알려진 언어에 빗대어 새롭게 의미를 확장하는 것이다. 요컨대, "두 사물을 상상력의 차원에서 상호 교환시키는 사유의 한 방법"(오세영, 2013 : 154)으로 속성상 은유와 밀접하다.

이에 비해 연상은 "하나의 사물에서 촉발된 어떤 생각이 다른 사물이나 다른 생각으로 연관되어 나가는"(오세영, 2013 : 157)것으로, "정서 혹은 감정의 공유성을 토대로 하여 이루어지는 사유의 형식"(오세영, 2013 : 157)이다. 의미의 공유성을 토대로 이루어지는 유추와는 다른 양상을 보이기 때문에, 환유적 특성을 공유한다. 연상을 통해서 창작주체는 "자신의 개인적 체험에서 얻어진 정서적 공유성에 의존하여 다소간의 친숙성 혹은 연관성이 있거나 지배적인 인상이 같은 별개의 사물 혹은 관념들을 상호 관련시킴으로써 생각의 꼬리를 몰아간다"(오세영, 2013 : 157). 따라서 우리는 시 창작 교육 과정에서 시적 구조의 은유적 측면인 어휘의 선택과 문장의 생성을 기본으로 하여 환유적 측면인 시 텍스트의 행과 연(산문시의 경우, 문장의 배열)을 동시적으로 지도해야 할 필요가 있다.

2) 은유와 환유의 통합 지도 방안

(1) 시 창작 과정의 일반 구조

앞서 시 창작 교육에 '어휘의 선택과 문장의 생성'을 토대로 '시 텍스트의 행과 연'(산문시의 경우, 문장의 배열)이 어떻게 만들어지는가를 지도해야 할 필요가 있음을 살펴보았다. 학습자가 시를 이해하고, 이를 자신의 창작 과정에 수용하기 위해서는 언어의 기본 구조를 알아야 하며, 시의 구조적 전개가 어떻게 이뤄지는지도 살펴봐야 한다. 그 이유는 첫째, 은유와 환유는 시의 기본 구조이며, 둘째, 시 창작 과정에서 은유와 환유는 동시적으로 나타나기 때문이다. 이 두 가지 배경은 시 창작 과정에서 '은유'와 '환유'가 통합적으로 지도되어야 함을 증명한다. 야콥슨의 모델을 통해, 시 창작 구조를 도식화하면 다음과 같다.

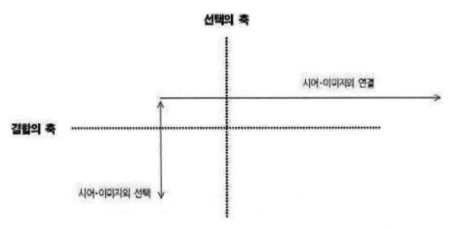

〈그림 2〉 은유와 환유의 통합적용을 통한 시 창작의 일반 구조

야콥슨의 모델에 따르면, 은유는 유사성의 원리를 가지며 선택의 축을 형성한다. 환유는 인접성의 원리를 가지며 결합의 축을 형성한다. 선택의 축은 유자격 어휘군에서 창작 주체가 문맥의 적합성에 따라 선택하는 어휘 체계이며, 결합의 축은 선택된 어휘가 일정한 문장 규칙(문법)에 따라 만들어지는 문장 자체이다. 이러한 양상을 시 창작 과정과 연계시키는 것은 간단한 문제는 아니다. 이때 선택의 축은 창작 주체가 발상 단계부터 얻은 강렬한 이미지와 시어, 혹은 문장이며, 시의 문맥과는 별개로 존재한다. 이것은 소쉬르가 말했던 어휘의 정신적 연합체와 같다. 결합의 축은 어휘 또는 이미지, 문장 등을 시의 구조와 문맥, 그리고 창작 주체의 고유한 문체 등을 통해 작품으로 형성되는 것이다.

김춘수의 서쪽 포도밭 길을 을 중심으로 은유와 환유가 어떻게 동시적 으로 텍스트를 유동하는지 살펴보자.

> 한국의 민화에 나오는
> 주둥이가 길고 빨간 한 떼의 오리 떼가 가고 있다.
> 그들 뒤를
> 귀가 작은 한국의 나귀도 한 마리 가고 있다.
> 뜻밖이다.
> 유카리 나무는 잎이 반쯤 지고
> 하늘빛 열매를 달고 있다.
> 새처럼 가는 다리를 절며 예수가

> 서쪽 포도밭 길을 가고 있다.
> 그 뒤를 베드로가 가고 있다.
> 해가 지기 전에.
>
> —김춘수, 서쪽 포도밭 길을 전문

이 시에서 환유적 연상이 이뤄지는 것은 '오리 떼'와 '한국의 나귀', '유카리나무', '예수', '베드로' 정도다. 시의 첫 번째 단상은 "한국 민화에 나오는 /주둥이가 길고 빨간 한 떼의 오리 떼"다. 시인은 이를 보면서, 오리만큼 동양적인 이미지를 가진 '한국의 나귀'를 연상한다. 그런데 시인은 "뜻밖이다"라는 문장을 삽입함으로써, 연상의 과정을 순간 비약시킨다. 오리와 나귀의 이미지는 정지되고, 순간 '유카리 나무'를 배경으로 하여, "새처럼 가는 다리를"저는 '예수'와 그의 뒤를 걸어가는 '베드로'가 등장한다. 여기에 시인의 독특함이 있는 것이다.

구조적으로 볼 때, 이러한 비약은 '겹침'이라는 매우 기묘한 의미 작용을 한다. 특히 시에서 나타나는 동양과 서양의 개별 이미지들은 공간의 중첩을 의도하는 것이기도 하다. 하지만 문제는 여기서 발생한다. 시인이 의도적으로 비약시키고 중첩시킨 두 공간과 개별 이미지들이 서로 은유적인 형태를 띠고 있기 때문이다. 이 시를 이미지로 구조화하면 좀 더 명징하게 나타난다.

ㄱ. 동양의 이미지		ㄴ. 서양의 이미지
한국의 민화	→	유라키나무
주둥이가 길고 빨간 한 떼의 오리 떼		새처럼 가는 다리의 예수
귀가 작은 한국의 나귀		그의 뒤를 따르는 베드로

이 구조를 보면, 민화는 유카리나무와, 오리는 예수, 나귀는 베드로로 치환되고 있고, 또한 개별 요소들은 병치되고 있음을 알 수 있다. 물론 그것이 보조관념을 통해 원관념을 환기하는 전형적인 은유 형태는 아니지만, 서로 다른 두 대상의 병치를 통해 어느 정도 은유의 효과를 보인다. 이처럼 시에서 은유와 환유는 단독으로 존재하는 것이 아니라, 서로 교묘하게 교차되고 있다. 따라서 시 창작 교육의 열쇠는 이 두 계열체를 어떻게 효과적으로 가르치는가에 있다고 해도 과언이 아니다. 언어는 의미와 소리로 구분되지만, 이런 언어들은 작품 속에서 은유적으로 결합되어 새로운 크기, 새로운 언어적 요소의 덩어리가 된다. 그 요소들은 의미뿐만 아니라 감정, 감각, 소리까지 어울려 전해진다. 다음의 경우는 '감자'라는 사물을 할머니의 손과 연결시킨 좋은 예이다.

시골 할머니가
보내주신
울퉁불퉁 못생긴 감자
삶아서
소금 찍어 먹으면
맛있는 감자
손으로 가만 만지면
할머니 손길처럼 따스한
삶은 감자
할머니 손처럼 울퉁불퉁 못생긴 감자

—서안나, 울퉁불퉁 못생긴 감자 전문

위 시는 '감자'라는 사물을 할머니의 손에 빗대어 표현한 예이다. 특히 할머니 손과 울퉁불퉁한 감자의 유사성을 통해서 시상을 전개하는 것은 시적으로 탁월하다. 시골서 보내 온 감자의 모습이 그간 보아온 감자의 모습과 달리 보인다. 겉모습의 투박함이 오히려 따뜻하고 소중하게 다가온다. 울퉁불퉁한 겉모습에서 할머니의 손등을 발견하게 되면서부터이다. 이제 '울퉁불퉁한 감자'는 평소의 볼품없는 모습에서 거친 성상을 거친 할머니 모습으로 다가온다. 감자가 가진 "따스하고 맛있는 존재"라는 또 하나의 의미, 감정, 느낌을 통해 창작 주체에게 그 진면목이 전해진다. 은유를 통해 할머니의 주름지고 거친 손과 감자의 투박한 표면이 하나의 심상으로 제시된 것이다.

상상력과 시적 형상화 방법은 여러 가지 방식이 있을 수 있겠으나, 우선 학습자에게 사물에 대한 자기 나름의 이름 붙이고 거기서 파생되는 이미지를 단어로 연결시키는 활동을 할 수 있다. 예컨대, 학습자에게 '잠자리'를 제재로 시를 쓰게 한다면, '잠자리'와 관련된 자신의 경험을 통해 자신의 생각이나 느낌을 잘 드러내는 주관적 묘사나 특성이 잘 드러나듯 그림을 그리게 하는 것도 한 방법이다. 자신의 체험이 구체적으로 반영될 수 있도록 경험을 상기시키며 다른 학생의 경험까지도 상상을 통해 자신의 것으로 수용하는 것이 좋다. 한편, 환유는 일상생활에서 끝없이 발견될 수 있고, 연상 작용을 통해 새롭게 재구성될 수 있다.

횟집 수족관 속
물고기들을 본다

오징어는 눈이 아래 달렸고

낙지는 머리통 옆에 달렸고
광어는 한쪽에만 달렸다
아빠는 회 생각을 하고
엄마는 매운탕 생각을 하고
나는 수영 생각을 한다
눈이 다른 곳에 붙은 건
물고기나 사람이나 똑같다

—송경동, 수족관 앞에서 전문

수족관을 보면서, 아이는 물고기의 눈들이 제각각 다른 곳에 달려 있다는 것을 본다. 사람의 눈과는 다르게 말이다. 그런데 아이는 수족관을 보는 부모가 다른 생각을 한다는 것을 눈치 챘다. 왜 동일한 사물을 보는데, 사람마다 다르게 생각하는 것일까. 아이는 참 이상하게 생각한다. 특히, 오징어, 낙지, 광어로 이어지는 연상은 '아빠', '엄마', '나'가 제각각 다른 생각을 떠올리는 것과 맞물리면서 묘한 감동을 주고 있다. 그렇다면, 일상생활에서의 발견이 어떤 과정으로 시에 안착되는가. 시인의 관점에서 이를 재구성해보면 다음과 같다.

ㄱ. 시인의 연상 작용
(ㄱ) 가족끼리 저녁을 먹으러 횟집에 감.
(ㄴ) 횟집 앞에 있는 수족관에서 오징어, 낙지, 광어 등 여러 가지 물고기를 봄.
(ㄷ) 물고기의 눈이 제각각 붙어 있다는 것을 발견함.
(ㄹ) 아빠, 엄마, 나 모두 수족관을 보면서 다른 생각을 하고 있음을 알게 됨.
(ㅁ) 물고기 눈을 보면서 가족들의 생각을 연상함.

이 상황을 시의 표현과 대응하면 다음과 같다.

ㄴ. 시와의 연관성
(ㄱ)' ⇒ 생략
(ㄴ)' ⇒ "횟집 수족관 속 / 물고기들을 본다"

(ㄷ)' ⇒ "오징어는 눈이 아래 달렸고 / 낙지는 머리통 옆에 달렸고 / 광어는 한쪽에만 달렸다"

(ㄹ)' ⇒ "아빠는 회 생각을 하고 / 엄마는 매운탕 생각을 하고 / 나는 수영 생각을 한다"

(ㅁ)' ⇒ "눈이 다른 곳에 붙은 건 / 물고기나 사람이나 똑같다"

환유적 연상을 시 창작에 적용하기 위해서는 우선 학습자의 체험을 구체화해야 한다. 일기 등의 산문 형태로 쓰게 하는데, 대상이나 사건, 상황을 보다 세밀하게 관찰하고, 관찰 속에서 얻어지는 생각(연상)들까지 쓰도록 해야 한다. 둘째, 하나의 대상에서 어떤 이유로 그 생각(연상)을 하게 되었는지 쓰게 한다. 셋째, 생각(연상)을 중심으로 시를 창작하게 한다.

(2) 은유와 환유의 통합 지도의 실제

앞서 우리는 시 창작 과정이 은유와 환유의 통합에 의해 유동한다는 점을 살펴봤다. 이 장에서는 실질적으로 은유와 환유를 어떠한 방식으로 통합해서 지도해야 하는지를 고찰해 보도록 한다.

일반적으로 시 텍스트의 최소 단위는 '단어'다. 이 단어를 어떻게 선택하고 배치하느냐에 따라 작품이 내포하는 의미와 이미지의 작동이 달라진다. 은유와 환유의 통합 지도는 우선 '단어'의 선택과 결합 차원에서 접근할 필요가 있다.

明圖가
아냐
明沙
鳴沙
鳴謝
螟詞
銘謝
名師
明絲
名士
그래 나는 名士古佛
이야

—김춘수, 처용단장 3부 36

위 시에서 보이듯, 한 개의 단어만으로도 충분한 시의 행을 구성할 수 있다. 물론 '명사'라는 발음을 가진 단어들을 나열함으로써, 시니피앙과 시니피에의 필연적 관계를 없애려는 시인의 의도(무의미 시)에 따라 인위적으로 배열된 것이기는 하지만, 중요한 것은 '단어'가 '행'이라는 사고의 단위를 포괄할 수 있다는 점이다. 명도(明圖)나 명사(名士)는 시 텍스트 내부의 요구에 따라 선택되었다는 점에서 '은유'적이며, 7개에 달하는 '명사'의 나열은, '명사'라는 소리에 대응하는 한자어의 나열이라는 점(인접성)에서 '환유'적이다.

이를 시 창작 과정에 적용해보자. 우선, 은유에 대한 부분이다. 전통적으로 은유는 한 대상이 다른 대상으로 옮겨가거나 전이되어 후자가 마치 전자처럼 서술되는 양식으로, 사물에 대한 최초의 이미지를 다른 단어로 치환하는 것이 일반적이다.

(ㄱ) 사물과 사물에 대한 이미지 떠올리기
(ㄴ) 그 이미지를 대신할 다른 단어를 찾기(은유)

여기서 (ㄱ)은 시 창작의 바로 전 단계에 해당하며, (ㄴ)부터가 시 창작과정의 시작이다. 학습자에게 주제를 주거나 아니면 자유 연상을 통해 구체적인 사물과 그것의 이미지를 떠올리게 한다. 그리고 그 이미지를 대신할 다른 단어를 찾도록 한다. 이때 중요한 것은 두 사물 간의 유사성이나 이질성을 통해 원관념을 명백하게 가시화해야 하는 것으로, 양자 간의 이질성이 강하면 강할수록 은유의 긴장감은 높아지게 된다. 다음으로 학습자가 그 두 개의 단어를 이용해 하나의 작품을 만들도록 해야 한다. 예컨대, 학습자가 '장미'를 떠올리고 그 이미지를 '찬란함'으로 썼다고 하자. 그리고, 그 이미지를 대신할 단어로 '태양'을 제시했다면, 여기서 다음과 같은 문장 구성으로 시의 일부분을 만들 수 있다.

> 장미는
> 천 개의 찬란한
> 태양

앞서 '장미'의 찬란함이라는 이미지를 '태양'으로 은유한 예를 들었는데, 이를 환유적으로 확장해 보자(ㄷ). 당연하지만, 중심 단어는 '태양'이다. 일차적으로 태양은 '뜨거움'을 파생한다. 그리고 공간의 거대한 팽창과 수축, 만물의 근원을 비롯해 신화적 속성 등으로 확장된다. 그리고 확장된 단어를 적절하게 엮어 배치해야 한다(ㄹ). 여기서 최초 이미지는 '연상'의 강렬한 작용 속에서 좀 더 명징해진다.

장미는
천 개의 찬란한
태양
뜨거움은
당신이라는 거대한 공간 속에서
팽창하고 수축한다
장미는
그러므로 만물의 입술
근원이며
나를 낳은 신화다.

—습작생, 장미의 시원 전문

장미의 최초 이미지는 '태양'으로 은유되고, 이 태양은 뜨거움, 거대한 공간, 팽창과 수축, 만물, 신화 등으로 파생된다. 이를 적절하게 배열하고 엮으면 한 편의 시가 만들어진다. 이 과정을 도식화하면 다음과 같다.

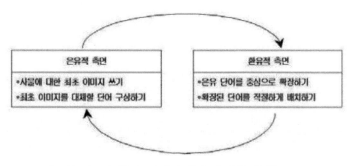

〈그림 3〉 시 창작 과정의 은유와 환유 통합 구조

앞에서 살펴본 것처럼 언어의 기본 구조는 '은유'와 '환유'다. 하지만, 현재 시 창작 교육의 '은유'에 집중되어 있어, '환유'는 간과되고 있다. 본고의 문제의식은 여기서 출발한다. 특히 개별 시어나 문장 단위로 은유와 환유를 파악하는 것과 시 텍스트 전체 구조 속에서 살펴보는 것과는 상당한 차이가 있다. 하나의 시어나 이미지, 문장은 전체 구조 속에서 서로 상관하며 작용하기 때문이다.

20세기에 들어 언어학과 정신분석학의 놀라운 발달로 인해 전통적인 수사학의 영역으로 간주되었던 '은유'와 '환유'는 인간 정신의 기본 구조로 심화·확대되고 있으며, 정신분석학의 영역에서도 꿈으로 표현될 때 작용하는 기능으로 간주되고 있다. 수사학에서는 '은유'와 '환유'를 설득하는 말하기의 한 방편으로 보고 있으나 근대의 언어학적, 철학적, 정신분석학적 성찰은 이것을 인간 인식의 심층으로까지 간주하고 있다. 시 창작과 관련해서 은유와 환유는 자기의 체험으로부터 출발하며 체험과 해석, 창작까지 영향을 미쳐 한 편의 작품을 형성하게 한다. 이와 같은 추론 아래 '은유'와 '환유'는 작품 생성의 주요한 접점이 될 수 있다.

시 창작 교육은 창작 주체의 미적 자의식이 투영된 과정으로 일반화를 한다고 해도 학습자에게 동일하게 적용되기 어렵다. 따라서 성급한 일반화는 오히려 오류를 초래할 수 있다. 사정이 이러함에도 불구하고, 많은 논자들이 시 창작 교육의 일반론과 구체적인 창작지도 방법론을 심층적으로 연구하고 있다는 것은 고무적이다. 특히 현장 교사들에 의해 주도적으로 교수 방법을 도출하는 것은 매우 긍정적인 현상이다. 다만, 여기서 문제가 되는 것은 지나치게 '은유'에 집중하고 있어, 시 창작의 중요한 한 축인 '환유'를 소홀히 하고 있다는 점이다. 현재 국어교육과정에서 '환유'는 전통 수사법 개념 하에서 지도될 뿐이며, 이 과정에서 언어의 보편적 이해의 측면은 간과되고 있다. 또한 언어학이나 정신분석학이 일궈낸 성과가 반영되지 않았다는 점도 지적될 수 있다. 은유와 환유는 그것이 수사법과 관련된 것이라 해도, 상호 혼융되어 나타나기 때문에 학습자들이 효과적으로 시 창작 교육을 받게 하려면, 양자를 병행하여 지도해야 한다.

참고문헌

구 상(1985), 〈현대시 창작입문〉, 서울 : 현대문학. Gu S.(1985)

구인환 외 3인(1988), 〈문학교육론〉, 서울 : 삼지원.

곽정식(2010), 남이장군실기의 창작 방법과 작가의식, 〈새국어교육〉(한국국어교육학회) 85, 593~618.

권혁준(1997), 문학비평 이론의 시 교육적 적용에 관한 연구, 한국교원대학교 박사학위논문.

김광일(2000), 포트폴리오를 이용한 시창작 지도방법 연구, 서울교육대학교 석사학위논문.

김봉근(2009), 백석 시에서 환유적 표현의 의미 연구, 서울시립대학교 석사학위논문.

김영희(2003), 시 창작을 위한 발상 지도 방법 연구, 한국교원대학교 석사학위논문.

김용직(1982), 〈한국근대시사 (상)〉, 서울 : 학연사.

김욱동(1999), 〈은유와 환유〉, 서울 : 민음사.

김진우(2005), 〈은유의 이해〉, 서울 : 나라말.

은유와 환유의 통합 적용을 위한 시 창작 교육 시론(試論)_엄해영 339

도종환(2005), 〈시 창작 교실〉, 서울 : 실천문학사.

문민영(2006), 은유를 활용한 시 발상 지도 방안 연구, 서울교육대학교 석사학위논문.

박영순(2000), 〈국어 은유 연구〉, 서울 : 고려대학교출판부.

박제천(1999), 〈시를 어떻게 완성할 것인가〉, 서울 : 문학아카데미.

서정주 · 박목월 · 조지훈(1949), 〈시창작법〉, 서울 : 선문사.

신 진(2012), 〈한국시의 이론〉, 부산 : 산지니

엄해영(2006), 문학 창작에 있어서 '은유'와 '환유'의 인식론적 역할, 〈초등국어교육〉(서울교대국어교육연구소)23, 77~98.

엄해영(2010), 시 창작 교육의 제문제, 〈한국초등교육〉(서울교대 초등교육연구원)21(1), 209~218

오규원(1990), 〈현대시작법〉, 서울 : 문학과 지성사.

오세영(2013), 〈시 쓰기의 발견〉, 서울 : 서정시학.

유영희(1999), 이미지 형상화를 통한 시 창작교육 연구, 서울대학교 박사학위논문.

이상섭(2003), 〈아리스토텔레스의 시학연구〉, 서울 : 문학과 지성사.

이승훈(1995), 〈시작법〉, 서울 : 탑출판사

이향근(2013), 시 텍스트에 나타나는 환유적 표현 양상과 학습 독자의 체험 방향, 〈한국초등교육〉(서울교대초등교육연구원)24(4), 95~110

이형순(2007), 은유 해석 과정에 중점을 둔 시 텍스트 교수-학습 방안 연구, 고려대학교 박사학위

논문.

임지룡(1995), 환유의 인지적 의미특성, 〈국어교육연구〉(국어교육연구회) 27, 202-213.

전한성(2013), 경험 서사 창작 교육의 실천을 위한 전제조건, 〈새국어교육〉(한국국어교육학회)

정정순(2007), 구조적 은유를 활용한 시 '이어쓰기'교육 내용 연구, 〈문학교육학〉(한국문학교육학회)24, 107~13

조태일(1994), 〈시창작을 위한 시론〉, 서울 : 나남출판사.

Gribble, J.(1996), LiteraryEducation : A revaoluation, London : CambridgeUniversity, Press. 나병철 역(1996), 〈문학교육론〉, 서울 : 문예출판사.

Lacan, J.(1994), Écrits, Paris : EditionsduSeuil. 권택영 외 3인 옮김(2009), 〈욕망이론〉, 서울 : 문예출판사.

Lakoff, G. & M. Johnson(1980), MetaphorsWeLeiveBy, Chicago : TheUniversity of Chicago Press.노양진 · 나익주 옮김(2006), 〈삶으로서의 은유〉, 서울 : 서광사.

Jakobson, R.(1987), LanguageinLiterature, Cambridge : HarvardUniversityPress. 신문수 옮김(1989), 〈문학 속의 언어학〉, 서울 : 문학과 지성사.

Rosenblatt, L.M.(1978), The Readers, the Text, thePoet, Illinois : SouthernIllinois University. 엄해영 · 김혜리 옮김(2008), 〈독자 텍스트 시 -문학 작품의 상호 교통 이론〉, 서울 : 한국문화사.

이향근 · 엄해영(2015), 황동규 작시법을 적용한 시 창작 교육방법 시론(試論), 한국초등교육, 26집3호, 서울교육대학교 초등교육연구원, pp.183-195.

2. 독서 부진아 지도

1) 독서(읽기) 부진아 지도의 중요성

독서는 학습의 최소 조건이다. 여기서의 독서는 책을 읽을 수 있는 기초 문식성을 포함한다. 기초 문식성은 학교와 생활에 필요한 글을 읽고 이해할 수 있는 최소 능력이다. 이 기초 문식성은 절대적 기초 문식성과 상대적 기초 문식성으로 나눌 수 있다. 절대적 기초 문식성은 문자를 해독하여 글을 읽고 이해하는 최소 능력이라 할 수 있다. 상대적 기초 문식성은 각 학년 수준에서 요구하는 글을 읽고 이해하는 최소 능력이라 할 수 있다. 독서는 이들 두 기초 문식성을 포함한다. 절대적 기초 문식성을 넘어서야 상대적 기초 문식성으로 나아갈 수 있다. 학년이 올라갈수록 필요한 것이 상대적 기초 문식성이라 할 수 있다. 독서 부진의 경우는 이들 기초 문식성에 문제가 있는 경우가 많다.

독서는 학교 학습의 기초이다. 학습은 가정, 학교, 사회에서 이루어진다. 이들 중 학생의 학습이 체계적이고 본격적으로 이루어지는 곳은 학교이다. 학교에서는 학년별로, 학기별로, 월별, 주별, 단위 시간별로 학생들이 학습해야 할 것을 체계화하여 가르친다. 학생은 학교 학습을 통하여 지식을 얻고, 생각을 키우고, 자아와 세계를 이해한다. 이 학교 교육은 독서를 매개로 이루어지는 것이 책에 들어 있는 내용을 바탕으로 교사와 학생이 상호작용을 하여 교육이 이루어진다. 이 교육에서 학생의 주요 활동인 학습은 독서를 요구한다. 책을 읽을 수 있어야 예습을 하고, 학습을 하며, 복습을 할 수 있게 된다. 학교 학습의 모든 활동이 독서를 필요로 하는 것이다.

독서는 일상생활의 토대다. 독서는 일상의 어디에서나 필요하다. 사람 간 의사소통의 주요 수단 중 하나가 문자이기 때문이다. 대상을 인식하고 확인하고 판단하기 위해서는 문자를 읽을 수 있어야 한다. 버스를 타도, 물건을 사도, 갈 곳을 찾아도 문자 읽기가 필요하다. 생활에 필요한 정보를 얻기 위해서도 마찬가지이다. 문자를 사용하지 못한다면 일상생활에 필요한 정보를 남에게 물어 확인하고 판단해야 한다. 남이 말을 해주지 않으면 필요한 정보를 얻을 수 없게 되고, 기본적인 생활을 할 수가 없게 된다. 그렇기 때문에 글을 읽는 것은 일상생활의 기본적인 조건이다. 더 나아가 독서는 삶의 개선에 필요한 정보를 얻는 데 쓰인다. 광고, 표지판, 핸드폰, 인터넷 등을 통한 일상의 정보를 물론 사용 설명서, 신문, 잡지, 책 등을 통해 생활 전문 정보를 얻는 독서가 필요하다.

독서 부진은 기초적인 읽기 능력이 낮음을 가리킨다. 읽기 능력이 낮다는 것은 단지 학교 학습을 잘 할 수 없음을 뜻하는 것이 아니다. 기본적인 문자 생활을 잘 할 수 없음을 뜻한다. 학생의 문자 생활 문제는 학교 학습이 잘 이루어지면 쉽게 해결될 수 있다. 그렇기 때문에 학교에서의 독서 부진은 반드시 해결되어야 할 과제이다. 독서 부진은 학생 개인의 과제이기도 하지만 교육의 과제이다. 학생이 노력 부족이나 가정 및 사회적 환경이 좋지 않아 독서 부진이 생길 수도 있지만 학교 교육의 관심 부족으로 생길 수도 있다. 학생의 독서 부진에 대해서는 학교의 관심이 필요하다. 초등학교 저학년부터 관심을 가지게 되면 학생의 독서 부진은 좀 더 쉽게 해결될 수 있다.

독서는 부진 학생의 지도는 교육의 과제이다. 학교에서는 학생이 학습을 할 수 있도록 필요한 조건을 만드는 것이 중요하다. 독서가 학습의 조건이기 때문에 학생의 독서 부진은 학교 교육에서 해결해야 한다. 학생들의 문자 학습은 교육과정상 초등학교 입학 후에 이루어져야 한다. 초등학교 1학년 과정에서 한글 해득이 이루어져야 하는 것이다. 학생의 독서 부진의 근본적인 원인이 한글 해득의 문제이고, 더 나아가서는 책을 이해하지 못하는 문제이다. 학생의 문자를 사용한 학습이 학교에 들어와 이루어진다면 학생의 독서 부진은 학교의 문제인 것이다. 학생의 독서 부진은 교사가 해결해야 할 과제인 것이다. 독서 부진 학생을 지도하기 위해서는 부진의 원인을 밝히고, 그 원인에 맞는 지도가 이루어져야 한다.

교육부나 학교는 학생들의 학력 향상에 많은 관심을 가지고 있다. 학력의 향상은 학습 부진을 해결하는 데 있다. 학습 부진 중에서도 그 중심에는 독서 부진이 있다. 학교 교육에서는 학생의 독서 부진에 더 많은 관심을 필요로 한다. 교사의 독서 부진 학생 지도는 선택 사항이 아니라 의무 사항이다. 초등학교 교사가 담임을 맡아 지도하는 학생의 독서 부진은 교사가 해결해야 한다. 이를 위해서는 독서 부진 지도에 대해 좀 더 깊이 있게 이해하고 지도 방법을 알고 있어야 한다. 독서 부진 학생(low-achieving reader or underachiever in reading)을 이해하고 지도하려면 독서 부진의 개념이나 원인을 아는 것이 필요하다. 그리고 독서 부진 학생을 지도하기 위한 원리를 설정하고 구체적인 지도 방법(활동)을 개발해서 실천해야 한다.

2) 독서 부진의 개념과 원인

독서의 부진은 여러 가지 의미를 가질 수 있다. 또한 독서를 할 수 있는 여러 수준과 과제와 관련되어 사용될 수 있다. 독서 부진의 원인도 어느 한 가지로 지적하기는 어렵다고 할 수 있다. 이 글에서 관심을 가지는 독서 부진은 초등학생들이 학교 학습을 하는 것과 관련되어 있다. 초등학교 학습과 관련된 독서의 부진과 그 원인을 알아보자.

(1) 독서 부진의 개념

독서 부진 지도와 관련하여 흔히 듣는 말이 진단(diagnosis)과 교정(correction)이다. 어원을 보면 영어의 진단(diagnosis)은 그리스어에서 온 것으로 dia는 '무엇을 가로질러 또는 사이에 (across or between)'의 뜻을 가지고 있다. 그리고 gnosis는 아는 것(to know)을 뜻한다. 그래서 diagnosis라고 하면 know across learners를 뜻하는 말로, 학생에 대하여 아는 것을 뜻한다. 그리고 교정(correction)은 잘못된 것을 바로잡는다는 의미로 사용된다. 이 이외에 교정이라는 말과 거의 같은 의미로 remediation을 사용하는 경우가 있는데, 이는 라틴어 medere에서 온 말이다. 즉, 상처를 고치다(to heal)라는 의미를 지니고 있다.

진단(diagnosis)과 교정(correction 또는 remediation)이라는 말은 의학에서 흔히 사용되는 용어로 병의 원인을 파악하여 고치는 행위를 가리킨다. 그러나 요즈음에는 경제 문제 진단이나 교육 개혁의 문제점 진단 등과 같이 어떤 현상의 상태나 문제점 등을 파악하는 행위를 지칭하는 말로 이들 용어가 꽤 널리 사용되고 있다.

독서 부진 학생을 지도하기 위해서는 우선 독서 부진을 어떻게 판단할 것인가를 정해야 한다. 독서 부진을 판단하는 방법으로는 세 가지를 생각해 볼 수 있다(이재승, 2004). 이들 세 가지 방법은 각기 장단점을 가지고 있다.

첫 번째는 지적 능력으로 보는 방식이다. 지능, 사고력, 구어 능력 등에서 기대되는 만큼 독서를 하지 못하는 경우이다. 즉, 지적 능력이나 구어 능력과 독서 능력이 불일치되는 경우이다. 이를 건닝(Gunning, 1998)은 불일치 또는 모순 정의(discrepancy definition)라 부르고 있다. 이런 정의에는 몇 가지 문제가 있다. 첫째, 지적 능력 또는 구어 능력에 대한 합의가 어렵다. 그것의 측정 방법과 판단 기준에 대해 합의가 이루어지지 않았는데, 이를 판단 기준으로 삼는 문제이다. 둘째, 인과 관계가 분명하지 않다. 즉, 이 방식에서는 지적 능력이 있으면 그만큼 독서 능력이 있다는 전제가 되어야 하는데, 반드시 그렇다고 말하기 어렵다. 셋째, 일반적으로 독서 부진 학생은 다른 학생들과 비교해서 능력이 부족한 경우를 말하는데, 말하자면 100점 만점에 90점 이상을 받은 학생도 독서 부진아의 범주에 넣어야 하는 문제가 있다.

두 번째는 절대 기준으로 판단하는 방식이다. 어떤 절대적인 기준을 정하여 기준에 도달하지 못한 학생을 부진으로 보는 경우이다. 예를 들어 전국이나 지역 교육청 규모의 성취도 검사에서 몇 점 이하를 받은 학생들을 부진으로 보는 것이다. 이 방식의 문제점은 첫째, 기준(점수)의 타당성 문제이다. 기준을 설정하기 따라서는 부진 학생이 많을 수도 있고 적을 수도 있다. 둘째, 판단 기준 점수가 작위적이다. 물론 절대 기준을 설정하여 기준에 도달하지 못한 학생을 모두 부진으로 볼 수 있는데, 이 경우에도 그 기준이 타당한지 하는가 하는 문제가 있다. 시험을 친 다음에 적당히 어느 수준을 설정한 다음 기준에 비추어 보면 한 반에서 부진 학생이 서너 명씩 생기게 되는 경우가 있다. 이것은 앞뒤가 바뀐 것이다.

세 번째는 해당 학년의 평균 수준으로 판단하는 방식이다. 학년 평균에 도달하지 못한 학생들을 독서 부진 학생으로 설정하는 경우이다. 이 방식의 문제점은 첫째, 해당 학년의 평균 수준을 설정하기가 어렵다는 문제가 있다. 둘째, 절반 학생이 부진이 된다. 이 경우에 평균 이하의 학생이 절반을 차지하기 때문에 현실적으로 절반의 학생을 '특별 지도' 하기는 어렵다. 셋째, 해당 학년의 능력이 높으면 높게 설정되고, 낮으면 낮게 설정될 수 있으므로 기준 자체가 너무 유동적이고 상황적이라는 문제가 있다.

위에서 볼 수 있듯이, 세 가지 방식 모두 문제를 지니고 있다. 어느 하나만을 고집하기는 어려우나, 이들을 상대적으로 비교하여 좀 더 타당성이 높은 방식을 선택할 필요가 있을 것이다. 이 중에서 세 번째 방식을 중심으로 하되 두 번째 방식을 고려하는 것이 적절할 수 있다. 물론 이 둘의 순서를 바꾸어도 큰 문제는 없을 것이다. 즉, 독서 부진이라고 하면 해당 학년의 학생들의 평균 수준에 도달하지 못한 학생이라 할 수 있다. 두 번째 방식에서 절대 기준을 설정할 때, 해당 학년의 평균 수준을 설정하면 세 번째 방식과 유사하게 된다.

독서 부진 또는 학습 부진과 관련하여 학습 장애 또는 독서 장애라는 말이 있다. 이 말은 신체적, 인지적 결함으로 학습에 장애가 있는 '특수 학생'을 지칭하는 경우가 많다. 이와 관련하여 독서 장애(reading disability)에 대한 연구는 처음에 의학 분야에서 주로 이루어졌다. 신체나 인지 장애로 인해 독서 능력이 현저히 떨어지는 학생을 독서 지진 학생이라 할 수 있다. 이들은 '특수 교육'에서 관심을 가져야 할 대상이라 할 수 있다.

독서 지진이라는 용어도 흔히 사용되고 있다. 이 지진은 부진과 구별되는데, 부진을 보이는 '정도'에 따라 나눌 수도 있고, 그 '원인'이 선천적인 것이냐 아니면 후천적인 것이냐에 따라 나누기도 한다. 일반적으로 독서 지진은 독서 부진에 비해 독서 능력이 현저히 떨어지는 경우를 말한다. 선천적인 요인이 비교적 작용하고 신체적, 인지적 결함이 있는 경우이다. 물론 어떤 학생의 독서 지진 원인이 선천적인 것이냐, 후천적인 것이냐를 판가름하는 것도 쉬운 문제는 아니다.

학생을 독서 능력을 정도에 따라 나누면, 독서 영재 → 독서 일반 → 독서 부진 → 독서 지진 → 독서 장애로 구분할 수 있다. 독서 지진과 독서 장애의 구분 기준도 독서 정도의 차이와 선천적, 신체적, 인지적(정신적) 결함의 유무가 될 수 있을 것이다. 독서 지진의 경우에는 일반 학생 수준만큼 끌어올리기 쉽지 않으며, 독서 장애 학생의 경우에는 평균까지 끌어올리기가 어렵다고 할 수 있다. 하지만 독서 부진의 경우는 독서 일반이나 독서 영재로의 가능성도 열려 있다고 할 수 있다.

천경록(1999)은 독서 부진 학생을 교정 독자(corrective reader)와 치료 독자(remedial reader)로 그 개념을 구별하면서, 교실 환경을 관찰해 볼 때 정상적인 독서 발달을 보이는 아동에 비해 대략 15%의 학생이 독서 부진이라고 보았다. 교정 독자는 학년 급의 평균적인 독서 능력에 비해 한 학년 정도의 개인 차이를 보이면서 뒤쳐지는 아동이라 할 수 있다. 보통 이러한 아동은 정상적인 학급에서 독서 지도를 받으면 극복이 가능하다. 치료 독자는 교정 독자보다 더욱 발달이 지체되는 학생을 대상으로 한다. 보통 평균적인 독서 능력에 비해 2년 이상 떨어지거나, 위의 발달 단계에서 한 단계 이상 지체되는 아동들이 대상이 된다.

이상의 논의를 정리하여 독서 부진을 조작적으로 정의해 보면 다음과 같다.

> 독서 부진아는 잠재 능력이 있으면서도 독서 능력이 부족한 학생으로 선천적인 요인보다는 후천적 요인에 의해, 그리고 신체적, 인지적 결함보다는 환경이나 교육적 요인 등으로 인해 해당 학년의 평균 독서 능력에 못 미치는 학생들을 일컫는다.

여기에서 볼 수 있듯이 독서 부진 학생은 잠재 능력을 갖추고 있지만 독서 능력이 부족한 경우, 해당 학년의 평균 독서 능력을 갖추고 있지 못한 경우, 선천적인 요인보다는 후천적 요인, 신체적 또는 인지적 결함보다는 환경적, 교육적 요인으로 발생한 경우를 지칭한다. 이들 학생은 적절히 지도만 하면 일반 학생들을 따라갈 수 있다. 그런데 학교에서 독서 부진 학생은 한 학급에서 서너 명이 포함되고, 능력이 현저히 떨어진 경우가 대부분이다. 이런 학생들은 개념 면에서 보면 독서 부진 학생이기보다는 독서 지진 학생이라 할 수 있다. 이는 다수의 학생을 지도하기 어려운 현실적인 사정에서 비롯된 것으로 개념적으로 일반 학생들의 평균 능력을 갖추지 못한 학생은 모두 독서 부진 지도의 학생으로 하는 것이 바람직하다.

한편, 학년에 관계없이 글자를 읽지 못하거나 읽어도 무슨 뜻인지를 이해하지 못하는 경우가 있다. 이 경우, 원인이 신체나 선천적 결함이 아닌 후천적인 학생은 독서 부진 또는 지진에 포함된다. 이를 '절대 부진 또는 지진'이라고 할 수 있다. 사실 학교에서 보통 독서 부진 또는 지진이라고 할 때 이들 학생을 지칭하는 경우가 많이 있다.

(2) 독서 부진의 원인

독서 부진의 원인에 대해 대체로 학자들이 비슷한 견해를 보이고 있으나 분류하는 기준이 다소 다르고, 또 세밀하게 분석해 보면 요인들 중에 차이가 있다.

우선 독서 부진의 원인에 대해 천경록(1999)은 크게 독자 내적 요인과 독자 외적 요인으로 나누고 있다. 그런 다음, 독자 내적 요인으로 뇌 손상, 유전적 요인, 초인지 능력의 결핍 등을 들고 있다. 그리고 독자 외적 요인으로는 학습 양식의 불일치, 부적절한 교수 방법 등을 들고 있다. 여기에서 독자 내적 요인과 독자 외적 요인으로 나눈 것은 유용한 점이 많다고 생각되지만, 독자 내적 요인으로 든 뇌 손상이나 유전적 요인 등은 주로 선천적인 요인이라는 점에서 이 글에서 말하는 독서 부진의 개념과는 거리가 있다. 그리고 뇌 손상이나 유전적 요인과 초인지 능력의 결핍도 같이 보기 어렵다. 또한, 독자 외적인 요인으로 든 부적절한 학습 양식이나 교수 방법도 다소 층위가 다른 문제라 할 수 있다.

송현정(2000)은 크게 환경 요인과 독자 요인으로 나누고, 환경 요인으로 가정 환경과 학교 환경을 들고. 독자 요인으로 인지적 요인과 정서적 요인을 들고 있다. 인지적 요인으로는 기억력, 인식 능력, 지능, 주의력을 들고, 정서적 요인으로는 동기, 자아 개념을 들고 있다. 인지적 요인으로 사고력과 같은 요소를 제외하는 것은 문제가 있다. 그리고 구어 능력과 같은 언어적 요인도 중요하다고 생각되는데, 이는 인지적 요인에 포함되어 있지 않다. 그리고 주의력을 인지적 요인에 포함하는 것이 나은지 아니면 정서적 요인에 포함하는 것이 나은지를 생각해 볼 필요가 있다.

테일러 등(Taylor et al., 1995)은 크게 신경학적 요인과 심리·정서적 요인, 환경적 요인, 교육적 요인 등을 들었다. 신경학적 요인으로는 시각적 문제, 청각적 문제, 뇌 손상 등을 들고, 심리·정서적 요인으로는 좌절감, 부정적 자아관 등을 들고 있다. 그리고 환경적 요인으로는 가정환경이나 사회 환경, 동료들 간의 분위기 등을 들고, 교육적 요인으로는 과제의 부적절성, 지도 방법의 부적절성 등을 들고 있다. 천경록(1999)에 비해서는 자세하다는 이점이 있으나, 천경록(1999)의 경우처럼 신경학적인 요인으로 든 것은 대체로 선천적인 것이라는 점에서 문제가 있다.

이들에 비해 더 구체적이고 체계적으로 원인을 제시한 사람은 건닝(Gunning, 1998)이다. 그는 크게 인지적 요인, 시각적 요인, 언어적 요인, 사회·정서적 요인, 신체적 요인, 교육적 요인, 사회 문화적 요인, 경제적 요인 등을 들고 있다. 그런 다음 인지적 요인으로 일반적인 인지 능력, 기억력, 연상 학습, 주의력 등을 들고, 시각적 요인으로는 뒤집어 읽기, 정보 지각 능력의 부족 등을 들고 있다. 언어적 요인으로는 발음의 어려움, 음운론적 요인 등을 들고, 사회·정서적 요인으로는 자기 효능감 결핍, 부모의 압력 등을 들고 있다. 신체적 요인으로는 청각 장애, 시각 장애 등을 들고, 교육적 요인으로는 부적절한 자료, 부적절한 방법 등을 들고 있다. 사회 문화적 요인으로는 문화적 분위기, 동료 집단의 특성 등을 들고 있고, 경제적 요인으로는 가정의 독서 자료 부족, 시설의 부족 등을 들고 있다. 여기에서는 시각적 능력과 신체적 능력을 군이 구별할 필요가 있는가 하는 문제와 어느 것이 독자 내적인 요인인지 등을 말하기 어렵다는 단점을 지니고 있다.

이들의 견해를 종합해 보면 대체로 독서 부진의 원인으로 독자의 인지적인 능력, 언어 능력을 들고, 또 한편으로는 가정이나 사회적인 요인과 교육적인 요인 등을 들 수 있을 것이다. 이해의 편의를 위해 이들을 우선 독자 내적인 요인과 독자 외적인 요인으로 나눌 필요가 있다. 그리고 독자 내적인 요인으로 인지적 요인, 언어적 요인 등으로 나누고, 독자 외적인 요인으로 교육적 요인이나 사회적 요인 등을 들면 이해의 편의를 기할 수 있으리라 생각된다. 물론 독자 내적 요인과 외적 요인은 상호 영향을 끼치게 되고, 각 영역 속에 포함되어 있는 하위 영역들 간에도 서로 영향을 끼치게 된다.

〈표 1〉 독서 부진의 원인

독자 내적 요인	인지적 요인	○ 일반 지능 ○ 일반적인 사고력 ○ 스키마(내용에 대한 지식)	○ 기억력
	언어적 요인	○ 구어 능력 ○ 어휘력	○ 국어 지식
	정의/정서적 요인	○ 동기 ○ 집중	○ 습관 ○ 부정적 자아관
	신체적 요인	○ 시각적 요인 ○ 체력	○ 청각적 요인
독자 외적 요인	교육적 요인	○ 독서 환경의 미비(물리적, 정서적) ○ 과도한 사회적 압력(부모, 입시) ○ 독서에 대한 미온적 시각 ○ 잘못된 독서관	
	가정/사회적 요인	○ 지도 프로그램 ○ 지도 방법 ○ 독서 자료 ○ 독서 환경	

위의 표에서 보는 것과 같이 독자 내적 요인으로 인지적 요인이 무엇보다 중요한 영향을 끼친다. 그 중에서 먼저, 지능의 부족을 들 수 있다. 임정화(1997)의 조사에 의하면, 독서 부진을 보이는 학생들의 성적이 대략 87점 정도로 낮았으며, 읽기 능력과 지능 간의 상관 정도는 .64로 비교적 높은 것으로 나타났다. 이외에 인지적 능력으로는 일반적인 사고 능력을 꼽을 수 있다. 읽기는 곧 사고 활동이기 때문에 사고 능력이 부족할 경우 글을 제대로 읽을 수 없다.

둘째, 스키마, 즉 배경 경험이나 지식이 부족을 들 수 있다. 독자의 배경지식의 부족은 책을 잘 이해하지 못하게 할 가능성이 높다. 예를 들어, 컴퓨터에 대해 전혀 모르는 학생이 컴퓨터의 구조를 설명한 글을 읽으면 쉽게 이해할 수 없을 것이다. 독서를 하는 데에는 내용에 관한 지식도 필요하다. 그리고 관련 지식이 있더라도 책을 읽으면서 지식을 적절히 끌어내지 못하거나, 지식을 끌어냈다고 하더라도 바르게 연결 짓지 못하면 이해는 일어나지 않는다. 이 이외에 사고력의 일종인 초인지(metacognition) 능력의 부족도 독서 부진을 일으킨다. 즉, 자신의 인지 과정을 점검하고 통제할 수 있는 능력이 부족하면 독서에 어려움을 겪을 수 있다.

셋째, 구어 능력 부족을 들 수 있다. 독서 내적 요인 중으로 구어 능력이 부족하면 독서 부진이 발생할 가능성이 있다. 듣기나 말하기를 통해 얻은 지식이 없으면 그만큼 독서가 어려워진다. 그리고 국어 지식 요인으로 국어의 구조에 대한 지식, 예를 들어 주술 관계나 맞춤법에 관한 지식, 이야기 문법에 대한 지식, 이야기의 구조에 대한 지식 등이 없으면 글을 이해하는 데 어려움을 느낄 수 있다.

넷째, 정의적·정서적 요인의 부족이다. 책을 읽기 위한 동기 부족이나 집중력 부족이 독서 부진이 생기게 할 수 있다. 책에 대해 거부감을 가지고 있거나 책을 읽으면서 책의 내용에 일정 시각 집중하지 못할 경우 내용을 하지 못한다. 읽는 동안 집중력이 부족하면 개념과 개념을 제대로 결합하지 못하고 중요 내용을 파악하지 못하기 때문에 글의 전체 내용 이해가 어렵게 된다. 이러한 것이 누적되면 독서를 제대로 못하게 된다. 그리고 정서적으로 불안이나 초조할 경우 글을 잘 이해하지 못할 가능성이 있다. 또한 자신의 읽기 능력에 대한 불신이나 자신감이 부족한 독자도 글을 잘 이해하지 못할 가능성이 있다.

다섯째, 신체적인 요인을 들 수 있다. 신체에 선천적인 결함이 없더라도 그 기능이 약하면 독서에 어려움을 느끼는 경우가 있다. 시력이나 몸의 자세, 몸의 건강 상태가 좋지 않으면 책에 대한 관심과 읽기 노력을 들여도 독서가 어렵다. 물론 선천적인 결함이 있는 경우에는 독서 자체가 어렵다. 여기에서는 관심 대상은 의학적인 치료를 받지 않아도 되는 경도의 신체적 장애를 말한다.

여섯째, 독자 외적 요인을 들 수 있다. 외적 요인은 크게 교육적 요인과 가정·사회적 요인이 있다. 교육적 요인으로, 교사가 학생들 각자의 독서 능력을 고려하지 않고 지도를 하면 독서 부진이 발생할 수 있다. 즉, 개개 학습자의 능력보다 너무 쉽거나 어려운 과제를 부여하면 점차 독서에 흥미를 잃게 되고 독서 능력을 상실할 우려가 있다. 그리고 개인의 학습 속도나 학습 양식 등을 고려하지 않은 채 독서 지도를 할 때에도 이러한 문제가 발생할 수 있다. 교육적 요인으로 또 하나 들 수 있는 것은 독서를 하는 방법을 제공해 주지 못했거나 잘못된 방법을 제공해 주었다면 독서를 제대로 못할 가능성이 있다. 독서를 하는 방법은 자세하게 가르쳐주지 않고, 끊임없이 연습만 하게 한다면 학생들은 독서에 흥미를 갖기 어렵고 독서하는 능력을 증진하기 어렵다. 이밖에 교육적인 요인으로 독서 자료가 미흡하거나 교실의 환경이 적절하지 않으면 독서 부진아들이 양산될 가능성이 있다. 교실에 독서 자료가 부족하고 독서를 중요하게 생각하지 않은 분위기가 팽배해 있으면 자연히 학생들이 독서를 멀리하게 되고 이것이 누적되면 독서 부진이 발생한다.

그런데 위의 〈표 1〉에서 독서 부진 발생의 요인을 크게 독자 내적인 요인과 독자 외적인 요인으로 나누었지만, 이들 요인은 서로 중첩되는 부분도 있고 서로 연관을 맺고 있기도 하다. 그리고 일반적으로 독서 부진의 요인을 한두 가지만 꼽을 수는 없다. 실제로는 이들 요인들이 복합적으로 작용하여 독서 부진이 발생할 가능성이 높다.

2002년부터 2011년까지 실시된 초등학교 3학년 국가수준 기초학력 진단평가에서 드러나 독서 부진 학생의 특성을 정리하면 다음과 같다.

첫째, '받침 있는 낱말', '문장 이상의 언어 단위'에 대한 읽기 능력 부족하다. 한글 해득 영역에 대한 평가 결과, 독서 부진 학생들은 낱말 읽기에서는 상대적으로 강한 모습을 보인다. 하지만 문장 이상의 단위에 대해서는 부진한 성취를 보여주고 있다. 즉 받침이 없는 낱말이나 음운 변동이 없는 낱말을 읽는 데는 큰 어려움이 없으나, 받침이 있는 낱말이나 음운 변동이 있는 낱말을 읽는 데는 어려움을 겪으며, 이런 점 때문에 문장 이상의 언어 단위를 자연스럽게 읽지 못하는 특성이 있다.

둘째, '낱말의 문맥적 의미 파악 능력'과 '낱말 간 관계에 대한 이해력'이 부족하다. 낱말 이해 영역에 대한 평가 결과, 독서 부진 학생들은 사전적 의미의 낱말 뜻 이해에 대해서는 상대적으로 강한 모습을 보인다. 문맥에 맞는 낱말의 의미를 이해하거나 비슷한말과 반대말과 같은 낱말의 관계를 파악하는 부분에 있어서는 부진한 모습을 보였다.

셋째, '글의 대강의 내용 파악 능력'과 '글의 구조 파악 능력'이 부족하다. 사실적 이해 영역에 대한 평가 결과, 독서 부진 학생들은 세부 내용을 파악하는 선택형 문항은 상대적으로 잘 해결하고 있었다. 즉 생활 상황에서 접하는 도식의 세부 내용을 파악하는 선택형 문항에 대해서는 상당한 성취 수준을 보여주고 있다. 하지만 도식이 아닌 글의 세부 내용을 파악하거나 파악한 내용을 글로 쓰는 능력은 부족한 것으로 나타났다. 또한 글의 대강의 내용을 파악하는 능력, 글의 구조를 파악하는 능력에 대해서는 매우 부진한 모습을 보였다. 달리 말해 읽기 기초학력 미도달 학생들은 글의 중심 내용이나 주제를 파악하는 능력이 부족하다.

넷째, '사실과 의견을 구분하는 능력'과 '글에 대한 비판적 능력'이 부족하다. 감상 및 평가 영역에 대한 평가 결과, 독서 부진 학생들은 이야기 속의 인물의 말과 행동을 통해 인물의 성격이나 마음을 추론하는 기능은 상대적으로 높았다. 그러나 생략된 내용을 추론하거나 새로운 내용을 추론하는 능력, 사실과 의견을 구분하고 주장이나 근거의 적절성을 판단하는 기능에 대해서는 매우 취약한 반응을 보였다. 특히 사실과 의견을 구분하는 기능, 주장이나 근거의 적절성을 비판적으로 평가하는 능력이 매우 부족하였다.

다섯째, '배경지식이나 읽은 내용을 문자화하는 능력'이 부족하다. 기초학력 진단평가 결과를 종합할 때, 독서 부진 학생들은 자신이 이해한 내용이나 기억하고 있는 내용을 문자로 표현하는 능력이 부족하였다. 예를 들어 동일한 성취기준에 대한 선택형 문항과 수행형 문항에 대해 현격한 정답률의 차이를 보여주고 있다.

3) 독서 부진아 지도의 원리

건닝(Gunning, 1998: 11~16)은 독서 부진아 지도의 원리를 몇 가지 제시하고 있다. 치료보다는 예방에 최선을 다할 것, 성공 경험을 많이 가질 수 있게 할 것, 이미 알고 있는 것과 연결짓도록 할 것, 독립심을 배양할 것, 학생이 학습 활동에 적극 개입할 수 있도록 할 것, 개별화된 지도를 할 것, 계속적으로 평가할 것, 세부 기능이나 전략에만 초점을 두지 말고 다양한 문식(literacy) 경험을 제공할 것, 직접 교수(direct instruction)를 할 것, 통합적인 접근을 취할 것, 폭넓은 독서를 하도록 할 것, 적합한 수준의 자료를 제공할 것, 소외되지 않게 할 것 등을 제시하고 있다. 상당히 유용한 제안이라 생각된다. 이들 원리는 비단 부진아 지도를 위해서만 필요한 것은 아니지만, 부진아 지도에서 특히 강조해야 할 것이다. 이들 원리를 포함하여 독서 부진아를 지도할 때에는 다음과 같은 점을 강조해야 할 것이다.

첫째, 독서 방법을 구체적으로 가르쳐 주어야 한다. 독서 부진아들은 책(글)을 읽는 방법을 잘 알지 못한다. 독서 부진 학생은 책을 읽다가 해결해야 할 문제를 만나면 잘 해결하지 못한다. 읽기의 문제 해결을 잘하지 못하는 것이다. 이들을 지도할 때에는 읽기 과정에서 부딪히는 문제를 해결하는 방법을 구체적으로 보여주어야 한다. 예를 들어, 글을 제시하고 주제를 찾으라고만 할 게 아니라, 글의 주제를 찾는 방법을 가르쳐 준 다음에 과제를 해결하게 하는 것이 바람직하다.[18] 책을 읽을 때의 문제를 해결하는 방법을 지도하는 교수 방법으로 대표적인 것이 직접 교수법(direct instruction)이다. 즉, 지금 배워야 하는 것이 무엇인지, 그것이 왜 중요한지를 구체적으로 설명해 주고, 그 설명과 관련하여 교사가 문제를 해결하는 방법을 구체적으로 시범을 보여준다. 처음에는 교사와 함께 문제를 해결해 나가고, 점차 학생 스스로 문제를 해결해 나가도록 한다.

둘째, 개별화된 지도를 해야 한다. 일반 학생 지도가 집단적이라면 부진 학생 지도는 개별적이어야 한다. 그리고 일반 학생 지도에서는 기능이나 전략을 골고루 가르치는 데 목적을 두지만, 부

---

18) 줄거리 파악하기, 주제 찾기, 추론하기 등의 독서 전략(또는 능력)을 가르치기 위한 구체적인 방법에 대해서는 한철우 등(2001)이 좋은 참고가 된다.

진 학생 지도에서는 그들이 특별히 어려움을 보이는 곳에 집중해서 지도해 준다(Gillet & Temple, 1994: 185). 독서 부진의 원인에 따른 차별화 된 지도가 부진 학생이 부진을 극복하게 도울 수 있는 좋은 방법이다. 이런 점에서 독서 부진 학생을 지도할 때에는 그 학생이 무엇이 부족한지, 능력은 어느 정도인지, 어떤 것을 좋아하는지 등을 분석한 후에 각자에 맞는 내용과 방법을 활용해야 한다. 그리고 부진 학생은 전반적으로 부족한 경우가 많지만 개인마다 특별히 부족한 부분이 있게 마련이다. 여러 가지 사정으로 이 모든 것을 가르치기는 어렵기 때문에, 특별히 부족한 부분부터 보완해 주도록 한다. 주의할 점은 개별화된 지도를 해야 한다고 해서 이들 개개인을 고립시켜 지도해야 한다는 것은 아니다. 학생들 간의 상호작용을 강조하되, 그들 각자의 특성을 충분히 고려해야 한다.

셋째, 독서 태도에 관심을 두어야 한다. 부진 학생의 독서 동기, 독서 흥미, 정서적 안정, 책에 주의 집중력에 관심이 필요하다. 일반적으로 독서 부진 학생들은 독서 동기가 약하기 때문에 이 점을 보완해 주는 데 특별히 신경을 써야 한다. 읽을 책의 종류도 그들의 수준에 맞고 그들이 특별히 흥미를 가지는 것으로 하고, 그와 관련된 학습 활동도 그들의 흥미를 끌 수 있어야 한다. 그러면서 학생이 편안하면서도 내용에 집중할 수 있는 조건을 만들어 주면 학생들이 학습 활동에 적극 참여하게 된다.

넷째, 자기 존중감과 성취감을 갖게 해야 한다. 대체로 부진 학생은 학습 활동의 측면에서 자기 존중감이 낮고, 성취감이 낮다. 학생이 스스로 독서 부진이라는 생각을 가지면 가질수록 독서에 흥미를 잃게 되고, 책을 읽고 성취감을 가질 기회가 적어진다. 이 경우에는 학생이 할 수 있는 또는 좋아하는 읽기 자료를 활용해 성공 경험을 많이 제공해야 한다. 읽기 성공감은 자기도 할 수 있고, 노력만 하면 다른 사람만큼 잘 할 수 있다는 생각을 갖게 한다. 이를 위해 독서 부진 학생에게 독서 과제를 제시할 때는 조금만 노력하면 해결할 수 있는 것을 부여하는 것이 좋다. 그리고 과제를 제시할 때 학생에 알맞게 양과 질을 조절하여 구체적으로 제시하는 것이 좋다. 이 글에 누가 나오는지, 누가 결국 이기게 되는지 등을 물어본다. 또한 과제를 부분으로 나누어 제시하는 것이 좋다. 예를 들어 긴 동화책 한 권의 책을 읽고 난 다음에 줄거리를 말해 보게 하는 것은 독서 부진 학생에게는 적절하지 못하다. 그리고 이들 과제를 해결했을 때에는 충분하게 칭찬을 해 주도록 한다. 칭찬을 해 줄 때에는 그냥 '잘 했다'라고 하기보다는 구체적인 부분을 짚어가며 진심으로 칭찬을 해 주는 것이 좋다. 예를 들어 '책을 끝까지 다 읽었구나. 선생님이 물어본 것을 자신 있게 대답하는 것을 보니 주의 깊게 책을 읽었구나. 책을 바른 자세로 읽더구나'와 같은 말을 해 주는 것이 좋다. 이때 그 문제를 해결한 것은 우연이나 다른 사람에 의한 것이 아니라, 바로 자신의 노력에 의해 달성한 것이라고 생각하도록 하는 것이 중요하다.

다섯째, 독서의 과정에 관심이 필요하다. 일반 학생의 독서 지도도 과정을 중심으로 지도하는 것이 필요하지만(이재승, 2004), 특히 독서 부진 학생 지도에서 과정을 강조하여 지도할 필요가 있다. 부진 학생들이 독서 전, 독서 중, 독서 후 과정에 어떤 곳에 어려움을 느끼고, 어떤 점에서 장점을 보이는지를 파악하게 되면 좀 더 효과적인 지도 방안을 구안할 수 있다. 글을 읽고 얻은 결과에만 초점을 두면 부진 학생의 문제점을 다양한 측면을 제대로 파악하기 어렵다. 독서 과정에 문제점이 파악되면 글을 읽기 전, 읽는 중, 읽은 후에서 필요한 읽기 방법들을 구체적으로 지도할 수 있다.

여섯째, 메타(초)인지에 관심이 필요하다. 독서에 필요한 다른 능력은 어느 정도 갖추고 있는데 메타인지 능력이 부족하면 제대로 독서를 하지 못 수 있다. 메타인지 능력은 사고 활동에 대한 독립심을 배양하고, 자기 주도적인 독서 태도를 갖게 하는 데에도 도움이 된다. 이를 위해 독서에 필요한 메타인지 요소를 포함한 체크리스트를 만들어 제공한 다음, 독서를 하기 전, 체크리스트에 포함된 항목을 꼼꼼하게 살펴보게 하고 독서 동안이나 직후에 그런 행동을 했으면 체크를 해보게 하는 방법을 사용할 수 있다. 또는 독서 중에 교사가 읽기 활동에 방해가 되지 않게 메타인지를 활동을 요구할 수 있다. 메타인지 능력을 갖추는 것은 일반 학생도 어려운 과제이므로, 독서 부진 학생에게 이것을 요구할 때에는 교사의 자세한 안내가 필요하다.

일곱째, 통합적인 학습 활동을 강조한다. 독서 부진을 벗어나도록 하기 위해 독서 활동만 시키는 것은 좋지 않다. 듣기, 말하기, 쓰기 활동을 통합적으로 유도하는 것이 좋다. 때로는 읽는 글의 관련된 내용을 그림으로 그리거나 노래를 부르거나 드라마를 행해 보게 할 수도 있다. 이러한 활동과 통합을 기함으로써 독서 흥미를 높여줄 수 있으며, 다른 활동(능력)을 함께 함으로써 이른바 시너지 효과를 얻을 수 있다. 이와 관련하여 독서 부진 학생을 지도할 때에는 독서 게임이나 퀴즈 등을 통한 놀이 중심의 지도, 활동 중심의 지도가 필요하다.

여덟째, 책 한 권 실제 독서 활동을 하게 한다. 보통 독서 부진 지도라고 하면 어휘력을 기르기 위해 맹목적으로 연습을 하게 하거나 세부 기능이나 전략 하나 하나에 치중하는 경향이 있다. 물론 이들 요소에 집중해서 가르쳐야 하는 경우도 있지만, 짧더라도 완전한 글(책), 그리고 실제 생활에서 접할 수 있는 글을 읽게 하는 것이 좋다. 이렇게 할 때, 독서에 흥미를 가질 가능성이 높아지고 한편으로 배운 것에 대한 적용력을 높일 수 있다. 한편, 독서 부진아를 지도할 때 반복적인 지도는 필수적이다. 하지만 반복적인 연습으로 인해 싫증을 내지 않도록 해야 한다. 이를 위해 학습 목표(예, 줄거리 파악)는 반복되더라도 자료나 활동은 재미있고 신선한 것이어야 한다.

참고문헌

김도남(2011), 읽기 학습 부진 학생을 위한 코칭 방향, 청람어문교육 43, 청람어문교육학회.

김도남(2013), 학습 부진 학생의 학습 주체 형성을 위한 교수 방법 탐색, 학습자중심교과교육연구 13(3), 학습자중심교과교육학회.

김수동 등(1998), 학습부진아 지도 프로그램 개발 연구, 한국교육과정평가원.

김정호(2001), 비계설정을 통한 읽기 부진아 지도 방법 연구, 한국교원대 석사논문.

송현정(2000), 국어 읽기 부진의 진단에 대한 연구, 국어교육학연구 11, 국어교육학회.

신헌재·권혁준·우동식·이상구(1993), 독서교육의 이론과 방법, 박이정.

신헌재·이재승·이경화 등(2001), 국어과 수업 방안, 박이정.

이경화(2001), 읽기 교육의 원리와 방법, 박이정.

이재승(1997), 국어교육의 원리와 방법, 박이정.

이재승(1999), 학습양식과 독서교육, 한국어교육 14, 한국어문교육학회.

이재승(2000), 작문 부진의 원인과 진단 방법, 국어교육학 10, 국어교육학회.

이재승(2002), 글쓰기 교육의 원리와 방법, 교육과학사.

이재승(2004), 아이들과 함께 하는 독서와 글쓰기 교육, 박이정.

이화진 등(2000), 중학교 학습 부진아 지도 프로그램 개발 연구, 한국교육과정평가원.

임정화(1997), 읽기 부진의 상관 요인에 관한 연구, 한국교원대 석사논문.

천경록(1999), 읽기 장애의 개념과 지도 방향, 한국어문교육연구 8, 한국교원대학교 한국어문교육연구소.

천경록·이재승(1997), 읽기 교육의 이해, 우리교육.

한철우 등(2001), 과정 중심 독서 지도, 교학사.

Gambrell L. B. & Bales R. J.(1986), Mental imagery and the comprehension-monitoring performance of fourth and fifth grade poor readers, Reading Research Quarterly, 21, IRA.

Gillet J. W. & Temple C.(1994), Understanding reading problems: Assessment and Instruction, NY: Harper-Collins College Publishers.

Gunning T. G.(1998), Assessing and correcting reading and writing difficulties, NY: Allyn & Bacon.

Guszak F. J.(1985), Diagnostic reading instruction in the elementary school, NY: Happer & Row Pub.

Taylor B., Harris L. A., Pearson P. D. & Garcia G.(1995), Reading difficulties: In-
struction and assessment, NJ: McGraw-Hill, Inc.

Wixson K. K. & Lipson M. Y.(1991), Perspectives on reading disability research, In
R. Ball et al. (Eds.), Handbook of reading research Ⅱ, NY: Longman.

(이 장의 내용은 〈초등국어교육연구〉 2호에 실린 것을 요약 정리한 것을 보완한 것임)

3. 어휘 교육

국어과 어휘 교육은 국어 학습자의 어휘 능력 신장을 목표로 한다. 어휘 능력은 '어휘의 의미와 체계에 대한 지식', '어휘를 통한 사고력', '실제적인 국어 생활에서 어휘를 사용할 수 있는 능력' 모두를 의미한다. 이러한 어휘 능력은 국어 교육 내에서는 흔히 '어휘력'의 개념으로 강조되고 텍스트의 읽기 측면에서 특히 부각되지만 실상 국어 생활 전반의 바탕이 되고 학교에서 이루어지는 대부분의 교과 활동의 기반이 된다. 따라서 학교에서 수행되는 교과 교육이 어휘 능력을 전제하고 또 지향하는 것은 자연스러운 일이다. 국어를 사용하는 능력과 국어를 통한 사고력의 발달을 목표로 하는 국어과 교육에서는 효과적인 어휘 지도의 내용과 방법을 꾸준히 주요한 논제로 삼아 왔다. 국어과 교육 내에서 어휘 교육의 위상이 어떠한지 점검한 후 어휘 교육의 내용과 방법을 소개하도록 하겠다.

1) 어휘 교육의 위상

국어과 교육에서 어휘 교육은 국어의 주요한 사용 기능을 발달시키는 데에 필요한 어휘 능력 함양의 측면에서 전개되어 왔다. 동시에 어휘를 주요한 국어 지식의 일환으로 보고 어휘에 대한 언어적 개념을 그 내용으로 포함시키고 있다. 어휘를 사용하는 능력과 어휘 지식 이해를 통한 사고력의 함양, 두 측면에서 그 위상이 정립되어 있다고 할 수 있는 것이다. 국어과 하위 영역인 듣기·말하기, 읽기, 쓰기, 문법, 문학 영역 전체에서 어휘 교육의 내용 요소를 확인할 수 있으며 특히 문법 영역에서는 어휘의 국어 지식 내용이 중점적으로 다뤄지고 있다.

어휘 교육의 이러한 위상은 국어 능력의 일환으로서 어휘 능력의 중요성과 필요성을 반영한 결과라고 볼 수 있다. 물론 국어과 교육 전체에서 어휘 교육의 위상을 지금보다 좀 더 높여야 한다는 논의도 많이 볼 수 있다. 어휘 교육을 독립적인 영역으로 다뤄야 한다는 지적이 있고 어휘 교육이 언어 의미에 대한 보조적인 활동에 국한되지 않도록 교수·학습의 비중을 늘려야 한다는 의견도 있다. 어휘 지식을 확장하는 것 이상의 활용 능력을 지향해야 한다는 관점에서 어휘를 통한 비판적 사고, 문화적 의식 등을 기를 수 있도록 어휘 교육이 변화해야 한다는 논의도 볼 수 있다. 이러한 진행형의 논의들은 모두 어휘 교육의 중요성을 다시금 확인시킨다. 제도적인 국어 교육을 통해 새로운 문식성의 세계로 진입해 나가는 초등학생들을 위해서는 특히 어휘 교육이 실효를 거둘 수 있도록 구체적인 어휘 지도 방안이 모색되어야 할 것이다.

국어과 어휘 교육의 위상을 2015 개정 교육과정을 중심으로 개괄하기에 앞서, 어휘 교육을 기술하고 논의하는 데에 필요한 기본적인 용어들을 먼저 확인하고자 한다. 기본적인 용어로서 '어휘, 낱말, 어휘소', '일차 어휘(1차 어휘)와 이차 어휘(2차 어휘)', '기초 어휘와 기본 어휘', 마지막으로 '어휘력'에 접근한다.

① 기본 용어

[어휘, 낱말, 어휘소]

어휘는 흔히 낱말(단어)과 동일한 것으로 다루어지지만 엄밀히 말해서 '어휘'는 '낱말의 무리'를 의미한다. 따라서 어휘는 낱말과 단순하게 동일시될 수 없는 '일정한 범위 안에서 사용되는 단어의 집합(김광해, 1993)'이다. 이러한 집합 개념으로서 어휘를 구성하는 낱낱의 요소를 국어 어휘론에서는 '어휘소(lexeme)' 혹은 '어휘 항목(lexical item)'이라는 용어로 따로 정의하고 있다. 개별적인 낱말뿐만 아니라 사전에 오를 수 있는 형태소, 낱말들이 결합한 형태로서 관용어(구) 등이 모두 어휘소가 되어 '집합으로서의 어휘'를 구성한다. 어휘소 개념을 통해 실제적인 언어 사용의 관점에서 최소의 의미 단위를 설정하는 것이다. 그러나 학교 문법에서는 어휘를 구성하는 개별 요소를 어휘소로 기술하기 보다는 낱말 즉 단어로 기술하고 있다. 국어 어휘론에서는 '어휘소의 집합', 학교 문법에서는 '낱말의 집합'으로 기술되는 것이 어휘인 것이다.

[일차 어휘와 이차 어휘, 기초 어휘와 기본 어휘]

학교에서 이루어지는 어휘 교육에서 대상 어휘들은 그 속성에서 구분되는 측면이 있다. 먼저 '이차 어휘(2차 어휘)'의 특성을 지닌다. 유아기에 한국어를 모어로 습득한 국어 학습자들은 기본적인 국어 생활을 위해 필요한 '일차 어휘(1차 어휘)'를 통해 표현과 이해 기능을 수행할 수 있다. 모어를 습득하는 시점에서 획득되는 어휘 능력은 이러한 일차 어휘를 바탕으로 하는데, 일차 어휘는 기본적인 통보를 위한 도구로 사용되면서 보편적이고 일반적인 의미를 내용으로 한다. 대부분의 언중에게 공통적으로 습득되고 전문적인 훈련이 없이도 일상생활을 통해 자연스럽게 습득되는 어휘들이다.

그러나 좀 더 복잡하고 다양해지는 사회적 교류의 장에서 공식적이고 격식적이며 전문적인 국어 생활에 참여하기 위해서는 일차 어휘와 다른 어휘의 이해와 표현이 요구된다. 이제 의도적이며 인위적인 교육, 경우에 따라서는 특수한 훈련을 전제하는 학습이 필요한 것이다. 이렇게 학습되는 어휘들이 이차 어휘의 성격을 지닌다. 이들 어휘는 의미와 용법이 협소하고 특정 분야에 분포하며 전문 분야의 작업과 이론적 술어 등의 기능에 사용된다. 발달된 정신 기능을 전제하면서 어휘 능력의 성취나 정도는 개인에 따라 차이를 지니게 되는 것이다. 일차 어휘가 모어 습득을 통해 공유되고 일상적으로 사용하는 어휘라면 이차 어휘는 교육을 통해 획득되고 심화되고 전문화된 국어 생활을 위해 갖추어야 하는 어휘라고 할 수 있다.

어휘 교육의 대상 어휘들은 어휘 계량 작업을 통해 선별되기도 한다. 초등학교에서 이루어지는 국어 교수·학습의 전개를 위하여 가장 기본이 되는 어휘를 선별한다면 '초등 국어교육용 기본 어휘'로 표현될 수 있다. 이렇게 각종 분야별, 목적별 기본 어휘를 선정하기 위해서는 그 분야의 고빈도 어휘를 조사해야 한다. 특정 분야에서 빈도가 높은 어휘는 그 분야의 어휘 중에서 '기본도가 높은 어휘'로 인지될 수 있는 것이다. 기초 어휘는 기본 어휘의 일종으로 볼 수 있는데, 개별 언어의 고빈도 일상 어휘 혹은 기저 어휘로서 체계적으로 선별된 어휘 목록을 의미한다. 일반적으로 한 언어를 외국어로 배울 때 초급 단계에서 학습되어야 하는 것으로 제시된다는 어휘 속성을 지닌다.

[어휘력]

'어휘력'은 단어들의 집합인 어휘를 이해하거나 구사하는 일에 관한 언어 사용자의 능력으로 정의된다(김광해, 1993). 어휘력을 떠올리면 우선 어휘량을 생각하는 경우가 많다. 양적으로 많은 어휘를 아는 것이 어휘력의 조건으로 여겨지는 것이 일반적인 것이다. 그러나 많은 어휘를 알고 있다고 하더라고 개별 어휘소, 낱말들의 의미와 용법에 관한 이해 그리고 사용 능력이 없다면 풍부한 어휘력을 지녔다고 보기 어렵다. 이것이 어휘력의 개념에서 어휘의 양적 능력에 대비되는 질적 능력을 설정하는 이유이다. 어휘력에서 질적 능력을 구성하는 요소로는 먼저 개별적인 어휘소 특히 낱말의 의미를 다의적인 측면까지 포함하여 이해하고 사용할 수 있는 능력을 들 수 있다. 낱말들이 관용적으로 결합하여 형성되는 연어, 상용구, 속담, 격언 등의 의미 이해도 어휘력의 질적 측면을 구성한다. 나아가 어휘소들 사이의 의미 관계, 어휘소들의 결합에서 발생하는 문법적 선택 제약 등도 질적 어휘력이 된다.

② 어휘 교육의 위상

어휘를 대상으로 하는 교수·학습 활동은 국어과의 모든 영역에서 고루 나타난다. 어휘 능력은 국어를 사용하는 기본적인 언어 기능, 즉 듣기, 말하기, 읽기, 쓰기 기능을 발휘하는 데에 있어 기초를 이루고 있으며 국어와 국어 문화, 국어 문학의 개념들은 어휘를 매개로 소통된다고 할 수 있기 때문이다. 특히 읽기의 기능에 있어서는 개별적인 어휘의 의미를 많이 아는 것이 중요하다는 관점에서 어휘력의 중요성이 강조되었다. 따라서 텍스트를 읽고 어휘의 의미를 맥락과 사전을 통해 확인하는 교수·학습 활동이 어휘 교육의 주요한 방법으로 자리하게 되는 것이다. 예를 들어

2015 개정 교육과정의 3~4학년군 읽기 영역 성취 기준 중에서 다음을 볼 수 있다.

> • 3~4학년군 읽기
> [4국02-03] 글에서 어려운 낱말의 의미나 생략된 내용을 추론한다.

교육과정 문서의 주요 성취 기준 해설을 통해서 보면 "…모르는 낱말이나 어려운 낱말, 다의어 등을 문맥이나 읽는 이의 배경 경험을 이용하여 추론할 수 있도록 지도한다. 단, 한자의 뜻을 파악해야만 의미를 알 수 있는 한자어는 다루지 않는다."라고 서술되어 있다. 텍스트를 정확하게 읽기 위해 어휘 의미에 대한 문맥적 탐색 지도가 필요한 부분이다.

물론 읽기 외에도 듣기와 같은 이해 활동은 물론이고 말하기, 쓰기의 표현 활동, 문학과 같은 내용 영역에서도 어휘 지도가 요구된다. 성취 기준 전반에서 확인할 수 있지만 몇 가지 예를 5~6학년군 성취기준 중심으로 살펴보면 다음과 같다.

> • 5~6학년군 듣기 · 말하기
> [6국01-05] 자료를 정리하여 말할 내용을 체계적으로 구성한다.
> • 5~6학년군 쓰기
> [6국03-04] 적절한 근거와 알맞은 표현을 사용하여 주장하는 글을 쓴다.
> • 5~6학년군 문학
> [6국05-03] 비유적 표현의 특성과 효과를 살려 생각과 느낌, 경험을 다양하게 표현한다.

말할 내용을 체계적으로 구성하기 위해서는 문장과 담화 차원의 표현 능력도 필요하지만 우선적으로 중요한 개념을 구어 형식에 맞게 어휘화하는 능력이 필요하다. 주장하는 글을 쓸 때에 장르에 적합한 표현, 문학 영역의 비유적 표현 모두 어휘적 단위에서 수행되는 비중이 크다는 점을 확인할 수 있을 것이다.

이렇게 국어 생활을 가능하게 하는 기본적인 언어 기능 전반에서 어휘에 대한 교수 · 학습을 고려하는 데에는 어휘 능력이 이러한 기능을 수행하는 것을 효과적으로 도울 수 있다는 관점이 자리하고 있다. 국어과 교육 내에서는 어휘 교육에 대한 이러한 관점을 '도구적 관점'으로 정의하고 있다. 듣고 말하고 읽고 쓰는 데에 필요한 소위 도구로서 어휘력의 획득을 지향하는 것이다. 사실 도구적 관점에서는 어휘 교육에 일차적인 목적을 두기 어려울 수 있다. 국어를 사용하는 주요한 기능들을 발달시키는 것이 우선이고, 새로운 어휘, 모르는 어휘, 알아야 하는 개별 어휘들의 의미를 확인하는 것은 이를 돕는 부차적 활동이 되는 것이다. 이러한 도구적인 어휘 교육은 국어과 교육 내에서 전통적으로 지속되어 온 방식이다. 그러나 어휘 능력이 국어 능력으로서 차지하는 본질적으로 중요한 속성에 비추어 본다면 어휘에 대한 좀 더 의도적이고 독자적인 활동의 필요성도 고려되어야 할 것이다.

국어과 하위 영역 중 문법 영역 내에서는 어휘에 대한 국어 지식 교육의 내용 요소가 마련되어 있다. 2015 개정 교육과정에서 초등학교 학년군을 중심으로 성취기준을 살펴보면 다음과 같은 어휘 지도의 내용 요소들을 확인할 수 있다. 어휘 교육의 핵심어가 될 수 있는 '낱말', '관용 표현'과 관련된 내용이다.

- 1~2학년군 문법
[2국04-02] 소리와 표기가 다를 수 있음을 알고 낱말을 바르게 읽고 쓴다.
[2국04-04] 글자, 낱말, 문장에 흥미를 가지고 관심 있게 살펴본다.
- 3~4학년군 문법
[4국04-01] 낱말을 분류하고 국어사전에서 찾는다.
[4국04-02] 낱말과 낱말의 의미 관계를 파악한다.
- 5~6학년군 문법
[6국04-02] 국어의 낱말 확장 방법을 탐구하고 적용한다.
[6국04-03] 낱말이 상황에 따라 다양하게 해석됨을 이해한다.
[6국04-04] 관용 표현을 이해하고 적절하게 활용한다.

문법 영역 성취 기준 중에서 어휘 교육의 내용은 낱말 분류와 의미 관계, 낱말 확장법에 대한 것과 상황에 따른 용법이 제시되어 있다. 국어사전 활용이나 관용표현에 대한 이해도 확인할 수 있다.

교육과정의 성취 기준을 통해서도 확인해 볼 수 있듯이 국어과 어휘 교육의 위상은 국어의 주요한 사용 기능을 기르는 데에 필요한 어휘 교수·학습, 어휘에 대한 국어 지식 이해를 통한 사고력의 함양, 두 측면에서 정립되어 있다. 아울러 현행 교육과정의 특성과 범위 내에서 어휘 지도가 강화될 수 있는 다양한 여지를 확인할 수 있을 것이다. 특히 새로운 매체 환경에 대응하는 어휘 교육의 내용과 방법이 모색되어야 할 시점이다.

2) 어휘 교육의 내용

국어과 어휘 교육의 내용은 편의상 두 가지 범주로 나누어 살필 수 있다. '어휘에 대하여 배우는 것'과 '어휘를 배우는 것'을 나누는 것이다. '어휘에 대하여 배우는 것'은 어휘가 무엇인지 개념적으로 정의하고 어휘를 단위로 하여 국어를 기술하고 탐구하는 데에 필요한, 한마디로 '어휘'라는 개념 자체를 대상화하는 지식을 내용으로 한다. 이를 '어휘에 대한 문법적 지식'이라고 부를 수 있을 것이다. 이에 반하여 '어휘를 배우는 것'은 말 그대로 어휘의 양을 늘리고 어휘의 의미와 용법을 배우는 것, 즉 양적, 질적 측면 모두에서 어휘력을 늘리는 교육을 의미한다. 다양한 유형의 텍스트를 수용하거나 생산하면서 새로 발견하는 어휘들의 의미를 확인하여 익히는 것이다. 그런데 어떤 어휘를 이해하거나 사용하는 데에는 특정한 사고와 탐구가 뒤따르는 경우가 많다. 어휘 의미는 사전적 의미로 고정되는 것이 아니고 다양한 맥락에서 새로 만들어지기도 하며 이를 통해 특정한 의사소통 효과를 발생시킬 수 있기 때문이다. 따라서 어휘를 배우는 데에는 어휘의 의미와 기능적 용법, 나아가 어휘를 단위로 발생하는 분석력과 사고력을 그 내용으로 포함하게 된다.

(1) 어휘에 대한 문법적 지식

국어과 교육 내에서 어휘에 대한 문법적 지식에는 세 가지 주요한 내용 범주가 포함된다. 첫째, 어휘의 분류 체계에 관한 것으로 어휘의 기원에 따른 어종 분류, 어휘가 사용되는 양상에 따른 양상 분류가 여기에 포함된다. 둘째는 어휘의 의미 체계이다. 개별 어휘 내적으로 형성되는 다의 관계, 어휘들 사이에서 형성되는 상하 관계, 유의 관계, 반의 관계 등의 의미 관계가 이에 해당된다. 셋째는 어휘의 형태 특성으로서 단일어와 복합어를 논의하는 조어(造語) 특성을 다루게 된다.

① 어휘의 분류 체계

[어종 분류]

국어과 교육에서 다루는 어휘들은 어휘의 기원에 따른 분류 체계를 기본으로 하고 있다. 이것이 '어종'에 의한 분류인데 고유어, 한자어, 외래어의 구분을 통해 어휘의 체계를 인식하고 있는 것이다. 국어 어휘 중 본래부터 국어에 있었던 어휘가 고유어(토박이말)이다. 고유어와 달리 국어가 아닌 다른 언어에서 그 기원을 찾을 수 있는 어휘가 한자어와 외래어이다. 한자어는 '한자로 표기되며 한국 한자음으로 읽히는 어휘'로서 '학교(學校)', '공부(工夫)' 등을 그 예로 들 수 있다. 외래어는 외국어인 단어들이 국내로 유입되면서 우리말 문맥 속에서 널리 사용되어 국어의 특징에 동화된 어휘를 일컫는다. '라디오', '초콜릿' 등을 예로 들 수 있다.

[양상 분류]

어휘가 사용되는 다양한 양상을 여러 기준에서 분류할 수 있다. 예를 들어 사회적 변인을 기준으로 계층어나 연령어, 직업어 등의 양상을 분류할 수 있고 표현의 효과나 의도를 기준으로 통속어, 완곡어, 공대어 등의 양상을 확인할 수 있는 것이다. 전통적으로 국어 어휘론 연구는 이러한 어휘 양상에 주목해 왔다. 어휘의 기원이나 문법적 자질로 인한 어휘 체계가 상대적으로 정적인 분류 체계를 형성한다면 양상의 문제는 어휘의 변이와 팽창이 진행되는 역동적 측면을 포착하기 때문이다.

지금까지 양상 분류를 통해 논의되어 왔던 주요한 어휘 범주로는 먼저 지역에 따라 사용의 변이가 확인되는 '방언 어휘', 특정 사회 집단 내적으로 비밀스럽게 사용하는 '은어'가 있다. 직업적으로 은어가 발생하기도 하지만('띠적났다'는 산삼 채취인들에게는 '산삼이 무더기로 났다'를 의미) 학생 집단에서도 은어가 발생하여 유행어처럼 쓰이기도 한다. '골 때리다(어이없다)'와 같은 '속어'도 양상 유형의 하나로 분석될 수 있고 특정 언어 공동체에서 금기시하는 '금기어'나 이를 우회적으로 표현하는 '완곡어'도 어휘 양상에 포함된다. 마지막으로 '신어'와 '유행어'를 들 수 있는데, 최근의 '통신 언어', '모바일 텍스트'의 발달은 다양한 신어와 유행어 양산에 기여하고 있다.

③ 어휘의 의미 관계

어휘의 의미 관계에는 먼저 개별 어휘 내적으로 형성되는 '다의 관계'가 있다. 다의 관계를 구성하는 의미들은 중심 의미에서 확장된 파생 의미들인데, 이들이 의미적 관련성을 상실하게 되는 경우 동음이의 관계를 형성한다. 예를 들어 '배'의 경우는 [船]과 [腹]의 의미가 다의 관계를 형성하던 다의어에서 출발하였지만 지금은 두 의미가 연관성을 잃고 두 개의 동음이의어가 된 경우이다. 또한 어휘들 사이에서 형성되는 의미 관계로는 의미의 논리적 포함 관계로서 상하 계층 구조가 만들어지는 '하의 관계'가 있다. 보다 일반적이고 포괄적인 것이 상위어, 좀 더 특수하고 한정적인 것이 하위어인데, 예를 들어 '식물'이 '꽃'에 대하여는 상위어이고 '무궁화'는 '꽃'에 대하여 하위어가 된다. 개념적 의미의 중첩이 있는 경우 '유의 관계'가 형성된다. 공통된 의미 성분을 공유하면서 하나의 유표적 의미 성분에서만 반대 가치를 지니는 의미 관계는 '반의 관계'이다. 예를 들어 '길다'와 '짧다'는 길이의 의미 영역을 공유하지만 [長](혹은 [短]) 의미 성분을 설정했을 때, 이것 하나에서 반대 가치를 지니기 때문에 서로 반의어로 이해된다.

④ 어휘의 조어(造語) 형태 특징

어휘의 형태 특성을 어휘 교육 내용으로서 고려하는 이유는 무엇보다도 어휘의 조어 특성에 대한 탐구가 어휘 의미를 정교하게 이해하는 데에 기여하고 나아가 어휘 확장에도 도움을 줄 수 있기 때문이다. 어휘 중에는 하나의 형태소로 이루어지는 '단일어'가 있고 두 개 이상의 형태소로 이루어진 복합어도 있다. 복합어는 어근에 접사가 결합한 파생어('맨눈', '코흘리개')와 어근과 어근이 결합하는 합성어('논밭', '큰형', '덮밥')로 나눌 수 있다. 신어나 유행어가 만들어지는 양상을 보면 새로운 조어가 이루어지는 경우를 흔히 볼 수 있다. 2014년 신어 조사 보고서(국립국어원)를 보면 합성어로서 '곰손', '먹부심', 파생어로서 '극호감', '심쿵하다' 등을 볼 수 있다.

(2) 어휘 용법

어휘는 말이나 글로 어떤 내용을 표현하거나 혹은 특정 내용이 담긴 말이나 글을 이해하는 데에 있어서 주요한 원천이 된다. 듣고 말하고 읽고 쓰는 기본적인 언어 기능의 수행에 있어서는 적절한 어휘를 많이 알고 또 활용하는 것이 필요한 것이다. 이렇게 주요한 언어 기능을 수행하는 데에 소위 '도구'가 될 수 있는 어휘 용법을 배울 수 있도록 교육의 내용이 구성되어야 한다. 전통적으로 어휘 용법에 대한 교육 내용은 어휘 의미와 어휘 사용역(어휘 사용의 상황과 조건) 두 측면을 고려한다.

① 어휘 의미

일반적으로 어휘 의미는 대응되는 실제 세계의 지시물, 혹은 추상적인 개념으로 이해된다. '사과'라는 어휘의 의미는 실제 세계에 존재하는 [사과]라는 대상을 통해 이해되고, '사랑'이라는 어휘의 의미는 사람들의 마음속에 있는 [사랑이라는 개념]을 통해 이해되는 것이다. 어휘의 의미에 대한 정의는 여러 방식으로 논의되어 왔는데 사전에 기술되는 어휘 의미들은 주관적인 사용의 가치나 문맥적 효과를 배제한 고정된 의미들이다. 이렇게 사전에 기술되어 있는 의미들은 '개념적 의미', '사전적 의미' 등으로 불리며 '연상적 의미'와 대립되는 것으로 여겨져 왔다. 연상적 의미는 개방적이고 가변적인 특성을 지닌다. 또한 이들은 내포적 의미(함축적 의미), 정서적 의미, 사회적 의미, 연어적 의미(후속 명사와의 연어적 환경 의미), 주제적 의미(의도된 의미) 속성 등을 지닌다. 개념적 의미와 연상적 의미 모두 그것이 사용되는 맥락을 고려할 때 정확하고 적절하게 이해될 수 있다. 하나의 어휘가 한 개의 의미와 대응되는 경우는 극히 드물다. 객관적으로 고정된 의미가 사전에 기술되는 반면에 주관적이고 관습적인 사용이 의미로 해석되어야 하는 경우도 많다.

② 어휘 사용역

어휘 사용역은 어휘가 사용되는 상황이나 조건을 의미한다. 어휘가 사용되는 상황과 조건은 '문맥' 혹은 '맥락'으로도 이해되지만 좀 더 구체적으로 보면, 표현과 이해의 상황이 다르고 구어와 문어의 매체가 다르다. 나아가 격식성과 규범성 등의 상황과 조건이 모두 다른 것이다. 따라서 '표현 어휘'와 '이해 어휘'를 구분하고 '구어 어휘'와 '문어 어휘'를 구분하는 어휘 교육 내용이 모색될 필요가 있다. 이해 어휘는 그 의미나 용법을 이해할 수는 있지만 직접 사용하지 못하는 어휘이고 표현 어휘는 말이나 글에서 직접 사용할 수 있는 어휘를 일컫는다. 일반적으로 표현 어휘의 양이 이해 어휘의 양에 비해 적다고 알려져 있어 그 어휘량의 차이를 얘기할 수는 있지만 실상 둘 사이의 구분이 그리 명확한 것은 아니다. 국어과 교육에서는 어휘의 이해가 표현의 영역으로 이어지고 그 결과 표현의 어휘력까지 신장될 수 있는 교육 활동에 의미를 두고 있다.

일상성이나 즉각성 그리고 상호작용성의 특성을 강하게 지니는 구어는 문어와 구별되는 어휘적 수행 양상을 지닌다. 구어와 문어의 차이는 '구어체'와 '문어체'의 차이로도 이해가 되는데, 어휘의 용법에는 이들을 구별하는 사용의 방법이 포함된다. 좀 더 정확하고 적절한 문자 언어적 의사소통의 비중이 높아지고 문어적 수행을 통해 이루어지는 학습 활동이 많아지는 학교생활에서는 구어체와의 혼동 없이 적절한 문어체를 사용할 수 있는 어휘 능력이 함양될 필요가 있는 것이다.

3) 어휘 교육의 방법

국어과 교육에서는 어휘 교육을 수행함에 있어서 '어휘를 배우는 것'과 '어휘에 대하여 배우는 것' 모두를 강조한다. 어휘에 대하여 배우는 것은 어휘에 대한 문법적 지식을 그 내용으로 하기 때문에 국어과의 하위 영역 중 특히 문법 영역과 관련되어 있는 것이 사실이다. 문법 영역은 적절한 국어 자료를 통해 문법 지식을 발견하는 탐구의 방법을 강조하고 있다. 따라서 어휘에 대한 문법적 지식을 다루는 데에 있어서도 국어 자료를 기반으로 하는 탐구 활동이 활용될 수 있다. 어휘의 의미와 용법을 배우는 데에 있어서는 여러 차원에서 다양한 교수·학습 활동이 모색되어 왔다. 듣기나 말하기와 같은 음성언어적 의사소통보다는 읽기와 쓰기와 같은 문자언어적 의사소통에서 이러한 기능 수행에서 요구되는 어휘에 대한 교수·학습 활동이 주를 이룬다. 이 경우 어휘 형태와 의미를 확인하는 독서 활동을 강화하여 양적인 어휘를 늘려 나가는 전통적인 방법도 사용될 수 있다. 그러나 언어 기능, 매체, 맥락, 텍스트 장르에 따라 역동적으로 발휘되는 어휘의 용법이 더욱 적극적으로 고려되면서 기계적이고 개별적인 어휘 학습보다는 좀 더 맥락적이고 탐구적인 방법이 강조되는 추세이다.

어휘 교육의 방법이 학교 현장과 학계에서 다각도로 모색되고 있고 교사용 지도서나 보조 학습 자료 등을 통해서도 관련 활동들이 소개되고 있다. 여기서는 주요한 세 가지 방법을 선별하여 소개하도록 하겠다. 첫째, '어휘의 의미구조 기반 활동', 둘째, '담화 중심의 어휘 사용 전략 교수·학습', 마지막으로 매체 환경이 인터넷 중심으로 바뀌면서 함께 변화하고 있는 '국어사전 활용 교육'이다. 이들은 의도적이고 계획적인 어휘 교수·학습으로 지속될 수 있으면서도 학습자들의 경험과 사전 지식을 활용하고 개념적 의미와 문맥적 추론을 모두 활성화할 수 있는 인지적이면서도 기능적인 활동들이다. 나아가 국어과의 하위 영역에 두루 결합할 수 있으면서도 최근의 매체 환경 변화가 고려되어 있다는 장점이 있다.

(1) 어휘의 의미구조 기반 활동

어휘 교육은 어휘들의 관계를 인지하고 탐구하는 활동들을 통해 학습자의 어휘를 확장시키는 효과를 거둘 수 있다. 이러한 관점에서 '의미 지도 그리기', '의미 구조도 그리기' 등의 방법이 활용되어 왔다. 의미 지도의 경우는 특정 어휘의 개념이 어떤 연관 개념과 연결되는지를 떠올리고 그러한 연관 개념을 어휘화하여 학습하는 방법이다. 예를 들어 초등학생들이 쉽게 떠올릴 수 있는 일상적인 어휘로서 '사과'가 있다면 [사과]라는 개념에 연관되는 [사과의 속성], [사과의 쓰임], [사과의 종류] 등을 자유롭게 떠 올리고 각 연관 개념을 어휘화하는 것이다. [사과의 속성]은 색이나 모양, 구조를 나타내는 어휘로 드러날 것이고 [사과의 쓰임]은 상품이 되거나 맛을 나타내는 어휘를 떠올릴 수 있다.

의미 구조도는 의미 구조 중 의미적 포함 관계(하의 관계), 반의 관계, 유의 관계 등의 관계를 지니는 어휘들을 구조적으로 배열해 보는 방법이다. 의미 구조도는 위계를 지니고 가지를 쳐 나가는 나무꼴 그림(tree diagram)이 사용된다. 의미 지도와는 달리 의미 구조도의 경우는 어휘의 의미 속성을 좀 더 명확히 파악할 필요가 있다. 따라서 개별 어휘들의 의미를 개념적 자질 혹은 성분의 형태로 기술해 보는 방법이 병행되기도 한다. 예를 들어 '여성'의 상위어는 '사람'이고 반의어는 '남성'이며 하의어는 '소녀'가 있다. '여성'은 [사람], [여자], [어른]이라는 의미 성분을 가지고 있어서 이러한 성분의 대비를 통해 상하관계와 반의, 유의 관계를 확인하는 것이다.

이러한 의미구조 기반 활동들은 어휘의미론에서 J. Trier 혹은 W. Porzig 등에 의해 발달했던 어휘장 이론을 그 바탕에 두고 있다. 어휘장 이론의 핵심은 '모든 단어의 의미는 그 언어 내의 다른 단어들의 의미에 의지하여 정의될 수 있다(이익환, 1985)'는 관점에 있다. 하나의 단어는 그 주위에 이 단어와 개념적으로 연관되는 단어들이 있다. 이러한 연관 관계가 의미적인 구조를 형성하는 데 의미구조에 대한 반복적이고 심층적인 인지는 필연적으로 여러 어휘들의 정교한 이해로 이어질 수 있는 것이다.

문제는 의미구조 기반 활동은 상당한 수준의 사전 지식과 사고력, 분석력을 요구한다는 점이다. 특히 의미 구조도를 그리는 활동은 개념을 편안하게 떠올리는 수준에서 진행되기 어렵다. 성분 분석 등의 방식을 통해 각 어휘의 의미적 속성을 분석적으로 확인하거나 적어도 국어사전 등을 확인하여 개념적 의미를 명확히 인지해야 한다. 따라서 초등학생들의 수준에 맞게 적용될 수 있는 구체적 방법이 모색되어야 한다. 의미 지도 그리기 활동의 경우에도 초등학생들에게 적용되기 위해서는 고려해야 할 점이 있다. 연관 개념을 떠올리고 이를 여러 가지 형식으로 구조화하는 인지적 절차는 단순히 학생들의 사전 지식으로만 진행되기 어렵다는 점이다. 결과로서 만들어지는 의미 지도가 일종의 '백과사전적 의미' 형태로 형성되기 때문에 아예 처음부터 특정 개념에 대한 백과사전 기술을 자료로 제공하여 학생들의 사전 지식을 활성화시키는 것이 선행될 필요가 있다. 이를 통해 연관 개념을 구조화하는 데에 부담을 덜고 각 연관 개념을 어휘로 표현하는 데에 있어서도 도움을 받을 수 있다.

(2) 담화 중심의 어휘 사용 전략 교수·학습

국어과 어휘 교육에서 최근 강조되고 있는 것은 보다 확장된 맥락, 즉 담화에서 해석되는 어휘 의미의 문제이다. 문학적 장르의 글에서 수사적 표현의 선택이 그러하듯이 담화에서 선택되는 어휘들은 사전적, 개념적 의미만 고려되지 않는다. 의사소통의 특정 효과를 지닌다는 점에서 어휘 사용은 전략적 양상을 지니고 있으며 이러한 어휘 사용 전략의 이해와 표현 능력은 국어 능력의 주요한 부분을 차지하고 있다. 이제 어휘 교육은 어휘의 담화적 용법을 내용으로 해야 하는 것이다.

어휘의 담화적 용법으로 흔히 찾을 수 있는 예는 신문의 사설 등에서 동일한 정치적 사건에 대하여 신문사마다 다른 어휘로 서술한다는 점이다. 이러한 어휘 사용이 어떤 효과를 불러일으키는지, 그러한 효과를 통해 신문사들의 특성을 어떻게 확인할 수 있는지를 논의하는 것이 가능하다. 특정 방송사가 특정 기간 동안 어떤 어휘를 방송 뉴스에서 주로 사용하고 있는지를 분석하면 그 방송사가 지향하는 관점과 정치·경제적 이해관계를 살필 수 있다. 초등학생들이 일상적으로 하는 대화나 수행한 쓰기 과제를 대상으로 동일한 의미 개념이 다르게 표현되는 경우나 주로 사용되는 어휘를 분석해서 어휘 전략의 의도나 효과를 발견적으로 탐구할 수 있다. 자기 변명을 하거나 또래 친구, 교사를 설득해야 할 때는 또한 어떤 어휘를 선택하는지를 분석하면 어휘의 이해뿐만 아니라 표현에 대하여도 어휘의 가치를 중요하게 생각하는 적극적인 언어 활동을 이끌어낼 수 있을 것이다.

(3) 국어사전 활용 활동

국어사전은 전통적으로 어휘 교수·학습의 주요한 원천이 되어 왔다. 국어사전에서 찾을 수 있는 어휘들은 '표제어'의 지위에서 사전에 오르는 것이며 각 표제어에 대한 기술 정보는 발음, 어종, 의미, 용언의 경우는 문법적 활용, 다의적 관계, 동음이의 관계 등을 포함한다. 어휘의 개념적 의미에서부터 문법적 특성, 의미 관계적 체계까지 확인할 수 있기 때문에 어휘에 대한 정보가 사실상 망라되어 있는 셈이다. 또한 표제어 검색을 위해서는 어휘의 형태에 대한 지식이 요구되는 경우가 많다. 용언의 경우는 활용되지 않은 기본형을 알아야 하고, 접사와 어미 등 낱말이 아닌 형태소를 찾아야 하는 경우도 있다. 외국어 수준에 머물러 있는 어휘들은 사전의 표제어가 되지 않기 때문에 국어사전에서 찾을 수 없고 합성어의 경우에도 결합한 두 어근이 두 낱말로 취급되면 각각의 단어가 사전에 따로 오른다.

2015 개정 교육과정을 보면 4학년 단계에서 국어사전의 활용법을 배우는 성취기준이 있다. 국어사전을 사용하는 방법을 숙지하고 난 후, 다양한 이해 활동과 표현 활동에서 국어사전을 상시적으로 활용할 수 있다. 특히 종이사전을 이용하지 않더라도 온라인 사전을 활용할 수 있고 다양한 목적에서 개발된 어휘 사전들, 예를 들어 유의어 사전, 전문어 사전, 방언 사전 등의 활용 가능성도 크다. 학습 부담을 크게 늘리지 않으면서도 어휘 정보와 의미를 확인하는 상시적인 활동은 학생들에게 국어 어휘의 특성, 나아가 국어 어휘의 가치나 중요성을 자각하게 할 수 있다. 궁극적으로는 어휘력을 늘리는 데에 기여할 수 있을 것이며 동시에 학생들이 스스로 어휘 학습을 할 수 있는 습관을 형성해 준다는 점에서도 의의가 있다.

특히 주목되는 것은 인터넷 중심으로 국어 생활의 매체 환경이 변하면서 일종의 개방형 어휘 사전에 대한 접근이 가능해졌다는 점이다. 국립국어원에서 2016년 10월 이후 시범 운영 중인 〈우리말샘(https://opendict.korean.go.kr/main)〉은 '개방형 한국어 지식 대사전'을 표방하면서 신어, 생활 용어, 전문 용어, 방언 등을 표제어로 올리고 있다. 또한 사용자가 집필자로서 참여하는 것이 가능하고 사용자들의 집필 내용은 감수를 통해 수록되는 시스템이다. 기존의 폐쇄형 국어 사전은 신어와 생활 용어에 대한 표제어 검색이 어려웠고 고정된 의미의 일방적 제공에 초점을 두고 있다면 개방형 사전은 이를 사용하는 과정에서 사용자의 어휘 능력과 사전이 상호작용하는 것이 가능하다. 개방형 사전은 수록된 표제어나 기술된 어휘 정보에서 주요한 어휘 학습의 자료이자 도구가 될 수 있다. 또한 개방형 사전의 이용 방식은 어휘의 교수·학습 활동으로서 응용될 수 있는 여지가 크다.

참고문헌

구본관(2011), "어휘 교육의 목표와 의의", 국어교육학연구 40권, 국어교육학회, 27–59.

김광해(1993), 『국어 어휘론 개설』, 집문당.

김명순(2003), "어휘력의 재이해와 지도 방법", 청람어문교육 27권, 청람어문교육학회, 1~25.

박종미(2014), "이해 어휘의 표현 어휘 전환을 위한 유의어 바꿔 쓰기 교육 방법 연구", 국어교육 145권, 한국어교육학회, 1–25.

이관규(2011), "문법 교육과 어휘 교육", 국어교육학연구 40권, 국어교육학회, 127~158.

이익환(1985), 『意味論 槪論』 한신문화사.

이충우(2006), 『좋은 국어 어휘 교육 어떻게 할 것인가?』, 교학사.

임지룡 외(2005), 『학교 문법과 문법 교육』, 박이정.

주세형(2005) "국어과 어휘 교육의 발전 방향", 독서연구 14권, 한국독서학회, 373–399.

Nation, P.(2011) Learning Vocabulary in Another Language, Cambridge University Press.

Evans, V.(2009) How Words Means: Lexical concepts, cognitive models and meaning construction, Oxford University Press.

4. 맞춤법 교육

'맞춤법'은 한글로 한국어를 표기하는 일반적인 원리와 방법을 나타낸다. 경우에 따라서는 국어 어문 규범 중 하나인 〈한글 맞춤법〉을 한정하여 가리킬 때 사용하는 용어가 되기도 한다. 따라서 '맞춤법 교육'은 어문 규범 〈한글 맞춤법〉에 대한 규범 교육만을 좁은 의미에서 지칭하기도 하는데, 〈한글 맞춤법〉 규범이 바탕을 이루는 한글 표기법 교육을 포괄하는 것이 일반적이다. 즉 '맞춤법 교육'은 규범적이고 제도적인 한국어 정서법에 대한 교육으로서 자리하는 것이다.

2015 개정 교육과정에서 〈한글 맞춤법〉의 규범 교육은 10학년(고등학교) 문법 영역의 성취 기준 "[10국04-03 한글 맞춤법의 기본 원리와 내용을 이해한다]"로 처음 명시된다. 초등학교와 중학교에서는 맞춤법 규범 교육이 교육과정에 명시되지 않는 것이다. 국어과 교육의 자연스러운 흐름에 따라 맞춤법에 맞게 표기되는 어휘와 문장을 익히면서 표기법에 익숙해지고 국어 음운 및 형태와 관련된 문법 지식을 배우는 것으로 한글 맞춤법의 원리를 간접적으로 경험하게 된다고 할 수 있다. 초등학교에서 맞춤법 교육은 주로 저학년에 집중되어 '초기 문자 교육', '초기 문해력 교육'과 함께 전개된다는 특징을 지녀 왔다. 즉 한글의 자음자와 모음자를 익히고 음절을 이해하는 초기 문자 교육, 글자, 낱말, 문장을 읽고 쓰는 법을 깨치는 초기 문해력 교육의 범위 안에서 진행되는 것이다. 초등학교 3~4학년군 문법 영역의 성취 기준을 통해 용언의 활용, 5~6학년군 성취 기준을 통해서는 조어법이나 문장 성분에 대한 교육이 이루어지지만 이들 내용이 맞춤법을 다시 환기시키도록 구성되어 있지 않다. 초등 국어과 교육 내에서 맞춤법 교육이 얼마나 확장되어야 하고 또 어떻게 내용화되어야 하는지에 대한 고민과 문제제기가 지속되는 이유를 이러한 맥락을 통해 이해할 수 있다.

맞춤법은 국어생활과 교과 학습의 기초 능력으로서 이러한 맞춤법에 대한 교육은 형식을 갖춘 제도적 국어 교육의 출발 지점에 위치한다. 기본적인 표기의 방법은 초등학교 저학년에서 모두 학습할 수 있는 것으로 여겨지지만 교정되지 않고 지속되는 학생들의 맞춤법 오류가 현장 교사들을 끊임없이 괴롭혀 왔고 '맞춤법이 어렵다'는 인식은 대부분의 한국어 성인 화자들에게서 쉽게 확인된다. 더불어 매체 환경의 변화와 함께 맞춤법이 유희 혹은 무시의 노골적인 대상이 되는 현실도 국어 교육이 맞닥뜨리고 있는 문제 중 하나이기도 하다. 따라서 초등학교 맞춤법 교육의 논제는 무엇보다도 교육의 현황과 과제를 밝히는 것으로 접근할 필요가 있을 것이다.

1) 초등학교 맞춤법 교육의 현황

(1) 교육과정의 맞춤법 교육 내용

국어과 교육과정에 명시된 초등학교 맞춤법 교육의 내용은 '읽기', '쓰기', '문법' 세 영역의 성취기준에서 확인할 수 있다. 주로 문법 영역의 성취 기준이 주가 되는 측면이 있지만 읽기와 쓰기에서도 저학년의 성취 기준에서는 낱말이나 문장을 정확하게 읽거나 쓰는 방법을 내용으로 한다. 최근 전개되고 있는 교육과정의 변화 과정 속에서 등장하는 맞춤법 교육과 관련된 성취 기준들을 비교해 보면 다음과 같다.

〈표 2〉 2007~2015 개정 국어과 교육과정의 초등학교 맞춤법 교육 관련 성취 기준

교육과정	학년(군)		내용
2007 개정	1	읽기	(1) 낱말과 문장을 정확하게 소리 내어 읽는다.
		쓰기	(1) 글씨를 바르게 쓴다.
		문법	(1) 한글 자모의 이름과 소리를 안다. (2) 소리와 표기가 다를 수 있음을 이해한다. (3) 문장 부호의 이름과 쓰임을 안다.
	2	문법	(1) 소리를 혼동하기 쉬운 낱말을 정확하게 발음한다. (2) 표기와 소리가 다른 낱말을 정확하게 표기한다.
2009 개정	1~2	읽기	(1) 글자의 짜임을 이해하여 글자를 읽고, 읽기에 관심을 가진다. (2) 낱말과 문장을 정확하게 소리 내어 읽는다.
		쓰기	(1) 글자를 익혀 글씨를 바르게 쓴다.
		문법	(1) 한글 낱자(자모)의 이름과 소릿값을 알고 정확하게 발음하고 쓴다. (4) 문장의 기본 구조를 이해하고 문장 부호를 바르게 쓴다.
	3~4	쓰기	(1) 맞춤법에 맞게 문장을 쓴다.
		문법	(1) 소리와 표기가 다를 수 있음을 알고 낱말을 바르게 발음하고 쓴다.
	5~6	문법	(1) 발음과 표기, 띄어쓰기가 혼동되는 낱말을 올바르게 익힌다.
2015 개정	1~2	읽기	[2국02-01] 글자, 낱말, 문장을 소리 내어 읽는다.
		쓰기	[2국03-01] 글자를 바르게 쓴다.
		문법	[2국04-01] 한글 자모의 이름과 소릿값을 안다. [2국04-02] 소리와 표기가 다를 수 있음을 알고 낱말을 바르게 읽고 쓴다. [2국04-03] 문장에 따라 알맞은 문장 부호를 사용한다. [2국04-04] 글자, 낱말, 문장을 관심 있게 살펴보고 흥미를 가진다.

2009 개정 교육과정이 전 학년에 걸쳐 맞춤법 내용 성취 기준이 분포해 있는 것에 반하여 2007 교육과정이나 2015 교육과정에서는 1학년과 2학년의 저학년에만 분포되어 있다. 주지하다시피 2009 교육과정에서는 맞춤법 교육이 상대적으로 강조되었던 측면이 있다. 초등학교 학년군들의 문법 영역 (1)번 성취 기준을 맞춤법에 할당하여 명시적인 표기 교육이 이루어지도록 했던 것이다. 또한 3~4학년군 쓰기 (1)번 성취 기준은 '맞춤법에 맞게 문장을 쓴다'로 되어 있어 맞춤법 교육이 분명히 제시된다.

현행 2015 교육과정은 전 학년에 걸쳐 맞춤법 교육의 성취 기준이 분포해 있지는 않지만 1~2학년군의 문법 영역에 맞춤법 관련 성취 기준이 집중되어 있다. 사실 2015 교육과정은 '한글 교육' 강화를 기조로 하고 있고 교육과정과 교과서에서 초기 문해력 교육이 이전 교육과정에 비해 강조되고 있는 상황이다. 초기 문해력 교육의 양적인 측면은 한글 교육 시수로 볼 때, 2007 개정 교육과정 14차시, 2009 개정 교육과정 27차시, 2015 개정 교육과정 62차시에 이르기까지 크게 늘고 있어서 바람직한 것으로 평가될 수 있다. 초기 문자 교육의 과정이 세밀하게 제시되면서 수업 차시는 현저하게 늘고 있는데 이것이 아동 학습자들의 실질적인 초기 문해력으로 이어질 수 있도록 운영되어야 할 것이다.

(2) 2015 개정 교육과정 적용 교과서의 맞춤법 교육 내용

1학년 교과서의 내용은 초기 문자 교육으로서 1학기 교과서에서 낱말 인식, 자음자와 모음자 배우기, 받침 음절과 문장 부호까지 연이어 지속된다. 받침 음절과 문장 부호의 교육 내용은 2학기 교과서에서까지 지속적으로 다뤄지는데, 맞춤법 교육 관련 차시와 함께 정리해 보면 다음과 같다.

〈표 3〉 2015 개정 교육과정 적용 1학년 교과서의 맞춤법 교육 관련 내용

학년	단원과 성취 기준	맞춤법 교육 관련 차시 학습 목표
1-1	1. 바른 자세로 읽고 쓰기 ● 쓰기(1) 글자를 바르게 쓴다.	3-4. 소리 내어 낱말을 따라 읽을 수 있다. 7-8. 낱말을 따라 쓸 수 있다. 9-10. 선생님과 친구의 이름을 쓸 수 있다.
	2. 재미있게 ㄱㄴㄷ ● 문법(1)한글 자모의 이름과 소릿값을 알고 정확하게 발음하고 쓴다. ● 쓰기(1) 글자를 바르게 쓴다.	1-2. 자음자의 모양을 안다. 3-4. 자음자의 이름을 안다. 5-6. 자음자의 소리를 안다. 7-8. 자음자를 쓸 수 있다. 9-10. 자음자 놀이를 할 수 있다.

학년	단원과 성취 기준	맞춤법 교육 관련 차시 학습 목표
	3. 다 함께 아야어여 •쓰기(1) 글자를 바르게 쓴다. •문법(1) 한글 자모의 이름과 소릿값을 알고 정확하게 발음하고 쓴다.	1-2. 모음자의 모양을 안다. 3-4. 모음자의 이름을 안다. 5. 모음자를 찾을 수 있다. 6-7. 모음자를 읽을 수 있다. 8-9. 모음자를 쓸 수 있다. 10-11. 모음자 놀이를 할 수 있다.
	4. 글자를 만들어요 •읽기(1) 글자, 낱말, 문장을 소리 내어 읽는다. •쓰기(1) 글자를 바르게 쓴다.	1-2. 글자에서 자음자와 모음자를 찾을 수 있다. 3. 글자에서 모음자가 있는 곳을 안다. 4-5. 글자의 짜임을 안다. 6-7. 글자를 읽고 쓸 수 있다. 8. 여러 가지 모음자를 안다. 9-10. 이야기를 듣고 낱말을 읽을 수 있다.
	6. 받침이 있는 글자 •쓰기(1) 글자를 바르게 쓴다. •문법(4) 글자, 낱말, 문장을 관심 있게 살펴보고 흥미를 가진다.	1-2. 글자를 정확하게 써야 하는 까닭을 안다. 3-4. 받침이 있는 글자의 짜임을 안다. 5-6. 받침이 있는 글자를 읽을 수 있다. 7-8. 받침이 있는 글자를 쓸 수 있다. 9-10. 받침이 있는 글자로 놀이를 할 수 있다.
	8. 소리 내어 또박또박 읽어요 •문법(3) 문장에 따라 알맞은 문장 부호를 사용한다.	3-4. 문장 부호를 안다. 5-6. 문장 부호의 쓰임을 안다. 7. 문장 부호에 맞게 띄어 읽는 방법을 안다. 8-9. 문장 부호에 맞게 띄어 읽을 수 있다.
1-2	1. 소중한 책을 소개해요 •문법(1) 한글 자모의 이름과 소릿값을 알고 정확하게 발음하고 쓴다.	6. 낱말의 받침에 주의하며 글을 쓸 수 있다.
	2. 소리와 모양을 흉내 내요. •문법(4) 글자, 낱말 , 문장을 관심 있게 살펴보고 흥미를 가진다.	9-10. 여러 가지 받침이 있는 낱말을 안다.
	3. 문장으로 표현해요. •문법(3) 문장에 따라 알맞은 문장 부호를 사용한다.	3-4. 문장 부호의 쓰임을 알고 문장을 바르게 쓸 수 있다. 9-10. 받침에 주의해 문장을 쓸 수 있다.

　　교과서에 반영된 초기 문자 지도의 원리는 2015 개정 교육과정의 국어과 교사용 지도서 1~2학년군의 부록에 실려 있는 초기 문자 지도 항목을 통해 확인할 수 있다. 여기서는 의미 중심 접근 방법과 발음 중심 접근 방법 그리고 절충식 접근 방법을 제시하고 있는데, 교과서에 적용된 원리는

절충식 접근 방법이다. 〈표 3〉의 교과서의 내용 구성 방식을 보면, 낱말 읽기의 의미 중심 접근 방법으로 시작해서 자모의 발음 중심 접근 방법으로 지도하고 다시 의미 중심 접근 방법으로 진행하고 있다. 즉 1학기 1단원에서 낱말을 중심으로 읽고 써 본 후, 2단원에서는 자음자 14개의 모양, 이름, 소리를 배우고 쓸 수 있도록 한다. 3단원에서는 모음자 10개를 같은 방식으로 집중적으로 배우고 이후 4단원에서는 음절을 배우고 6단원에서 받침 음절까지 배우는 방식이다. 받침 음절을 어려워하는 초등학생들의 발달 단계를 생각해 본다면 받침을 가르치는 단원이 독립해 있고 2학기 내용으로도 지속되고 있는 점이 상당히 고무적이다.

〈표 4〉 2015 개정 교육과정 적용 2학년 교과서의 맞춤법 교육 관련 내용

학년	단원과 성취 기준	맞춤법 교육 관련 차시 학습 목표
2-1	4. 말놀이를 해요. ● 문법(4) 글자, 낱말, 문장을 관심 있게 살펴보고 흥미를 가진다.	9-10. 우리 주변의 낱말에 관심을 가질 수 있다.
	5. 낱말을 바르고 정확하게 써요. ● 문법(2) 소리와 표기가 다를 수 있음을 알고 낱말을 바르게 읽고 쓴다.	1-2. 소리가 비슷한 낱말이 헷갈렸던 경험을 나눌 수 있다. 3-4. 소리가 비슷한 낱말의 뜻을 구분할 수 있다. 5-6. 소리가 비슷한 낱말에 주의하며 글을 읽을 수 있다.
	7. 친구들에게 알려요. ● 문법(2) 소리와 표기가 다를 수 있음을 알고 낱말을 바르게 읽고 쓴다.	7-8. 받침이 뒷말 첫소리가 되는 낱말을 바르게 읽을 수 있다.
	9. 생각을 생생하게 나타내요. ● 문법(4) 글자, 낱말 , 문장을 관심 있게 살펴보고 흥미를 가진다.	9-10. 문장 만들기 놀이를 할 수 있다.
2-2	6. 자세하게 소개해요 ● 문법(2) 소리와 표기가 다를 수 있음을 알고 낱말을 바르게 읽고 쓴다.	7-8. 글자와 다르게 소리 나는 낱말에 주의하며 소개하는 글을 쓸 수 있다.

〈표 4〉의 2학년 교과서는 '낱말식(의미 중심) → 자모식(발음 중심) → 음절식(발음 중심) → 문장식(의미 중심)'으로 전개되는 초기 문자 지도의 원리 중 특히 '문장식' 접근을 확인할 수 있다. 문장식 접근은 문장을 중심으로 읽고 쓰면서 소리와 글자의 관계를 인식하고 음절 글자를 확인하면서 자음자와 모음자를 익히는 의미 중심 접근 방식이다. 1학년 교과서의 내용이 실질적으로 자

모식과 음절식 문자 지도가 주로 이루어졌다면 2학년에서는 낱말식 그리고 주요하게는 문장식 접근법을 통해 초기 문자 교육이 완료되고 동시에 맞춤법에 맞는 표기가 무엇인지에 대한 기본적인 인식이 이루어진다.

1학년은 기본적인 한글 자모 교육이 이루어지는 단계라면 2학년 시기에는 표기가 좀 더 복잡한 낱말들을 경험하고 연음이나 음운 변동 등으로 인하여 발음과 표기가 달라지는 양상에 접근하게 된다. 즉 2학년 시기에는 음절 결합의 음운적, 문법적 환경을 맞춤법의 원리로서 접근할 수 있는 내용적 단서들이 포함되어 있는 것이다. 맞춤법의 원리 교육은 문법 교육의 내용과 함께 전개될 수밖에 없다. 국어과의 전체 영역에서 다양한 어휘들의 발음과 표기 형태를 경험하면서 청각적, 시각적으로 유효한 자극을 확장해 나가고 문법 영역을 통해 체계화된 맞춤법의 원리를 인지하게 된다면 가장 적절한 수준의 맞춤법 교육이 가능해질 것이다. 이러한 점에서 초등학교 맞춤법 교육의 과제는 어휘와 문장 경험의 확대를 전제로 하여, 문법 교육과 연계된 한글 맞춤법 원리 교육 내용의 선정, 그리고 초등학교 수준에 적합한 맞춤법 교육 내용의 체계화 두 측면에서 논의될 필요가 있다.

2) 초등학교 맞춤법 교육의 과제

한글 맞춤법에 맞게 국어생활을 할 수 있는 능력은 한국어 공동체 내에서 살아가는 데에 필수적이며 기본적인 의사소통 능력이다. 초등학생들은 저학년 시기에 일찍부터 표기법을 배우고 집중적으로 학습하면서 그 기초를 습득하게 된다. 그런데 한글을 읽고 쓸 수 있게 되고 어휘 능력도 점차 늘어나면서 맞춤법 교육은 더 이상 필요하지 않은 것으로 생각되는 것이 일반적이다. 그러나 초등학생들의 한글 표기 정확성이 항상 유지되고 또 학생들 스스로가 자신의 표기 능력에 대한 자신감과 확신을 바탕으로 국어 문해력을 발전시키기 위해서는 효과적인 맞춤법 교육 방안이 좀 더 적극적으로 모색될 필요가 있다. 특히 기계적인 철자 외우기 활동으로서 받아쓰기가 지양되고 한글 교육의 과업이 초등 국어과에서 무게를 더하는 현행 교육과정에서는 더욱 그러하다.

이러한 관점에서 먼저 고려되어야 하는 것은 초등학교 맞춤법 교육의 내용 문제이다. 초기 문자 교육 이후에 전 학년에 걸쳐 어떤 내용을 그리고 어떤 절차와 체계를 통해 가르쳐야 하는 것인가? 표기법은 문자 생활의 영역에 있지만 표기법을 알고 좀 더 정확하고 수월하게 실행하는 데에는 개별 문자의 사용 방법뿐만 아니라 개별 언어의 소리와 형태적 특성을 이해하는 것까지도 필요로 한다. 따라서 우선 맞춤법 교육과 문법 교육과의 연계적 내용들을 생각해 볼 수 있다. 어휘 교육의 차원에서 맞춤법 교육이 개발될 수 있는 단서들이 또한 많다. 그러나 이와 관련된 논의들이 충분히 무르익지는 못한 시점이다. 여기서는 〈한글 맞춤법〉의 원리 교육이 어휘 교육과 연결될 수 있는 지점들을 확인하고 나아가 문법 영역의 성취 기준과 〈한글 맞춤법〉을 비교해 보면서 초등학교 맞춤법 교육의 내용들로 가능한 항목들을 검토해 보겠다.

(1) 어휘 교육과 연계된 한글 맞춤법 원리 교육 내용의 선정

〈한글 맞춤법〉은 제1장 총칙, 제2장 자모, 제3장 소리에 관한 것, 제4장 형태에 관한 것, 제5장 띄어쓰기, 제6장 그 밖의 것, 총 여섯 개의 장으로 구성되어 있으며 여기에 부록으로 문장 부호에 관한 내용이 첨가되어 있다. 제2장 자모 부분과 부록의 문장 부호 내용은 저학년의 초기 문자 교육과 결합되어 다뤄지고 있다.

제1장 총칙은 한글 표기의 가장 주요한 원리가 명시된 부분이다. 총칙에서 밝히는 〈한글 맞춤법〉의 원리는 고등학교 10학년에 이르러 교육과정에 명시된다. 초등학교 수준에서는 규범 내용이 명시될 수는 없지만 어휘 교육이 이뤄질 때 함께 접근할 수 있는 내용적 특성을 지니고 있다.

제1장 총칙

제1항 한글 맞춤법은 표준어를 소리대로 적되, 어법에 맞도록 함을 원칙으로 한다.
제2항 문장의 각 단어는 띄어 씀을 원칙으로 한다.
제3항 외래어는 '외래어 표기법'에 따라 적는다.

제1항에 명시된 내용은 국어의 표기 생활이 첫째, '표준어' 어휘를 적는 원칙을 지니고 있고, 둘째, 그 표준어의 발음대로 한글로 적지만('소리대로 적되'), 셋째, 표준어의 소리대로 적는 것으로 뜻을 파악하기 어려운 경우에는 원래의 형태소 기본형을 밝혀 적는다는('어법에 맞도록'), 주요한 세 가지 원칙을 바탕으로 하고 있음을 밝힌다.

총칙의 제1항은 맞춤법의 원리 전체를 관통하는 주요한 내용을 담고 있는 것으로서 '소리를 반영하는 표기 형태'와 '단어의 원형을 고려하는 표기 형태'의 원칙을 보여준다. 예를 들어(이선웅 외, 2015) '늙다'의 활용형 '늙어', '늙고', '늙지', '늙는'의 표준 발음은 [늘거], [늘꼬], [늑찌], [능는]으로 동일 의미 형태소 '늙–'이 모두 다른 발음으로 실현된다. 이러한 경우를 발음 그대로 여러 형태로 적으면 독서의 능률도 떨어지고 언어생활에서도 혼란이 초래될 수 있다. 따라서 어간 형태소 '늙–'과 활용 어미 형태소들은 각 표기 원형을 하나로 고정해서 적는 것이다. 그런데 불규칙 활용 용언 '돕다'의 경우는 활용했을 경우, '돕—'으로만 어간 형태를 고정하여 표기하지 않는다. 불규칙 활용된 '도우며', '도와'의 경우는 이것이 표준 발음이기 때문에 이 소리대로 적는 것이다. 즉 불규칙 활용 부분은 소리대로 적되 규칙 활용 부분은 어법에 맞게 원형을 밝혀 적는다.

소리를 반영하는 표기로는 '반드시', '지그시' 등을 흔히 그 예로 든다. '반드시'는 '必'의 의미로 사용되면서 '直'의 의미인 '반듯이'와 발음이 동일하게 난다. 그러나 '반듯이'는 원형을 고려하는 표기이고 '반드시'는 소리를 반영하는 표기이다. '반듯이'는 '반듯하다'와 관련성이 표기에 그대로 드러나고 표기 형태만 보고서도 그 의미를 알 수 있게 된다. '지그시'는 '슬며시 힘을 주는 모양'을 의미하며 그 소리를 적는 표기인데, 원형으로 관련성이 예상되는 '지긋하다'와는 사실상 무관하다. '지긋하다'는 '나이가 비교적 많아 듬직하다'를 의미하기 때문이다. 따라서 원형을 고려할 필요가 없는 경우가 되어 발음을 그대로 적는 '지그시' 표기가 맞는 것이다.

총칙의 제2항 역시 국어 정서법의 주요한 원리를 보여준다. 제2항 띄어쓰기는 맞춤법 제5장에 따로 명시되어 있는데, 띄어쓰기의 가장 주요한 원리는 국어의 단어를 인지하고 단어 단위로 띄어 쓰는 것을 통해 문자 생활에서의 의사소통 효과와 능력을 높이는 것이다. 국어 문법에서는 일반적으로 의미를 지니고 자립적으로 쓰이는 최소 단위를 단어로 정의한다. 단어가 의미의 독립적 단위로 인식되기 때문에 단어를 단위로 띄어 쓰는 것은 문자 생활의 합리적인 원칙이 될 수 있다. 그러나 조사의 경우는 단어이면서도 붙여 쓰도록 따로 정의하고 있고 조사와 유사하게 인지되면서도 띄어 써야 하는 의존 명사와 같은 요소들이 있어서 띄어쓰기 오류가 쉽게 발생한다. 띄어쓰기 원리를 명확히 하기 위해서는 단어와 관련된 문법 지식이 요구되는 이유이다.

마지막으로 총칙 제3항 외래어 표기는 어문 규범 중 하나인 〈외래어 표기법〉을 통해 상세하게 접근할 수 있는 것으로서 〈외래어 표기법〉은 그 필요성이 특히 잘 이해되어야 한다. 〈외래어 표기법〉의 제1항은 '외래어는 국어의 현용 24자모만으로 적는다'이다. 즉 외래어 표기의 목적은 '국어 생활 속에 사용되는 외래어들을 통일된 방식으로 적기 위한 것이지, 외국어 발음을 정확하게 나타내기 위한 것이 아니다(국립국어원, 2014).' 외국어 기원의 어휘들은 쓰임의 빈도가 높아지면서 국어 생활에 정착되기 시작한다. 이때 이러한 외국어 기원 어휘들을 표기에 사용하는 국어 사용자들의 의사소통에 표준 표기형을 제공하는 것이 외래어 표기법의 역할인 것이다. 어휘 교육의 내용으로서 어종에 대한 지도는 초등학교 교육과정에 쉽게 포함이 되는데, 특히 외래어 범주에 대한 교육은 표기 문제와도 직결되는 측면이 있는 것이다.

(2) 초등학교 문법 교육과 연계된 맞춤법 교육 내용의 체계화

〈한글 맞춤법〉의 구성 내용 중에서 맞춤법의 기본 원리와 밀접한 관련을 맺고 있는 '제3장 소리에 관한 것', '제4장 형태에 관한 것'은 초등학교 문법 영역의 성취 기준과 연계된 내용 요소들을 어렵지 않게 확인할 수 있다.

1~2학년군	[2국04-02] 소리와 표기가 다를 수 있음을 알고 낱말을 바르게 읽고 쓴다.

〈한글 맞춤법〉 제3장 소리에 관한 것
• 제1절 된소리
제5항. 한 단어 안에서 뚜렷한 까닭 없이 나는 된소리는 다음 음절의 첫소리를 된소리로 적는다.
- 다만, 'ㄱ, ㅂ' 받침 뒤에서 나는 된소리는 같은 음절이나 비슷한 음절이 겹쳐 나는 경우가 아니면 된소리로 적지 않는다.
• 제2절 구개음화
제6항. 'ㄷ, ㅌ' 받침 뒤에 종속적 관계를 가진 '-이(-)'나 '-히-'가 올 적에는 그 'ㄷ, ㅌ'이 'ㅈ, ㅊ'으로 소리 나더라도 'ㄷ, ㅌ'으로 적는다.

3~4학년군	[4국04-01] 낱말을 분류하고 국어사전에서 찾는다.

〈한글 맞춤법〉 제4장 형태에 관한 것
• 제1절 체언과 조사
제14항. 체언은 조사와 구별하여 적는다. 예) 떡이, 손을 등
• 제2절 어간과 어미
제15항. 용언의 어간과 어미는 구별하여 적는다. 예) 먹다, 신고 등
[붙임1] 두 개의 용언이 어울려 한 개의 용언이 될 적에 앞말의 본뜻이 유지되고 있는 것은 그 원형을 밝히어 적고, 그 본뜻에서 멀어진 것은 밝히어 적지 아니한다. 예) '넘어지다'와 '드러나다' 비교 예시

5~6학년군	[6국04-02] 국어의 낱말 확장 방법을 탐구하고 적용한다.

〈한글 맞춤법〉 제4장 형태에 관한 것
• 제3절 접미사가 붙어서 된 말
제19항. 어간에 '-이'나 '-음/-ㅁ'이 붙어서 명사로 된 것과 '-이'니 '-히'가 붙어서 부사로 된 것은 그 어간의 원형을 밝히어 적는다. 예) 깊이, 걸음, 같이, 익히 등
제20항. 명사 뒤에 '-이'가 붙어서 된 말은 그 명사의 원형을 밝히어 적는다. 예) 낱낱이, 삼발이 등 (바가지, 이파리 등과 비교)
제21항. 명사나 혹은 용언의 어간 뒤에 자음으로 시작된 접미사가 붙어서 된 말은 그 명사나 어간의 원형을 밝히어 적는다. 예) 값지다, 덮개 등
제22항. 용언의 어간에 다음과 같은 접미사들이 붙어서 이루어진 말들은 그 어간을 밝히어 적는다.

예) 맡기다, 놓치다 등

제23항. '-하다'나 '-거리다'가 붙는 어근에 '-이'가 붙어서 명사가 된 것은 그 원형을 밝히어 적는다.
예) '오뚝이' 등

제24항. '-거리다'가 붙을 수 있는 시늉말 어근에 '-이다'가 붙어서 된 용언은 그 어근을 밝히어 적는다.
예) 끄덕이다, 들먹이다 등

제25항. '-하다'가 붙는 어근에 '-히'나 '-이'가 붙어서 부사가 되거나 부사에 '-이'가 붙어서 뜻을 더하는 경우에는 그 어근이나 부사의 원형을 밝히어 적는다. 예) 꾸준히, 깨끗이, 일찍이 등

제26항. '-하다'나 '-없다'가 붙어서 된 용언은 그 '-하다'나 '-없다'를 밝히어 적는다. 예) 딱하다, 부질없다 등

• 제4절 합성어 및 접두사가 붙은 말

제27항. 둘 이상의 단어가 어울리거나 접두사가 붙어서 이루어진 말은 각각 그 원형을 밝히어 적는다.
예) 엿듣다, 물난리 등

제28항. 끝소리가 'ㄹ'인 말과 딴 말이 어울릴 적에 'ㄹ' 소리가 나지 아니하는 것은 아니 나는 대로 적는다. 예) 다달이(달-달-이), 바느질(바늘-질) 등

제29항. 끝소리가 'ㄹ'인 말과 딴 말이 어울릴 적에 'ㄹ' 소리가 'ㄷ' 소리로 나는 것은 'ㄷ'으로 적는다.
예) 반짇고리(바느질~), 이튿날(이틀~), 숟가락(술~) 등

제30항. 사이시옷은 다음과 같은 경우에 받치어 적는다. 예) 귓밥, 훗날, 예삿일 등

제31항. 두 말이 어울릴 적에 'ㅂ' 소리나 'ㅎ' 소리가 덧나는 것은 소리대로 적는다.
예) 좁쌀(조ㅂ쌀), 수탉(수ㅎ닭) 등

각 학년군의 문법 성취 기준은 맞춤법 원리와 필연적으로 연관성을 지닐 수 있다는 점이 확인된다. 그러나 이러한 문법 교육이 이루어진다고 해서 관련된 맞춤법 능력이 자연스럽게 강화되는 것은 아닐 것이다. 또한 관련 문법 교육에 맞춤법 규범 교육을 기계적으로 부가하기도 어렵다. 따라서 문법 교육이 실행될 때에 함께 논의될 수 있는 전략적인 교육 내용 설정이 필요하다. 예를 들어 '맞춤법 탐구 문제' 형식으로 관련 항목에서 맞춤법 내용이 환기되는 것이다. 특히 지식이나 규정 중심으로 접근하기보다는 어휘 사례와 예시 비교를 통해 접근할 필요가 있다.

3~4학년군에서 학습하는 '낱말의 분류' 문제는 현 교육과정에서는 기본형, 모양이 바뀌는 낱말, 모양이 바뀌지 않는 낱말을 찾는 기준을 내용 요소로 하고 있다. 이를 통해 국어사전 찾기를 위해 필요한 어휘 형태와 관련된 내용을 학습하게 되는 것이다. 이 경우 용언 어휘의 활용에 대한 탐구가 필요할 것인데, 활용형에서는 어간에 어미가 결합하면서 발음과 표기가 달라지는 경우가 자연스럽게 발생한다. 소리와 표기의 문제가 다시 환기될 수 있으며, 원형을 고려하는 맞춤법의 원리에도 접근할 수 있다. 마찬가지로 5~6학년군에서 배우는 '낱말 확장 방법'은 특히 맞춤법에서 내용이 광범위하고 학생들이 어려워하는 접미사의 문제나 합성어의 사잇소리 표기 등과 관련을 맺고

있다. 이들은 국어생활의 과정에서 쉽게 발생하는 오류 문제를 지니고 있기 때문에 오류 예시를 통해 접근하는 것도 효과적인 방법이 될 수 있을 것이다.

문법 교육은 사고력 신장의 측면에서 탐구 활동을 주요한 방법으로 하게 된다. 탐구의 방향은 목표로 하는 국어 지식의 발견으로 이어지도록 전개될 것이다. 초등학교에서 규범 교육이 독자적으로 구성될 수 있는 방안도 논의되어야 하겠지만 문법 지식의 탐구를 통해 맞춤법에 대한 설명력이나 실제 사용의 오류에 대한 문제 해결력을 갖추도록 하는 방향을 우선 검토해 볼 수 있을 것이다.

참고문헌

구본관(2008), "맞춤법 교육 내용 연구—한글 맞춤법의 원리를 중심으로" 국어교육 127, 한국어교육
　　학회, 195-232.

국립국어원(2014), 『바른 국어 생활』, 국립국어원.

(국립국어원 http://www.korean.go.kr)

문화체육관광부(2017) 〈한글 맞춤법〉, 문화체육관광부고시 제2017-12호.

민현식(2008), "한글 맞춤법 교육의 체계화 방안—문법 교육과 맞춤법 교육의 관계 정립을 위한 시
　　론", 국어교육연구 21, 서울대 국어교육연구소, 7-75.

엄훈(2017), "초기 문해력 교육의 현황과 과제", 한국초등국어교육 63, 한국초등국어교육학회,
　　83-109.

이선웅 · 이승희 · 정희창(2015) 『한국어 정서법』, 사회평론.

이승왕 · 이병운(2010), "초등학교 국어과 맞춤법 교육의 체계화", 한국초등국어교육 42, 한국초등국
　　어교육학회, 306-334.

이영호(2011), "맞춤법 교육 내용에 대한 비판적 검토—초등 국어 교과서를 중심으로", 문법교육 15,
　　한국문법교육학회, 239-265.

최규홍(2011), "초등학생의 맞춤법 지도 방법 연구", 청람어문교육 43, 청람어문교육학회, 441-462.

5. 다문화 배경 학생을 위한 한국어 교육

1) 다문화 배경 학생을 위한 한국어 교육의 개념

최근 우리 교육 현장이 직면하고 있는 가장 두드러진 변화 가운데 하나로 다문화 배경 학생들의 수가 급증하고 있다는 점을 들 수 있다. 통계청 자료에 의하면 한국에 체류하는 외국인의 수는 꾸준히 늘어서 2017년 7월 현재 2,064,577명으로 전체 주민의 4%를 차지하는 수준에 육박함에 따라 그 자녀들의 수도 늘어서 2008년에 2만명이던 다문화 학생 수는 2017년 현재 109,387명으로 약 5배 이상 늘어 전체 학생 수의 1.7%에 달한다. 이러한 증가세는 매년 우리나라의 일반 학생 수가 20만 명 이상 감소하는 데 비해서 다문화 학생 수는 평균 20% 이상 그 수가 증가하고 있는 것으로 나타나 우리 공교육 시스템 안에 언어적·문화적·인종적 다양성이 빠른 속도로 늘어나고 있음을 알 수 있다.

다문화 배경 학생 가운데 한국에서 나고 자란 국제 결혼 가정 자녀의 경우는 외국인 어머니의 극히 제한된 수준의 한국어 능력으로 인한 언어 자극의 결핍으로 인해 언어 능력의 부진을 보이는 예외적인 경우를 제외하고는 대개는 한국어 환경 속에서 성장했기 때문에 언어적으로 큰 문제가 없지만 최근에 한국으로의 이주를 경험한 중도 입국 학생들의 경우는 한국이라는 전혀 낯선 문화와 소통되지 않는 한국어로 인해 많은 어려움을 겪고 있는 실정이다. 한국어를 몰라서 온종일 교실에서 고립된 '섬'처럼 앉아 있는 이들 다문화 배경 학습자들은 심각한 의사소통의 단절, 학업 부적응, 더 나아가 정체성 혼란의 문제를 겪을 수밖에 없는 교육의 사각지대에 있는 것이다. 중도입국 학생과 같은 다문화 배경 학습자를 위한 한국어 교육 문제는 비단 의사소통 차원의 문제를 넘어서 심각한 학업 부적응 문제, 정체성 혼란의 위기 등의 문제와 직결될 수 있다는 점에서 제도적인 차원의 지원이 절대적으로 필요하다.

본절에서는 우선 다문화 배경 학생을 위한 한국어 교육의 개념과 성격을 알아보기로 하자.

(1) 국어교육과 한국어교육

주지하는 바와 같이 '국어교육'과 '한국어교육'은 서로 '한국어'를 목표 언어로 가르친다는 점에서는 같지만 '교육 대상'이 누구이고, 이 교육 대상에 따라 목표 언어인 한국어가 어떤 지위인가에 따라 이 양자(兩者)는 각각의 고유한 학문적 정체성을 지닌 별개의 분야로 인식되어 왔다. 즉, '국어교육'은 '한국인에게 그의 모어(母語)인 한국어를 교육하는 것'으로, 보다 구체적으로는 공교육 체제 안에 있는 초·중·고등학교 급에서 이루어지는 자국어 교육을 의미하며, '한국어교육'은 '외국어/제2언어로서의 한국어를 한국어가 모국어가 아닌 외국인 학습자들에게 가르치는 행위 또는 현상'으로 정의될 수 있다. 결국 '국어교육'과 '한국어교육'을 구분할 수 있는 일차적 준거는 한국어를 모어로 교육하느냐 외국어/제2언어로 교육하느냐의 문제라 할 수 있다.

(2) 외국어로서의 한국어/ 제2언어로서의 한국어/ 계승어로서의 한국어[19]

한국어 교육은 일반적으로 '외국어로서의 한국어' 또는 '제2언어로서의 한국어'를 포괄하는 개념으로 이해되어 왔다. 하지만 김정숙(2012)에서 지적된 바와 같이 이러한 구분법은 한국어 교육 상황에서 한국어 교육의 대상을 모두 포괄해서 설명하기에 불충분한 면이 있다. 예컨대 해외 교포 자녀에게 한국어는 '외국어로서의 한국어'도 '제2언어로서의 한국어'도 아닌 '모어(母語)[20]에 가까운 '계승어(heritage language)'의 지위를 가지겠지만, 한국에서 나고 자란 국제 결혼 가정 자녀에게 한국어의 지위는 오히려 '외국어로서의 한국어'나 '제2언어로서의 한국어'도 아닌 '제1언어인 모국어'에 가깝다. 부모 중 한 사람이 외국계라 해서 한국어가 제2언어라고 보기는 어렵기 때문이다. 유아기부터 한국인 가족 구성원으로부터 한국어 입력을 제공받으면서 한국어 환경에서 성장하는 국제 결혼 가정 자녀에게 한국어는 태어나서 가장 먼저 배우는 제1언어 즉, 모국어에 가까운 지위를 갖는다. 그러나 같은 국제 결혼 가정 자녀라도 부모의 재혼에 의해 사춘기 즈음하여 어느 날 갑자기 낯선 한국의 언어와 문화에 새롭게 적응해야 하는 중도 입국 학생의 경우, 한국어는 선택의 여지없이 생존하기 위해 반드시 배워야 할 '제2언어로서의 지위'(KSL: Korean as a second language)를 갖는다.

이에 비해 재중(在中), 재미(在美), 재일(在日) 동포 사회에서처럼 한국어 공동체가 존재하고 이 지역에서 성장하여 그 가정 안에서 한국어를 사용하며 자란 교포 자녀에게 한국어는 엄밀한 의미에서 '제2언어로서의 한국어' 교육이라기보다는 '계승어로서의 한국어(KHL: Korean as a heritage language)' 교육의 개념과 가깝다. 교포 사회에서 한국어는 물론 나름의 한국어 공동체를 기반으로 실생활 면에서 소통되는 언어이긴 하지만 결코 그 교포 사회가 속한 국가에서 영향력을 행사하는 주류 언어로서의 지위를 가지고 있지 못하기 때문이다. 교포 자녀들에게 한국어는

---

19) 이 부분은 원진숙(2012), '다문화 배경 학습자를 위한 KSL 교육의 정체성'(언어사실과 관점 31집 pp.23~58)을 기반으로 쓰여진 것임을 밝혀 둔다.

20) 다나카 가쓰히코(田中克彦)는 모어(母語)를 자신이 국민으로 속해 있는 국가의 언어를 지칭하는 '모국어(母國語)'와 구분하여 '어머니로부터 아이에게 전해지는 언어로서 태어나서 처음으로 익혀 자신의 내부에서 무의식적으로 형성된 말이며 한 번 익히면 그로부터 벗어날 수 없는 근원의 말로 규정짓고 있다(서경식 2006: 18에서 재인용).

엄밀한 의미에서 모국어 다음에 두 번째로 배우는 제2언어로서의 지위보다는 그들이 속한 가정이나 교포 사회의 구성원으로서 서로 소통하고 대대로 문화적 전통을 계승하면서 자신의 민족적, 문화적 정체성을 형성해 가기 위한 도구로서 기능하는 '계승어로서의 한국어(KHL: Korean as a heritage language)' 교육의 지위를 갖는 것으로 보아야 할 것이다.

(3) 제2언어로서의 한국어 교육의 개념

'제2언어로서의 한국어(KSL)' 교육은 목표 언어가 한국어라는 점에서는 '외국어로서의 한국어(KFL)'교육과 같지만 이들 용어가 내포하는 한국어의 위상과 언어교육의 환경은 매우 다르다. '제2언어로서의 한국어(KSL)' 교육 상황에서 한국어는 사회적으로 우세한 주류 언어이지만, '외국어로서의 한국어(KFL) 교육 상황에서는 학습자의 모국어가 사회적으로 우세한 주류 언어이면서 한국어는 여러 외국어 가운데 하나에 불과하다. 또한 학습자가 처해 있는 공간적 위치 면에서도 차별성을 지닌다. '제2언어로서의 한국어(KSL)' 교육은 한국어가 주류 언어인 공간, 즉 한국 내에서 학습이 이루어지는 반면, '외국어로서의 한국어(KFL) 교육은 학습자의 모국어가 주류 언어인 공간에서 학습이 이루어진다. 그러나 한국어를 외국어로 간주하는 외국어로서의 한국어 교육은 한국어 학습에 대한 수요가 있는 곳이라면 어디에서든 학습이 이루어질 수 있다(전은주, 2008).

예컨대 미국의 한 청년이 한국의 가수 싸이가 부르는 '강남 스타일'이라는 노래를 접하게 되면서 한류 문화에 관심을 가지게 되고, 아예 대학에서 한국어 강좌를 신청해서 배우게 되는 경우라면, 한국어는 명실상부하게 '외국어로서의 한국어(KFL)'의 지위를 갖게 된다. 이 경우 한국어는 그저 개인적 관심사나 배우고 싶다는 의지에 의해서 배우는 여러 개의 외국어 가운데 하나일 뿐이다. 반면 키르키즈스탄에서 나고 자란 아이다라는 한 초등학생 어린이가 엄마의 이혼과 한국인 아버지와의 재혼으로 인해 어느 날 갑자기 한국으로 이주해 오게 되고, 언어적으로 문화적으로 전혀 낯선 한국이라는 학교 상황에서 새롭게 적응하면서 배우게 되는 한국어는 명실상부하게 '제2언어로서의 한국어(KSL: Korean as a second language)'의 지위를 갖게 된다. 이 경우 한국어는 매우 절박하게 배우지 않으면 사회적인 생존 자체가 위협받을 수밖에 없는 학습자의 생활 언어이면서 교육에서의 매개어 기능(전은주 2008: 639)을 하기 때문이다. 이렇듯 한국으로의 영구 체류를 목적으로 이주해 온 결혼 이민자, 이주 노동자, 중도 입국 학생 등과 같은 학습자 대상군들에게 한국어는 매우 절박하고 절실한 삶의 수단이어서 배우지 않으면 안 되는 생존의 언어로서의 제2언어의 지위를 지니지만 개인적인 관심사나 국제 교류 등의 목적으로 한국어를 배우는 외국인 학습자에게 한국어는 여러 외국어 가운데 하나일 뿐이다.

요컨대 '외국어로서의 한국어(KFL)'가 단기 체류 외국인의 한국어 교육에 대한 수요나 해외의 국제 한국어 교육 시장 수요에 대처하는 차원의 개념인 데 비해서 '제2언어로서의 한국어(KSL)'는 한국으로의 이주를 경험한 다문화를 배경으로 하는 사람들이 언어 장벽을 극복하고 우리 사회의 건강한 일원으로 살아가기 위해서 반드시 배우지 않으면 안 되는 생존과 직결되는 언어로서의 지위를 갖는다고 보아야 할 것이다. 즉, '제2언어로서의 한국어 교육'이란 한국어가 주류 언어일 수밖에 없는 한국이라는 공간에서 한국어가 모국어가 아닌 '언어적 소수자'들에게 한국어를 가르치는 일체의 교육 행위를 이르는 말로 정의할 수 있다. 이상의 논의를 종합해 볼 때, 다문화 배경 학습자를 위한 한국어 교육의 성격은 '제2언어로서의 한국어(KSL)' 교육이라 할 것이다.

2) 다문화 배경 학습자의 유형과 특성

(1) 다문화 배경 학습자의 유형

우리 사회에서 흔히 '다문화가정 학생'으로 지칭되는 이들 다문화 배경 학습자들은 단순히 국제 결혼 가정의 자녀라는 의미를 넘어서 이주 외국인 가정 자녀, 중도 입국 학생, 새터민 가정 자녀, 귀국자 자녀 등 매우 넓은 스펙트럼으로 존재하고 있다. 국제 결혼에 의한 다문화 가정 자녀의 경우만 하더라도 한국에서 나고 자란 국제 결혼 가정 자녀인지 부모의 재혼에 의한 국제 결혼에 의해 중도에 한국에 들어오게 된 중도 입국 학생인지에 따라 그들이 겪는 어려움의 양상이 다르고, 같은 탈북 학생이라도 부모가 모두 북한 이탈주민인 가정의 자녀인 탈북 학생인지, 북한 출신인 어머니가 탈북 과정 중에 제3국의 현지인 사이에서 출생한 비보호 학생인지에 따라 그들이 우리 사회에 적응하는 과정이나 양상이 다르다. 그런가 하면 정주민의 지위가 아닌 단기 체류자의 신분으로 우리 사회에 머무르고 있는 외국인 이주 근로자 가정의 자녀나 외국에 오래 거주하다 한국에 돌아와 새롭게 한국의 언어와 문화, 학교 교육 시스템에 적응해야 하는 귀국 자녀 학생들이 겪는 어려움의 양상 역시 제각기 다른 모습을 보인다. 이렇게 다양한 모습으로 우리나라의 공교육 시스템 안에 공존하고 있는 다문화 배경 학생들은 자신의 배경이 되는 언어나 문화와 전혀 다른 낯선 한국의 언어와 문화에 새롭게 적응하는 과정에서 의사소통의 어려움, 정체성의 혼란 문제, 학력 부진 등의 도전에 직면하게 되면서 이들을 위한 언어 교육 지원 문제가 매우 시급하면서도 절실한 문제로 대두되게 되었다.

전은주(2012)에서는 이들 '다문화 배경 학습자'의 유형별 상황 특성을 다음과 같이 정리하고 있다.

<표 5> 다문화 배경 학습자 유형별 상황 특성(전은주, 2012에서 재인용)

특성 / 유형		한국어의 지위	한국어 일상적 의사소통능력 정도	학교 학습에 필요한 한국어 능력의 정도	입학 시기
국제 결혼 가정 자녀	국내 출생 자녀	모국어	일상적 의사소통에 문제 없음	학습에 필요한 한국어 능력 부족	초등학교 입학부터
	중도입국 자녀	제2언어	일상적 의사소통 어려움, 한국어 전혀 모르는 경우 많음	한국어로 학습이 거의 불가능함	입국 이후
이주근로자 자녀, 유학생 자녀, 기타 외국인 자녀 → 이민자 자녀		제2언어 혹은 외국어	일상적 의사소통 어려움, 한국어 전혀 모르는 경우 많음	한국어로 학습이 거의 불가능함	입국 이후
새터민 자녀		모국어	일상적 의사소통 중 일부 어려움	학습에 필요한 한국어 능력 부족	입국 이후
귀국자 자녀		모국어	일상적 의사소통에 문제 없음	학습에 필요한 한국어 능력 부족	귀국 이후

<표 5>에서 보는 바와 같이 이들 다문화 배경 학습자는 그 유형별로 상황 특성이 다 다르고 한국어 의사소통능력 정도도 다르며, 한국어의 지위도 다 다르다. 일반적으로 '다문화 가정'이라는 용어로 지칭되는 국제 결혼 가정 자녀의 경우만 하더라도 한국에서 나고 자란 국제 결혼 가정 자녀가 한국어 의사소통 능력에는 별로 어려움을 느끼지 않는 것과 다르게 부모의 재혼에 의한 국제 결혼 가정 자녀인 중도 입국 학생의 경우는 한국어는 전혀 생소하고 낯선 언어일 수밖에 없다. 또 새터민 자녀의 경우에도 오랜 탈북 과정으로 인한 학업 결손으로 인해 한국어 능력이 부족하여 심각한 학습 부진을 겪는다고는 하나 이들에게 한국어는 기본적으로 모어의 지위를 갖는다. 그러나 그 부모가 탈북 과정중에 제3의 국가에서 현지 주민과의 관계를 통해서 낳아 기르다 우리나라에 입국하게 된 이른바 '비보호 청소년'일 경우라면 한국어는 모어가 아닌 제2언어의 성격을 지닐 수밖에 없다.

2015년에 교육부에서 개발 고시한 <한국어 교육과정 개정안> 문서에서는 한국어(KSL) 과목의 주된 교육 대상을 한국어 의사소통 능력이 없는 다문화 학생을 대상으로 하고 있음을 분명히 하고 있다.

> 한국어 과목은 기본적으로 한국어 의사소통 능력이 없는 다문화 학생을 대상으로 한다. 즉 중도 입국 학생이나 외국인가정 자녀 등과 같이 한국에서 태어나지 않았거나 한국어가 아닌 다른 언어를 제1언어로 하여 한국어 의사소통이 없는 학생을 대상으로 한다. 예를 들어, 한국에서 태어났지만 외국 출신 어머니(또는 아버지)의 제한된 한국어 수준에 영향을 받은 학생, 제3국을 통한 오랜 탈북 과정을 거쳐 입국한 학생, 또는 오랜 해외 체류 후 귀국한 학생 중에 한국어 의사소통 능력이 부족하여 학교 생활 적응이나 한국어로 이루어지는 수업 참여에 어려움을 겪는 학생들을 대상으로 한다.

(2) 다문화 배경 학생이 겪는 어려움

국가인권위원회의 "이주 아동 교육권 실태조사(2010)"에 의하면 조사 대상 이주 아동의 61.4%가 한국어 능력 부족으로 일반 학교로의 입학 자체에 어려움을 겪었으며, 15.2%는 학교 측의 입학 거부를 경험한 것으로 응답했다. 또한 학교생활 중에도 발음이나 피부색의 다름으로 인해 친구들에게 놀림을 당하거나 따라가기 어려운 공부나 경제 형편 등의 이유로 학교를 그만두고 싶어한다는 조사 결과를 보고하고 있다.

다음은 일선 학교에서 다문화 배경 학습자들을 가르치고 있는 교사들이 이들 학습자들이 겪는 어려움에 대해서 진술한 내용 가운데 일부이다.[21]

> "일선 학교에서 제가 가르치고 있는 다문화 배경 학생들은 주로 중도입국 학생들입니다. 이 친구들은 한국의 부모들이 영어를 습득하게 하려고 다른 나라로 유학을 데리고 가는 것처럼 한국어를 습득하기 위해 한국에 온 아이들이 아닙니다. 생활이 어려운 이주 노동자 가정의 자녀, 결혼 이주 여성의 자녀 등 어쩔 수 없는 가정 생활의 이유로 한국에 와 있는 것입니다. 즉, 한국어를 배우기 위해서 한국에 와 있는 아이들이 아니라는 말입니다. 따라서 이 친구들은 한국어를 배우려고 하지도 않고 여러 가지 여건이 허락하지 않는다면 학교

---

21) 이하의 진술은 2013년 1월 서울교대에서 2주간 교육과학기술부의 위탁을 받아 진행되었던 〈다문화적 한국어 교수 역량 강화를 위한 KSL 담당 교원 연수 프로그램〉에 참여했던 글로벌 다문화 선도 학교, 다문화 예비학교, 다문화 교육 거점 학교 등에서 다문화 배경 학생들을 가르치고 있는 교사들이 이들 학습자들이 겪고 있는 어려움에 대해 진술한 내용들을 옮긴 것이다.

를 가지 않고 포기하는 학생들이 대부분입니다."

(경기도 oo 초등학교 교사)

"어눌한 한국어와 이국적인 외모로 학교 친구들로부터 놀림을 받거나 따돌림을 당하는 일이 부지기수입니다. 친구들과 말을 안 하려고 하니 자연히 말도 늘지 않습니다. 자신이 생각하는 것을 사람들에게 제대로 된 한국어로 표현하는 데 어려움을 느끼니까 자신감도 결여되고 수업시간에도 거의 알아듣지 못합니다."

(서울 oo 초등학교 교사)

"중국에서 살다 온 탈북 학생인데 한국어 의사소통이 전혀 되지 않아 학업 결손이 심합니다. 한국어를 제대로 익히지 못했기에 국어, 사회, 과학 등의 과목을 특히 어려워합니다. 부모의 생활고로 인해 가정에서의 돌봄이 전혀 이루어지지 않아 학습 결손이 계속 누적되고 있습니다. 온종일 교실에서 하는 말이라고는 아침에 '안녕', 점심때 '밥 먹자', 수업 끝날 때 '잘 가' 이 세 마디 말이 전부이고 수업 시간엔 아예 엎드려 있기가 태반입니다. 배가 아프다고 결석도 자주 하는데 아무래도 거짓말인 것 같습니다. 사실 제가 수업 시간에 좀 어떻게 도와주고 싶어도 워낙 다인수 학급이라 여건도 안 되고 해서 솔직히 이런 특별한 아이는 '버리고' 갈 수밖에 없는 형편입니다."

(서울 oo 초등학교 교사)

"기본적으로 한국어 실력이 부족해서 학교생활을 따라가기 어려워하고, 문화적으로도 한국의 교육 상황과 본국의 교육 상황이 달라 적응을 어려워합니다. 제가 근무하는 학교는 주로 외국인 근로자 가정의 자녀들이 많은 편인데 이 아이들은 한국어 미숙으로 인해 발생하는 언어 부적응 현상도 현상이지만 그것보다는 자기네 나라와 한국의 교육 내용이나 방법, 문화적 차이로 인한 가치관의 갈등 현상과 한국 입국 후에 상당 기간을 교육적으로 방치되어 학습 공백 기간을 거치면서 형성된 나쁜 습관과 무질서 상태가 학교 적응을 방해하는 요인으로 굳어져 있다는 것이 더 큰 문제인 것 같습니다."

(경기도 안산, oo 초등학교 교사)

> " 우리 학교는 다문화 학생들의 비율이 70% 정도 됩니다. 주로 러시아와 중국, 베트남 등에서 중도입국한 학생들이 많습니다. 이들은 대부분이 부모님이 재혼이나 한국에 돈을 벌기 위해 들어온 경우입니다. 짧게는 1년에서 길게는 3년 이상을 어머니와 떨어져서 이모나 외할머니 손에서 양육되다가 한국으로 이주해 오게 되는데 이제까지 경험해 왔던 것들과 전혀 다른 낯선 상황에서 적응해 가는 데 많은 어려움을 겪고 있습니다. 한국어 능력이 절대적으로 부족해서 학교 중도 탈락률도 높은 편입니다."
>
> (부산, ㅇㅇㅇ 공동체 학교 교사)

위의 다문화 배경 학습자들을 지도하는 일선 학교 교사들의 말처럼 절대 다수의 다문화 배경 학습자들은 사회 경제적인 지위가 낮고, 이전 학교 교육 경험과 전혀 다른 한국의 낯선 교육 시스템이나 문화적 차이, 피부색이나 외모, 언어가 다름에서 오는 또래 친구들로부터의 놀림, 차별과 편견, 불안, 애매모호함 등의 문제에 직면하게 된다. 특히 중도 입국 학생들의 경우는 부족한 한국어 소통 능력으로 인한 언어 장벽, 서로 다른 문화적 차이로 인한 문화 장벽, 이로 인한 학습력 부진과 정체성 혼란 등의 삼중고(三重苦)를 겪게 된다. 다문화 배경 학생들이 겪고 있는 이 모든 어려움의 중심에는 언어의 문제가 깊이 개입되어 있다. 언어는 의사소통의 도구이기도 하지만 특히 학교 교육 상황에서는 범교과적으로 모든 교과 학습의 도구로서, 우리 사회에 적응할 수 있게 해 주는 삶의 토대로서, 더 나아가 자신이 누구인가에 대한 자아 정체성 형성의 도구로 기능하기 때문이다.

3) 다문화 배경 학생을 위한 한국어(KSL) 교육의 성격과 목표

(1) 다문화 배경 학생을 위한 한국어 교육의 성격

2015년 교육부에서 개발 고시한 〈한국어 교육과정 개정안〉에서는 한국어(KSL) 교육의 성격을 다음과 같이 규정하고 있다.

> '한국어' 과목은 한국어 의사소통 능력의 함양이 필요한 학생으로 하여금 한국어로 의사소통할 수 있는 능력을 길러 일상생활과 학교생활에 적응하게 하고, 이를 바탕으로 학교급

별로 여러 교과의 학습을 한국어로 수행할 수 있는 역량을 기름으로써 장차 한국 사회의 구성원으로서 주체적인 삶을 영위하는 데 필요한 소양을 갖추게 하는 과목이다. 학습자는 '한국어'의 학습을 통해 의사소통 역량과 학습 기초 역량, 대인관계 역량, 공동체·정체성 역량, 문화 이해 역량을 기를 수 있다.

〈한국어 교육과정〉 문서에서 규정하고 있는 '한국어(KSL)' 과목의 성격은 위에서 보는 바와 같이 다문화 배경을 가진 학생이 한국어로 의사소통할 수 있는 능력을 기르고, 여러 교과 학습을 수행할 수 있는 역량을 기르는 것으로 요약할 수 있다. 다문화 배경 학생을 위한 한국어(KSL) 교육은 일반적인 외국인 성인 학습자를 위한 한국어 교육과는 다음과 같은 뚜렷한 차별성을 지닌다. 일반 외국인 성인 학습자를 위한 한국어 교육은 주로 일상생활 속에서 한국어로 소통할 수 있는 의사소통 능력(BICS: Basic Interpersonal Communicative Skills) 신장에 초점을 두는 '외국어로서의 한국어(KFL; Korean as a foreign language)' 교육인 데 비해서 다문화 배경을 가진 학습자를 위한 한국어 교육은 일상생활과 학교생활을 해 나가는 데 필요한 기본적인 의사소통 능력뿐만 아니라, 여러 교과를 학습하는 데 필요한 학습 한국어 능력(CALP: Cognitive Academic Language Proficiency)[22]까지도 함께 길러 주어야 하는 '제2언어로서의 한국어(KSL: Korean as a second language)' 교육의 성격을 지닌다(원진숙 외, 2011).

다문화 배경 학습자들에 대해 일반적으로 갖기 쉬운 편견 가운데 하나는 이들 학습자들이 한국어를 모르기 때문에 국어, 수학, 사회, 과학과 같은 내용 교과 학습이 불가능하다고 생각한다는 점이다. 물론 이들 다문화 배경 학습자들이 제한된 한국어 능력으로 인해 내용 교과 학습에 접근하기가 어려운 것은 사실이지만 그렇다고 내용 교과를 학습할 수 있는 능력 자체가 없는 것은 아니다. 이들은 낯선 언어인 한국어를 모를 뿐 내용 교과 학습력 자체가 없는 것이 아니며, 한국에 오기 전에 학습에 필요한 일정 수준의 배경 지식과 학습 개념, 기능이 이미 형성되어 있기 때문에

---

22) Cummins(1980, 1979)에서는 언어 능력을 대인 관계에 필요한 의사소통에 관한 '기본적 대인관계 의사소통 능력(BICS: Basic Interpersonal Communicative Skills)'과 인지적 의사소통 과정인 학업 수행에 필요한 '인지 학문적 언어 숙달 능력(CALP: Cognitive Academic Language Proficiency)'으로 구분한 바 있다. 즉 BICS는 일상적인 의사소통에 필요한 언어 능력이며, CALP는 학문적 의사소통에 필요한 언어 능력이라는 것이다. 언어 능력을 BICS, CALP을 구분하는 관점은 의사소통 상황과 목적에 따른 언어 능력에 차이가 있음을 명확히 설명해 줄 수 있다는 장점이 있어 제2언어 교육, 외국어 교육 등에서 널리 사용되고 있다. 2012년 7월 고시된 한국어 교육과정에서는 BICS를 '생활 한국어'로, CALP를 '학습 한국어'라는 용어로 명명하여 제시하고 있다.

누구나 적절하게 체계화된 프로그램 안에서 학습할 수 있는 기회만 주어진다면 얼마든지 학습이 가능하며, 사실 이러한 교과 학습을 받아야 하는 것은 그들이 당연히 누려야 할 권리이기도 하다. 하지만 많은 현장 교사들이 다문화 배경 학습자들이 한국어를 모르기 때문에 수학, 사회, 과학과 같은 내용 교과 학습이 원천적으로 불가능하다고 생각하고 아예 교과 학습의 기회조차 제공하지 않거나 매우 단순한 기초 기능 학습 위주로 교육하는 경우가 많다. 그러나 한국어가 일반 학습자 수준으로 향상되어야 내용 교과 학습이 가능하다는 생각으로 아예 다문화 배경 학습자들에게 원천적으로 그 학년 수준에 반드시 배워야 할 내용 교과 학습의 기회를 배제하거나 제한한다면 학습 결손으로 인한 학습 부진은 더욱 심화되어 이들은 영영 사회의 낙오자가 되어 버릴 수밖에 없다 (원진숙, 2012c).

대부분의 다문화 배경 학습자들에게 내용 교과 학습을 통한 학교에서의 학업 성취는 이들이 장차 한국 사회의 일원으로 건강한 삶을 살아갈 수 있도록 하는 데 무엇보다도 필요한 생존의 조건이 된다는 점에서 국가 차원에서나 학교 차원에서 이들의 학습권을 제도적으로 지원해 줄 책무가 있는 것이다.

우리보다 앞서 다문화 사회로 진입해 있는 미국이나 캐나다, 호주 등의 나라에서 다문화 배경 학습자들을 위한 ESL 교육 프로그램에서 수학, 사회, 과학 교과를 지도하기 위해 다양한 조작 활동, 그래픽 조직자, 매체 활용 등의 방법을 활용하는 노력을 아끼지 않고 있는 것 역시 다 이러한 맥락에서의 국가 정책적 노력23)이라 할 수 있다.

이와 같이 다문화 학습자의 학습 결손을 최소화할 수 있도록 생활 한국어(BICS)와 함께 학습 한국어(CALP)도 함께 제시함으로써 일정 수준의 학업 성취를 경험할 수 있게 해 주는 것이 매우 중요하며, 이러한 노력은 전세계적으로 우리보다 앞서 다문화 사회로 진입해 있는 여러 선진 국가에서 발견되는 보편적인 흐름이기도 하다. 또 다문화 학습자의 한국어 능력은 어떤 면에서 내용 교과 학습으로부터 접하는 교과 전문 학습 어휘나 사고 도구어, 학습 기능 및 전략 등을 통해 더욱 빠른 시간 안에 신장될 수 있기 때문에 어떤 경우에도 생활 한국어와 학습 한국어 영역의 교육이 균형있게 이루어져야 한다.

---

23) 미국의 경우에는 이른바 NCLB법(낙오학생방지법; No Child Left Behind Act)의 일환으로 K-12 학년의 다문화 배경 영어 학습자들을 위한 ESL 교육과정으로 사회적 목적의 영어와 학문적 목적의 영어 모두 능숙해질 수 있도록 하는 것을 목표로 언어 학습 및 주 정부 차원의 학문적 교과 내용의 성취 기준, 교육, 평가, 교육 정책 영역에서의 요구를 서로 연계하여 WIDA 교육과정을 개발하여 사용하고 있다. 뉴저지, 일리노이, 버지니아 주를 비롯한 22개 주에서 활용하고 있는 WIDA 교육과정에서는 5개의 학년군으로 사회적이고 교육적인 목적의 언어, 국어(language arts) 교과와 관련된 언어, 수학 과목과 관련된 언어, 과학 과목과 관련된 언어, 사회 과목과 관련된 언어 이렇게 주요 교과를 중심으로 영어 숙달도의 성취 기준을 설정하여 다문화 배경 학습자들을 교육하고 있다. (http://www.wida.us/)

이러한 이유로 공교육 안에서 이루어지는 다문화 배경 학습자를 위한 한국어(KSL) 교육은 일상 생활을 하는 데 필요한 생활 한국어 능력(BICS)과 여러 교과를 학습하는 데 요구되는 학습 한국어 능력(CALP) 신장이라는 두 가지 목표를 중심으로 이루어지는 일종의 '디딤돌 프로그램' 내지는 일반 학생들과 경쟁할 수 없는 다문화 배경 학생들의 특수성을 고려하여 일정 기간 동안 반드시 배워야 할 최소한(minimal essentials)의 교과 학습을 가능하게 하는 '보호 프로그램(Sheltered Program)'의 성격을 지니게 된다.

또한 간과되지 말아야 할 것은 다양한 언어적, 문화적, 민족적, 인종적 배경을 지닌 초등 다문화 학습자들의 발달 단계를 충분히 고려하면서도 이들이 한국 사회의 일원이 되기 전에 획득한 자신 의 언어와 문화를 최대한 인정하고 존중하면서 자신의 문화와 한국 문화간의 차이에서 발생하는 어려움을 줄이고 한국 사회와 문화에 적절하게 대응할 수 있는 상호 문화 이해 능력을 길러 줄 수 있어야 한다는 점이다. 이들 학습자들이 가지고 있는 언어적, 문화적 배경에 대한 존중은 이들 의 건강한 정체성 형성 및 유지에 매우 필요할 뿐만 아니라 같은 교실에서 함께 공부하는 우리 일반 학생들의 다문화적 감수성이나 이해 교육에도 매우 유용한 자산이 될 수 있다는 점에서 중요 한 의미가 있다.

(2) 다문화 배경 학생을 위한 한국어 교육의 목표

2015년에 개발 고시된 〈한국어 교육과정 개정안〉에서는 다문화 배경 학생을 위한 한국어 (KSL) 교육의 목표를 다음과 같이 명시하고 있다.

> 가. 일상생활 및 학교생활에 필요한 기본적인 의사소통 한국어 능력을 함양한다.
> 나. 모든 교과 학습에 기초가 되는 학습 도구로서의 한국어 능력을 함양한다.
> 다. 학교의 교과 수업 상황에 능동적인 학습자로 참여할 수 있도록 돕는, 교과 적응에 필요한 한국어 능력을 기른다.
> 라. 한국 사회와 문화에 적절하게 대응할 수 있는 상호 문화 이해 및 소통 능력을 기른다.
> 마. 한국어에 대한 흥미와 한국어 사용에 대한 자신감을 가지고, 한국 사회의 구성원으로서 긍정적인 태도와 정체성을 함양한다.

이러한 한국어(KSL) 교육의 목표가 갖는 의미를 보다 상세히 살펴보기로 하자.

첫째, 한국어에 대한 기초 지식을 이해하고 일상생활에 필요한 생활 한국어 능력(BICS)을 신장시켜 줄 수 있어야 한다. 다문화 배경 학습자에게 한국어는 매우 낯선 언어이고 문지방을 넘기 어려운 언어일 수 있다. 하지만 이들 학습자가 한국의 학교생활에 적응하고 한국 사회의 일원으로 살아가기 위해서는 일상생활에 필요한 말하기, 듣기, 읽기, 쓰기 등의 언어 기능을 통한 의사소통 능력, 즉 기능적 문식력을 함양하는 것이 무엇보다 중요한 목표라 할 수 있다.

둘째, 한국어로 이루어지는 학교 교실 수업 상황에 능동적인 학습자로 참여할 수 있는 학습 한국어 능력(CALP)을 길러 줄 수 있어야 한다. 대개의 다문화 배경 학습자들은 일선 학교에서 자신의 나이보다 낮은 학년에 배치되어 탈맥락적인 단순하면서도 파편적인 언어 기능 중심의 교육을 받으면서 고차원적인 사고의 기회나 학령에 맞는 교과 학습 기회로부터 원천적으로 배제되는 교육의 사각 지대에 머물러 있는 경우가 대부분이다. 교사들이 다문화 배경 학생들의 제한된 언어 능력만 보고 교과 학습에 필요한 선행 지식이나 기초적인 학습 능력 자체가 매우 부족할 것이라고 가정하는 경향이 높기 때문이다. 그러나 다문화 배경 학습자에게 부족한 것은 한국어 능력일 뿐 학습 능력이 없는 것은 아니다. 다문화 배경 학습자가 한국에 오기 전에 학습자 모국어로 학습한 지식은 여전히 기반 지식으로 존재하며 어떤 면에서 새로운 학습을 위한 배경 지식의 역할을 할 수 있을 뿐만 아니라 이중 언어 강사 등을 활용한 적절한 비계 지원만 주어진다면 얼마든지 그 학령에 반드시 배워야 할 필수적인 내용 교과 학습이 가능하다. 다문화 배경 학습자를 위한 KSL 교육은 단순히 주류 언어인 한국어 교육을 통한 일상적인 의사소통 중심의 교육 차원을 넘어서 이들 학습자들이 일반 학습자와 동등한 수준의 학업 성취를 이루는 데 필요한 학업 문식력을 갖출 수 있도록 해 주어야 한다.

셋째, 한국 사회와 문화에 적절하게 대응할 수 있는 상호 문화 이해 및 소통 능력을 길러 줄 수 있어야 한다. 한국이라는 생활 공간 안에서 한국어라는 주류 언어를 언어적 소수자에게 가르치는 KSL 교육은 자칫 동화주의 관점에서 한국어를 무리하게 강요함으로써 새로운 갈등과 언어적 불평등을 초래할 수 있음을 경계해야 할 필요가 있다(민현식, 2005). KSL 교육은 문화간 의사소통(intercultural communication)의 관점에서 다양한 문화적 배경을 지닌 학습자가 함께 교육을 받는 과정에서 목표 언어와 문화를 이해하는 동시에 학습자의 모어 문화에 대해 재인식하면서 상호 문화적인 교류를 해 나가는 방식으로 이루어질 필요가 있다. Paige(2001)에서는 일반적으로 학습자가 목표 언어의 문화를 접하면서 처음에는 그 문화적 차이에 대한 부정의 단계로부터 출발하여 자국 문화에 대한 방어, 문화적 차이의 최소화, 목표어 문화에 대한 수용과 적용의 단계를 거쳐 융합 단계에 이르러 비로소 목표어의 문화에 동화된다고 보았다. 학습자들은 단지 한국어를 배우는 것이 아니라 한국어와 관련된 문화에 대한 이해의 단계를 거치면서 새로운 언어와 문화에 적응해 나간다는 것이다. 사실 그 목표 언어의 문화와 연계한 상호 문화적 접근법은 다문화 배경 학습자들의 한국어에 대한 학습 동기와 흥미를 진작하는 데 큰 역할을 한다. 이렇게 목표 언어와 문화에 대한 긍정적인 태도는 학습자가 모국의 문화와 목표 언어 문화의 차이를 이해하고 그 간극을 극복하는 데 결정적인 역할을 하게 된다는 점에서 의미가 있다.

넷째, 한국어에 대한 흥미와 한국어 사용에 대한 자신감을 가지고, 한국 사회의 일원으로서 긍정적인 태도와 정체성을 함양할 수 있어야 한다. 이는 KSL 교육이 다문화 배경 학습자로 하여금 스스로 동기를 부여하고 흥미를 느끼는 것은 물론이고, 한국 사회의 일원으로서 자신의 정체성을 보다 분명히 하고, 그에 대한 긍정적 태도를 확립하는 것을 뜻한다. 긍정적인 자아 개념에 기반한 긍정적 정체성을 확립하도록 함으로써 건강한 한국 사회의 일원으로서 공동체 의식을 갖도록 하는 정의적 영역의 목표야말로 KSL 교육의 최종적이고 궁극적인 목표라 할 수 있다.

4) 다문화 배경 학생을 위한 한국어(KSL) 교육의 내용

(1) 한국어 교육의 내용 체계

다문화 배경 학습자를 위한 국가 수준의 〈한국어 교육과정〉 문서에서는 다음의 〈표 6〉과 같이 '한국어'의 교수·학습 내용을 '생활 한국어 교육'과 '학습 한국어 교육'으로 나누어 제시하고 있다.

〈표 6〉 KSL 교육의 내용체계

| | | 생활 한국어 교육 | 학습 한국어 교육 | |
		의사소통 한국어	학습 도구 한국어	교과 적응 한국어
언어 기능		· 듣기 · 말하기 · 읽기 · 쓰기		
언어 재료	주제	일상 기반	일상 및 학업 기반	교과 기반
	의사소통기능	일상 기반	일상 및 학업 기반	교과 기반
	어휘	일상생활 어휘 학교생활 어휘	교실 어휘 사고 도구 어휘 범용 지식 어휘	교과별 어휘
	문법	학령적합형 교육 문법	학령적합형 문식력 강화 문법	교과별 특정 문형
	텍스트유형	구어 중심	구어 및 문어	문어 중심

	생활 한국어 교육	학습 한국어 교육	
	의사소통 한국어	학습 도구 한국어	교과 적응 한국어
문화	- 학령적합형 한국문화의 이해와 수용 - 학령적합형 학교생활문화의 이해와 적응		

'생활 한국어 교육'은 일상생활과 학교생활에 필요한 기본적인 '의사소통 한국어' 능력을 함양하기 위한 내용으로 구성한다. '학습 한국어 교육'은 모든 교과 학습의 도구이자 기초가 되는 '학습 도구로서의 한국어' 능력과, 각 교과 학습에 진입하고 적응하는 것을 돕는 '교과 적응 한국어' 능력을 함양하기 위한 내용으로 구성한다. 그리고 이를 초급, 중급, 고급의 단계별로 각 교육 영역의 비중을 달리함으로써 점진적으로 한국어 능력이 향상되고 완성되어 나가도록 체계화하였다.

각 범주별 교육 내용을 정리해 보면 다음과 같다.

① 생활 한국어(BICS) 범주

생활 한국어 범주는 다문화 배경 학습자가 일상생활에 필요한 한국어 능력, 즉 한국어를 듣고 이해하며, 한국어로 자신의 생각이나 의견, 감정을 말과 글로 표현할 수 있는 기본적인 의사소통 능력을 함양하도록 하는 내용 범주이다. 생활 한국어의 상황에 널리 나타나는 '가족', '학교생활', '계절과 날씨' 등의 주제(notion)와 '인사하기', '길 찾기', '약속하기', '물건 사기' 등의 의사소통 기능(function), 기초 생활 어휘, 문법, 발음, 텍스트 유형 등을 교육 내용으로 하는 생활 한국어 범주는 다문화 배경을 가진 학습자들이 일상생활과 학교생활을 해 나가는 데 필요한 기본적인 의사소통 능력을 함양하도록 하는 데 중점을 둔다.

② 학습 한국어(CALP) 범주

학습 한국어 범주는 다문화 배경 학습자가 여러 교과 학습 상황에서 능동적인 의사소통을 하는 데 필요한 학습 한국어 능력을 함양하도록 하는 내용 범주이다. 학습 한국어 교육은 모든 교과 학습의 도구이자 기초가 되는 '학습 도구로서의 한국어' 능력과 각 교과 학습에 진입하고 적응하는 것을 돕는 '교과 적응 한국어' 능력을 함양하기 위한 내용으로 구성한다. 학습 한국어 교육 영역은 학습자들의 인지적 수준 및 필요, 의사소통 한국어 능력을 고려하여 학습 동기를 유발할 수 있으며 논리적 의사소통과 학업 수행을 위해 기본적인 지식 축적 및 포괄적인 지적 활동의 기초가 될 수 있는 내용들을 고려해서 가르쳐야 한다. 교실 내 교과 학습 수행에 기초가 되는 교실 한국어, 지식

축적 및 지적 활동 수행에 기반이 되는 사고 도구어, 여러 교과에서 기본 지식 어휘로 사용되는 범용 지식 어휘, 교과별 핵심 주제와 용어, 개념 등을 교육하도록 한다.

③ 문화

문화 범주는 다문화 배경 학습자가 소외감, 위축감, 불안감 등 부정적 시각에서 벗어나서 문화를 바로 인식하고, 자신의 문화와 타인의 문화를 이해하고 수용할 수 있는 상호문화적 소통 능력과 한국 사회의 일원으로서 긍정적인 태도와 정체성을 함양하도록 하는 정의적인 내용 범주이다. 다문화 배경 학습자에게 한국 사회와 문화는 자신이 원래 가지고 있던 문화와 이질적인 성격을 지닐 수밖에 없다. 개인적 상황의 변화와 함께 사회적, 문화적 상황이 바뀌고, 주류 언어로 소통할 수 있는 능력이 없어 일상생활에서 어려움을 겪게 되면 대부분의 사람은 혼란과 크고 작은 심리적 충격을 받고 위축되게 마련이다. 따라서 학습자들의 문화적 배경을 고려하여 학습 동기를 유발할 수 있는 내용, 문화간 차이에 대한 경험을 바탕으로 상호문화 이해 태도를 함양할 수 있는 내용 등 자신의 문화와 타인의 문화를 이해하고 수용할 수 있는 상호문화적 소통 능력 신장과 관련된 교육 내용들을 제공할 필요가 있다. 또한 한국의 언어문화와 전통 문화, 일상 문화를 이해하고 적용하는 데 도움이 되는 내용, 학교 생활 문화를 비롯한 또래 문화를 이해하는 데 필요한 내용 등 학령에 적합한 문화 내용을 중심으로 교육하는 것이 필요하다.

(2) 언어 숙달도(language proficiency) 중심의 한국어 교육과정 구성 원리

한국어 교육과정은 〈표 7〉에서 보는 바와 같이 학년과 관계없이 다문화 배경 학생이 한국어를 사용하여 어느 정도 수준의 의사소통을 할 수 있는가 하는 언어 숙달도(language proficiency)에 따라 구성된다. 한국어 교육과정은 학습자의 한국어 숙달도에 따라 한국어로 아주 기초적인 의사소통을 할 수 있거나 거의 한국어를 하지 못하는 1급에서 한국어로 일상적 사회적 의사소통을 자유롭게 하고 한국어로 진행되는 학교 수업의 내용을 충분히 이해하고 자신이 성취한 바를 효과적으로 표현할 수 있는 6급까지 총 6등급 체계로 이루어져 있다. 이 가운데 1~2급은 초급, 3~4급은 중급, 5~6급은 고급으로 설정하였다.

한국어 교육과정에서 지도해야 할 내용은 학습자가 한국어 교육의 목표를 달성하는 데 필요한 교육 내용, 즉 성취 기준으로 구성된다. 초급에서 고급에 이르기까지 학습자가 수준별에 따라 성취해야 할 내용이 제시되고, 이 성취 기준의 내용에 맞는 적절한 교수·학습방법으로 교육이 이루어져야 한다. 한국어 교육과정에서는 다문화 배경 학생의 한국어 능력을 수준별로 차이 있게 진술할 수 있는 구성 범주로 '주제와 장면', '과제와 기능', '언어 단위', '어휘', '언어 조정 능력', '문화 적응 능력'을 구성 범주로 하여 각 등급별로 학습자가 성취해야 할 교육의 내용을 진술하였다. 즉, 다문화 배경 학습자의 한국어 능력의 수준에 따라, 어떤 장면에서 무엇을 말할 수 있는가 하는 '주제와 장면', 한국어로 어떤 과제와 기능을 수행할 수 있는가 하는 '과제와 기능', 어느 정도의 수준과 양의 어휘를 사용할 수 있는가 하는 '어휘', 어느 정도로 복잡한 담화 텍스트를 생산하며 얼마나 다양한 유형의 담화 텍스트를 생산할 수 있는가 하는 '언어 단위', 한국어 사용시 상위인지 능력을 발휘하여 어느 정도의 전략적 의사소통자가 되는가 하는 '언어 조정 능력', 자신이 원래 가지고 있던 문화 이외의 문화를 어느 정도로 이해하고 수용할 수 있는가 하는 '문화 적응 능력' 범주에 대한 구성 요소의 상대적 비중을 달리 적용하였다.

① 화제와 장면

초급에서는 한국어로 일상적이고 친숙한 화제에 대하여 의사소통을 할 수 있으며 점차 한국어 능력의 수준이 높아짐에 따라 낯선 화제에 대해서도 의사소통을 할 수 있게 된다. 또 장면 역시 초급에서는 친숙하고 예측이 가능한 일상적 장면에서 의사소통을 할 수 있으며 점차 한국어 능력의 수준이 높아짐에 따라 친숙하지 않은 일상/ 학교생활 장면 및 교과 학습 장면에서도 한국어로 의사소통을 할 수 있도록 성취기준이 설계되어 있다.

② 과제와 기능

학교 교육에서 한국어 학습자가 한국어로 수행해야 할 학습 과제는 크게 일상적 의사소통을 목적으로 한 과제와 교과 학습의 성취를 목적으로 한 과제로 구분된다. 학습자가 초급에서 고급에 이르면서 점차 일상적 의사소통의 수준이 높아지는 것처럼 교과 학습에서 수행할 수 있는 과제의 수준도 높아진다. 특히 과제를 수행하는 데 필요한 기능이 초급에서는 인사하기, 소개하기, 질문/ 대답 등 일상생활과 관련된 기능 중심에서 한국어 능력의 수준이 높아짐에 따라 비교하기, 대조하기, 기술하기, 설명하기, 논증하기 등 교과 영역에서 필요한 학습 의사소통 기능 및 전략을 익힐 수 있도록 한다.

③ 언어 단위

언어 단위는 한국어 능력 수준에 따라 학습자가 표현할 수 있는 텍스트의 복잡도와 관련된 것이다. 한국어를 처음 배우거나 잘 하지 못하는 학습자는 단어, 어구, 혹은 짧은 문장 수준에서 의사소통을 하다가 점차 한국어 능력이 높아짐에 따라 담화와 텍스트 수준의 의사소통을 하게 된다. 특히 고급으로 갈수록 담화와 텍스트의 복잡도도 높아지게 되며 수행할 수 있는 담화와 텍스트의 유형도 다양하게 된다.

④ 어휘

한국어 교육에서 학습자는 일상생활 의사소통에 필요한 어휘와 교수 · 학습에서 필요한 교과 학습 어휘를 익혀야 일상적 의사소통에서뿐만 아니라 학습 한국어를 위한 의사소통에서 자신이 표현하고자 하는 바를 정확한 어휘를 사용하여 표현할 수 있게 된다. 초급에서는 주로 고빈도의 기본 어휘, 쉬운 학교 생활 및 교실 어휘로부터 중급에서는 점차 사고 도구 어휘와 범용 지식 어휘로 그 어휘 수준을 확장해서 교수하도록 한다. 고급 단계에 이르면 점차 심화 어휘 및 교과 핵심 어휘로 수준을 높여가도록 한다.

⑤ 언어 조정 능력

한국어 학습자가 자신의 언어 사용을 점검하고 조정할 수 있는 것은 전략적 언어 사용자로서 매우 중요한 능력이다. 한국어를 처음 배우거나 잘 하지 못하는 학습자의 경우 한국어와 한국어 사용에 대한 지식 부족으로 자신의 오류를 잘 인지하지 못한다. 그러나 한국어 능력의 수준이 높아질수록 한국어 문법, 어휘, 담화 등에 대한 지식이 축적되면서 자신의 한국어 사용 오류를 인지할 수 있게 된다. 언어 조정 능력은 학습자가 한국어를 사용할 때 자신이 아는 지식을 정확하고 적절하게 사용하고 있는지 스스로 점검하고 오류를 인지하게 하는 것에서 출발하여, 오류를 자가 조정, 수정할 수 있는 전략적 의사소통자가 되게 하는 토대가 된다.

⑥ 문화 적응 능력

다문화 배경 학습자가 한국의 문화를 이해하고 한국어 사용 공동체 구성원으로서의 정체성을 확립하기 위해서는 자신의 문화와 한국의 문화 간 차이를 인식하고, 비교하고 상대화하고 수용할 수 있는 문화 적응 능력이 필요하다. 한국어 숙달도를 이루는 다른 구성 요소─화제와 장면, 과제와 기능, 언어 단위, 어휘, 언어 조정 능력─가 한국어 능력의 수준에 따라 위계적 구성이 필요한 것임에 반하여 문화 적응 능력 범주는 한국어를 처음 배우는 단계에서부터 다루어져야 할 내용이다. 학습자가 자신이 원래 가진 문화에 대하여 인식하고, 문화가 무엇인지 이해하게 될 때, 비로소 타문화에 대해서도 인식하게 된다. 또 자신의 문화와 타문화를 비교해 보고, 문화를 상대화해 보며, 타문화를 수용할 수 있는 태도를 지니게 된다. 이러한 학습의 과정을 통해 학습자들은 구체적 문화적 산물을 경험하고 문화 간 차이를 최소화하며, 다문화적 정체성을 확립하게 된다.

〈표 7〉 숙달도 중심의 한국어 교육과정 구성 원리

숙달도 중심의 한국어 교육과정 구성 원리				
구성 범주	구성 요소	초급	중급	고급
주제와 장면	주제 : 친숙도 장면 : 일상생활/학교생활/ 학업, 교과 학습	친숙한 일상/학교생활 화제 예측이 가능한 일상/학교생활 장면	친숙하지 않은 일상/학교생활 화제 및 장면	낯선 화제 교과 학습 장면
과제와 기능	과제 : 소통적 목적의 과제/ 학습 목적의 과제 기능 : 기본 의사소통 기능/ 교과 영역에서의 학습 기능	일상/학교생활에서의 의사소통 기능 (인사하기, 소개하기, 질문/대답하기 등)	일상/학교생활에서의 의사소통 기능 (추측하기, 묘사하기, 이유 말하기, 조언하기 등)	교과 영역에서 필요한 학습 의사소통 기능 및 전략 (비교/대조하기, 기술하기, 설명하기, 논증하기 등)
언어 단위	단어와 어구, 문장, 문단, 담화, 텍스트	단어와 어구, 짧은 문장	문장, 문단, 담화, 텍스트	담화와 텍스트
어휘	한국어교육용 기본어휘 학교생활 어휘 교실 어휘, 사고 도구 어휘, 범용 지식 어휘, 교과별 어휘	기초, 기본 어휘 쉬운 학교생활 어휘 쉬운 교실 어휘	기본어휘 학교생활 어휘 교실 어휘 사고 도구 어휘 범용 지식 어휘	확장, 심화 어휘 교과 핵심 어휘
언어 조정 능력	언어사용 상위인지능력 (초 : 오류 인지 못함/ 중 : 오류 인지하나, 오류 수정 못함/ 고 : 교사 도움으로 오류수정, 오류인지 및 자가 수정 가능)	낮은 상위인지능력	중간 상위인지능력	높은 상위인지능력
문화 적응 능력	문화 내용 및 문화 적응 발달(구체적 문화적 산물 경험, 문화 간 차이 최소화, 다문화적 정체성 확립)	학령적합형 한국문화 및 학교생활 문화(언어문화, 일상문화, 또래문화, 놀이문화, 문학 등의 학령적합형 문화 항목을 제시) 문화 인식 → 이해 → 타문화 인식 → 비교 → 상대화 → 수용		

이상과 같이 한국어 교육과정은 한국어 숙달도를 기반으로 하여 다음과 같이 등급별 학습 내용 성취 기준을 설정하였다.

(3) 단계별 성취 기준

[초급] 1단계 총괄 수준
기초 어휘로 이루어진 구, 절, 짧은 문장 단위의 일상적 표현들을 이해하고 사용할 수 있다. 대화 상대자가 천천히 분명하게 말하고 도와줄 준비가 되어 있으면, 기초적인 의사소통을 할 수 있다. 인사하기, 자기 소개하기 등의 기초적인 언어 기능을 수행할 수 있으며, 그림, 실물, 동작 등 시각적인 단서와 함께 주어지는 간단한 지시에 반응할 수 있다. 주변 사람과 사물, 장소 등과 관련된 기본적인 어휘를 이해하고 사용할 수 있다. 구체적인 문화 산물을 접함으로써 문화를 인식할 수 있다.

언어 영역	1단계 성취기준		
	초등학교	중학교	고등학교
듣기	1. 일상생활에서 반복적으로 자주 접하는 어휘에 소리를 연결 지을 수 있다. 2. 짧고 쉬운 낱말을 듣고 그 대상을 알 수 있다. 3. 기본적인 인사말을 듣고 이해할 수 있다. 4. 시각적인 단서와 함께 주어지는 간단한 지시를 따라 반응할 수 있다.	1. 한국어의 기본적인 음운을 식별할 수 있다. 2. 주변의 사람·사물을 나타내는 말을 듣고 그 대상을 알 수 있다. 3. 인사말이나 자주 접하는 쉽고 간단한 문장을 듣고 이해할 수 있다. 4. 시각적인 단서와 함께 주어지는 간단한 지시를 이해하고 반응할 수 있다.	1. 한국어의 자음과 모음의 소리를 식별할 수 있다. 2. 사물이나 사람을 나타내는 낱말을 듣고 그 대상을 알 수 있다. 3. 일상생활의 쉽고 간단한 표현을 듣고 이해할 수 있다. 4. 시각적인 단서와 함께 주어지는 간단한 지시를 이해하고 반응할 수 있다.
말하기	1. 실물이나 그림을 보면서 대상의 이름을 말할 수 있다. 2. 일상생활에서 자주 사용하는 기본적인 인사말을 할 수 있다. 3. 기초어휘를 활용하여 간단한 질문에 답할 수 있다. 4. 한 두 단어로 지시나 명령의 간단한 의사 표현을 할 수 있다.	1. 실물이나 그림을 보면서 낱말이나 짧은 문장을 말할 수 있다. 2. 일상생활에서 자주 사용하는 기본적인 인사말을 할 수 있다. 3. 기초적인 생활 어휘를 활용하여 간단한 질문에 답할 수 있다. 4. 한두 문장으로 지시나 명령의 간단한 의사 표현을 할 수 있다.	1. 실물이나 그림을 보면서 낱말이나 짧은 문장 단위로 말할 수 있다. 2. 일상생활에서 자주 사용하는 기본적인 인사말을 할 수 있다. 3. 사적이고 친숙한 짧은 질문에 답할 수 있다. 4. 짧고 간단한 표현을 사용하여 지시나 명령의 의사 표현을 할 수 있다.

읽기	1. 한글 자음과 모음, 받침 등을 식별하여 읽을 수 있다. 2. 소리와 철자의 관계를 이해하고 쉬운 낱말을 소리 내어 읽을 수 있다. 3. 시각적 단서와 함께 주어지는 쉽고 간단한 낱말을 읽고 의미를 이해할 수 있다. 4. 학교생활에서 자주 접하는 표지판을 읽고 의미를 이해할 수 있다.	1. 한글 자음과 모음, 받침 등의 글자를 식별하여 읽을 수 있다. 2. 소리와 철자와의 관계를 이해하고 낱말을 소리 내어 읽을 수 있다. 3. 일상생활에서 자주 접하는 쉽고 간단한 낱말을 읽고 의미를 이해할 수 있다. 4. 학교생활에서 자주 접하는 표지판이나 지시문 등을 읽고 이해할 수 있다.	1. 한글 자음과 모음, 받침 등을 식별하여 읽을 수 있다. 2. 소리와 철자와의 관계를 이해하고 낱말과 짧은 문장을 소리 내어 읽을 수 있다. 3. 일상생활에서 자주 접하는 쉽고 간단한 낱말을 읽고 의미를 이해할 수 있다. 4. 학교나 주변에서 자주 접하는 표지판이나 지시문 등을 읽고 이해할 수 있다.
쓰기	1. 한글 자모를 보고 따라 쓸 수 있다. 2. 그림이나 실물을 보고 그에 대응하는 낱자나 낱말을 쓴다. 3. 이름, 생일 등의 간단한 신상 정보를 쓸 수 있다. 4. 인사말과 같은 간단한 문장을 쓸 수 있다.	1. 한글 자모 결합 원리 및 획순에 맞게 바르게 쓸 수 있다. 2. 그림을 보고 그에 대응하는 낱말이나 짧은 표현을 쓸 수 있다. 3. 이름, 주소, 생일, 가족 등 간단한 신상 정보를 쓸 수 있다. 4. 인사말과 같은 간단한 문장을 쓸 수 있다.	1. 한글 자모 결합 원리 및 획순에 맞게 바르게 쓸 수 있다. 2. 그림이나 실물, 동작 등을 나타내는 낱말이나 어구를 쓸 수 있다. 3. 이름, 주소, 생일, 가족 등 간단한 신상정보를 바르게 쓸 수 있다. 4. 인사말과 같은 간단한 문장을 쓸 수 있다.

[초급] 2단계 총괄 수준

일상생활과 학교생활에서 자주 접하는 기초적인 단어와 관습화된 어구로 이루어진 간단한 대화를 듣고 이해할 수 있다. 짧은 문장 수준의 간단한 지시나 명령을 듣고 반응을 보일 수 있으며, 일상생활에 관한 쉽고 간단한 대화를 할 수 있다. 물건 사기, 부탁하기 등과 같이 일상생활에 필요한 기초적인 언어 기능을 수행할 수 있으며, 자기 자신, 가족, 취미, 날씨 등과 같이 친숙한 화제나 예측이 쉬운 일상생활 장면에 관해 간단하게 말하고 쓸 수 있다. 발음 규칙을 어느 정도 이해하여 천천히 발화하면 비교적 정확하게 발음할 수 있다. 수업 시간에 자주 접하는 쉬운 교실 표현을 이해할 수 있다. 구체적인 문화 산물을 접함으로써 자신의 문화 내에서도 다양성이 존재함을 이해할 수 있다.

언어	[초급] 2단계 성취기준		
영역	초등학교	중학교	고등학교
듣기	1. 일상생활에서 자주 접하는 어휘나 관습어구를 듣고 이해할 수 있다. 2. 주변의 사물과 사람에 관한 쉽고 간단한 말을 듣고 이해할 수 있다. 3. 일상생활을 화제로 한 쉽고 간단한 대화를 듣고 이해할 수 있다. 4. 수업 시간에 자주 접하는 쉬운 교실 표현을 듣고 이해할 수 있다.	1. 한국어의 음운 변화를 어느 정도 이해할 수 있다. 2. 주변의 사물과 사람에 관한 간단한 설명을 듣고 이해할 수 있다. 3. 일상생활을 화제로 한 간단한 대화를 듣고 이해할 수 있다. 4. 수업 시간에 자주 접하는 쉬운 교실 표현을 듣고 이해할 수 있다.	1. 한국어의 복잡한 음운 변화를 어느 정도 이해하고 식별할 수 있다. 2. 주변의 사물과 사람에 관한 설명을 듣고 이해할 수 있다. 3. 일상생활을 화제로 한 짧은 대화를 듣고 이해할 수 있다. 4. 수업 시간에 자주 접하는 쉬운 교실 표현을 듣고 이해할 수 있다.
말하기	1. 실물이나 그림을 보면서 쉽고 간단한 문장을 말할 수 있다. 2. 일상생활의 친숙한 화제에 관해 간단한 말로 묻고 답할 수 있다. 3. 개인 신상에 관해 쉽고 간단한 말로 묻고 답할 수 있다. 4. 수업 시간에 듣고 이해하지 못한 교실 표현에 대해 천천히 질문할 수 있다.	1. 실물이나 그림을 보면서 간단한 문장으로 말할 수 있다. 2. 일상생활의 친숙한 화제에 관한 간단한 대화를 할 수 있다. 3. 개인 신상에 관해 간단히 묻고 답할 수 있다. 4. 수업 시간에 듣고 이해하지 못한 교실 표현에 대해 질문할 수 있다.	1. 실물이나 그림을 보면서 한두 문장으로 말할 수 있다. 2. 일상생활에 관한 친숙한 화제에 대하여 짧은 대화를 할 수 있다. 3. 개인 신상에 관해 정보를 교환할 수 있다. 4. 수업 시간에 듣고 이해하지 못한 교실 표현에 대해 질문할 수 있다.
읽기	1. 쉽고 간단한 낱말이나 문장을 소리 내어 읽을 수 있다. 2. 일상생활과 관련된 친숙한 주제의 짧은 글을 읽고 이해할 수 있다. 3. 일생생활에서 자주 접하는 표지판, 지시문, 안내문을 읽고 의미를 파악할 수 있다. 4. 수업 시간에 자주 접하는 쉬운 교실 표현을 읽을 수 있다.	1. 간단한 낱말이나 문장을 소리 내어 읽을 수 있다. 2. 일상생활과 관련된 친숙한 주제의 간단한 글을 읽고 이해할 수 있다. 3. 일상생활에서 자주 접하는 표지판, 지시문, 안내문 등을 읽고 의미를 파악할 수 있다. 4. 수업 시간에 자주 접하는 쉬운 교실 표현을 읽을 수 있다.	1. 낱말이나 문장을 소리 내어 읽을 수 있다. 2. 일상생활과 관련된 친숙한 주제의 문단 수준의 글을 읽고 이해할 수 있다. 3. 일상생활에서 자주 접하는 표지판, 지시문, 안내문 등을 읽고 의미를 파악할 수 있다. 4. 수업 시간에 자주 접하는 쉬운 교실 표현을 읽을 수 있다.

쓰기	1. 글씨를 획순에 맞게 바르게 쓸 수 있다. 2. 짧고 쉬운 낱말을 보고 쓸 수 있다. 3. 마침표, 물음표, 느낌표의 이름과 쓰임을 알 수 있다. 4. 수업 시간에 자주 접하는 쉬운 교실 표현을 쓸 수 있다.	1. 글씨를 획순에 맞게 바르게 쓸 수 있다. 2. 어휘나 짧은 문장을 보고 쓸 수 있다. 3. 마침표, 물음표, 느낌표 등의 문장부호의 이름과 쓰임을 알 수 있다. 4. 수업 시간에 자주 접하는 쉬운 교실 표현을 쓸 수 있다.	1. 글씨를 획순에 맞게 바르게 쓸 수 있다. 2. 어휘나 짧은 문장을 듣고 받아 쓸 수 있다. 3. 여러 가지 문장 부호의 이름과 쓰임을 알 수 있다. 4. 수업 시간에 자주 접하는 쉬운 교실 표현을 쓸 수 있다.

[중급] 3단계 총괄 수준

일상생활이나 학교생활과 관련된 간단한 대화를 듣고 내용을 이해할 수 있으며, 상황과 목적에 맞는 쉽고 간단한 대화가 가능하다. 간단한 명령이나 요청을 할 수 있고, 지난 일에 대해 말할 수 있으며, 어렵지 않은 내용의 전화 대화도 가능하다. 간단하고 직접적인 정보 교환이 가능하며, 짧게 질문하고 대답하는 정도로 대화를 이어갈 수 있다. 자주 가는 장소에서 반복적으로 사용되는 어휘와 표현을 듣고 이해할 수 있다. 빈도수가 높은 관용어를 이해할 수 있으며, 비교적 복잡한 음운 변화를 이해하고 개별 음운을 정확하게 발음할 수 있다. 수업 시간에 쓰는 교실 표현을 이해하며, 학업에 기본이 되고 바탕이 되는 사고 도구 어휘를 이해하고 사용할 수 있다. 다른 문화의 사람들과 상호작용하면서 타문화를 인식할 수 있다.

언어 영역	[중급] 3단계 성취기준		
	초등학교	중학교	고등학교
듣기	1. 일상생활과 관련된 친숙한 주제의 짧은 대화를 듣고 대강의 내용을 파악할 수 있다. 2. 지나간 일에 대한 짧고 쉬운 문장을 듣고 의미를 파악할 수 있다. 3. 짧고 간단한 전화 대화를 듣고 대강의 내용을 파악할 수 있다. 4. 교실 표현 및 기본적인 학습 도구 표현을 듣고 이해할 수 있다.	1. 일상생활과 관련된 친숙한 주제의 대화를 듣고 주요 내용을 이해할 수 있다. 2. 지나간 일에 대한 이야기를 듣고 대강의 내용을 파악할 수 있다. 3. 간단한 전화 대화를 듣고 주요 내용을 파악할 수 있다. 4. 교실 표현 및 기본적인 학습 도구 표현을 듣고 이해할 수 있다.	1. 일상생활과 관련된 친숙한 주제의 담화를 듣고 내용을 이해할 수 있다. 2. 지나간 일에 대한 이야기를 듣고 중심 내용을 파악할 수 있다. 3. 간단한 전화 대화를 듣고 주요 내용을 파악할 수 있다. 4. 교실 표현 및 기본적인 학습 도구 표현을 듣고 이해할 수 있다.

말하기	1. 하루 일과를 짧고 간단한 문장으로 말할 수 있다. 2. 필요할 때 도움을 요청하거나 제안하는 말을 할 수 있다. 3. 짧고 간단한 전화 대화를 할 수 있다. 4. 교실 표현 및 기본적인 학습 도구 표현을 간단하게 말할 수 있다.	1. 하루 일과를 시간적 순서에 따라 말할 수 있다. 2. 도움을 요청하거나 제안하는 말을 할 수 있다. 3. 간단한 전화 대화를 할 수 있다. 4. 교실 표현 및 기본적인 학습 도구 표현을 간단하게 말할 수 있다.	1. 일상생활의 일과를 기술하여 말할 수 있다. 2. 도움을 요청하거나 제안하는 말을 상황에 맞게 할 수 있다. 3. 간단한 전화 대화를 할 수 있다. 4. 교실 표현 및 기본적인 학습 도구 표현을 구분하여 말할 수 있다.
읽기	1. 쉽고 간단한 문장을 소리 내어 알맞게 끊어 읽을 수 있다. 2. 친숙한 주제의 짧고 쉬운 글을 읽고 이해할 수 있다. 3. 쉽고 짧은 글을 읽고, 사건의 순서를 이해할 수 있다. 4. 교실 표현 및 기본적인 학습 도구 표현이 사용된 문장이나 짧은 글을 읽고 이해할 수 있다.	1. 쉽고 간단한 문장을 소리 내어 알맞게 끊어 읽을 수 있다. 2. 친숙하고 일반적인 주제의 글을 읽고 주요 내용을 이해할 수 있다. 3. 간단한 글을 읽고 사건의 순서를 이해할 수 있다. 4. 교실 표현 및 기본적인 학습 도구 표현이 사용된 문장이나 짧은 글을 읽고 이해할 수 있다.	1. 문장을 소리 내어 알맞게 끊어 읽을 수 있다. 2. 친숙하고 일반적인 주제의 글을 읽고 주요 정보와 세부 정보를 파악할 수 있다. 3. 간단한 글을 읽고 사건의 순서를 이해할 수 있다. 4. 교실 표현 및 기본적인 학습 도구 표현이 사용된 문장이나 짧은 글을 읽고 이해할 수 있다.
쓰기	1. 문장을 받아 쓸 수 있다. 2. 일상생활에서 필요한 내용을 간단하게 기록할 수 있다. 3. 하루의 일과를 간단한 문장으로 쓸 수 있다. 4. 교실 표현 및 기본적인 학습 도구 표현을 사용하여 문장이나 짧은 글을 쓸 수 있다.	1. 문장을 어려움 없이 받아 쓸 수 있다. 2. 일상생활에서 필요한 내용을 간단하게 기록할 수 있다. 3. 하루의 일과를 간단한 여러 개의 문장으로 쓸 수 있다. 4. 교실 표현 및 기본적인 학습 도구 표현을 사용하여 문장이나 짧은 글을 쓸 수 있다.	1. 문장을 어려움 없이 받아 쓸 수 있다. 2. 일상생활에서 필요한 내용을 간단히 기록할 수 있다. 3. 자신의 경험을 시간의 순서에 따라 문단 수준의 길이로 쓸 수 있다. 4. 교실 표현 및 기본적인 학습 도구 표현을 사용하여 문장이나 짧은 글을 쓸 수 있다.

일상생활 및 학교생활과 관련되는 친숙한 주제나 상황에 대해서는 의사소통에 문제가 없는 수준이다. 개인, 친구, 가족 등 일상적이고 친숙한 화제에 대해서는 분명히 이해가 가능하다. 일상생활에서 흔히 쓰이는 고빈도 어휘와 관용적인 표현들을 상황과 목적에 맞게 사용할 줄 알며, 지나간 일과 앞으로 할 일 등에 관해 간단히 묻고 답할 수 있다. 한두 문단 수준의 글을 읽고 핵심을 파악할 수 있으며, 쉽고 간단한 표현으로 대상을 비교하여 말하거나 쓸 수 있다. 학업에 기본적으로 필요한 사고 도구 어휘를 대체로 이해하고 사용할 수 있으며, 여러 교과에서 기초 지식 어휘로 사용하는 범용 지식 어휘에 대해서도 이해할 수 있다. 다른 문화의 사람들과 상호작용하면서 자신의 문화와 다른 문화를 대조해 볼 수 있다.

언어 영역	[중급] 4단계 성취기준		
	초등학교	중학교	고등학교
듣기	1. 짧고 간단한 이야기를 듣고 사건이 일어난 순서를 알 수 있다. 2. 이유를 묻고 답하는 대화를 듣고 내용을 이해할 수 있다. 3. 대상을 비교하는 간단한 말을 듣고 내용을 이해할 수 있다. 4. 사고 도구 어휘와 범용 지식 어휘 표현을 듣고 대체로 이해할 수 있다.	1. 이야기를 듣고 사건이 일어난 순서를 알 수 있다. 2. 인과 관계가 잘 드러나는 대화를 듣고 내용을 이해할 수 있다. 3. 대상을 비교하는 말을 듣고 내용을 이해할 수 있다. 4. 사고 도구 어휘와 범용 지식 어휘 표현을 듣고 내용을 이해할 수 있다.	1. 이야기를 듣고 사건이 일어난 순서에 따라 내용을 정리할 수 있다. 2. 인과관계가 잘 드러나는 글을 듣고, 그 내용을 이해할 수 있다. 3. 대상을 비교하는 말을 듣고 차이점에 주목하여 내용을 이해할 수 있다. 4. 사고 도구 어휘와 범용 지식 어휘 표현을 듣고 내용을 파악할 수 있다.
말하기	1. 상황에 맞게 대화를 할 수 있다. 2. 어떤 사실에 관해 이유를 묻고 답할 수 있다. 3. 지나간 일에 대해 간단히 묻고 답할 수 있다. 4. 사고 도구 어휘와 범용 지식 어휘 표현을 사용하여 간단히 말할 수 있다.	1. 상황에 맞게 적절한 대화를 할 수 있다. 2. 사실에 관해 이유를 묻고 답할 수 있다. 3. 지나간 일과 앞으로 할 일에 대해 간단히 묻고 답할 수 있다. 4. 사고 도구 어휘와 범용 지식 어휘 표현을 사용하여 간단히 말로 설명할 수 있다.	1. 상황과 목적에 맞는 대화를 자연스럽게 구사할 수 있다. 2. 어떤 사실에 대해 근거를 들어 주장하는 말을 할 수 있다. 3. 지나간 일과 앞으로 할 일에 대해 자세히 묻고 답할 수 있다. 4. 사고 도구 어휘와 범용 지식 어휘 표현을 사용하여 정확하게 말로 설명할 수 있다.

읽기	1. 글의 의미를 생각하면서 낭독할 수 있다. 2. 이야기를 읽고 인물, 사건, 배경을 파악할 수 있다. 3. 설명하는 글을 읽고 중심 내용을 파악할 수 있다. 4. 사고 도구 어휘와 범용 지식 어휘가 사용된 문단 수준의 글을 읽고 핵심 내용을 대체로 파악할 수 있다.	1. 글의 의미를 살려 효과적으로 낭독할 수 있다. 2. 이야기를 읽고 인물, 사건, 배경을 파악할 수 있다. 3. 설명하는 글을 읽고 중심 내용과 세부 내용을 파악할 수 있다. 4. 사고 도구 어휘와 범용 지식 어휘가 사용된 한두 문단 수준의 글을 읽고 핵심 내용을 파악할 수 있다.	1. 글의 분위기를 살려 효과적으로 낭독할 수 있다. 2. 이야기를 읽고 인물, 사건, 배경을 파악할 수 있다. 3. 설명하는 글을 읽고 중심내용과 세부내용을 파악할 수 있다. 4. 사고 도구 어휘와 범용 지식 어휘가 사용된 두세 문단 수준의 글을 읽고 핵심 내용을 파악할 수 있다.
쓰기	1. 하루 일과를 간단히 기록할 수 있다. 2. 친숙한 주제의 짧은 글을 읽고 중요한 내용을 간추려 쓸 수 있다. 3. 자기를 소개하는 글을 쓸 수 있다. 4. 사고 도구 어휘와 범용 지식 어휘를 사용하여 문단 수준의 글을 쓸 수 있다.	1. 겪은 일이 잘 드러나게 짧은 글을 쓸 수 있다. 2. 친숙한 주제에 대한 짧은 글을 읽고 요약하여 쓸 수 있다. 3. 자신과 가족을 소개하는 글을 쓸 수 있다. 4. 사고 도구 어휘와 범용 지식 어휘를 사용하여 한두 문단 수준의 글을 쓸 수 있다.	1. 겪은 일이 잘 드러나게 짧은 글을 쓸 수 있다. 2. 친숙한 사회적 주제에 대한 짧은 글을 읽고 요약하여 쓸 수 있다. 3. 주변의 친숙한 인물이나 사물을 소개하는 글을 쓸 수 있다. 4. 사고 도구 어휘와 범용 지식 어휘를 사용하여 한두 문단 수준의 글을 매끄럽게 쓸 수 있다.

[고급] 5단계 총괄 수준

일상생활 및 학교생활과 관련된 의사소통 주제나 상황에 대해서는 자유자재로 대화를 이어갈 수 있다. 어렵지 않은 사회적 주제에 대해 상황과 목적에 맞게 대화할 수 있으며, 다른 사람의 의견과 비교 대조하여 자신의 의견을 말할 수 있다. 일반적 주제에 관한 이야기를 듣고 중심 내용과 세부 내용을 파악하여 요약할 수 있다. 억양에 나타난 의미 차이를 파악하여 발화 상황에 맞게 어조를 바꾸어 말할 수 있다. 교과 학습에 필요한 기본적인 학습 도구 어휘에 대해 이해하고 사용할 수 있다. 교과별 핵심 주제와 내용에 대해 대강 이해할 수 있다. 문화 간 차이를 심도 있게 분석하고, 문화 간 감정이입을 경험함으로써 문화적 상대성을 정립할 수 있다.

언어 영역	[고급] 5단계 성취기준		
	초등학교	중학교	고등학교
듣기	1. 간단한 대화를 듣고 다음에 이어질 내용을 예측할 수 있다. 2. 간단한 대화를 듣고 상황과 목적을 이해할 수 있다. 3. 공공장소에서의 안내 방송을 듣고 대강의 내용을 파악할 수 있다. 4. 교과 학습 내용을 듣고 핵심 내용을 대강 이해할 수 있다.	1. 주어진 내용을 듣고 다음에 이어질 내용을 예측할 수 있다. 2. 간단한 대화를 듣고 상황과 목적을 이해할 수 있다. 3. 공공장소에서의 안내 방송을 듣고 자신에게 필요한 내용을 파악할 수 있다. 4. 교과 학습 내용을 듣고 핵심 내용을 대체로 파악할 수 있다.	1. 주어진 글의 내용을 듣고 다음에 이어질 내용에 대해 예측할 수 있다. 2. 대화를 듣고 상황과 목적을 이해할 수 있다. 3. 공공장소에서의 안내 방송을 듣고 자신에게 필요한 내용을 구체적으로 정리할 수 있다. 4. 교과 학습 내용을 듣고 핵심 내용을 대체로 파악할 수 있다.
말하기	1. 쉽고 간단한 말로 대상을 비교하고 대조할 수 있다. 2. 자주 쓰이는 관용적인 표현을 상황에 맞게 사용할 수 있다. 3. 친숙한 주제에 대하여 자신의 의견을 발표할 수 있다. 4. 교과 학습 상황에서 자신의 의견을 대체로 말할 수 있다.	1. 쉽고 간단한 말로 대상을 비교하고 대조할 수 있다. 2. 자주 쓰이는 속담이나 관용 표현을 적절하게 활용하여 말할 수 있다. 3. 친숙한 사회적인 주제에 대하여 자신의 의견을 발표할 수 있다. 4. 교과 학습 상황에서 자신의 의견이나 주장을 대체로 말할 수 있다.	1. 대상을 비교하고 대조하여 설명할 수 있다. 2. 자주 쓰이는 속담이나 관용 표현을 상황에 맞게 말할 수 있다. 3. 친숙한 사회적인 주제에 대하여 자신의 의견을 발표할 수 있다. 4. 교과 학습 상황에서 자신의 의견이나 주장을 말할 수 있다.
읽기	1. 짧고 간단한 글을 읽고 글의 구조를 파악할 수 있다. 2. 글에 나타난 글쓴이의 의도를 파악할 수 있다. 3. 중요한 내용에 밑줄을 그으며 글을 읽을 수 있다. 4. 교과 학습에서 접하는 도표, 그래프 등의 정보를 읽고 해석할 수 있다.	1. 간단한 글을 읽고 글의 구조를 파악할 수 있다. 2. 글에 나타난 글쓴이의 관점이나 의도를 파악할 수 있다. 3. 글에 나타난 사회문화적 배경을 상상하며 읽을 수 있다. 4. 교과 학습에서 접하는 도표, 그래프 등의 정보를 읽고 해석할 수 있다.	1. 글을 읽고 글의 구조를 파악할 수 있다. 2. 글에 나타난 글쓴이의 관점이나 의도를 파악할 수 있다. 3. 글에 나타난 사회 문화적 배경을 고려하며 읽을 수 있다. 4. 교과 학습에서 접하는 도표, 그래프 등의 정보를 읽고 해석할 수 있다.

쓰기	1. 친구나 가족에게 마음을 전하는 편지를 쓸 수 있다. 2. 책을 읽고 자신의 감상을 글로 쓸 수 있다. 3. 중심 문장과 뒷받침 문장으로 이루어진 한 문단 수준의 글을 쓸 수 있다. 4. 교과 학습과 관련하여 비교·대조하는 수준의 글을 쓸 수 있다.	1. 친구나 가족에게 마음을 전하는 글을 쓸 수 있다. 2. 책을 읽고 자신의 감상을 글로 쓸 수 있다. 3. 중심 문장과 뒷받침 문장으로 이루어진 한 문단 수준의 글을 쓸 수 있다. 4. 교과 학습과 관련하여 비교·대조하는 수준의 글을 쓸 수 있다.	1. 친구나 가족에게 마음을 전하는 글을 쓸 수 있다. 2. 책을 읽고 자신의 감상을 글로 쓸 수 있다. 3. 중심 문장과 뒷받침 문장으로 이루어진 문단을 중심으로 글을 쓸 수 있다. 4. 교과 학습과 관련하여 비교·대조하는 수준의 글을 쓸 수 있다.

[고급] 6단계 총괄 수준

일상생활 및 학교생활과 관련된 주제나 상황에 대한 의사소통에 전혀 문제가 없으며, 상당한 수준의 사회적 주제나 상황에 대해서도 잘 이해하고 표현한다. 추상적이고 비유적인 개념을 이해하고 표현할 수 있으며, 낯선 표현과 소재를 중심으로 한 대화에도 능동적으로 참여할 수 있다. 들은 내용에 대해 자신의 생각과 주장을 명료하고 조리 있게 표현할 수 있으며, 언어를 사용할 때 나타나는 오류를 스스로 인지하고 수정할 수 있다. 교과별 학습 내용의 대부분을 큰 어려움 없이 이해할 수 있다. 자신에게 적합한 다양한 활동을 통해 문화 간 의사소통 기술을 개발하고, 다른 문화에 대해 스스로 학습하는 방법을 터득함으로써 다른 문화를 다원론적 시각에서 수용할 수 있다.

언어 영역	[고급] 6단계 성취기준		
	초등학교	중학교	고등학교
듣기	1. 이야기를 듣고 주제를 파악할 수 있다. 2. 공식적 상황에서 발표를 듣고 주요 내용을 이해할 수 있다. 3. 친숙한 주제의 발표를 듣고 대강의 내용을 이해할 수 있다. 4. 교과 학습 내용을 듣고 이미 알고 있는 내용과 새롭게 안 내용을 연결 지을 수 있다.	1. 이야기를 듣고 주제를 파악할 수 있다. 2. 공식적 상황에서의 발표, 강연을 듣고 주요 내용을 이해할 수 있다. 3. 친숙한 주제의 강연이나 발표를 듣고 대강의 내용을 이해할 수 있다. 4. 자신의 배경 지식을 적절히 활용하여 교과 내용을 깊이 있게 이해할 수 있다.	1. 이야기를 듣고 주제를 파악할 수 있다. 2. 공식적 상황에서의 다양한 담화(발표, 강연)를 듣고 주요 내용을 이해할 수 있다. 3. 다양한 주제의 강연이나 발표를 듣고 대강의 내용을 이해할 수 있다. 4. 자신의 배경지식을 활용하여 교과 내용을 깊이 있게 이해할 수 있다.

말하기	1. 문법적 오류를 스스로 수정하여 말할 수 있다. 2. 소집단 대화를 통해 과제를 수행할 수 있다. 3. 대화 내용에 알맞은 억양, 어조, 속도, 강세, 몸짓 등으로 말할 수 있다. 4. 교과 내용과 관련하여 조사한 내용을 친구들이 이해하기 쉽게 발표할 수 있다.	1. 문법적 오류를 스스로 수정하여 정확한 발음으로 말할 수 있다. 2. 소집단 대화에 능동적으로 참여하면서 과제를 수행할 수 있다. 3. 대화 내용에 알맞은 억양, 어조, 속도, 강세, 몸짓 등을 적절하게 사용하여 말할 수 있다. 4. 교과 내용과 관련하여 조사한 내용을 효과적으로 발표할 수 있다.	1. 문법적 오류를 스스로 수정하여 정확한 발음으로 말할 수 있다. 2. 소집단 대화에 능동적으로 참여하면서 과제를 수행할 수 있다. 3. 대화 내용에 알맞은 억양, 어조, 속도, 강세, 몸짓 등을 적절하게 사용하여 자신의 생각을 효과적으로 전달할 수 있다. 4. 교과 내용과 관련하여 조사한 내용을 효과적으로 발표할 수 있다.
읽기	1. 맥락적 단서를 활용하여 낯선 어휘의 의미를 예측하면서 읽을 수 있다. 2. 이야기를 읽고 서로 다른 문화를 비교하여 이해할 수 있다. 3. 주장하는 글을 읽고 주장과 근거의 적절성과 타당성을 판단할 수 있다. 4. 다양한 매체를 활용해 필요한 정보를 조사하고 수집하여 정리할 수 있다.	1. 맥락적 단서나 어휘 분석을 활용하여 낯선 어휘의 의미를 예측할 수 있다. 2. 문학 작품을 읽고 당시의 시대상과 역사적 문화적 배경을 파악할 수 있다. 3. 주장하는 글을 읽고 주장과 근거의 적절성과 타당성을 판단할 수 있다. 4. 다양한 매체를 활용해 필요한 정보를 조사하고 수집하여 재구성할 수 있다.	1. 맥락적 단서나 어휘 분석을 활용하여 낯선 어휘의 의미를 예측하며 읽을 수 있다. 2. 문학 작품을 읽고 당시의 시대상과 역사적·문화적 배경을 파악할 수 있다. 3. 주장하는 글을 읽고 주장과 근거의 적절성과 타당성을 파악할 수 있다. 4. 다양한 매체에서 필요한 정보를 조사하고 수집하여 재구성할 수 있다.
쓰기	1. 시작, 중간, 끝의 구성을 갖춘 글을 쓸 수 있다. 2. 컴퓨터 워드 프로세서를 사용하여 글을 쓸 수 있다. 3. 쟁점이 드러나는 글을 읽고 주장하는 글을 쓸 수 있다. 4. 교과 학습에서 배운 내용을 자신의 말로 쉽게 풀어 설명하는 글을 쓸 수 있다.	1. 시작, 중간, 끝의 구성을 갖춘 글을 쓸 수 있다. 2. 컴퓨터 워드 프로세서를 사용하여 글을 쓸 수 있다. 3. 쟁점이 드러나는 글을 읽고 주장하는 글을 쓸 수 있다. 4. 배운 내용을 자신의 말로 쉽게 풀어 설명하는 글을 쓸 수 있다.	1. 시작, 중간, 끝의 구성을 갖춘 완결된 형식의 글을 쓸 수 있다. 2. 컴퓨터 워드 프로세서를 사용하여 글을 쓸 수 있다. 3. 쟁점이 드러나는 글을 읽고, 주장하는 글을 쓸 수 있다. 4. 수업 시간에 배운 교과 학습 내용을 자신의 말로 쉽게 풀어 설명하는 글을 쓸 수 있다.

참고문헌

강승혜(2003a), 한국어 교육의 학문적 정체성 정립을 위한 한국어교육 연구 동향 분석, 한국어교육 14권 1호.

강승혜(2003b), 한국어교육학의 학문적 정체성 정립을 위한 연구-하위 학문 영역 구축을 위한 귀납적 접근, 외국어로서의 한국어교육 28, 연세대 한국어학당.

강현화(2009), 한국어교육학 내용학의 발전 방향 모색, 한국어교육 19-2. 국제한국어교육학회.

강현화(2010). 한국어교육학 연구의 최신 동향 및 전망, 국어국문학 155, 국어국문학회.

강현화(2011), 다문화 관련 한국어교육학 연구의 쟁점, 배달말 49.

교육부(2015), 한국어 교육과정 개정안.

김영규(2005), 연구 유형 분류를 통한 한국어교육학 연구의 경향 분석, 한국어 교육 16-3. 국제한국어교육학회.

김윤주(2012), 다문화 배경 학생 대상 한국어 교육과정 구성 방안, 고려대 박사학위 논문.

김은주(2001), 한국어교육의 학문적 위상 정립과 학문으로서의 미래 조망, 외국어로서의 한국어교육 25-26, 연세대 한국어학당.

김정숙(2012), 한국어교육학의 정체성 및 연계 학문적 특성 연구, 한국어교육 23-2, 국제한국어교육학회.

김중섭(2004), 한국어 교육학의 정체성에 관한 연구, 한국어교육 15-2, 국제한국어교육학회.

김하수(2004), 외국어교육학으로서의 한국어교육학, 이중언어학회 학술대회 발표문.

민현식(2005), 한국어 세계화의 과제, 한국언어문화학 2-2, 국제한국언어문화학회.

박영순(2004), 한국어 교육의 현황과 과제, 국어교과교육연구 7, 국어교과교육학회.

박영순(2008), 이중언어교육의 원리와 본질, 이중언어학회 22차 전국 학술대회 자료집.

서경식(2006), 디아스포라 기행, 돌베개.

서상규(2007), 한국어교육학의 기초 학문, 한국어교육 18-3, 국제한국어교육학회.

서혁(2007), 세계화와 국어교육: 한국어교육과 국어교육의 관계 설정, 국어교육학연구 30. 국어교육학회.

오은순, 권재기(2010), 다문화가정 학생을 위한 한국어교육 프로그램 내용 요소 탐색: 학교 체제 운영을 중심으로, 청소년학연구 17권 2호.

이영근(2008), 한국어교육학의 정체성을 찾아서-응용언어학적 관점에서 바라보기, 한국어교육 19-3. 국제한국어교육학회.

원진숙(2007), 다문화 시대의 국어교육의 역할, 국어교육학연구 30, 국어교육학회.

원진숙(2008), 다문화 시대의 초등학교 국어과 교육—다문화 가정 자녀를 위한 한국어 교육 지원 방안을 중심으로, 국어교육학연구 32, 국어교육학회.

원진숙·이재분·서혁·권순희(2011), 다문화가정 학생을 위한 한국어(KSL) 교육과정 개발 연구, 2011년도 교육정책 네트워크 협동 연구 과제, 한국교육개발원.

원진숙(2012a), 다문화적 교수 역량 강화를 위한 초등 교사 양성 방안, 국어교육 139, 한국어교육학회.

원진숙(2012b), 다문화적 한국어 교수 역량 강화를 위한 한국어 교수 역량 강화를 위한 한국어(KSL) 교원 연수 프로그램 개발 연구, 수탁연구 CR 2012-43-9. 한국교육개발원.

원진숙(2012c), 초등 다문화 배경 학습자 대상 KSL 교재 개발을 위한 시론, 국어교육학연구 45.

원진숙(2013), 다문화 배경 학습자를 위한 KSL 교육의 정체성, 언어사실과 관점 31, 연세대학교 언어정보 연구원.

원진숙, 권순희, 전은주, 김정우, 김진석, 김유범, 심상민(2012), 2012 한국어(KSL) 교육과정 개발 연구, 교육과학기술부.

장용수(2010), 시장 전체주의와 한국어교육의 정체성, 한국어교육 21-4, 국제한국어교육학회.

장인실(2008), 다문화교육을 위한 교사교육 교육과정 모형 탐구, 초등교육연구 21(2).

전은주(2008), 다문화 사회와 제2언어로의 한국어(KSL) 교육과정의 목표 설정 방향, 국어교육학연구 33, 국어교육학회.

전은주(2012), 다문화 배경 학습자를 위한 한국어 교육과정의 내용 체계, 국어교육학연구 45. 조항록(2005), 한국어교육학의 학문적 정체성 연구 방법론 소고, 한국언어문화학 2권 1호.

조항록(2010), 다문화 가정 자녀를 위한 한국어 교육 프로그램 운영 지원 방안, 이중언어학 42.

최권진, 채윤미(2010), 다문화가정 자녀 대상 한국어교육의 현황과 교재 분석, 한국어문학연구 54.

최정순(2008), 다문화 시대 한국어교육의 내실화를 위한 제언, 이중언어학 37호.

Bennet, C. I.(2007), Comprehensive Multicultural Education: Theory and Practice, Boston: Pearson Education Inc.

Collier, Virginia P., Ovando, Carlos J. & Combs, Mary Carol(2006), Bilingual and ESL Classrooms; Teaching in Multicultural Contexts, McGrawHill.

Cummins, Jim(1979), "Cognitive/Academic language proficiency, linguistic inter-dependence, the optimal age question, and some other matters," Working Papers on Bilingualism 19.

Cummins, Jim(1980), "The Cross-Lingual Dimensions of Language Proficiency: Implicaitons for Bilingual Education and the Optimal Age Issue," TESOL Quarterly 14-2, TESOL.

Cummins, Jim(2000), Language, power and pedagogy: Bilingual children in the crossfire. Clevedon: Multilingual Matters LTD.

Echevarria, Jana & Graves, Anne(2002), Sheltered content instruction; Teaching English Language learners with diverse abilities(2nd ed.), Allyn & Bacon.

Herrera, Murry(2005), Mastering ESL and Bilingual Methods, Pearson.

Hinkel, Eli ed.(1999), Culture in Second Language Teaching and Learning, 김덕영 옮김 (2009), 문화와 제2언어 교수 학습, 한국문화사.

Mohan, Bernard A.(1979), "Relating Language Teaching and Content Teaching," Tesol Quarterly 13-2, TESOL.

Thomas, W. P. & Collier, V. P.(1997). School effectiveness for language minority students. Washington, DC: National Clearinghouse for Bilingual Education.

[기타 참고 홈페이지]

WIDA Consortium World-Class Instructional Design and Assessment (http://www.wida.us/)